李嘉诚传

抉择

LI
Ka-
shing

李忠海 著

国际文化出版公司
·北京·

图书在版编目（CIP）数据

李嘉诚传：抉择／李忠海著．—北京：国际文化出版公司，2014.8
ISBN 978-7-5125-0727-2

Ⅰ.①李… Ⅱ.①李… Ⅲ.①李嘉诚－传记 Ⅳ.①K825.38

中国版本图书馆CIP数据核字（2014）第203942号

著作权登记号 图字：01-2014-2326号

李嘉诚传：抉择

作　　者　李忠海
责任编辑　潘建农
统筹监制　葛宏峰
策划编辑　刘　毅
美术编辑　秦　宇
出版发行　国际文化出版公司
经　　销　国文润华文化传媒（北京）有限责任公司
印　　刷　北京盛兰兄弟印刷装订有限公司
开　　本　710毫米×1000毫米　16开
　　　　　22印张　367千字
版　　次　2014年10月第1版
　　　　　2014年10月第1次印刷
书　　号　ISBN 978-7-5125-0727-2
定　　价　39.80元

国际文化出版公司
北京朝阳区东土城路乙9号　邮编：100013
总编室：（010）64271551　传真：（010）64271578
销售热线：（010）64271187
传真：（010）64271187-800
E-mail：icpc@95777.sina.net
http://www.sinoread.com

▲ 1993 年 10 月 5 日，李嘉诚向中国残疾人福利基金会捐款一亿元港币。李瑞环、宋平、余秋里、邓朴方等出席捐赠仪式。

▲ 1993 年 10 月 6 日，前国家主席江泽民与李嘉诚在中国残联第二次全国代表大会开幕仪式上。

▲ 1999 年 11 月 9 日，汕头大学医学院第一附属医院新院落成十周年。汕头人心目中直呼为李嘉诚医院。

▲ 2000 年 7 月 5 日，李嘉诚先生与前香港特首董建华先生及各国驻港领事出席千禧万里行出发仪式。

▲ 2001 年 2 月 24 日，李嘉诚先生与贵州镇宁县石头寨小学布依族学生合照。

▲ 2006 年 2 月 24 日，李嘉诚与李光耀在新加坡管理大学李嘉诚图书馆开幕礼上相谈甚欢。

▲ 李嘉诚与汕头大学毕业生合照。

▲ 2012 年 6 月 29 日，李嘉诚在《三方共建汕大》协议签署仪式中，与教育部副部长郝平先生（中）和广东省副省长陈云贤先生握手。

目录 | Contents

第三章　超越生命的承诺

第四章　攻占码头

第五章　全球扩张

第六章　染指电讯业

第七章　拿下赫斯基

第八章　开发内地地产

“人的一生，不过是一个匆匆过客。生命对于人只有一次，我认为在我有生之年，如果能在人世间留下一些可称之为痕迹的东西，能为人类做出点贡献，那么，不论将来的结局如何，我便死而无憾。”

第一章

我的第三个儿子

Li Ka-shing

▲ 医院工作人员向李嘉诚先生展示矫形仪器。

▲ 1983 年，李嘉诚捐款并为潮安医院（潮州市中心医院）剪彩。

▲汕头大学第一附属医院，汕头人习惯上称为李嘉诚医院。（李忠海摄）

1978 年 9 月底，秋高气爽的北京城迎来了港澳同胞国庆观光团，团中一位身着中山装，戴着黑框边眼镜，风度儒雅，目光低沉，步履轻盈的中年人，健步登上了天安门城楼，他就是离家 38 年后首次返回故土的香港超人李嘉诚。这也是李嘉诚首次也是唯一的一次身着中山装，当然身处特殊的环境，多少有点拘束。

李嘉诚“目睹祖国之高速进步，在四个现代化政策推动下，一切欣欣向荣，深感雀跃。”从此，李嘉诚将自己的事业与中国大陆的改革开放进程紧紧联系在一起。他以拳拳赤子之心，捐款捐物，奉献社会，造福同胞。之后不久，一笔笔办学校、建医院、扶贫济困之巨资源源不断地汇往祖国各地。

最重要的事情

“少小离家老大回，乡音无改鬓毛衰。”1979 年，李嘉诚与庄月明伉俪回到了阔别四十年的家乡。在潮州市政府举行的迎宾茶话会上，李嘉诚动情地讲道：

我是 1939 年潮州沦陷的时候，随家人离开家乡的，至今已整整四十年了。四十年后的今天，我第一次踏上我思念已久的故乡的土壤，虽然一路上我给自己做了心理准备，我知道僻远的家乡与灯红酒绿的香港相比，肯定是有距离的，但是我绝对没有想到距离会是这么大。

就在我刚下车的时候，我看到站在道路两边欢迎我归来的，我的衣衫褴褛的父老乡亲们，我心里很不好受，我心痛得不想说话，也什么都说不出来，说真的，那一刻，我真想哭。

第一批得益于李嘉诚捐款的是其家乡潮州市250户上山下乡回城知识青年，李嘉诚得知他们回城后露宿街头，捐了590万港元兴建1.25万平方米的大众公寓，让他们春节前高高兴兴地搬进新居。

1982年，李嘉诚捐资2200万港元的潮州医院奠基；1991年华东一带遭受百年不遇的洪涝灾害，李嘉诚以长江实业集团等公司名义捐款5000万港元；中国残疾人基金会从1992年到1996年四年间就接受李嘉诚捐款亿元以上；汕头大学的创建，更是李嘉诚在内地善举的一块显而易见的历史丰碑。

我是从艰苦困难的日子中走出来的，自然深深知道贫穷的滋味。因此，我非常愿意，也非常希望帮助那些贫穷之人解除困境。

家乡父母官曾来函，恳切邀请李嘉诚返乡主持由李捐建的潮州医院与潮安医院的开幕仪式。但是，不慕虚荣，不尚空名的李嘉诚自己不愿前去剪彩，他回信给当地政府：

我觉得不举行剪彩仪式是上上之策，如果非要举行，希望由家乡政府出面解决，我认为这只是白白浪费钱财，对医疗卫生事业没有一点好处。

我认为，我最大的快乐是希望能够做些对人民大众有益的力所能及的事，对此，我将不遗余力，而且即使不宣传，也能无比欣慰。

我希望，在将来的一天，我能够去医院参观，不透露自己的身份，见到病人康复出院，远胜过参加任何仪式。这就是我最大的快乐。

只是由于潮州市党、政、民、侨领导人的一再邀请，碍于情面，李嘉诚在最后时刻方答应，前往医院参加开幕剪彩仪式。

1997 年 11 月 19 日，第九届国际潮团联谊年会首次在潮州中心汕头市林百欣国际会展中心隆重开幕。李嘉诚应邀出席并发表热情洋溢的讲话。

> 这次来自世界各地的乡贤，事业上各有杰出成就，多年奋斗，自强不息，成绩有目共睹。我深信大家的人生目标，除自己力争上游、创业兴家外，一定都非常热烈期望家乡繁荣，祖国强盛。
>
> 现在祖国展现了前所未有的大改革大开放的繁荣新气象，在中央政府及省政府的关怀帮助下，潮汕地区的经济迅速飞跃；加上市政府的领导及乡亲侨胞共同努力建设，家乡的工商贸易空间日益扩大。

在祖国开放发展百废待兴的历史时刻，当中需要大量的经济资源和专业人才，以巩固发展基础；这正是一个回馈故里乡土、投资创业的最佳时候。事业有成的乡贤，可以利用经济上的实力及宝贵的商贸经验，来做有利祖国发展的投资建设。拥有丰富学术知识和专业技术的才俊，亦同样可贡献才干和智慧，加强推动祖国前进的动力。

提到这里，李嘉诚动情地说道：

> 今日世界，从宏观的环球经济发展策略的层面来看，一股有力的世界和平意识，正致力重建国际经济秩序，在公正互惠，互相尊重彼此权益的公平基础上，谋求世界各国经济的共同发展和繁荣。
>
> 我们祖国潜力雄厚，拥有庞大的市场，不少经济强国都期望和中国加强发展友好互惠的关系。
>
> 海外华侨，遍布世界各地，经多年的努力，不少人在工商贸易和专业学术等各方面，已奠定稳固的基础。
>
> 在 21 世纪即将来临的大时代，信息科技一日万里，经济活动日趋全球化；潮汕同胞，正可得为时用，大力协助推广中国对外贸易，促进国际合作，鼓励海外跨国大机构在中国进行文化、科学、教育和工商业投资的密切联系。
>
> 这些宝贵机会，我们应该尽力掌握：从潮汕地区，推广到全国性

的发展；从回国投资，推广到跨国合作大计，这都是潮汕同胞从爱国爱乡的情怀中，可以在目前有利时势下，尽力发挥的高贵抱负和远大志向。

在对社会做奉献的善举方面，李嘉诚从来都是毫不犹豫的“大手笔”。明末顾炎武有句名言：“天下兴亡，匹夫有责。”意为国家的兴衰存亡，每个老百姓都负有责任。孙中山曾大声疾呼：“惟愿诸君将振兴中国责任，置之于自身之肩上。”李嘉诚愿与国家兴衰成败休戚与共，只因为，“常思奋不顾身以殉国家之急”。①

李嘉诚长子李泽钜曾经深有感触地说道：“爸爸是一个很懂得用钱的人，他知道生命里哪些事情最重要。如果在他一生中，在教育与医疗方面，可以帮助不幸的人，他感觉更加富有。”

李嘉诚基金会

1992年年初，李嘉诚在接受《日本经济新闻》记者采访时，讲出了自己本来不想披露的事：“我多年来在内地和香港的捐款，计算下来，每年都有1亿港元，很多时候都是以匿名方式捐出，支援本港和内地医疗教育事业的发展。”

为处理有关捐赠事宜，1980年，李嘉诚成立了李嘉诚基金会有限公司。至今为止，据不完全统计，李嘉诚个人及下属集团公司向香港和内地的教育、医疗及社会公益之捐款总额已逾百亿港元（不包括海外捐款），其中以个人名义的捐款占70%以上，余下的以下属有关公司的名义捐出。

这其中包含着多少感人的故事！这一宗宗、一件件助人、救人、育人的慷慨捐资，造福社会之善举，是李嘉诚为社会所做出贡献的具体体现，是他对视为第二故乡的香港和全国同胞怀有诚挚爱心的具体展示。

唐代诗人陈子昂《感遇》诗曰：“感时思报国，拔剑起蒿莱。”以尽忠、报国来表现自己对祖国应尽的义务和责任，不仅仅是历史上那些精忠爱国、驰骋疆场的勇武之士的满怀豪情，不仅仅是那些文人墨客的愁肠满肚，也是李嘉

① 出自西汉司马迁《报任少卿书》。

诚矢志不渝视奉献为生命的终生选择。

小时候我的志愿是做医生，也曾想过当大学教授而不是要做一个企业家，你们也许不知道，我曾想过多少多少次，如果像你们一样有机会上大学，我的一生又会如何呢？所以我很羡慕你们，因为我的梦想就是你们的现实。

因为李嘉诚深深体会到，中国未来的希望就寄托在这一代代身上。

这些年来，在我的基金会成立后，已捐出超过7亿加元（加拿大元），赞助很多公益项目，特别在教育和医疗工作方面，我会继续下去，并且会做得更多，我这样做并非只为了责任感，而是因为这是我所选择的做人方式。

成功与自由，是人类的基本渴求，但其意义却不应局限于一个狭隘的短促的框架内，也不是三言两语所能阐明道白。但若一个人的成功是达到自己定下的并非遥不可及的人生目标，而自由则是对自己的符合伦常的行为向社会负责，那我们每一个人都可以成功、可以自由。李嘉诚则挟传统文化的精神而来，与新时代博弈，平和、诚实、坚忍，把中华文化的立功立德立言之道发挥得淋漓尽致。

2003年9月30日，李嘉诚在接受《中国青年报》记者张坤专访时，再次真情剖白自己的心路。

知识的力量应该造福人群，我为什么说有第三个孩子呢？有一夜，我睡不着，我就告诉家人，我昨天晚上怎么也睡不着，其实我有三个孩子。外界都知道我只有两个儿子，我却宣布我有三个孩子，大家怎会不大吃一惊呢？睡不着的原因就是担心这个孩子，他们鸦雀无声。我说第三个孩子就是我的基金会。

我的基金会以前本来没设固定的资金，每当需要捐款时，我才向基金会注资。但近年我为基金会长远发展考虑，开始向基金会投入资金，并做长线投资，令资金产生经常收入，做捐款的来源。我更计划按年将自己收入的一部分注入基金，使基金有更充裕的财政基础，可从事越来越多的教育、医疗、老人福利等公益事业。

我希望将来这个基金可以无止境地做下去，要延续到下一代，最少一百年以后。我也请了不少外界人士到基金会做事，在基金会里，捐资哪一个项目，却不由一人说了算，由董事会不记名投票决定。

人家怎样议论我，我不介怀，虽然有人觉得我很神秘，但我的透明度其实很高。基金会的运作，应该让公众知道。我希望基金会运作做到完全透明，基金会的资料会整理成数据库，欢迎人家来参考，将公益事业运作方法向外推广。

现在社会上许多人毕生营营役役，追求财富，忽略了生命的内在价值与真正意义。李嘉诚表示，教育及医疗服务是社会发展两大支柱，他乐于终生为此付出金钱、时间和心血。李嘉诚少年时本希望能够像其父亲一样投身教育界或医疗服务，但可惜14岁时，他的父亲因病去世，李嘉诚失去求学深造的机会，弱冠之年，要挑起家庭重担，投身社会，别无其他选择。由于少年时的遭遇，目睹贫病之痛苦，更激发他热衷参与医疗和教育事业，并从中感受到生命重大的实实在在的真谛。

经年累月奔波辛劳，李嘉诚坦言自己也会觉得累，但是能够永恒地维持奉献的热忱，却是他对名利得失有个人的看法，不会刻意追求，不会刻意经营，泰然自若，淡泊疏落。李嘉诚说：

成功之后，利用多余的资金做我内心所想做的事，心安理得，方寸间自有天地。比如，上次我去西北，探访西部六省及一个直辖市，到达甘肃访问一个残联中心，见到那些安装义肢的朋友，他们提着两桶水给我看。我们普通人拿起这么重的两桶水也不太容易，他还提着水跑了两圈。

义肢的受惠人共有六万多位，看着一位原本两条腿都没有，只用一块最便宜的牛皮，用一条绳绑着，在地下跪着走。现在可以正常地生活，我很高兴，这是非常有意义的事情。六七万残疾人士复元后，我还考虑继续资助，因为你帮助解决他家人的负担，对社会都有非常大的效益。

一个乐于修习善法，希望得到心境宁静的人，他应如是努力：令自己能干、正直、高洁、恭顺、温柔，虚怀若谷。他应知足、少欲、少俗务、生活简朴，对感官欲乐有着天然的本能的自制力、谨慎、不厚颜无耻，亦不贪恋眷属。随心所欲，更要清心寡欲。无拘无束，亦应循规蹈矩。

他应勤求无过，以免遭到贤明人士的谴责；他应常发善愿：愿一切众生皆能快乐、安稳、以及心智健康；愿一切众生——无论是弱或强，高或矮，长或短，强壮或中等，大或小，看得到的或看不到的，住在远方的或住在近处的，已生的或即将出生的，无一例外，皆心境快乐；愿不论何处，不管谁都不会欺骗任何人、蔑视任何人；愿他在盛怒或恶意时，也不会伤害他人；愿他能像一个不顾自身安危、保护着她的独子的母亲一样，培养到对一切众生的无限慈爱。

让他无限的慈爱普及全世界，遍于十方，没有障碍与阻挠，没有仇恨，也没有敌意。无论行、住、坐、卧，只要醒着，他都必须发展他的正念，这才是智者所称的“梵行——最清高的行为”。

李嘉诚深深刻上了《慈悲经》的烙印。虽彻悟禅宗，明心见性，而见思烦恼不易断除，直需历缘锻炼，令其净尽无余，而后分段生死，乃可出离，未能净尽，六道轮回，亦依旧难逃。

佛教宝静安老院重建开幕礼，惜时如金、分秒必争的李嘉诚在开幕前提早半小时到场，令不少人“始料不及”。原来李嘉诚是想早些来看看这间安老院，并在佛像面前诚心上香，他亲切地拖着觉光法师的手问道：“这里的老人家住得开心吗？生活好吗？”觉光法师说，他们当然开心。

这间安老院坐落在粉岭百福村，始建于 1966 年，1992 年蒙社会福利署赞助及扩建，并得李嘉诚响应，特为纪念其爱妻李庄月明夫人平生善愿，捐赠拆卸及重建经费合共 2800 万港币，昭示因缘。

李嘉诚表示，自己一向信奉佛家的博爱精神，长者们曾为家庭、为社会做出积极的贡献，是繁荣的拓荒者和智慧者的泉源，老有所依，老有所养，老有所乐是社会每个人义不容辞的责任。特别是年轻的一辈，在不断吸取新信息科技教育的同时，也应从数千年的传统文化积聚沉淀中发扬敬老尊老爱老护老的传统美德。李嘉诚还说，这是他参与兴建的第五间安老院，从每一次与住院老人和工作人员的接触中，他都分享到他们满意于院舍设备和服务的喜悦。这份喜悦来自一种真诚奉献后的丝丝心安理得，而不是那种要花腔式的敷衍了事。最后，李嘉诚一再强调“对香港有利、有益的事，我一定会做。”

李嘉诚多次强调：“生命对于人来说只有一次。在我的有生之年，如果能为人类做出一些贡献，那么，我就心满意足，死而无憾了。”李嘉诚基金会曾经出版一书，名为《大山——再也挡不住知识了》，李嘉诚在致辞中勉励国人，畅谈知识与命运。他指出：有人才，就有发展；有发展，就可以改变生活，知识可以改变命运。他称，人往往以命运这概念，去面对人生的无奈与不能克服的困难。人生有没有既定的命运，我不知道，但我深信知识可以强化人的意志去改变命运。西部远程教育计划，可帮助原来与知识经济发展相距遥远的人，有机会重塑自己的命运……世界上没有一件事情比为社会创造价值，更能为生命带来喜悦。

李嘉诚举例说：“全球化如此大规模的商贸及金融活动，在一个董事会议室内，就可以为地球另一端的地方创造价值或为投资撇账，一张资产负债表是否能反映商贸的真正价值呢？今天全球化信息有爆炸性的力量，我们能传递信息，我们又能否传递意义呢？在这场追求效率及效益最大化的混战中，生命可以变得很无情，人性可以很迷失。”

然而，李嘉诚强调，活在全球化年代，掌握知识未必能完全驾驭自己，他说：“我们能掌握事物的起因，但还不能预知未来。今天社会一切的困境不也就是人类创造出来的吗？”李嘉诚表示，只有反思人性才能令迷失的人性复归，而且要有同理心，能易地而处，张开心胸去体会来自世界各地不同的文化，不同种族的人们所思所想，超越所有隔膜。

在中国残联，笔者有幸看到一封信的复印件。信是云南弥勒县的任志刚让中国残联转寄李嘉诚的。

小任十分聪明，却因小儿麻痹后遗症失去了上大学的机会。信是这样开始的：“您不认识我，但我知道您。我还知道，千千万万像我这样的您不认识的人都知道您，因为我们都是您助残义举的受益者，都是对您心存万分感激的人。”

小任接着说：“当我做了矫治手术后，就在心底发誓：一定要做出样子给您看！我从经销汽车零配件、修理汽车干起，现在已拥有一百多万元的固定资产，六千多平方米的厂房，在边远地区，可以算非常富裕了。”小任最后说：“我的家乡叫弥勒，这大概与佛教有些渊源。李嘉诚伯伯，愿佛保佑您。”

佛本无意，事在人为。弥勒开怀，烦恼不再。广结善缘，佛本心源。这也许就是许多香港人日日梦寐以求的善缘。残疾人质朴的话语，也许尚不能表达他们的心情于万一。人由文传，传以人立。德以善念，善由心生。桃李不言，下自成蹊。

长江新里程计划

内地宣布从 1995 年起，未再发生脊髓灰质炎，以往由此导致的小儿麻痹后遗症手术适应者基本得到矫治；1999 年，白内障致盲人数实现负增长；2000 年，基本控制碘缺乏危害……这一切，都有李嘉诚播下的一颗颗爱心种子。

李嘉诚最难以忘怀的，是 1991 年他与属下集团捐给中国残疾人联合会的 1 亿元港币。时隔八年，1999 年李嘉诚在致汕头大学／香港中文大学联合国际眼科中心成立的祝词中写道：“至今我仍认为，这是多年来捐款中其中一项最深具意义的事情。”

十一年来，忙到无暇分身的李嘉诚，却从不间断与中国残联领导晤谈，了解残疾人状况。这是为什么？从谈话记录中看到，李嘉诚屡屡提及帮助无助者。他说：“人在无助的时候，帮一下，是最有益的。”这是发自内心深处的感同身受的显而易见的表白。早在 1984 年，中国残疾人福利基金会成立，邓朴方首次访问香港，李嘉诚就捐款 200 万元港币。那时的李嘉诚，尽管身家远远没有像现在这样丰厚。

中国残疾人联合会成立之后，1991 年李嘉诚再次捐资 1.05 亿港币。其间发生的故事令人回味：1991 年 8 月，邓朴方率中国残疾人展能团和艺术团访港。时值华东水灾，港澳同胞纷纷为灾民捐款。邓朴方申明，此次赴港不进行募捐筹款。李嘉诚执意前往看望，在刚刚向华东灾民捐献 5000 万元港币后，又当面送给中国残联一张 500 万元港币的支票。

晤谈时，邓朴方特别提到：我们把你的捐款作为种子钱，每用一元，带动各方面拿出七倍以上的配套资金，用到残疾人最急需的项目上，以取得最好的效果。邓朴方的一席话，恰与李嘉诚的办事原则及构想不谋而合。李嘉诚连声称赞说："每一个铜板都是辛辛苦苦得来的，你们使用资金的效益这么高，令人佩服！你们所做的，是一项高尚的事业。"

李嘉诚向邓朴方索要了残疾人事业的资料回去参阅研究。是夜，李嘉诚与两个儿子促膝长谈。内地残疾人的困难困苦令他动情，中国残联使用捐款的效益效率令他动心，中国未来的持续发展更令他动容。

次日，李嘉诚约邓朴方再次晤谈。8 月 16 日，两人再次见面。李嘉诚说：我决定再捐 1 亿元港币，也作为一颗种子。你们只需争取四五倍的配套经费，便可帮助更多的残疾人士。我捐钱，你们落实计划，为残疾人办点实实在在的事。

眼居五官之首，是心灵之窗。在残疾人中，盲人最为困难。李嘉诚对复明工作非常关注，特别期望五年内把内地七百多万白内障患者全部治好。李嘉诚又说：邓先生，我对于能够帮助残疾人士感到很有意义。你知道吗？上次与你谈了两小时后，我返回办公室，很兴奋，竟然忘了肚子空着，便拿了杯白兰地喝下，立即感觉有些醉意。邓朴方感动地说：十分感谢你的好意，我们回北京研究、计划一下，再向你提交详细的计划。

经过三个月的紧张工作，中国残联深入调查，精心测算，并与有关部门反复研讨，结论是：受组织工作和医务力量的限制，五年内难以治愈全部白内障患者；况且，盲人只是残疾人中的一部分，其他各类残疾人亟待救助。

鉴于中国残疾人事业刚刚起步，百业待举，急需制订实施一个均衡的、务实的整体计划，却苦于缺少资金。为使捐款发挥更大的作用，中国残联期望将其作为更多领域发展的启动资金，成为一颗给各类残疾人带来更多利益的大种子。为此，中国残联着手草拟残疾人事业五年计划纲要，并致函李嘉诚先生，希望与他的代表磋商。12 月初，李嘉诚委派次子李泽楷来北京，全面了解内地残疾人状况、工作的要点、难点及正在拟订的计划纲要草案。

李泽楷一改往常，凝神倾听，仔细阅读，频频点头，俨然一位老成持重的政治家。几天后，李嘉诚回函邓朴方："贵会最能了解残疾人士之需要，所做之决策亦能令残疾人士，无论心理及生理之健康均得到最大之帮助，本人及属下公司均乐意配合……"

1991 年 12 月 29 日，国务院正式批准颁发了《中国残疾人事业"八五"计划纲要》及与其配套的 16 个业务领域实施方案，中国残疾人事业首次有了与国民经济和社会发展计划同步的系统发展计划。李嘉诚选择其中最急需资金的八个项目投入了他的 1 亿元港币。李嘉诚希望并相信，这是一颗火一般旺盛的生命种子。从中央到地方，各级政府也为此投入了十几亿元资金。同时，社会各界热心关注，踊跃赞助。如今，李嘉诚播下的这粒种子结出了丰硕的果实，不仅促进残疾人事业由小到大、从点到面，走上系统发展的轨道，而且使众多残疾人实实在在地受益。

1991 至 1995 年的五年间：白内障复明手术 107 万患者重见光明，年手术量由 10 万例提高到 25 万例。进而，到 2000 年累计实施 333 万例手术，内地接近一半的患者完成了重见天日的手术。年手术量提高到 45 万例，实现了白内障致盲人数的负增长。

现在，李嘉诚又开始关注角膜移植，着手解决第二大致盲因素。低视力者配用助视器，低视力康复迈出了开拓性的一步，使以往被误作盲人的 4 万低视力者告别了朦胧世界，并为数以千万计的低视力者带来福音。此外，资助建设的 30 个省级残疾人综合服务设施，为残疾人提供了全方位服务；还针对内地自然环境普遍缺碘，为 6752 万孕妇、婴儿等特需人群服用了碘油丸，不仅预防了智力残疾，控制了碘缺乏病，而且使新生儿的智商得以提高。

回顾历程，邓朴方十分感慨地说：在我们创业之初，李嘉诚先生的捐款真是雪中送炭，催生了《中国残疾人事业“八五”计划纲要》，带动了事业的全面发展，给六千万残疾人的命运带来整体而久远的影响。

正如《管子 · 权修》所曰：“一树百获”。新世纪来临，让每个缺肢者都站起来，让所有的盲童都能上学，让生活在基层的残疾人都得到服务。这些，是李嘉诚与中国残联再次合作描绘的一幅曼妙的愿景，真诚的理想，真实的蓝图。

1999 年 12 月，邓朴方将赴香港两天，参加国际会议。李嘉诚闻讯，致电北京，希望与邓朴方在港期间见面晤谈。12 月 18 日，两位老朋友再次相聚。李嘉诚真诚地向邓朴方表示，1991 年交谈的情景，印象犹深，当时非常高兴，新世纪来了，彼此一定要加强合作。李嘉诚乐意再捐款筹办新里程计划，原则上不要锦上添花，一定要实实在在的东西。他再三表示，为了帮助更多有需要的人，他愿意不断付出精神、时间和资源在医疗、教育和公益事业上。

邓朴方说：1991年的捐款，对我们的帮助太大了。我55岁了，内地是60岁退休，我想在退休前扎扎实实地做几件事，为后来者留些东西。主要着眼于薄弱环节和发展需要，创造条件，建立基础，形成机制，使残疾人事业得以与经济社会协调地持续发展。无论如何，选好项目，用你的捐款主要做拓荒性的工作。李嘉诚赞许道：机制很重要。

孔子曰："得之于身者得之人，失之于身者失之人。"

三个月后，中国残联送上一份需6000万捐款资助的"长江新里程计划"，李嘉诚欣然同意。后来，他又主动追加4000万，捐款达1亿元港币，以扩大受益人数。"长江新里程计划"刚刚实施，已超额完成年度任务，初显成效。

甘肃永登的蒙向延，摔下悬崖，昏迷中冻伤后被截去四肢。他将破篮球绑在下肢残端上跪行，度日维艰，想一死了之。

"长江普及型假肢"让他又站了起来。笔者看到他在用残缺的双臂劳动着，从他的乡音里，只听清了两句：李先生让我又能干活了，我要活下去！

贵州息烽的宋露露、宋娇娇两位盲姐妹，早已过了入学年龄，却因贫寒失学至今。李嘉诚的资助将使她们走进向往已久的课堂。这些得益于李嘉诚的聪慧的年轻人，将给盲人康复事业带来生机。蓝图刚刚展开，温暖渐渐显现，更多更美的画卷将陆续展示在世人面前。

近年来，中国残联多次向李嘉诚提议，举行捐款助残总结发布活动，并邀请李嘉诚参加，均被婉言谢绝。忙？李嘉诚确实很忙，但对于分身有术的李嘉诚来讲，这绝对不是理由。李嘉诚说："这是我作为一个国民应尽之天职。"

李嘉诚在一篇文章中写道：

> 世界上要成就每一样真正有价值而值得骄傲的事，都必须有正确的人生观，为理想和目标付出时间、努力、坚毅的意志和奋斗精神。大家以崇高的价值观，付出爱心、精神，善用宝贵的资源贡献社会，共同为人生留下美好的种子。

这就是李嘉诚与残疾人之间鲜为人知的数以万计的平凡故事中的沧海一粟。踏雪无痕，滴水穿石。

人们从中可以读出商海之外的李嘉诚，一个生活中的、立体的、大写的"人"。

佛学大师赵朴初临终前，在医院挥毫为李嘉诚题词：拳拳爱心。很少题词的李嘉诚，在甘肃省残疾人康复中心一挥而就：“发扬人性中光明与高贵的一面，为无助者提供无偿服务。”

同时同地，残疾人送上他们的礼物——在众多残疾人的签名之上，烘托出一行大字：您的爱改变了我们的一生！

“仁人之心，以天下苍生之心为心。”荒山、大漠、黄土、沙尘，是西北地区人们视野里的普通得不能再普通的主角。

每年立春过后十多天的时候，这些山上仍是光秃秃的，裸露的山体上既无草木，也无岩石，而是深厚贫瘠干渴的黄土，与大自然一片混沌的黄色浑然成为一体，展现出自然凄凉的沧桑，展示出大自然无情的冷漠，显现出大西北人的无奈与悲哀，显示出黄土高坡的期待与希望。

川，是存在于山与山之间的平地，川中通常有一条或深或浅的河，河里流淌的有些是高山上融化的雪水，春天，溪水潺潺，浅浅的河滩上铺着一些石头块。夏天，很多时间是干涸见底，冬季中一些干涸的河道上还可以行车。相比之下，由于收成较好，川上人家的日子要好过一些。

以种麦子为例，甘肃省临洮县北街村张静家的两亩多地正常年份能收600公斤，而种山地的永登县牌楼村蒙向延家的12亩地基本上望天打卦，每年的总产量一般也就600公斤，也就是说，平均每亩50斤，略微多过种子。

本来，张家和蒙家都属于西北地区农村里千千万万不算富裕却充满温馨的小家庭：丈夫勤快，妻子贤淑，孩子懂事，家庭和睦。

但不幸似晴天霹雳毫不留情地降临到这两户人家，张家宝贝女儿张静失去了左腿，蒙家的顶梁柱——作为丈夫和两个儿子的父亲，蒙向延失去了双手和双脚。突如其来的灾祸一下子攫夺了全家人的欢悦与全部希望。是谁，让许许多多这样的家庭又绽开了笑脸，使他们的院落重新洒满了阳光？使他们的生活充满了希望？是远在香港近在咫尺的李嘉诚。

2004年2月20日上午，在甘肃省康复中心，当15岁的女孩田楠深情讲述自己接受聋儿语训的过程，为自己今天能和健全的孩子们一起念中二，含泪向李嘉诚表达发自内心的真诚感激时，李嘉诚被感动了，李嘉诚坐不住了，双眼湿润的他走过去轻声抚慰。

现场的李嘉诚基金会工作人员抑制不住眼中的泪水，心情久久不能平复。凤凰卫视主持人吴小莉每每提起这一感人肺腑的场景，亦是不胜唏嘘。而当李嘉诚在发言中说道："不要难过，要向前看"、"谢谢你们给我信心"的时候，人们能清楚地体会到他内心所经历的深深的感动。

> 我们期待这项有意义的服务能在神州大地展开，并唤起更多有理想、有抱负的医护人员参与。如果一切进度达至预期理想，甚或考虑另设专项基金做长期资助，使这个有意义的项目可以永远继续发展下去。

李嘉诚是谦逊的。李嘉诚确实是真诚的。李嘉诚没有丝毫的自我陶醉，有的只是，对所有参与慈善落实捐款的工作者的真诚感谢。他一再向残联工作人员和各级政府表示发自内心深处的谢意。

在聋儿语训教室，他主动与在场的每一位老师握手致谢。此时此刻，每一个到李嘉诚的人，都能够感受到他那真诚真切慈祥期待的目光。

实际上，"长江新里程计划"在其酝酿和实施过程中，感人的事例不胜枚举。每一个个案包含着一个辛酸动人的故事，每一个个案都展示着人性光辉的散播，每一个个案都凝聚着李嘉诚的心血，每一个个案都唤起了一个个生命崭新的希望与起点，每一个个案都构筑起一个生命的新的支撑点，每一个个案甚至都浇铸出一个出人意料的转折点，每一个个案也都必然演奏出生命与理想的交响乐章。

全国残联的领导反复调研论证，周密地制定了项目实施方案并指导实施。众多的工作人员不辞辛苦，奔波于乡村城镇之中，行走于崇山峻岭间。因为，他们深深知道，在他们的背后，有一股神奇的法力在推动着他们，在鞭策着他们，在鼓励着他们。因为，他们深深知道，绝对不能辜负捐款者李嘉诚的拳拳之心。为无助人士做无偿服务——李嘉诚先生的心愿春风化雨，滋润了无数人的心灵，并化作一股股暖流在人群中传递。

路，在希望中不断地绵绵延伸；希望，在脚下铺就的路上微微浮动；生命，在时空骚动中潺潺荡漾；理想，在蓝天中翩翩飞翔。

李嘉诚资助的项目使众多残疾人重新鼓起了生活的信心：蒙向延可以养羊、

喂猪、养鸡了；赵银生可以种菜加工豆腐了；刘春娥掌握了理发的手艺；吕春玲可以打工挣钱让女儿上学；张静慢慢走进了向往的课堂；李强终于支撑起了自己脆弱的生命……

要知道，有多少个张三李四是从企图自杀的绝境中爬出来的。

离开香港来到寒冷的新疆，从西北到西南，李嘉诚一连九天走访了西部六省八市，足有数万公里，跨越春夏冬三个季节。西部地域辽阔，发展参差，李嘉诚此行希望更多了解当地情况，每到一地，虽仅住一晚，却要连续访问五六个地点，细心听取政府介绍、接触各界人士。

数十年来，统领26万员工、投资56个国家与地区的李嘉诚，即使有再大的生意，也没有离开香港超过四个工作日，更加不可能连续放假超过四天。而这次，他花了九日行程，也利用了两个周日。也许没人知道，李嘉诚营营役役六十年，休假从来没有连续超过六天。

李嘉诚说："其实我们在外赚钱也不容易，我是希望能将捐款投到最需要的地方。"在《礼记·礼运篇》中，孔子与子游的对话似乎在今天一样适用。"大道之行也，天下为公。选贤与能，讲信修睦，故人不独亲其亲，不独子其子；使老有所终，壮有所用，幼有所长，鳏寡、孤独、废疾者，皆有所养。"

在两千多年前物质匮乏的社会，先贤孔子就能够憧憬政治民主，"天下为公"，"选贤与能"；希望大公无私，"不独亲其亲，不独子其子"；向往一种田园风光式的和谐的生活幸福，"老有所终，壮有所用，幼有所长，鳏寡、孤独、残疾者，皆有所养"——多么美妙理想"和谐"的社会蓝图啊！但是，两千年后的今天，人类已经进化到高度物质文明的今天，对于还在社会底层苦苦挣扎的很多人来说，这依然是一个遥不可及的幻觉与梦想。

李嘉诚动情地说，我曾做过一个国富民强的好梦。

在我们祖国的土地上，辽阔的沙漠有良好的道路，干旱的地区有充足的水源和肥沃的土地，各地的天然资源得到很好的开发利用，人口密集的城市有舒适的生活环境，风和日丽，商机繁荣，来自不同民族的人一起和睦健康快乐地共处。只要有勇气、信心和坚持，我深信梦境一定会逐步成真。

见到李嘉诚一直默默流泪的兰州市34岁的“小儿麻痹”矫治者刘爱云，曾被绝情的家人遗弃，“长江新里程计划”的实施使她能够告别悲惨的昨天，终于站了起来，并且做到生活自理，结婚生子，开始了幸福的新生活。他们的今天，彰显的是人性中善的力量的无所不及。他们的现状，反映的是人的尊严与爱心的发扬光大。他们的未来，展示的是仁的法力与善缘的绵延不绝。尽管，片言只语根本就不足以表达他们心中的感激。

由于受自然条件以及资金、技术、文化等方面的局限，相当一部分残疾人的心中仍存留着挥之不去的阴影。

> 我们在都市的人，对大自然的敬畏感受不深，很难体会到大自然常常对人是如此苛刻。我这次西部行，从新疆开始，一直南下，路上感触良多，慨叹发展的道路如蜀道难行。
>
> 丰富的矿源往往处于很偏远的地方，有极度干旱的地区，亦有负担密集人口的城市，沿途我有一个强烈的感觉，一个地方如何利用资源，如何解决贫乏环境最重要的因素，是人才的培养，关键在于教育。
>
> 有好的人才，我们才会寻找出发挥资源的最好方法；有好的人才，我们才会寻找到解决资源贫乏的最佳途径。有人才就有发展，有发展就可以改善生活。

贫穷仍是他们的头号敌人，是盘旋在他们头顶上的黑色幽灵。他们中的一些人眼下乃至以后不得不面临着生计问题，甚至连温饱问题亦未完全解决。这使得助残和扶贫、社会保障等工作必然地联系在一起。怕受歧视仍是他们最大的心病，许多残疾人终日不出门，或者不敢出门，或者出门不敢抬头。这不是他们的责任，而是每一个所谓健康的人的失责，这是我们每一个所谓健康的人的耻辱。在这里，人性的光明更折射出心灵的卑微与龌龊，以及心灵残疾的可悲可耻。残疾人的家庭不应是残缺的。残疾人的生活不应该是残缺的。

> 导致贫穷的根源，也许已超乎我们所能理解，不管是制度上的不足或是个人努力不够所造成，我们每一个人绝不能漠视这日益严重的问题。但是医疗技术的输送能对有需要的社群赋予自助的尊严，人性

真心的关怀能为尘世很多遗憾做出一些弥补。

当香港因为一公众设施不能方便残障人士而大声喧闹之际，远在西北，或者近在东南的同胞，或许因为人为的疏忽，瞬间失去了手脚甚至生命。

在甘肃省永登县一个铁道口，这是一个田野里的无人值守的道口，铁道口的两头不远处都是弯道，视线受到阻挡。地处闹市区的兰州饭店门前，站在斑马线的起点，面对车水马龙的奔腾盘旋，人们经常发现过不了马路。因为无论亮什么灯，面前的车辆总是川流不息，而且不见减速。

在 2001 年春天的夜晚，甘肃省永登县农民蒙向延、临洮县一年级小学生张静、武威市初二学生田楠的家中荡漾着幸福，灯火也格外明亮，因为他们的心中被另外一盏灯照得亮堂堂的！是的，李嘉诚，给他们的家庭带来了希望与光明。李嘉诚成了这些家庭心中不灭的阿拉丁神灯。

钱可以用，但不可以浪费

李嘉诚对推动慈善公益事业的崇高使命感和热诚投入精神，令人们肃然起敬。"'栽种思想，成就行为；栽种行为，成就习惯；栽种习惯，成就性格；栽种性格，成就命运'。这记不起来是谁说的话，但我觉得适用于个人和国家。"

2001 年 2 月 20 日，李嘉诚来到他八年前资助建设的甘肃省残疾人康复中心。正在进行康复训练的脑瘫患者迈开蹒跚的脚步、伸出颤抖的双手，李嘉诚快步迎上前去亲切抚慰；经过听力语言训练的聋儿在动听的乐曲中齐声朗诵儿歌、跳起稚嫩的舞蹈，李嘉诚不时会意微笑。

李嘉诚还非常仔细地查看了"长江普及型假肢"装配的整个流程，关切地询问假肢是否舒适耐用，当亲眼看到刚装上假肢的残疾人迈出第一步时，一种由衷的喜悦浮现在李嘉诚饱经沧桑的脸庞上，李嘉诚不时颔首微笑。随后，他与残疾人围坐在一起，残疾人发自心底的声音，使李嘉诚十分动情，其中的几个孩子更让他无法安坐。

马上就要成为小学生了，张静却因车祸失去左腿。每天早上，她单腿蹦到门口，眼巴巴地看着小伙伴们背着书包活蹦乱跳地走向学校的背影。2000 年 7 月，李嘉诚资助她装上假肢走进课堂。小张静骄傲地告诉李嘉诚，她语文考了97分，数学得了100分，还当场表演了踢毽子。李嘉诚高兴地接过张静的三好学生奖状，鼓励她说：将来科技发展了，你还会跑起来。

失去了一条腿的6岁儿童窦军，长得虎头虎脑，一脸童真，见到李嘉诚，他毫不怯场地仰着头大声说："爷爷给了我新腿，我要好好读书，长大后挣好多好多钱，坐着大大的飞机去看李爷爷。"这个爷爷的称呼是发自内心的，是天真真诚的。全场大笑，"李爷爷"也宽慰开心地笑了起来。

临别时，谁也没有想到，李嘉诚向随行人员要来自己的名片，逐一递到残疾人手中，亲切地说：今后，有事找我。在兰州，在商政名流穿梭的频频聚会中，从未看见李嘉诚给任何人送名片，现在他拿出来了，给的却是最普通的残疾人，几个孩子……试问，我们当中，你们当中，他们当中，有几个人，曾有过这样的荣幸？见微知著，这就是李嘉诚的风骨与胸襟。

一星期后，李嘉诚回到香港。就在第二天，百忙之中，他给张静和田楠各写了一封信，表示很高兴与她们见面，同时鼓励她们努力向上，积极面对人生，只要在学业上取得优良成绩，日后如升学遇到困难，可以与他联络。李嘉诚在信中鼓励道：

> 人生只是短暂的刹那，只要想到为了能够改变自己的命运，为了能够改变家乡的面貌，必然能够以积极进取的姿态，在有限的生命里，不断地充实自己，令自己成为一个对社会，对人类，对家乡有用有贡献的人，哪怕是寂寂无名，只要能够做到心安理得，利人利己，活得实在，活得开心，不虚度光阴，就是一个成功者。

这样一个商界巨子，要务繁多，百事缠身，日理万机，但没有忘了那个农村的残疾小姑娘。

法国18世纪伟大的启蒙哲学家霍布斯有过这样一段话："因为伟大的人物的本分之一，就是帮助别人，使之免于耻笑，并且只把自己和最贤能的人去相比较。"

人们常常议论李嘉诚，常常以敬仰仰慕羡慕的眼神注目李嘉诚，但是，又有几个人知道，李嘉诚究竟在哪里？

由于盲文的特殊性，盲人书刊成本昂贵，通常由国家补贴、按计划限量印制。但1997年，中国盲文出版社却应盲人要求自发地出版了一本《李嘉诚传》，盲人最大的不便是阅读，这不仅因为他们看不见，还因为买不起盲文书刊。

盲人用手触摸的盲文是打在厚厚的卡纸上的凸点，制作复杂，盲文图书的成本是普通图书的十几倍！内地唯一的盲文出版社，基本上是在国家补贴下出版教材和时政书刊。可就在没有国家补贴的情况下，他们出版了第一本盲文传记《李嘉诚传》，居然在短短的三个月内销售一空。

国际公约规定，盲文书刊免费寄递。盲文出版社考虑到盲人的困难，附设了图书馆，开展邮递借阅，使盲人不花钱就能读到书。图书馆特意留下20套《李嘉诚传》以供借阅。四年来，这20套书被排期借阅，从未间断。有时预约期长达半年。图书馆的借阅单显示，《李嘉诚传》都是在还没有归还的时候，就早已被人预定，读者遍及各地，从现代化的大城市到封闭隔绝的小山沟。当作者辗转多人，亲眼看到摸到这本几十页厚纸的书的时候，发现厚厚的卡纸上的盲文凸字几乎被磨平。

这得由多少盲人用自己的食指点触多少次才能磨平啊！这不是在读书，是在用手触摸心中的恩人圣人，是在用心表达无尽的感激。为什么盲人对李嘉诚有如此特殊的情感？也许下面一组数据就是最好的答案。内地七百多万盲人中，五年间，在李嘉诚的资助下，107万白内障致盲者重见了光明。这是总数的七分之一啊！这仅仅是李嘉诚一个人的力量。魔法？神力？如果再有两个、三个、四个甚至更多的李嘉诚这样的人，那么，内地的千万白内障疾患还存在吗？

在李嘉诚身上，很难推定他所体现的精神与文化究竟应该归于哪个具体时代哪个社会哪个断层哪个族群哪个社区。他的一举一动一言一行似乎是平凡的、普通的，然而也绝对是不平凡的，是凡人俗人庸人的超越者，是时代与社会的超越者，是历史的超越者，当然，是不折不扣的现实的超越者。亦是现实的忠诚者与叛逆者。

他热情而又冷静，博爱而又专注，执着而不偏狭，仁慈而不诺诺。2003年2月20日，李嘉诚在长江学者奖励计划答谢鼎力支援和协助的各方人士仪式致词：

我最近看了一本名为《淡紫色》的书，书中的主角是珀金，他是第一位将化学发明转化为工业生产并创造出大量财富的化学家，珀金（W.H.Perkin——编者注）生长在一个普通家庭，老师叫他做一个化学实验，尝试制造奎宁，结果奎宁造不成，却制造出一堆黑色的化学物体，将白布染成紫色，这种名为苯的黑色沉淀物，日后成为提炼出工业上有广泛用途的染料——苯胺紫。

18个月后，他为这项发明申请专利，并大力加以商业化，结果这项发明，成为了其他科学家无数发明的药引，无论在漂染、医药、化妆品、食物工业等方面均有广泛用途，造就了价值以万亿元计的工商业生产。

珀金是一百多年前的人物，今天他已被世人所遗忘，他的故事对我们却有重要的参考价值和启示作用，珀金16岁已取得丰硕的科研成果，他从个人的好奇出发，目的不是完全为了财富。他并非一帆风顺，我们可以想象，一个年轻的小伙子，要争取他人的信任是何等困难，但他排除万难，坚持将之转化为商业发展，结果成为一位杰出的企业家，23岁已是当代富豪，36岁盛年退休，重新专注他喜爱的科学研究。

珀金化腐朽成金的传奇并非因为他幸运，而是建基于我们都可以拥有的潜质为无微不至的洞察力、争取知识的热诚、不断进取的毅力、不怕失败的自信。

李嘉诚动辄捐给社会千千万万，而给一个求助者只以言传并济以少许钱物。也许正是这种拿捏得法的历史分寸感，使他能在社会人生的诸种方面取得傲视群雄的空前成功。即使到目前，他似乎也没有失去这种分寸感，他的眼光仍足够敏锐，他的头脑依然清醒，行动依然敏捷，语言仍旧睿智。这使得他每有行动总能令世人大跌眼镜，他的行为有别人想象不到之处，而这行动的成功结果又总如太平洋上的热带气旋高速变幻一样蔚为壮观，令人惊叹，神奇地充实了平凡人的视野，神奇地遮掩了平凡人本该拥有甚或有幸看到的点点光芒。

钱，在李嘉诚心目中，究竟是个什么概念？许多好奇的人常常问到这样一个简单到不能再简单的问题。事实上，李嘉诚简朴的生活理念和对待金钱的态度也表现在他的生活细节与投资里。或许，以下一件小事，再清楚不过地说明了李嘉诚对金钱的态度。

有一次，在取汽车钥匙时，李嘉诚不慎掉落了一枚2元硬币，硬币滚到车底。他估计若汽车开动，硬币便会掉到坑渠里，于是蹲下想拾起来。此时旁边一名印度籍保安见到，立即爬到车底代他拾起。李嘉诚接过该硬币后，竟给他100元酬谢。李嘉诚对此的解释是：若我不捡这枚2元硬币，让它滚到坑渠，该2元便会在世上消失。而100元给了保安，保安便可将之用去，发挥其货币的功能，岂不是物尽其用。

> 我觉得钱可以用，但不可以浪费。
>
> 我平生最高兴的，就是我答应帮助人家去做的事，自己不仅完成了，而且比他们要求的做得更好，当完成这些承诺时，那种兴奋的感觉，是难以形容的。

宁养医疗

2001年9月7日，上海市慈善基金宣布，李嘉诚基金会及和记黄埔有限公司共同捐出人民币2810万，支援建设上海市金山众仁护理院，将于2003年建成并投入服务。

拟建于金山区枫泾镇的金山护理院，总建筑面积17300平方米，占地达56943平方米，以两幢三层式设计，共设400张床位。护理院选址环境宁静优美，旨在为孤寡、经济特困、晚期癌症及因大病、垂病后需要护理的老年病人提供康复护理及医疗保健服务。该项目总预算超过5620万元，由李嘉诚及金山区人民政府共同投入支援上海市慈善基金筹建。

上海市慈善基金会表示该护理院将采用老年护理新概念，以优良的环境及高水准的专业服务照顾入住的老人，并会遵照扶危济困的宗旨，资助有特殊困难的入住者。慈善基金会对这次得到李嘉诚基金会及和黄集团的慷慨捐助，感到非常鼓舞。

随着大陆老龄人口逐年上升，市场潜在商机惊人，不少投资者纷纷将目标市场锁定夕阳银发族。李嘉诚表示，已有计划在大陆投资建设连锁养老院。

2003年10月23日，上海金山众仁护理院举行了揭幕仪式。李嘉诚专程从香港赴沪，与上海市慈善基金会会长陈铁迪共同为护理院揭幕。在揭幕仪式上，李嘉诚在讲话中更提到未来与过去的关系。他有所感触地说：

在罗马神话里，有一尊神，他有两张脸孔，一张前望未来，另一张往后看着过去，人一生面对的各种挑战不断地在重复，知道过去，才可更有力地掌握未来。

在众仁开幕之际，李嘉诚便透露，将有意在大陆投资连锁养老院。之前，李嘉诚在香港已经兴建了五所护理老人院舍，捐资超过 1.3 亿港元。

上海的《新闻晨报》的分析说，时年 75 岁的李嘉诚，对老人的心境与遭遇有着真挚的体会，才会想到在大陆投资老人护理院。

以一个富有的人来说，工常生活所需要的钱占比例只是很少，一生没法子用得完。比如，我以二三十年前的财产，就算由那时开始不做事，钱一生也花不完，不用说二三十年后的今天。所以我认为，既然你已有一生花不完的钱，而钱是赚不尽的。若你为了赚钱，做一些对不住良心的事而损坏你的名誉，这个人就很傻。

我一向的做法就是尽本分去赚钱，将赚到的钱，部分帮助社会上有需要的人，在医疗、教育上出力，我尽我的能力去做好，再加上从来不与世人去比较财产的多少，所以在这种心理下赚钱，只有少许的压力。

在中国残联总部，保存着十多年间与李嘉诚先生的往来信件，足有厚厚的两大册。大到项目的选择、捐助资金的使用安排，小到为一个残疾人解决具体困难，能想到的、能做到的，李嘉诚都事必躬亲，亲自过问。还有一盘录像带，它的由来更是发人深省：李嘉诚在电视上看到国外假肢技术的最新报道，便让人从电视台找来录像带，快递北京供中国残联参考。

李嘉诚的乐善好施不是始于今时今日大富大贵之时，而是贯穿于一生一世每时每刻。20 世纪 50 年代，李嘉诚初做塑胶花生意的时候，经常去皇后大道中的公爵行洽谈生意。细心的李嘉诚经常发现一个四十多岁的、样子很斯文的中年妇女，站在路边行乞。虽然是行乞，亦是非常斯文地站在那里，从不主动伸手要钱。一天，天气很冷，她站在那里瑟瑟发抖，也很少有人理会她。李嘉诚便主动趋前，与这位素昧平生的行乞者交谈。

这个行乞的女人，很少有机会看报看电视，并不认识站在她面前的是何方神仙。李嘉诚问她会不会卖报纸，她说有同乡正在干这行。于是，李嘉诚便让她与她的同乡一齐来见，想帮助她做这份小生意。就在约会的那天，偏偏客户提前一天到李嘉诚的工厂参观，在与客户交谈的过程中，李嘉诚突然与客户说了声对不起，安排其他人陪客，就冲出门外，客户以为他去洗手间了，不以为意。

李嘉诚飞车来到约会地点，见到那个妇女与她的同乡，问了一些问题，就把钱交给她，让她去办报刊点，并劝勉她不要再乞讨，要勤奋工作。那位妇女想要问李嘉诚的尊姓大名，李嘉诚已经转身走了。事毕，李嘉诚急匆匆返回公司，急得不耐烦的客户，问李嘉诚为何这么长时间，怎么在洗手间找不到，李嘉诚笑而不语，顾左右而言他。

盲人自有他们传递信息和交流情感的方式。中国残联的一位盲人理事讲述了他到地方经历的两件事。青海一位因外伤而双目失明的70岁老人，终生没有走出过草原。老人对同是盲人的中国残联一位负责人说：草原很大，我走不了多远，可听到很多从我家经过的人都提起李嘉诚。要知道，这是身处闭塞偏远甚至连电视、电话都见不到的西部高原。李嘉诚没有来过我们这儿，可他让草原上的许多盲人都睁开了眼。李嘉诚有一颗金子般的心！

下面发自肺腑的声音就更使人震撼。一个叫翟艳萍的姑娘，因脊髓灰质炎导致小儿麻痹后遗症，从此，只能手扶脚面在地上蹒跚蹲行。她羞于见人，从未出过家门，熬过漫长的28年——直到接受了矫治手术。她激动万分地说：“28年来，我第一次知道自己的身高；28年来，我第一次站起来做人。”

28年来，她第一次感受到，自己是一个活生生的人。说到这里，翟艳萍泪流满面，向李嘉诚深深地鞠了一躬。翟艳萍的鞠躬，让李嘉诚深深为之震动，仅仅是一个意念，举手之劳，就可以改变一个人的命运，更可以改变她的一生。28年，这一天来得晚也不晚。最主要的是，终于有了自己未曾想到的这一天。

这是1993年，北京人民大会堂，一次有李嘉诚参加的汇报会上发生的事情。而今天，翟艳萍已经有了工作，有了家庭，有了孩子，更有了自己的理想，那就是，尽自己之所能，帮助更多有需要的人士。更重要的是，每天都能够轻松自然地看到蓝天白云的晴朗天空，看到了阳光的照耀，感受到了雨露的滋润，感受到了春天的温暖。

李嘉诚一向对老人护理及宁养服务十分重视，并大力支持，早在1998年，宣布每年捐资人民币2000万元在内地20所重点医院设办免费的末期癌症病人宁养服务，为老人护理项目投入捐献。这就是李嘉诚近年倡导的“宁养医疗”观念，在内地推行宁养院（免费家居镇痛服务）计划。他提及这个计划时表示，自己在香港有不少朋友患肿瘤病，在去世之前受过不少痛苦。李嘉诚与汕头大学医学院的领导商量，希望成立第一家宁养院，并以汕头为首个试点。

缘何使用“宁养”这个名词？李嘉诚说，临终关怀的名字用得不好，临终一词始终会给病人造成沉重的心理负担，用宁养院更容易获得接受。

> 今天有的人你开始给他治疗，不是治疗，是减轻他的痛苦……照医疗来讲，今天的药物，可以减轻他最少90%的痛苦……我说，假如一个药减轻病痛是90%的，价格是50块钱，但是一个可以减轻99%，要100块的，我情愿买100块的，就是尽量令病人的痛苦可以减的越少越好，这是自己心底的想法。

他承认，只有20家是完全不够的，但此服务不能单凭他一个人来做，而是希望借此发挥样板作用，鼓励社会上多一些人一起投入：大家都能够一道，那么这力量就大了，单凭我个人，是做不大的。宁养院“以贫困晚期癌症病人”为服务对象，以“家居服务、门诊服务”为服务方式，以“镇痛治疗、心理辅导和护理指导”为服务内容，取得了良好的社会效益，为内地开展宁养服务探索出可行模式。

2001年，李嘉诚决定，每年捐资二千五百多万元人民币，推动实施全国宁养医疗服务计划，先后与全国19所重点医院签约，分别设立宁养院，使其成为内地上门免费为贫困癌症病人镇痛治疗、心理辅导、生命伦理等方面照护的临终关怀机构。

李嘉诚基金会全国宁养医疗服务计划办公室公布的数字显示，全国宁养医疗服务计划已经在内地19个城市建立了20个宁养院，有142名专职医护人员，已为4万例贫困晚期癌症病人提供免费家居镇痛治疗、心理辅导和护理指导，服务总次数超过38万次。据介绍，内地的20所宁养院分布在13个省、市、区，覆盖130个以上区县。各宁养院服务半径达200公里。2008年年初，李嘉诚基金会捐出4200万元港币，香港医管局同时提供2300万元港币做配套资金，成立一个“李嘉诚基金会宁养服务计划”，令屯门医院的施永健医生和玛丽医院的梁道伟医生得以完成心愿，为全港三分之二的末期癌症病人提供三至九个月的宁养服务。该计划含“公众教育”、“义工服务”、“癌症病人资源中心”、“医院肿瘤中心”、“宁养服务中心”五大部分。

八所宁养中心将覆盖玛丽医院、东区尤德夫人那打素医院、葛量洪医院、伊丽莎白医院、基督教联合医院、玛嘉烈医院、威尔斯亲王医院和屯门医院，每间宁养中心约一千多英尺，设有活动室和诊症室等设施。

该计划将提供8000节心理辅导服务，并估计可以令750名儿童和500个家庭受惠。医管局预计服务提升后，可让额外5000名癌症病人受惠，计划同时会增加2万个日间宁养服务名额和1.2万次家居探访。

李嘉诚在参观宁养中心时赞赏中心的前线工作人员，指他们的工作虽然最终总是面对令人伤感的结局，但值得社会嘉许。一次，有人问起李嘉诚，对临终人士的关怀，为何投下最多心机，毫不吝啬？

他说，因为有一个富豪朋友，身患绝症，在他的最后岁月，惨被病魔煎熬，那份痛苦，没有人帮到他；即使不断打止痛针，痛楚稍减，接着却又是呕吐……他非常感触，朋友那么有钱，已经得到最好的照料，还是如此痛楚，他想到，如果是穷人，无钱无药，面对绝症，不是比富豪朋友苦痛过十倍？在死亡面前，人不论贫富，都毫无尊严，他希望一般病人临终前少受一点痛苦，不但是身体上，还要是精神、心灵上的全面照顾，给回他最后的宁静与尊严。

李嘉诚非常欣赏诺贝尔的这一感言：金钱这种东西，只要能解决个人的生活就行，若是过多了，它会成为遏制人类才能的祸害。并且，也一如既往地，不遗余力地推展他的“第三个儿子”的“第三产业”。当然，这并不是每个富豪都乐意做的只出不进的产业。

李嘉诚亦对参与宁养服务的医护人员极度推崇：

宁养院的各位医生及医护人员能够全心全意，不求回报而自愿将爱心奉献给病人，令他们减少痛苦，重拾尊严，并纾缓了病者家人的精神压力，我认为这种品格是非常伟大的。

因为你们所做的，为病人在痛苦中带来希望，将他们的痛苦转化成平和、舒适与尊严。

内地受捐助的17家医院是汕头大学医学院第一附属医院、北京天坛医院、北京肿瘤医院、上海第二医科大学附属新华医院、天津市第一中心医院、中国医科大学第二附属医院、广东医学院附属医院、深圳市人民医院、粤北人民医院、潮州市中心医院、暨南大学医学院第一附属医院、大连医科大学第一附属医院、兰州医学院第一附属医院、福建省立医院，广西医科大学第一附属医院、江西医学院第一附属医院及新疆医科大学附属肿瘤医院。这些医院今后将每年从李嘉诚基金会获得100万元的捐助，建立免费宁养服务。

医疗扶贫

有一次，扶贫医疗人员得知广西某山村5岁女孩韦芳圆，因患被视为晚期不治之症肿瘤病而家又贫穷无能医治后，将她从广西带到汕头就医。当获悉医生成功为小韦切除肿瘤时，李嘉诚在百忙中特意致电慰问，并派李嘉诚基金会董事周凯旋专程到汕头看望小韦。

为使医疗扶贫工作有效继续下去，李嘉诚亲自设计订制了一只纯金茶杯，并给负责医疗扶贫办公室工作的孙德麟致函，信中说道：

> 谨送上特别设计、定制并刻有“人间有情”字句的纯金茶杯一只，这是我花了很多时间去构思的，是深深蕴含着我对每一位扶贫医疗工作者由衷的崇敬和谢意，并永志留为纪念。以此鼓励大家。

2004年12月26日还是圣诞假期，李嘉诚早上四点多就起床了，他在晨曦中赶往香港机场搭机飞往汕头，因为李嘉诚基金会要在潮州饶平辖下的三饶卫生院实施的“关心是潮流，打造奉献文化”的医疗扶贫新模式。

从汕头机场到粤北山区小镇三饶还有一个多小时的车程，76岁的李嘉诚好像不太介意沿途颠簸的山路，一路和潮汕地区的领导谈论贫困地区的挑战，同行的汕头大学学生在一旁专注地听着。在启动仪式上，李嘉诚呼吁人们有钱出钱、有力出力，率先将这个可行的计划成功落实，希望可以唤起其他地方的注意，大力进行相同的计划，使内地现存的农村医疗问题有望改变和获得改善。

“关心是潮流”扶贫计划的宗旨是：动员海内外热心人士的力量，在各级地方政府的大力支持下，共同为广大农村贫困病人建立一个可以共同付出和关心的社会服务平台，提供优质而低廉的医疗服务，在社会中打造李嘉诚基金会一直推动的“奉献文化”。

该计划从潮汕地区开始实施，逐渐向全国推广。首先在潮汕地区选择 20 个乡镇医疗卫生单位分阶段设立医疗“卫星点”，每个“卫星点”投资 100 万元，20 个“卫星点”共计 2000 万元人民币，其中李嘉诚基金会捐款 1000 万元人民币，地方政府及其他来源支援 1000 万元人民币。

李嘉诚说他搞公益事业最重视效率，对口号式的“关心”极其厌恶，因为能解决问题的好办法比好的想法更为重要。李嘉诚说这次推出的“关心是潮流”是一个可行及可持续医疗扶贫的新理念。

应三饶父老乡亲之邀，李嘉诚第一次用家乡话致辞。虽然他称离开家乡太久了，潮汕话和普通话一样“普通”，他的潮汕话还是让乡亲们觉得格外亲切。他说：“谁也知道，地球上没有任何一个国家或任何一种制度，能够全面改变贫穷的存在，这不是主观的认知，而是客观的事实。导致贫穷的根源，也许已超乎我们所能理解，不管是制度上的不足或是个人努力不够所造成，我们每一个人绝对不能漠视这日益严重的问题。”

汕头大学医学院医疗扶贫行动办公室的有关人士称，受李嘉诚“济世爱民”精神的感召，目前有成千上万的各地医务人员志愿地参加了“医疗扶贫行动”，更广泛地为贫困病人无偿服务，使更多病人恢复健康。

为了使更多的医务人员参与本项行动，让更多贫困病人得到医疗，已经在更广泛地区建立扶贫基地、扶贫点和联络点，为贫困的基层卫生单位提供各种培训和经济设备以及技术支援，使许多基层单位参加医疗扶贫工作。

医疗和教育是李嘉诚投入心力最多的新事业，李嘉诚深深感受到，中国幅员辽阔，需要关爱和帮助的人实在太多太多，个人之力仅是杯水车薪，他认为中国传统视慈济心为个人德行，远不足以平衡物欲世界中对贫病的冷漠。必须改变这种被动的救济，提倡全社会的奉献关爱。

近年来，李嘉诚致力将他的公益事业从原来的捐赠文化推行到“打造奉献的文化”，李嘉诚以“有余补不足”的理念为引导，身体力行，希望以爱心、理念及投入唤起更大的社会力量，唤醒冷漠的社会，唤醒人性的良知，唤醒仁爱的理想。

李嘉诚要推动“奉献的参与”，使之成为中国时尚的责任文化，用一种崭新的心态去关心贫穷带来的社会问题，掀起同心合力推动社会改善和人心变迁的新潮流。

“关心是潮流”项目就是这样的设想，香港著名的眼科专家、同是潮州人的林顺潮医生负责组织医疗义工，香港文化界的胡恩威包装推广，汕头大学医学院及当地政府架构的支援和国内外潮汕人的捐助，通过建立医疗技术的输送平台和网络输送爱心的帮助，李嘉诚认为让有需要帮助的人能享有自助的尊严是建立良性循环的重要环节。

为使该项目得到国内外潮汕同胞的支援，李嘉诚与数十名来自海外第一次踏足偏远的三饶的国际潮团代表共聚。在交谈中，李嘉诚表示当今的中国人比前人幸运，中国政府致力于建设持续开放及法治的平等社会，尽管未尽完善，但国民亦不再受制于传统社会只能以“无我”为外衣，追求“自我”的扭曲价值观，反之，今天中国人完全可以健康地建立自我，在公平竞争中追求无我。他呼吁从商的人积极和自律地建立公平公正、有道德感、自重和守法的社会，这样才可为稳定、自由、和谐的原则赋予真正的意义。

潮州饶平三饶镇卫生院这次幸运地成为李嘉诚“关心是潮流”的第一个“卫星点”，这个有八十多个医护及工作人员的乡镇卫生院，要负责全镇五万多居民及农民的医疗服务，黄文忠院长表示，三饶是一个农业镇，农民的经济收入低，李嘉诚对三饶农民的关爱，真正体现了以人为本。

三饶作为试点，由汕头大学、香港中文大学联合汕头国际眼科中心先做主导，以因“白内障”而失明的眼科疾病为首个诊疗目标，计划三至五年内使潮汕地区成为无白内障失明的地区，逐步消除各类眼科病患后，转而专注其他农村疾患。

三饶虽然原是李嘉诚资助的汕头国际眼科中心的医疗扶贫点，但每年最多也就是由眼科中心派医生出诊做十多例病人的手术。10月1日，三饶卫生院派出医生护士各二名到汕头及香港参加培训。12月18日，三饶的眼科中心开始工作，20日至25日的五天时间，就让31位病人重见了光明。

黄文忠院长介绍，这样的病例在汕头医治需要3000至6000元人民币，三饶的病人一次性支付费用700元人民币，目前一般的农民家庭都能支付，按成本计算，一年做2000例类似的手术，就略有盈余了。这个计划以因白内障而失明的眼疾为第一个诊疗目标，计划在每个点实施白内障手术1000例，在三到五年的时间内使潮汕地区成为“无白内障失明地区”，并在以后逐步推广到其他地区。

在临时病房里，六十多岁的邓老伯诉说道，自己的左眼患白内障已经六七年了，现在几乎什么也看不见，很苦恼也很不方便。邓老伯早就盼着有一天能够手术治疗，没想到，今天终于意外等到了这次机会，而且是在汕头的大医院做手术。朴实的邓老伯的感觉是：“医生、护士人太好了！等手术以后能够重新看见了，一定要记住他们的模样！”这一切的一切，也许，李嘉诚都知道，也许，李嘉并不完全知道。

李嘉诚更热爱他的家乡，关心家乡的建设。他曾在一封给家乡潮州政府的信中写道：

> 支援国家建设，报效桑梓，此乃本人毕生奋斗之宗旨也，乡中若有何有助于桑梓福利等事，我甚愿尽其绵薄。

李嘉诚还与母亲庄碧琴女士，夫人庄月明女士多次捐款，在内地兴办中小学校，修缮历史古迹。

尽管李嘉诚为当地民众的福利事业做出很多贡献、捐赠，但他一律谢绝用他的名字为任何大厦、医院、学校命名。

1983年元宵节，潮州举行李嘉诚捐建的潮州、潮安两医院剪彩仪式，著名画家、书法家赖少其先生为李嘉诚之义举所感动，挥毫留下这一充满艺术家情感的佳作。

“李嘉诚先生爱国爱乡，出巨资为人民造房、办学、建医院，修复名胜古迹，人皆感之。余恭逢盛会，作此以赠。

“见今日，潮州城里，万人空巷，爆竹喧天，海外赤子，热爱家乡。不是唐时长安，胜过长安。

“思往昔，韩退之，被逐长安，路遥马疲遏庾关，始知梅花放。岭东春暖，同心合力，建设好江山。”

从“输血”的援助，达到“造血”以长期服务贫困农民的目的，李嘉诚开启了中国医疗扶贫的新模式，希望这样一个模式也可以在潮汕地区普及更成为全国都可以借鉴的典范。

一位失明多年的农村中年男子经过手术后，在“关心是潮流”揭幕仪式时揭开了纱布，他睁大重见光明的眼睛，看一看这充满阳光的世界，也一定要看一看李嘉诚，满怀感激地说道：“谢谢李嘉诚先生。”

李嘉诚也深有感触地表示：

> 医疗技术的输送能对有需要的社群赋予自助的尊严，人性真心的关怀能为尘世很多遗憾做出一些弥补。

走过神州大江南北，李嘉诚一直为贫穷农村的医疗不足而感遗憾，更为很多农村跨代贫穷而难过，今天李嘉诚通过“关心是潮流”计划，弥补的不仅是生老病痛带给贫困农村的遗憾，更是一点一滴地弥补了内地农村医疗体制的缺憾。

中国工程院院士、浙江大学医学院院长巴德年教授表示：李嘉诚坐言起行，动用社会力量支援医疗卫生将之落到实处，没有健康哪有小康？李嘉诚以企业家的承担和责任来减轻政府和老百姓的负担，但我认为政府要加大责任，支援这样的活动。

2002 年 3 月，在由他创办的“李嘉诚基金会”网页上，首次公开关于“李超人”的系列纪录片。李嘉诚尊崇的基本信念是“知识改变命运”。早在两三年前，一系列《知识改变命运》励志纪录片在电视播放，由摄影大师顾长卫执导。当时，李嘉诚亦应邀拍了一辑，但因他不愿在电视公开播放，该辑片段亦从未曝光。直至 2002 年获李嘉诚首肯，在网站播放，外界才有机会一睹为快。

李嘉诚基金会一直对中国大陆、香港及海外等多处地方捐款，该基金会正式推出网页，当中总结李嘉诚多年来的捐款活动及有关资料，部分资料更是首度公开，包括有李嘉诚少年与青年时代的黑白照片等。在这段访问中，已为香港的首富、国际上举足轻重的人物的李嘉诚，不讳言少年时曾因贫困而失学，更直言自己未有受过正规教育。李嘉诚自言很受父亲那一代人的影响。

我七八岁时，有一晚好冷，半夜醒来，见爸爸一丝不苟地改卷。我没有打扰他，但心里留下好深刻印象。我觉得当时中国的老师、知识分子，都是付出好多，收入好少。

我们的上一代好注重教育，甚至我也很受爸爸那一辈人的影响。

事实上，这从李嘉诚基金会过去一直在教育方面捐献最多便可知道。基金会在教育方面的资助占总额六成四。但李嘉诚本人却从没得到正规教育。不过，他并不同意“知识就是财富”的论调：

知识不能决定你的财富增加，但你会多了机会，你为自己创造机会，才是最好的途径。

李嘉诚称：“我 12 岁当学徒，不到 15 岁便担起家庭的担子，没有受过正规教育。我知道要努力工作、求取知识，才是唯一的出路。那时我有点钱便买书看，记在脑，到了今天我每晚睡前也一定要看书……”李嘉诚道出他对知识的看法，认为知识创造财富，也创造机会，知识能够改变一个人的命运。接着，李嘉诚又谈他对人生的看法。网页上的片段是他身处茫茫雪山下，回忆二十多年前与两子同游此地的往事。

故地重游，他叹天不变地不变，人事却两样，有感人生在世应留下点“美好种子”，人生才不白过，从中亦透露他多年来不断捐款的因由与信念。“富足并非拥有，而是如何运用。”没有钱会给人带来烦恼，但太有钱也会令人很迷惘，李嘉诚对此深有体会。最后，李嘉诚在慈善事业中找到了答案。

特辑中李嘉诚带摄制队到了一个冰天雪地的地方，指着冰湖说，十多二十年前一个夏天，当他的两个儿子泽钜和泽楷年纪还小时，他们三父子在这湖上划过独木舟。他颇感叹地说：“到现在，这里还是一样的山，一样的环境，一百年、一千年后山仍是一样，但人却不同了。当你想到，人生就是这样短短一程，自己也希望在仍能做事的时候，尽量在世上留下美好的种子。”

李嘉诚大力支援内地及香港的教育、医疗、文化及公益事业，努力推动“知识改变命运”，鼓励众人终生追求学问。

人生在世，能够在自己能力所逮的时候，对社会有所贡献，同时为无助的人寻求及建立较好的生活，我会感到很有意义，并视此为终生不渝的职志。

这，更成为李嘉诚的人生格言。据不完全统计资料显示，李嘉诚多年来累积捐款的百亿元中，七成是捐往内地，单是1981年创办的汕头大学，即捐款逾20亿人民币，而过去捐款总额中有71%属内地项目，两成属香港，不足一成为海外；若以捐款的项目分类，64%为教育、24%为医疗，其余为文化及公益项目。

2003年10月20日，国家著名历史文化名城——广东潮州，古城墙上下、广济桥两旁、韩江两岸到处披红挂绿，欢声笑语，一派节日盛况。

有八百多年历史的广济桥将重修，恢复原貌、市中心广场暨文化公园等一连串贴近群众文化生活的潮州市“民心工程”将全面开工启动，消息经当地媒体传播后，市民们奔走相告，喜上眉梢。在广济桥上，很多当地百姓和一些摄影爱好者都纷纷掏出照相机，或在桥上留个影，或拍下大桥昔日的旧容貌，以期待改头换面的新形象。

下午2时40分，当广东省原省长、广济桥维修委员会名誉顾问卢瑞华宣布开工时，鼓乐齐鸣，群狮起舞，数千名海内外嘉宾报以热烈掌声；数百名工程建设者在桥墩四周的船上向江中投下了一袋袋沙包……

李嘉诚在现场热情洋溢地对记者说：

我离开潮州六十多年，家乡的美丽景色与广济桥一样，长在我的心怀。在这里，祝愿潮州市未来发展更上高峰！祝广济桥早日重放异彩。

乡情乡亲，乡音乡影，余音依然绕梁。六十年，梦一般的六十年，弹指一挥间。此时此刻，此情此景。此人此物，此风此雨。恍若六百年前南宋陆游重游沈园。虽然同是犹吊遗踪，此时的李嘉诚，却是心事浩茫连广宇，泫然蹉跎，浮想联翩。

李嘉诚动情地说道，

桥梁自古是人类社会沟通交流的意念，一座桥，可以渡过河流和峡谷，有了桥梁，人类就开始互相了解。世界很大，人很渺小，但阻隔人群的湖山河道，是可以迈步跨越的。今天，全球一体化带来机遇和挑战，我们国家也逐渐与世界搭桥接轨。

潮州是华南文化重镇，我们必须积极参与世界的发展，为了促进经济和社会繁荣，城市现代化各种建设固然十分重要，但一切进步与繁荣，又是为了什么？还不是为了人吗？所以我们不可忘记，一切进步与发展，都应以人类幸福为依归。没有这目标，发展就失去了意义。

我个人深信通过教育，人文精神和知识可承传和发展，我们大家一定要同心协力，为我们国家和地方培养有道德勇气、有责任感、有志、有识、有恒和有为的代代人才。这就是我们潮州人对国家永远的贡献。

我们二千多万海内外潮邑同胞无论在国内国外，多年代代的努力耕耘，创出成绩，人才辈出，在不同领域中承担着各种角色。在我个人经验里，我发觉恒心与关怀都是没有年龄和区域限制的。

今天的我，还是努力地去克服我面对的困难和做到我想做的事，这是我们要时刻对自己保持的高度要求，不单是为了我们本身、为了我们的下一代、为了我们心爱的祖国大地，亦是为了我们彼此共存的世界做出贡献和创造更光辉的未来。

李嘉诚当场捐赠 720 万元人民币，兴建六座亭台楼阁。

2005 年 1 月 13 日，李嘉诚宣布，将他个人投资超过三十年的加拿大帝国商业银行近 5% 股权，全数出售，套现所得约 78 亿港元，全数拨入其私人公益慈善基金会，以推动在全球的公益活动。这类巨额慈善基金捐献，在外国并不罕见，在香港则是创举，相信是香港富豪历来最大的一笔捐款。李嘉诚说：“很高兴多年来作为 CIBC（加拿大帝国商业银行）的投资者，其投资带来理想回报，将可增加拨作公益用途的资产。”

据李嘉诚慈善基金会发言人表示，全数金额将分配到在香港及加拿大注册的慈善基金会。而李嘉诚基金会的基金，将跟海外的富商慈善基金模式相似，即营运的全数收益只用作公益用途，不会为李嘉诚或其家族成员带来任何直接或间接的利益。

至于拨入两个基金会的比例，基金会发言人并未有详细解释，并表示，拨入基金会的比例是怎样并不重要，因为两个基金在进行公益项目时，都是不分地域、不分国界，而今次售股所得，不会单用作加拿大的公益活动，更会用来做香港及内地或世界其他地方的公益项目。发言人又表示，李嘉诚基金会支持的项目，会以教育医疗为主，此外亦非常支持文化及扶贫项目。发言人又称，李嘉诚之所以成立加拿大基金会，希望借此带动当地华人积极参加公益活动。

“当我着手进攻的时候，我要确信有超过百分之一百的能力。换句话说，即是本来有一百的力量足以成事，但我要给足二百的力量才去攻，而不是随便去赌一赌。”

第二章

对怡和“情有独钟”

L i K a - s h i n g

▲ 李嘉诚分身有术，有时一天参加多达数十项活动。

▲ 长江集团中心雄踞中环核心地段之咽喉要地。（李忠海）

回顾香港的社会历史发展之荦荦大端，可看到不同财团兴衰起落，政治势力此消彼长，社会环境兴衰嬗变。

俗话说，三十年河东，三十年河西。一代又一代的资本玩家在香港斗移星转，在风起云涌中摸爬滚打，制造了一个个出神入化的金银神话。

> 商场就如在战场，每个战斗单位都有其作用，而主帅未必对每一种武器的操作比士兵熟悉，但最重要的是首领亦十分清楚每种武器及每个部队所能发挥的作用……统帅只有明白整个局面，才能做出出色的统筹，指挥下属，使他们充分发挥最大的长处以及取得最好的效果。

李嘉诚再三强调说：

> 作为一个庞大企业集团的领导人，你一定要在企业内部打下一个坚定的基础。未攻之前，一定先要守，每一个政策实施之前都必须做到这一点。
>
> 当我着手进攻的时候，我要确信有超过百分之一百的能力。换句话说，即是本来有一百的力量足以成事，但我要给足二百的力量才去攻，而不是随便去赌一赌。

> 这个道理就像游泳一样简单。我的泳术很普通，如果我要到达对岸，我要确信我的能力不是仅可游到对岸，而要肯定有能力游回来。如果我游泳去对面沙滩，我不会想着游到对面沙滩休息，我要预备自己游到对面沙滩，立即再游回来也有余力，这样我才开始游过去。

正如拿破仑所说：“当我部署一次战役的时候，没有人比我更谨慎了。我故意夸大当前形势所可能产生的一切危险和灾难，我处于历史学家痛苦的焦急状态中，这并不妨碍我在侍从人员面前显出十分从容、镇静。一旦我下了决心，除了致力于引向成功的事情以外，其他一切事情都不在我心上了。”这绝不能简单用英雄所见略同来形容。

> 中国古老的生意人有句话，未购先想卖，这就是我的想法。当我购入一件东西，会做最坏的打算，这是我在99%的交易前的事情，而只有1%的时间，我在想会赚多少钱。
>
> 所以我凡事必有充分的准备才去做。一向以来，做生意、处理事情都是如此。例如，天文台说天气很好，但我常常会问自己，如果五分钟后宣布有台风我会怎样，在香港做生意，亦要保持这种心理准备。

李嘉诚总是平静地说：“一生之中，我还没有强迫收购过一家公司。到今天为止，我所收购的公司，都是友好的，大家好商量的。”最能体现李嘉诚投资风格的事例，是与华资财团欲再次联手合作，吞并日薄西山、垂垂暮年的置地。置地对任何一个华资地产商的诱惑都是巨大的，它在香港经济的龙脉中环金融中心的黄金地段，拥有一个庞大的高级商厦组合，被誉为香港地产“皇冠上的明珠”。

“皇冠明珠”——怡和置地

20世纪60、70年代，英资挟天时、地利之便，更重要的是人和之因素，在香港称雄多年，四大洋行各领风骚，怡和称雄江湖，独霸天下，傲视群雄的势力不容挑战。而到20世纪70、80年代，华资大亨纷纷崛起，从地产中谋得巨资，这股新兴势力，已为英资亮起警号。李嘉诚先后抢购九龙仓与和黄，使得怡置系如惊弓之鸟，随时防范来自神奇小李的偷袭强攻。

当然，真正的危机，还是始于1997年香港回归问题上，即由回归危机引发的香港信心危机。中国概念已成为商场的追捧对象，然而，向大陆市场问路，显然并非是传统保守的英资所擅长的，何况，政治中的微妙情结，也使双方难以推心置腹地真诚合作，甚至连开诚布公地谈判也成了奢望。时移世易，真正能叱咤商场，呼风唤雨，挥洒自如，甚至在1997年后能纵横商界的，可以预料，显然不是英资了，英资主导香港的历史注定将成为过去的辉煌。

历史不可能重现英资过往的百年辉煌。1994年年初，怡控正式迁册，在香港股市除牌，凯瑟克家族在香港的光辉岁月，将做一无可奈何花落去的历史性终结。回味怡控与凯瑟克家族的历史，就仿如重温香港早期的资本积累发展史。

1949年10月之后，怡和尚在观望之中，中国市场对怡和实在太重要，不敢轻易放弃。事实上，怡和在中国的生意一度亦呈现勃勃生机。怡和的商船“永生号”仍定期驶往上海，输入畅销的棉纱、香烟与啤酒、小量的五金和机械，并输出中国的土特产。当时，怡和洋行大班约翰·凯瑟克经常往来于上海与北京之间，而怡和与香港的华润公司生意往来密切，还设有热线电话联络。

1950年朝鲜战争爆发，中美关系趋于紧张，欧美开始经济封锁中国。同年12月，上海政府颁布“清查并管制美国在沪公私财产的决定”。其后，国内开展了抗美援朝、土地改革和“三反”、“五反”运动，各类政治运动接踵而至。

怡和在上海的业务渐趋停顿，1954年怡和终于关闭它在大陆的全部办事处撤离大陆，结束它在中国大陆逾百年的历史。约翰·凯瑟克在离开上海之夜，曾召开各地分支机构负责人联席会议，宣布旗下全部人员及相关业务即时从中国内地撤退。他莫名凄凉地说：“看来，我们的好日子是过去了。将来从香港和中国大陆打交道，怕也不能按着我们的规矩办事了。我们别无选择，面对目前的变化，我们必须寻求我们的新出路。”

这位洋大班看到对己不利的政治形势，产生了不期然的悲哀。怡和大班的这番徒叹奈何，反映了中国时局所发生的深刻的社会历史变化。不可否认，此时此刻，洋大班的眼光是极具战略性的。据怡和方面估计，怡和撤离大陆后，所损失的资产为数约3000万英镑。当然，比起他百年来从中国所获得的利益而言，犹如沧海一粟。

美国著名的《财富》杂志曾在一篇文章中声称，统治香港的权力，“依序而列”是马会、怡和、汇丰和香港总督。怡和的排名尚在汇丰和港督之上，其权势及影响力之大，由此可见一斑。在英资四大行中，它排位更是高居榜首。怡和集团在香港的旗舰是怡和洋行。

1958年，凯瑟克家族在伦敦三家商人银行——霸菱兄弟、罗拔·富林明、以及威廉·奇连公司的支援下，收购了渣甸家族在怡和的所有股份，正式成为怡和洋行的大股东。长期以来，怡和洋行一直实行旧式合股制，此时怡和认识到这种制度已经不再适应战后复杂的商业环境，加上部分股东对前景失去信心，希望将他们手上的股票转售，故在1961年6月，怡和以每股16港元价格，公开发售90万股股票，占怡和已发行股份的25%，在香港证券交易所挂牌上市。

这一时期，怡和的发展战略分双线展开，一方面大肆向亚洲太平洋地区拓展，力图发展成一家跨国公司；另一方面又继续巩固其在香港的地位。不过，野心勃勃的怡和将其重点时常倾向前者。由于连年大规模地向海外投资，到1977年，怡和在海外资产所占比重已超过六成，而香港所占比重已下降到不足四成。怡和已发展为亚洲太平洋地区跨国集团。

怡和董事西门·凯瑟克曾豪情满怀地说：“怡和公司的名字，在1975年以前，离开远东便鲜为人知，但现在世界各地对怡和已非常熟悉，尤以美国为甚。”不过，日后的实践证明，怡和将为此扩张付出意想不到的沉重代价。其实，扩张拓展战略本身并没有错，失误只是怡和有前招而无后招，为扩张而扩张，造成后续乏力，有时更是鞭长莫及。

20世纪60年代中期以后，香港经济起飞，整个社会开始呈现一派繁荣景象，当时中国政府已明确宣布了对香港“长期打算，充分利用”的稳定政策，香港作为联系中国大陆与外部世界的桥梁的中介功能日益显现，香港转口港的地位渐渐强化，怡和在向海外大规模拓展的同时，对香港的投资也逐渐趋向积极，投资的重点是金融及房地产业。20 世纪 70 年代以后，旗下拥有的附属及联营公司近 400 家，所经营的业务，更遍及进出口贸易、批发零售业、银行、保险、金融服务、码头仓储、房地产、航运、航空、旅游、酒店及公用事业，被誉为“规模宏大，无远弗届”。

踏入 20 世纪 80 年代，继青洲英坭、和记黄埔、九龙仓、港灯等老牌英资公司相继被华资财团鲸吞之后，英资财团不可战胜的神话已彻底破灭。日益坐大、噬肥而食的华资大亨，已经开始毫不掩饰地、虎视眈眈地转向下一个目标：怡和旗下拥有的庞大高级商厦组合，被誉为香港地产“皇冠上的明珠”的置地公司。李嘉诚深明其中玄机：控制了置地，就控制了香港地产物业的核心，才真正称得上香港地产界的“王中之王”。

“连环船”策略

20 世纪 80 年代初，市场上有关华资大亨收购置地的传言甚嚣尘上，有说李嘉诚正在收集置地股票，有说李嘉诚正与包玉刚联手挑战置地，甚至宣称华资大户将直接收购市值仅四十多亿港元的怡和，透过怡和控制置地，更有甚者，称中国共产党正调动有限资金，透过华资并吞怡和。种种传闻，街谈巷议，不一而足。立于危墙之下的怡和寝食不安，抓耳挠腮，苦苦思索着破解困局之锦囊妙计。

当时，怡和及置地确实形势不妙，怡和尚在海外的经营中苦苦挣扎，盈利停滞不前，大股东凯瑟克家族仅持有约一成怡和股权，而怡和及怡和证券仅持有置地两成左右股权，置地股价大幅低于其资产净值，正是理想的捕猎目标，更重要的是，大举海外扩张的怡置负债累累，分身乏力，有心无力。

面对危局，怡和主席纽璧坚断然采取了一系列措施，以加强对怡和及置地的控制权：首先，于 1980 年 9 月 5 日，怡和以价值 11.95 亿港元的资产，购入置地发行的约 6400 万股新股，转移的资产包括铜锣湾世界贸易中心五成权益及 3300 万股会德丰股票。交易完成后，怡和持有置地的股权由 20% 大幅增至 27.8%，成为置地大股东。有迹象显示，当时华资财团并未就此罢手休兵，转而将目标转向怡和。为捍卫怡和权益，同年 10 月 29 日，怡和宣布发行 2500 万股新股予置地，收取置地约 7.6 亿港元现金。在此之前，置地又从股市购入怡和已发行股本的 5%。11 月 3 日，怡和再以现金在股市购入置地 7800 万股股票，使它持有的置地股权增加到约 40%。

到 1980 年年底，怡和宣布，怡和及其附属公司怡和证券已持有 40% 的置地股权，而置地亦持有怡和约 38% 的股权，形成所谓“铁三角”或“连环船”资产互控结构。这一策略可说是怡和主席纽璧坚任期内自视为保守稳妥的最瞩目、亦最具争议性的杰作。透过怡和与置地互相持有对方约四成控股权，怡和、置地两公司的控股权表面上看来可谓固若金汤，岿然不动，令觊觎已久的华资大亨难越雷池一步。

因为，任何一个挑战者，所面对的绝不是怡和与置地 40% 的控股权，必须考虑另外 60% 的股权中至少 20% 的股权。也就是说，可能面对的是 60% 的股权，知难而退，唯一的选择就是敬而远之，放弃挑战。

表面上看，“连环船”策略固若金汤，但是，破绽依然隐藏其中。这就如《三国演义》中的赤壁大战，老奸巨猾的曹操被火烧连环船一样。

1983 年 3 月，香港政府宣布修订收购及合并条例，将上市公司“控股权”的定义从过去的 51% 修订为 35%，规定持有 35% 的大股东可在一年以内增加持有量至 45%，如超过此数便要提出全面收购；非大股东一旦吸入一家公司 35% 的股权便要公开提出全面收购。控股权定义修订，此举有意无意间配合了怡置互控的“连环船”策略，外界觊觎一家公司控制权的困难陡然增大，至少令凯瑟克家族大大松了一口气。至于港英当局如此修例，是否完全为自家人怡置发展考虑，已无从查证，后人只能说是瓜田李下而已。

踏入 20 世纪 80 年代，尤其在巩固了集团控制权之后，怡置系似乎重振对香港前景的信心，尤其是置地，在常务董事兼总经理鲍富达（Bedford）的主持下，投资策略做 180 度的大转变，罔顾当时香港地产繁荣时期已出现的一系列不利不明朗因素，大肆扩张，从一名保守、稳健的地产投资商迅速转变成一名活跃、冒进、激进的地产发展商，成了香港地产界的超级“大好友”，在多次地皮拍卖会上，都是出价最为勇猛的一位地产商。

置地不但成为当时香港地产界的“超级大好友”，而且迅速膨胀成一家业务遍及地产投资与发展、酒店、零售贸易、电讯、电力供应等多元化的综合性企业集团。这种投资策略的急剧转变，充分反映出怡和高层在九龙仓一役受挫后，受包玉刚、李嘉诚看中地产的经营策略之启发与压力，试图将置地扶植成一家超级“大行”，与华资大亨一决雌雄的勃勃野心。

这期间，置地的盈利确实也大幅增长，1980年度因出售金门大厦及九龙仓股票，置地盈利高达6.1亿港元，比1979年度增长一倍，1981年度置地盈利增至14.3亿港元，再比1980年度增长逾一倍。其中，来自物业销售的利润首次超过了租金收入。要知道，坚持稳健发展的置地，长期以来都顽固坚持一个发展策略，那就是盖楼大部分收租，小部分出售，就像香港许多投资保守的师奶[①]一样，有物业在手，有租金回笼，万无一失，睡觉也安稳。

事实上，自1981年下半年开始，世界性经济衰退已令香港经济不景气，港元贬值，内部消费萎缩，公司利润下降，再加上香港前途问题逐渐提上议事日程，种种不稳定因素已相继浮现，香港可谓内外交困，前路渺茫。

其时，香港地产市道经过七、八年的节节攀升，已达巅峰状态，正所谓高处不胜寒，基础异常脆弱，前景相当危险，运作渐趋困难。然而，怡和主席纽壁坚与置地常务董事兼总经理鲍富达当时对香港经济前景仍然相当乐观，对置地在香港地产业的影响力过于自信，对港英当局在香港的影响力充满信心，对大英帝国主导未来香港非常自负，完全陶醉于集团业绩连年向好的辉煌中，迫切希望利用这段时期充分扩张，趁热打铁，以弥补九龙仓一役的损失。

这时，怡和内部的权力斗争已转趋表面化，其结果更加速了两人的轻率、冒进。在对待1982年9月英国首相撒切尔夫人访华问题上，纽、鲍近乎天真地相信有机会透过续约方式解决香港前途问题，至少北京会不得不做出让步，接受英国人的主权换治权的模式，这种近似赌博式的政治心态导致了置地日后的严重财政危机。其实，英国玩政治，如同小孩摆家家，不裂也会颠，哪里是共产党的对手，从怡置两位大班的如此天真幼稚，就可以看出其中之端倪。

当时，《信报》资深股评家思聪就曾警告，置地盲目扩张的危险性，一旦中英双方会谈不理想，置地扩张政策的后果便可想而知。

1982年9月，英国首相撒切尔夫人挟马尔维纳斯群岛一役大胜之余威，趾高气扬地踏上了北京之旅，天真地提出了以主权换治权的建议，遭到邓小平毫不留情的严词拒绝。稍后，中国政府即断然宣布将在1997年如期收回香港主权。这一系列消息传至香港，早已疲惫不堪的股市、楼市应声下跌。

---

① 师奶，是粤语对已婚女性的称呼，太太的俗称

香港前景山重水复，茫然若失。此时此刻，甚至无人敢问路在何方？面对突如其来的狂风暴雨，怡置大班目瞪口呆，举止无措，怎么办？

1988年，置地首次出现高达15.83亿港元的巨额亏损（包括出售物业亏损、联营公司亏损及利息支付），该年度置地除税后盈利仅1.68亿港元，比1982年度的8.14亿港元大幅减少八成。总债务则急增至150.7亿港元，其中长期债务133.53亿港元，短期债务23.17亿港元，债务比率（借贷总额与总资产的比值）从1982年的26%急升到1983年的56%，置地成为香港最大的负债公司，地王转瞬之间变为“债王”。

在这风雨变幻莫测的政治敏感岁月，精明的李嘉诚再度表现出过人的智慧与胆识，一方面对政治现实表现出惯有的冷静与沉默。另一方面，继续发挥其人弃我取的传统策略，暗中大肆收购廉价物业资产。即便是在非要表白的场合，李嘉诚也是套话接着官话，不偏不倚，坚持长和系根在香港，对香港前途充满信心。

正如置地在1983年度业绩报告书中所说：无论是1983年，还是1984年，对置地来说，都是一个困难的年度。这时，怡和与置地互控的“连环船”策略，其弊端已完全暴露：怡置互控对方四成股权，不但导致大量资金被冻结、债台高筑、削弱了整个集团运用资金的能力，而且在地产、股市低潮中形成互相拖累的局面。最重要的是，互相牵制，难以分身；左右为难，欲罢不得；瞻前顾后，应变困难。1983年置地严重亏损，令怡和业绩亦大幅倒退，纯利剧减八成。怡和与置地均处于危城苦守的困局，风雨飘摇，叫苦不迭。

怡和迁册

财务危机令集团内部的权力斗争迅速尖锐化、公开化。看来内斗、内耗不单是黄皮肤黑头发的专利。

1983年中，怡和集团高层“大地震”，怡和主席纽壁坚和置地常务董事鲍富达先后宣布辞职，大股东凯瑟克家族在中断13年之久重掌大权，由西门·凯瑟克接任怡和主席兼行政总裁。市场传闻，其实自1981年起凯瑟克家族与纽壁坚的权力争斗已渐趋表面化，当年董事局会议上，就曾酝酿倒纽暗潮，其后双方暂时妥协，纽壁坚继续连任四年，西门·凯瑟克则以董事身份从伦敦来港，后来再升任总经理。

及至1983年怡和集团危机显露，凯瑟克家族即坚决要求纽壁坚提前离任，尤其是纽壁坚大意失荆州，痛失九龙仓后，自知无颜在怡和立足，遂决定接纳补偿100万英镑的“肥鸡餐”[①]提前离职。

新上任的怡和主席西门·凯瑟克是凯瑟克家族第六位出任怡和主席的成员，乃前任主席亨利·凯瑟克的幼弟，1942年出生，早年曾毕业于英国伊顿公学和剑桥大学，1962年加入怡和，曾先后在香港、北美、日本、新加坡、澳大利亚等地分公司任职，1982年返港出任怡和常务董事。

小西门为人精明强悍、深于谋略，更对与东方人打交道有着自己独特的见解。小小凯瑟克，显然非池中物、淡水虾那么简单。西门·凯瑟克上任后即表示：若要从较少数可运用资本中获取较高的利润，就唯有努力耕耘和大幅削减不必要的开支。在凯瑟克的主持下，怡和、置地展开了一系列削干强枝的挽救措施：

首先，是停止、押后部分庞大发展计划。被宣布停止的发展计划超过十项，包括1982年与港府协商的皇后花园地段发展计划，以及美丽华酒店旧翼，又解散与远东发展组合的新世纪地产公司。为此，置地也做出破天荒的19.8亿港元的巨额撇账，这个数额几乎相当于置地从1974年到1980年期间盈利的总和，难怪鲍富达需引咎辞职，即时生效。其次，是大幅出售公司的非核心资产和业务，1983年3月将置地所持有的香港电话公司38.8%的股权售予英国大东电报局集团，套现14亿港元。同年6月，怡和将南非雷里斯公司51.7%的股权出售，套现13亿港元。10月，再将怡和属下金门建筑公司50%股权作价2亿元售予英国的特法加集团（Trafalgar House PLC.）；同时将夏威夷戴惠思公司所拥有的甘蔗园以5.4亿港元价格售出。

1985年2月，怡和再将置地所持有的香港电灯公司34.9%的股权售予李嘉诚的和记黄埔集团，套现29亿港元。因为航运业持续不景和油价大幅回落，怡和亦决心撤销利润空间有限的船东和离岸石油业务，怡和船队从最高峰期的35艘轮船减至10艘。

接着是重整庞大债务。怡和首先取得了汇丰、渣打两家发钞银行的支援，为置地安排了一宗以汇丰、渣打为首包括中国银行等15家银行组成的中期银团

---

① 香港俗语，条件较优厚的提早退休计划被俗称为“肥鸡餐”，而条件较逊色的则俗称为“乳鸽餐”。

贷款，数额高达40亿港元，为期八年。

1985年，置地宣布委托获多利和标准渣打亚洲安排一宗高达12.5亿港元的商业票据，该宗商业票据成为香港最大额的单一商业票据协议。期间，置地又不断与多家金融机构协商做出财务安排，使公司以往的浮动利率借贷转为固定利率借贷，以减低利率波动的风险。

1984年3月28日，正值中英就香港前途问题的谈判进入关键时刻，香港投资者的信心仍处于低迷之际，怡和主席西门·凯瑟克突然宣布，怡和将把公司的注册地从香港迁移到英属自治领地百慕大。怡和所谓迁册百慕大，实际就是在百慕大注册成立一家集团的控股公司——怡和控股有限公司，以怡和控股的股份交换原上市公司怡和公司股份，使原上市公司股东变相成为新控股公司的股东，并取代原上市公司的上市地位。

怡和迁册百慕大，最后被理解为“撤离香港”，消息传出，全港震惊。像怡和这样一家自称“一直代表殖民地时代的香港”的老牌英资洋行，在此最关键时刻宣称撤离香港，犹如雪上加霜，其震撼力有如投下一枚“百慕大炸弹”。翌日，香港股市暴跌，恒生指数一度下跌逾百点，怡和五家上市公司股价在两个交易日中平均下跌了17.4%；其中，怡和及怡和认股证分别下跌了17.3%和29.8%，形成香港证券史上所谓的“怡和震荡”。

怡和发表声明称，其所做决定是基于对全体股东的责任，集团未来在可能的条件下，仍将继续投资香港。

中国官方的新华社香港分社副社长郑国雄直斥怡和的行动“极度不负责任”。不过，香港舆论很快即意识到，怡和迁册海外的原因，是对香港前途缺乏信心，购买政治保险。美国万国宝通银行香港分行副总裁黄逸思就指出：怡和在另一处受英国法律管辖的地区成立新控股公司，是完全出于保障集团的海外资产，因为香港将来一旦政治前途有任何变化，怡和纵使失去香港的资产，也仍可透过百慕大的控股公司保全海外的资产；不过，怡和实在是操之过急，无须如此迫切地在现阶段采取行动。

今天看来，怡和迁册海外显然是经营者的鼠目寸光。当然，也可以说是逼不得已。不过，也可以理解，以当时中国政府对港英当局炮火之猛烈程度，这些在红色中国人眼中留有“案底”的英资不担心才怪呢。

市场分析预测由于怡和这次已摆明车马对中国的不信任态度，双方关系已是若即若离，渐行渐远，今后怡和与中国的贸易关系，必然阻滞重重，不会如前般顺遂。怡和选择在政治气候最敏感时宣布迁册，普遍被认为“不合时宜”及“不明智”，并引起中国政府的强烈不满。怡和的行动更被提升到更高的政治层面，中国政府公开直指英国政府从中操控，以便在关键时刻向中国施加强大心理压力与社会舆论压力。

当时，外交部副部长兼中方谈判团团长周南就代表中国外交部拒绝接受英方谈判团团长伊文思的解释，即英国政府对迁册事前并不知情。唐宁街此时此刻真是百口莫辩。客观一点理解，怡和系未必会将迁册一事知会英国政府，因为在这风头火势，伦敦也会因其事关重大而强力阻止。商业上的决策，一旦牵扯政治问题，就变成了一锅浑水，任谁也说不清了。

事实上，事情总不可能是单方面的，怡和虽有离意，中方却也实实在在有赶意，因而展开了一幕幕拉力战。这才是问题的实质所在。而其中最震荡的一次是 1992 年年末，中方在怡和公开表示支持港督彭定康后，大力回击，而且出招直接，一日间将怡和打得落花流水，损失惨重。

话说 12 月中旬，新华社发表一篇洋洋千字的文章，内容直斥一家英资集团公司以前靠鸦片起家，荼毒中国人民，如今又以英国本身利益，在政治上兴风作浪。历史上的千古罪人变成了名副其实的千古罪人。文中直斥这家公司不利于港人，旗帜鲜明地以文讨伐一间商业机构，这种做法或未必空前绝后，但已令怡和系公司在股票市场上一日失掉四十多亿！值四十多亿元的文章，也就千把字，岂止一字万金。

呜呼哀哉！城门失火，殃及池鱼。怡和一言不发，面对中方抨击就当没事发生一样，不过，心中的答案早已成形：对共产党惹不起还躲得起。其后的日子，再也不如想象中平淡。怡和迁册并非完全撤离香港，虽然出发点是为了购买政治保险，但同时也是为了推进怡和整个繁复庞大的集团国际化战略，是整个集团多元化战略刚显露出的“冰山一角”，变幻莫测的政治气候不过是顺水推舟而已。

但在当时敏感的政治环境下，任何举措都首先会被从政治角度考虑，都会被无限放大，都会上纲上线。当时，西门·凯瑟克最紧迫要解决的问题，是重整集团结构，彻底解除怡置互控这个心腹大患，同时保卫怡和对属下公司的牢固控制权，以适应过渡时期的投资策略。

小凯瑟克的战略决定虽然有政治上的考虑，但公道地讲，更多的还是从商业利益上考虑，毕竟他还不是一个政治家。

早在1984年1月，西门·凯瑟克已开始行动，置地将所持7200万股怡和股票，以每股12.3港元对外配售，套现8.8亿港元，置地所持怡和股权从42.6%减至25.3%。同时，怡和亦将对置地的持股量从30%减至25%。

在怡置配股过程中，李嘉诚不失时机地购入了部分股份。

1986年3月，怡和证券向置地购入12.5%的怡和股份，置地所持怡和股权进一步降至12.5%。1986年1月，怡和集团宣布重大改组，由怡和控股、怡和证券、置地三家公司注资组成香港投资者有限公司，置地将所持剩余的12.5%怡和股权全部注入新公司。新公司随即与怡和证券合并，在百慕大注册成为怡和策略控股有限公司取代怡和证券在香港的上市地位。经连串繁复的换股后，置地不再持有大额怡和股份，怡和透过怡策控制置地，怡置互控连环套技术性解除。

B股风波

1984年年底，中英两国就香港前途问题正式签订联合声明，香港前途渐趋明朗，民心趋稳，经济复苏，地产市道稳步回升，怡和集团勉强搭上顺风车，终于顺利渡过难关，进入新的发展时期。

就在怡置系大幅削减非核心业务、重整债务期间，香港利率开始从20厘的令人窒息的高峰逐步回落，这有助于减轻置地的庞大负债。

1986年9月及1987年4月，置地先后将旗下两项重要资产，经营零售业务的牛奶公司和经营酒店业务的文华酒店分拆出来，在百慕大重新注册，分别成立牛奶国际控股有限公司及文华东方国际有限公司，在香港独立上市，并将它们转拨怡和策略旗下，成为与置地平行的公司。置地分拆牛奶国际和文华东方之后，已从一家庞大的综合企业集团重新成为一家单纯的地产公司，负债亦减至55.5亿港元，财政状况大为好转。自此，除置地、仁孚行外，怡和集团的四家主要上市公司，包括怡和控股、怡和策略、牛奶国际及文华东方均全部迁册百慕大。

此外，怡和还计划发行B股，以加强大股东凯瑟克家族对怡和集团的控制权。1987年3月27日，怡和宣布每股送四股B股，B股面值为2角，仅相当于怡和

A 股面值的十分之一，但拥有与 A 股相同的投票权。换言之，怡和以十分之一的代价试图拥有更大的控股权。

怡和发行 B 股计划立即在市场引起轩然大波。紧接着，4 日后，李嘉诚旗下的长江实业和和记黄埔不失时机地“照版煮碗”，依葫芦画瓢，亦宣布发行B股，长实的理由是，发行 B 股是为确保本公司的控制权延续性的长远策略之一部分，亦为本公司管理阶层发展及规划业务增长提供一个稳定之环境。同时，此项 B 股之发行，使长江实业与和记黄埔于未来之扩展及收购行动中拥有更大之灵活性，在控制权结构方面亦无后顾之忧。

李嘉诚为了消除市场疑虑，本着公开、公平、透明的基本原则，特别不厌其详地将发行 B 股目的讲得如此清晰、透彻、明白，反而招致有人怀疑它是此地无银三百两，明显针对怡和的政治行动，甚至是针对港府厚待怡和的政治抗议。甚至，还有人猜测，李嘉诚的这一行动得到了北京在幕后的强力鼓动支持。

结果引起一些中小型上市公司亦计划跟风，触发了股民抛售 A 股股票的浪潮。看来，香港社会今天的高度政治化其实早在回归前几年已经开始。当时正值 1997 年香港回归的敏感过渡时期，香港各大企业宣布发行 B 股，不免有金蝉脱壳，减持 A 股增加 B 股，撤走资金的意图。很简单，套现 A 股 10 亿港元，只需拿出十分之一，即 1 亿港元就可以利用持有的 B 股权益控制原公司，而另外 9 亿港元落入囊中，岂不是天大的便宜?

在强烈的质疑及反对声中，4 月 7 日，长实及和黄举行记者招待会，主动宣布自动取消发行 B 股计划。李嘉诚此举明确无误地将了怡和与港英政府一军。翌日，香港联合交易所和证监处不得不发表联合声明，不准新 B 股挂牌，因此，怡和的 B 股计划在众多资本爱你没商量的追捧仿效声中胎死腹中。

怡和系的股票仍在香港第一上市，仍需接受香港证券条例的监管，换言之，香港仍是怡和的主要监管中心。对此，怡和高层似乎颇为不安，为豁免香港证券条例的监管，上述金蝉脱壳一计不成，又生新计，怡和与香港的证监当局展开了历时长达五年的激烈角力，从申请“上市豁免”到最后甚至不惜全面撤离香港股市。自此，结束了怡和在香港股市叱咤风云的时代。

就在护监会和联交所商讨对策时，怡和采取了一连串措施：1990 年 5 月，怡和宣布在伦敦做第二上市，决定改用国际会计准则（IAS）编制公司账项并改用美元为计算单位。其后又先后在澳大利亚悉尼和新加坡上市。怡置系对香港前途的瞻前顾后与信心动摇，引来了无数狂蜂浪蝶。始终无不爱慕怡置手中的超值物业。

当时，各种收购的传闻纷纷扰扰，众多财大气粗的华商大豪，均被认为可能染指置地：长江实业的李嘉诚、环球集团的包玉刚、新世界发展的郑裕彤、新鸿基地产的郭得胜、恒基兆业的李兆基、香格里拉的郭鹤年等，皆在此列。另外，股市狙击手刘銮雄，亦是虎视眈眈，试图狙击置地这个庞然大物。

李嘉诚自始至终都未公开表明想染指怡置系，甚至拒绝承认持有怡置股份。在谈判中更是不想表现得太过进取，至少在收购尚未展开之时，不想太张扬，以免造成哄抬物价的被动效果。其实很简单，若然太过进取，股价上涨，以怡和或置地单一股份来计，分分钟收购涉资超过百亿元。

同收购港灯时一样，李嘉诚有足够的耐心等待有利时机。“凡兵，欲急疾捷先。欲急疾捷先之道，在于知缓徐迟后而急疾捷先之分也。急疾捷先，此所以决义兵之胜也。而不可久处，知其不可久处，则知所兔起凫举死殙之地矣。”

此时，香港股市一派兴旺，很快便攀上历史最高峰，并非低价吸纳的最好时机。20 世纪 80 年代中期，香港股市楼市持续兴旺，恒指更是步步高升。

1987 年 8 月 3 日，恒指攀上历史高位 3500 点。10 月 1 日更以 3950 点收市。然而，天有不测风云，扶摇直上的香港恒指，受华尔街大股灾的影响，突然狂泻。

10 月 19 日，纽约股市江河日下，狂跌 508 点，拖累香港股市跳水式直落 420 点。10 月 20 日，联交所主席李福兆宣布香港股市罕有停市四天。10 月 26 日，港股复盘，单日暴跌 1121 点。

股市愁云笼罩，令投资者捶胸顿足，痛苦不堪。投资者可谓呼天不应，叫地不灵。更有人被逼跳楼跳海。香港商界惊恐万状，大家自身尚且难保，再也没有余力卷入收购大战了。此时此刻，置地股票也跌了约四成。

两大财团的博弈

香港股市终于在李嘉诚的百亿元支撑下喘定靠稳。胆战心惊的小股民，虽然日日心惊肉跳，但是，终于还是看到了一丝丝希望。如果没有李嘉诚的百亿元支撑，不知有多少小股民跳楼。

李嘉诚在地产纵横驰骋的同时，继续在股市翻云覆雨。就在百亿救市的同时，李嘉诚还采纳马世民的建议，投资3.72亿美元，购入英国电报公司5%的股份，三年后的1990年，股价攀升，李嘉诚卖出套现，净赚1亿美元。

证券界揣测，其资金用途，将首先用作置地收购战的银弹。唯李嘉诚在任何场合都不肯证实这一推测，甚或断然否认。当然，这也是超人一贯的行事作风。

1988年5月4日晚，股市收市后，一个普普通通的傍晚，李嘉诚、郑裕彤、李兆基、荣智健等不速之客，敲开怡和戒备森严的大门，与凯瑟克及其高参包伟士短兵相接。

李嘉诚开门见山，提出以每股12港元的价格，收购置地股权。李嘉诚提出这一要求后，反攻为守，静静期待着凯瑟克。

凯瑟克对此不屑一顾，毫不客气地表明否定意见：“必须每股17港元，这是去年大股灾前你开出的价格。12港元？你们也太过于异想天开了吧。”

李嘉诚平静地说：“凯瑟克先生，如果你未得健忘症的话，一定还记得，这17港元并不是双方敲定的成交价，我们都表示愿意继续谈判重新议价。我想你一定不会不明白市价是一切价格的依据这一规则吧，现在置地的市价才8港元多一点，我们以高出市价近四成的价格收购，怎么能说收购价下跌了呢？”

凯瑟克绝非泛泛之辈，更非纽璧坚之流。虽然债山压顶，但是，凯瑟克面不改色心不跳，气定神闲。凯瑟克盯着这帮贪婪的不知足者。在凯瑟克眼中，这是一班不知天高地厚的丑陋的中国人。李嘉诚不徐不疾地提出了收购置地的建议，每股12港元，一次收购怡和持有的2.53%的置地股份。

双方说话都绵里藏针，气氛中包含着浓烈的火药味。素有“沙胆彤”之称的郑裕彤，更以咄咄逼人的口气挑起新一轮较量：“既然谈不拢，只好市场上见，我们四大集团将公开宣布以每股12港元的价格全面收购，置地的公众股东相信会站在我们这边。”

荣智健一拍桌子，呼地站了起来：“凯瑟克先生，我们不想白费口舌，不想坐在这里叹冷气、纸上谈兵，我们更喜欢在市场上真刀真枪。不过，我希望你能看清形势。”荣智健指的当然是香港回归中国这一不可逆转的政治形势。

包伟士针锋相对地说：“我们将奉陪到底，只要你们不怕摊薄手中的股权的话，置地不是九龙仓，更不是港灯，置地就是置地，置地随时可以增股扩股，怡和随时可以重组资产，决定权永远都掌握在我们手中。”包伟士无疑是使出了撒手锏。其话中之意是，置地随时可以增发新股，借此大幅度摊薄华资手中的股份，令其知难而退。

李兆基见势头不对，赶紧打圆场：“凯瑟克先生，我们无意虎口拔牙，我们希望能够达成双方满意的结果，我们也将确保在控股置地的同时不会也无意染指怡和股权，我们希望在我们做出实质性让步的同时，你们也能够做出相应的让步。”

凯瑟克依然不为所动：“对不起，我实在找不出我们有出让置地的任何理由，我也实在看不出你们有控股置地的任何可能。甚至，我也看不出你们有控制置地的任何诚意。”

话不投机半句多。这次会面就这样不欢而散。最终，在权衡利弊之后，华英双方最后达成妥协。1988 年 5 月 6 日，怡和控股、怡和策略及置地三家公司宣布停牌。同日，怡策宣布以每股 8.95 港元，购入长江实业、新世界发展、恒基兆业及香港中信所持的置地股份，总计占置地发行总股价的 8.2%，所涉资金共 18.34 亿港元。这样，怡和所持的置地股权，由约 25%增至 33%，控股权已可谓固若金汤，再加上港英当局的厚此薄彼，华资染指置地的企图显然已是绝无可能。

四大财团同意放弃收购计划，并承诺七年内不再收购，同时怡和以 18 亿港元高价购回四大财团手中的置地股份。如同杭州湾的潮涨潮落一样，这次股灾来得猛，去得也快。等到 1988 年 3 月底，沉入谷底的恒指开始回攀。

银行调低贷款利率，地产市况渐旺，股市也逐渐开始转旺。一直善于等待时机、捕捉机会的李嘉诚，这次为什么没有借大股灾之际火中取栗呢？须知股灾中置地股价跌到 6.65 港元的最低点，即使以双倍的价格收购，也不过 13 港元多，仍远低于李嘉诚在股灾前提出的 17 港元的开价。

在新兴产业方面的投资，在传统产业的扩展中，李嘉诚并不逊于亚洲金融危机期间兴风作浪的索罗斯。只是我们至今缺乏对于索罗斯的基于科学分析的科学认识和理智判断。

在李嘉诚购并、鲸吞英资九龙仓与和黄时，其行止风格如雷贯耳，雷厉风行。而后来，强敌已去，暴发称雄，已经求败不得，其作风依然我行我素，强悍无比。纵然社会缺少价值参照和价值判断，但这些资本大鳄们，在资本运作的天堂里，纵横四海，“指点江山，鞭笞天下”，一将功成万骨枯，他们的必然成功，不仅伴随着千千万万的小商人或然“尸枕狼藉”，甚至饿殍四野。而且千百万的普通民众不得不在风高浪急的股市，胆战心惊地谋取一日三餐，不得不忍受越来越高涨的房地产价格、越来越动荡的社会生活。

以至多少人无可奈何地叹息：我们营营役役 365 天，其实都是在为李嘉诚打工，甚至说是在为李嘉诚咿呀学语的还穿着尿不湿的孙女打工。

一个对于发达国家和文明社会而言的经典的商业运作及连续不断的张力变力，李嘉诚就在其中扮演了无可替代的角色。然而，这一切，又是李嘉诚个人所能决定操控的吗？身在江湖的李嘉诚又怎么能够置身事外，超然于外？

让我们把视野再回到先前的收购战中。原来，收购及合并条例中有规定，收购方重提收购价时，不能低于收购方在六个月内购入被收购方公司股票的价值。

10 月份的股灾前，华资大户所吸纳的置地股票，部分是超过 10 港元的。这就是说，假设以往的平均收购价是 10 港元，现在重提的收购价，就不得低于 10 港元的水平，而六个月后，将不再受这一限制。4 月中旬，股灾发生后已过了整整六个月。此时，置地股虽然从最低点回升后，但仍在 8 港元的水平上徘徊，仍低于股灾前的水平，显然对收购方有利，况且已经过了 6 个月的价格约束期。

以李嘉诚为首的华资财团，这次为何不决一死战，而一交兵就这样悄然收兵呢？其实，这是华商财团在权衡利弊得失后，做出的明智决策，这主要是基于以下一些理由：置地从华资财团手中以每股 8.95 港元的价格赎回 8.2%的股权，共耗 18.286 亿港元资金，这意味着置地总估价约为 223 亿港元，以 8.5 港元左右的市值计，总市值也近 200 亿港元。

在怡和集团持有置地近四成的股权的情况下，华资财团若想取得控股地位，势必达到全面收购 35%以上的绝对控股权，依证券条例，非大股东的收购行为倘超过 35%就必须提出全面收购，至少须耗资 100 亿元以上。这对当时身陷股灾的华资财团来讲，显然是一个非常庞大的天文数字。

而事实上，怡和并不完全是在坐以待毙。在收购和反收购的价格战中，股价必会不断地提高，华资财团欲获全胜，所需的资金会远远超过这个数。华资财团在发起全面收购的短暂期限内，不一定能筹措到这么多现金。更为主要的是，众华资富豪，虽然看中这块肥肉，但是，一旦行动，真金白银，始终不是纸上谈兵，那就要认真地考虑考虑了。

人心齐泰山移，说易行难，谈何容易。而且，怡和尽管大量出售了香港地区和海外的一些企业，但仍是香港最大的综合性集团，凯瑟克家族在海外还拥有不少资产，因此，即使华资财团能控得置地，也要经过一番血战，付出极其高昂沉重的代价。血战硬拼，这不是李嘉诚的个人风格，这不是李嘉诚所希望的。最后，由于置地强力进行反收购，使李嘉诚的收购极不合算，于是李嘉诚毅然放弃了已经花费了大量心血、做好了充分准备的收购。

当然，这其中还有一个迄未说明的内在原因，以李嘉诚的个性，在面对几大财团同时出售抢购的风潮中，又如何能够全力以赴地独吞呢？倘若成事，几大财团共主置地，这绝对不是李嘉诚所乐见的局面。况且，众财阀心中各有算盘，各有所求，关键时刻，也确实难以保证全力以赴。

这次收购虽然最终没能成功，但是李嘉诚的做法却为市场所称道。因为投资不可以意气用事，打得赢就打，打不赢就走，在两败俱伤中夺取微弱的胜利，显然不是真正的投资家应有的做法。在这个意义上，甚至可以说李嘉诚退出收购反而是一个明智的抉择。

对李嘉诚收购置地的挑战，置地总裁凯瑟克当然不会束手就擒。

《孙子·九地篇》指出："为兵之事，在于顺详敌之意，并敌一向，千里杀将。此谓巧能成事者也。"孙子在这里告诉我们一个"巧能成事"的战术，就是要谨慎地审察敌方的战略战术意图动态，然后集中优势兵力指向敌人薄弱而容易攻击的一点，这样即使奔袭千里也能擒杀敌将，取得重大战果。困兽犹斗的凯瑟克必然会绝地反击。

1988 年 4 月 28 日，怡和策略与所控股的文化东方发表联合声明，由文化东方按每股 4.15 港元的价格发行 10% 的新股予怡和策略，使怡和策略所持有的文化东方股份增持至 41%，从而使怡策绝对控有文化东方。怡和这一招，显然是吸取了痛失九龙仓的教训，先稳住阵脚，免得华资从其内部入手，逐一蚕食，防止华资声东击西再折其翼又断其臂。

李嘉诚等人为何心甘情愿地急流勇退？香港对华资突然收手异常纳闷。市场对附加条款百思不得其解。鸣金收兵也可，为何要缚住自己的手脚？唯一的冠冕堂皇的解释是，华资知难而退，为了令凯瑟克能够以更高的价钱收购华资手中的股份，甘愿接受附加条款，作茧自缚。多少年来，人们都试图从不同角度探讨华资在出售手中的置地股份时，为何还绑手绑脚，自废武功，不再染指置地？

首先，置地也好，怡和也好，在香港上市公司中都是庞然大物，凯瑟克家族作为控股性股东，在任何时候，都无意放弃对这两家公司的延续百年的经营管理。其次，香港股市渐趋公开透明，已经不似从前收购九龙仓、和黄时那样，可以闪电式突然袭击，浑水摸鱼。再次，李嘉诚一贯奉行善意收购，在凯瑟克家族明确表示无意放弃控股地位后，李嘉诚绝对无意强人所难。复次，各大华资虽然可以逞一时之英雄豪气，联手收购，但是，长远来看，都是各取所需，各有不同的打算，就算置地名下的物业确实物有所值，但是一旦通过公开收购，必然抢高股价，就算真正到手，也只能是物非所值，徒有其壳，空有其名。最后，各位华资大鳄，如李嘉诚、李兆基、郑裕彤，较创业年代，已是渐入暮年，一来心智日渐平和，二来事业已是各有所成，三来各自发展之侧重不同，四来对收购亦是各有所图，五来内地渐趋开放，已成国际资本流向之焦点，在此情况下，不愿因收购而坐困危城，断送北上机会。因此，在这样的情况下，如果要令他们做这种惊心动魄你死我活的联手挑战，显然已经不可能。

况且，在中英联合声明的回归大框架之下，亦完全保障英资之合法权益，北京也不可能对英资赶尽杀绝，而是期求在平稳过渡的前提下和平共处。华资自然无谓在如此宽松环境下，做这种政治意味浓厚的血腥厮杀，与其鱼死网破，倒不如携手发财，你好我好大家好。据闻，这也是当时北京方面适时传递出来的意图。

不是怕输，而是输不起

《慎子》说：“君人者舍法而以身治，则诛赏夺予从君心出矣。然则受赏者虽当，望多无穷；受罚者虽当，望轻无已。君舍法而以心裁轻重，则是同功而殊赏，同罪而殊罚也。怨之所由生也。”

《管子》讨论到君主与法的关系：“为人上者释法而行私，则为人臣者援私以为公”；“凡私之所起，必生于主”；“天不为一物枉其时，明君圣人亦不为一物枉其法”；“明君置法以自治，立仪以自正也；……禁胜于身，则令行于民。”

现今世界经济严峻，成功没有魔法，也没有点金术，但人文精神永远是创意的泉源。作为企业领导，他必须具有国际视野能全景思维、有长远的眼光、务实创新，掌握最新、最准确的资料，做出正确的决策，迅速行动，全力以赴。

更重要的是正如我曾经说过的，要建立个人和企业良好信誉，这是在资产负债表之中见不到但价值无限的资产。

回头看香港，情形又如何呢？现代人个个都在感叹每天时间不够用，没有时间做这个，没有时间做那个，那么日理万机的超人又是如何安排他的时间的呢？

超人坦白：我每天清晨六点就起床了，运动一个半小时，打高尔夫球，晚上睡觉前是铁定的看书时间，白天精神是很好的，精神来自兴趣，你对工作有兴趣就不会累，最累的时候是开会，一个发言者讲了第一分钟，你已经知道他要讲的内容，可是那个人讲了十分钟，你就会感到很疲倦，因为无聊和无奈，有时候我要带花旗参去提神，中午我是不睡午觉的，太倦了，会喝点咖啡。两年前我试过上网，但是上网太花费时间了，一上可以上两小时，以后就比较少用了，我现在用电脑主要是看公司的资料。

李嘉诚在一次演讲中，全篇最少用了 35 个“矛盾句法”，讲一个观点时，讲正面也讲对立面，讲一个发展趋势时，也讲它的另一个趋势。这就好像 20 世纪 60 年代台湾的现代诗，时兴把“古老而青春，悠久而短暂，美好而丑陋”之类对立面放在同一句子里。

李嘉诚在演讲中兼顾正反两头、两边、两个趋势的一句话、一个观点，不单比较全面，还可以自成另一个完整的观点、意念和趋势，给人留下更为深刻的影响。

古典音乐的对位法，矛盾共生、同时出现，错落有致，抑扬顿挫，冲突融会，和谐共鸣，相辅相成，变化万千，绵绵而不绝如缕，袅袅而余音绕梁，产生“源自矛盾、异于矛盾、生于矛盾，存于矛盾，融于矛盾，成于矛盾”的奇妙梦幻，令人如痴如醉的绝妙仙境。

在讲人生不同阶段的反思自问时，李嘉诚描述了 14 对“对立统一、相辅相成”的排比概念与句式：“宏伟的梦想”和“节制的热情”；“拼战命运的决心”和“面对恐惧的勇气”；“有信息有机会”和“有实用智慧的心思”；“自信能力天赋过人”和“面对顺流、逆境时得适如其分处理的心力”；“没有本钱好高骛远”和“也想飞得很高”；“靠运气”和“欠缺学问知识，运气来临也不知道”；“仅容整齐清洁”和“自律心灵态度的人更容易受欣赏”；“知识”和“意志”；“静态管理”和“动态管理”；“理性力量”和“理智力量”；“聪明组织”和“干愚蠢的事”；“多层思量和多方能力”和“狭隘（后见之明）”；“能忍、任劳任怨的毅力（的）低循环过时观念”和“成功也许没有既定的方程式，失败的因子却显而易见，建立减低失败的架构，是步向成功（高循环）的捷径”；“洞悉思考事物本质的理智”和“遵守承诺、矫正更新的能力、坚守价值及追求目标的意志”。

在讲商业架构的灵活制度要建基于实事求是、能有自我修正挽回的机制时，他描述了七对“对立统一、相辅相成”的排比概念：“张力中释放动力”，“在信任、时间、能力等范畴建立不呆板能随机应变的制度”，“稳健中寻找跳跃的进步”，“开源对节流”，“监督管治对创意和授权”，“直觉对科学观”，“知止对无限”。

在讲其他管理和经营心得时，他描述了 13 对“对立统一、相辅相成”的排比概念：“滥竽充数、唯唯诺诺、灰心丧志的员工”和“光以自我表演为一切出发点的‘企业大将’”，“忠诚是基本，但光有忠诚而能力低的人和道德水平低下的人同样是迟早累垮、拖垮企业”，“聆听”到“沉默的声音”，“有原则和坐标”而不是“费时失事矫枉过正的执着者”，“专业知识”和“综合力”，“洞察”那些“看不见的联系之层次和次序”，“任何组织内的优柔寡断和盲目冲动者均是传染病毒，均可一夕间造成毁灭性灾难”，“管理者真正的艺术在其接受新事、新思维与传统中和更新的能力”，“在商业秩序模糊的地带”建立“正直诚实的良心”，“捍卫股东的利益、市场竞争”和“社会责任”，“开源节流、科技更新和投资增长”未必能“创造就业机会”，“没有傲心但有傲骨”，“经济组织责任”和“服务贡献于社会”。

22 岁开始创业的李嘉诚，自觉“能忍、任劳任怨的毅力”是困顿岁月的迷茫的过时观念，他所阐述的是中国商人较罕有的“负面思维”，先找自己可能失败的地方，制在机先，建立减低失败的“架构”与成功机制，借以杜绝、堵塞、防止、减少失败，通过减少失败而确保趋近成功。

谨慎，谨慎，再谨慎，不是怕输，而是不能输，输不起，以李嘉诚起家的 5 万元来计，只有七分之一即 7000 元才是属于自己的，而属于自己的这区区 7000 元，还必须考虑一家老小的日常开支，生活费用。另外约 4 万元全部是借来的，不是自己的钱。怎么办，唯一的办法就是尽快赚回来，还给人家。

传统文化有无限、无所不及的旷世意念和虚无缥缈思想，却欠缺西方那种相应的厚重沉稳的理性、开关自如的系统的科学方法、有效公正的体制和运作自如的程序。

李嘉诚对自己的生活质量有如此评价：我今天的生活水平和几十年前相比是降低了，年轻时候也曾经想过买点好的东西，但是不久就想通了，只是强调方便，我的穿着可能比一般人还要差一点，我的皮鞋是400元的，是胶的，手表是500元的，我只求心灵满足，很开心。

我相信一个人的地位高低，要看行为而定，你自己想通了，脑海里自会别有天地，亦能超越权势和卑微。

孔子曰："见善如不及，见不善如探汤。吾见其人矣。吾闻其语矣。隐居以求其志，行义以达其道。吾闻其语矣，未见其人也。"

二十多年来，李嘉诚一直对收购曾有"中环大地主"之称的香港置地情有独钟。这也是从来都无人否认的事实。人们往往忽略了一个基本的事实，李嘉诚的商场操作运作，很大程度上也是步步紧跟怡置系，姑且不说之前的B股照猫画虎，单就公司之管理架构与运作，亦是十足的怡置风格，长实与和黄之关系，很显然仿如怡和与置地之关系。

但是，当这一跨越历史的恩恩怨怨断断续续地延续到2005年3月的时候，那些酸溜溜的文人，虽然心事浩茫连广宇，也只能感叹别梦依稀咒逝川了。据伦敦交易所资料显示，长和系对香港置地的持股已由原来的3.9%减至3%以下。香港置地公布2004年年报，宣布业绩扭亏为盈，资产估值上升32%，全年净利达16.88亿美元，每股净资产上升43%至2.34美元。目前市值约为485亿港元。

长实及和黄的发言人均拒绝就长和减持置地事件发表评论。李嘉诚觊觎地王由来已久。

早在1971年长江地产成立之初，李嘉诚就放言，要超越号称香港地王的置地，而置地当时已经是亚洲最大的地产开发商。从1984年开始，置地开始进入李嘉诚的收购视野。

1986年，怡置系大重组，怡和控股、怡和策略互相持股，而怡和策略则持有香港置地股权，这种架构大大提高了收购置地的难度。但李嘉诚仍不甘心，从未放弃。1988年4月，李嘉诚对外透露，长实已持股香港置地。1997年，李嘉诚卷土重来。李嘉诚对置地念念不忘，痴心不改。不过，很大程度上，只是一厢情愿。

1997年8月，李嘉诚通过长实、和黄，购入置地3.06%的股权（并购入怡和控股3.03%的股权）。随后，置地大涨22.35%至3.12美元。李嘉诚强调，增持怡和、置地股权，是善意的无条件的收购行动。不久，李嘉诚再度增持置地至4.02%，增持怡和控股至4.01%。该持股比例一直保持到此次减持前。李嘉诚1997年入股后，置地股价一度升至3.5美元高位，但金融风暴期间该股大跌，1998年2月曾跌至0.8美元。

由于置地及长和一直没有披露增持价格，因此难以评估李嘉诚是赚是赔，但从过往股市走势来看，相信李嘉诚稳赚不赔。

其一，根据上市公司监管规定，持股少于3%则无须公开披露买卖信息，也就是说，日后李嘉诚即便悉数抛空置地，也无须披露。反之，超过3%就必须随时公告，每次购入股份，都须披露。显然，对于置地这样的庞然大物，如此叫阵，又如何能有取胜的把握呢？食之虽无味，弃之仍可惜。当然，绝对没有酸葡萄的心理。鼎盛时期，置地在香港中环拥有最黄金地段约42%的物业，每年租金收入高达40亿元。许多富豪对置地都是爱之深，恨之切。香港烟草公司掌门人何柱国，就一度购入超过6%的置地股权，成为当时的第二大股东。

其二，1997年以后，随着大股东怡和集团淡出香港，置地在港的物业已所剩不多。而且，1997年地产市场崩溃，置地资产的吸引力也大不如前。

其三，填海后中环土地不断增加，地产商对置地的兴趣也大大减低。对李嘉诚来说，置地日益成为“食之无味，弃之可惜”的鸡肋。因此，李嘉诚看淡怡置系，减持香港置地也在情理之中。当然，若能一口吞落肚，也未尝不是快事。

其四，李嘉诚爆发式扩张，使李嘉诚在极短时间内摇身一变，由塑胶花大王，成为屋村大王、电讯大王、港口大王、石油大王，今天的李嘉诚已处于会当凌绝顶，一览众山小的巅峰状态，今时今日的李嘉诚，又如何对置地耿耿于怀呢？又有什么放不下呢？当然，李嘉诚壮士断臂，选择现在这一时机减持一直恋恋不舍的珠光宝气的置地，真正的原因何在呢？这个问题，还是留给有心的读者去做猜想吧。

《孙子 · 计篇》指出：用兵打仗，应采取“诡道”手段，即诡诈的办法。“能而示之不能，用而示之不用，近而示之远，远而示之近。利而诱之，乱而取之……”“攻其无备，出其不意”等14种诡诈的策略，并称这是“兵家之胜”，即兵家胜敌的奥妙所在。

任何投资活动，有时也可使用“诡道”，以使自己的业务发展，投资增值，但这应该以不违反法律为原则。当然，有时可能未必是合情合理的。同时，更重要的，必须提高警惕，谨防别人以“诡道”设下陷阱，使你投资泡汤，见财化水。在这一方面，香港的商业游戏场上，有着很多深刻的教训。

在李嘉诚身上，一般人很难发现他属于哪一类人，具有哪一类性格。他是平凡的、普通的，至少，他的言行与常人并无二致。然而，李嘉诚是综合的多元的立体的厚重的，是集大成的，是为人的综合。就连多次与李嘉诚交过手的怡和大班西门 · 凯瑟克也由衷地赞叹李嘉诚。“李嘉诚能够在华洋杂处的香港社会，找到自己安身立命，大显身手的立足之地，并且能够扩展为一个影响全球经济的商业帝国，确实不简单。”

要知道，西门是一个非常狂傲的目中无人的怪物，从不轻易赞美别人，尤其是商场上与他争吃同一碗饭的人。李嘉诚的行为有为人想象不到之处，而这行动的成功结果又总如风云骤起变幻一样蔚为壮观，神奇地充实了平凡人的浅薄视野，更多时是超越了平凡人的黄粱一梦。

意志需要和知识结合，静态管理自我的方法要伸延至动态管理，问题的核心在如何避免聪明组织干愚蠢的事。成功也许没有既定的方程式，失败的因子却显而易见，建立减低失败的架构，是步向成功的快捷方式。“如果”一词对我有新的意义，多层思量和多方能力皆有极大的价值，要知道“后见之明”在商业社会中只有很狭隘的贡献。人类最独特的不仅是我们有洞悉思考事物本质的理智，而是我们有遵守承诺、矫正更新的能力，坚守价值观及追求目标的意志。

商业架构的灵活制度要建立于实事求是、能有自我修正挽回的机制上。我指的不单是会计系统，而是在张力中释放动力，在信任、时间和能力等范畴建立不呆板、能随机应变的制度。你们也许听过我说企业应在稳健中寻找跳跃的进步，大标题下的小点要包括但不局限于：开源对节流、监督管治对创意和授权、直觉对科学观、知止对无限发展等。

每一个机构有不同的挑战，很难有绝对放之四海皆准、皆适用的预制组件。老实说我对很多人云亦云的专家表面的分析是"尊敬有加"，心里有数。说得俗一点，有时大家方向都正确，耍的却是花拳绣腿，姿势又不对。管理者对自己负责的事和身处的组织有深层的体验和理解最为重要。了解细节，经常能在事前防御危机的发生。

李嘉诚纵然表现出了作为经营者的独特的"这一个"，纵然他以投资经营为出发点，但在常人凡人俗人庸人眼中，他仍有市场投机的客观的行为后果。当然，这种投机在今天瞬息万变的市场游戏中，已经算不上什么投机，因为，李嘉诚的一切行动都是完全公开进行的是公正的透明的，一切都是合乎商业法则的甚至完全秉持基本的商业道德。

与其说是由制造业起家的关系，不如说是因为教育世家的关系，李嘉诚历来对知识极为重视，并认为不论集团本身，抑或是香港经济的未来出路，都要从提高知识层次结构和发展科技方面着手。他说，"今日知识和经济是分不开的"，如美国，"科技给他们的发展空间是非常大的，……（他们的）经济、科技和知识是结合在一起的"。

假如我是20岁，我会追求更高的知识，因为在将来的世界，如果没有知识，你有再多的金钱，你要发展事业仍是发展不好。知识跟经济从没有如今天的这样挂钩，一个人如此，一个社会也是如此。假如我是比尔·盖茨，我便有更多的方向可以发展。我亦不会半工半读（其实是七成时间工作，三成时间念书），而是会先完成大学，再读完硕士和研究生课程，才出来工作。

其实各行各业，都可在他们自己的范畴内求突破，假设营商环境是好的话，很多人会在自己的行业动脑筋，紧要过那些'纸上谈兵'的人。

当我做厂，即是20世纪50年代在做胶花以前的时候，便已不停求取行内最新的知识，差不多全世界最新的塑胶杂志，我都有不停地订阅、研究。我还记得第一本是Modern Plastics，这是一本美国杂志，而美国在第二次世界大战后塑胶业发展得最快。

对于知识和科技的重视，李嘉诚认为不仅仅只是关系到企业的生存和发展。

> 在我来说，现在知识是关系到经济，关系到国家的国防，国家在世界的地位，人民的生活，以至跟我们文化的发展，民族的进步，都是完全关系于此，所以我是非常佩服国家主席江泽民的主张："科教兴国"，这是至理名言。

李嘉诚又说："世界每天在变，变到你也不相信，我自己来讲，从我开始做塑胶，已追求新的知识；现在做地产也好，做集装箱码头也好，或是其他行业，都希望多了解，有知识才能有宏观的看法而获得最后胜利。"

> 假如一个人有很多资金，但没有Knowledge（知识），却去乱搞新科技的话，他失败的居多；但假如一个人有好的知识，几个年轻人凑在一起，很少钱也可能成功，所以这是一个知识和经济结合的年代。

“大学是人类智慧荟萃、知识创造和积累的摇篮，通过教学研究，启发广阔的思维，推动社会文明进步。今天的教育，已不局限于技术的应用，有着更深、更广的意义，是要能帮助发展学生的智慧及传播知识。”

第三章

超越生命的承诺

▲ 1984 年，李嘉诚出席汕头大学奠基仪式。

▲ 李嘉诚视察兴建中的汕头大学。

▲ 1995 年 12 月 29 日，李嘉诚陪同前国家主席江泽民及前广东省委书记谢非参观汕头大学。

1990年2月8日傍晚，一个激动人心的历史时刻，汕头大学举行全面落成典礼，李嘉诚宴请前来参加汕大典礼的所有来宾。李嘉诚举起酒杯，环顾在场所有的来宾朋友，春风得意，踌躇满志，激动而又满怀主人的歉意告诉大家：

> 今天是汕头人民大喜的日子，盼望已久的汕头大学隆重开幕了，我很高兴能请来这么多的高贵朋友。我提前赶到，发现餐桌上菜牌的位置放错了，虽然我自己已将它们一一纠正过来，但不知道接下来还会有什么错误发生。很对不起，我无法更好地招待你们，感谢你们。
>
> 这已是汕头最好的酒店了，可是他们从来没有接待过这么多的高贵客人，他们已经尽了最大的努力。幸好，我们是回来参加汕大的庆典的，不是回汕头专门吃晚饭的，所以，如果接下来有什么招待不周的地方，希望朋友们能够理解并且宽容。谢谢大家。

一个具有历史纪念意义的盛典，其开场白就是这样生动而质朴的话语，字字闪灼着真情的道白，句句流露着主人般的诚恳。在场所有的客人，都被李嘉诚的话语所打动，他的话音刚落，便响起了长时间的热烈掌声。李嘉诚先生曾经豪情万丈地说：“汕头大学是我超越生命的承诺。”

当我们如此高兴地共聚时，我们可能不曾想到，假如这世界全部只是我们潮州人，这可能不是一个最富有趣味的世界。大家请不要误会，我作为潮州人，对潮汕地区的历史、乡情及我们独有的性格都感到自豪。

童年的我，在家乡亦有很快乐的回忆。然而，文明社会的发展精髓在于多元汇聚，是建基于不同的传统文化及信仰。历代各国的交往，为世界发展带来创意和动力，使世人更懂得、更珍惜平等的权利、义务和各种权益，或许这所有共同的进步，为的是要创造更富知识的人类，在其个别追寻更丰盛的人生中，可不断发挥智慧与审慎精神，共同创造一个更人道、互相关怀及具效率与高生产力的世界。

这天，李嘉诚携带李泽钜、李泽楷及长和众高层，一同见证这一改写潮汕历史的辉煌的历史时刻。出席盛会的还有国务委员李铁映、全国人大常委会副委员长荣毅仁、广东省委书记林若、广东省政协主席吴南生、国家教委副主任何东昌、新华社香港分社社长周南等。李嘉诚的香港好友李兆基、郑裕彤、何添等商界翘楚亦应邀亲临赠兴。

汕头大学于1980年开始筹建。早在1978年秋，邓小平接见泰国潮人社团，对他们希望潮汕办正规大学一事表示赞赏。及后，根据中央和省有关领导的指示，汕头市教育局起草了筹办岭南大学（暂定名）的意见。

1979年8月，经各方反复协商，确定校名为汕头大学，并请汕头市规划局草拟了汕头大学的初步规划图。1979年11月，汕头市成立了陈仲豪等四人筹备小组，加紧各项筹办工作，勘察桑浦山等预选校址。1980年1月，教育部电复广东省高教局，同意筹办汕头大学。1980年5月，在吴南生主席主持下，全体筹办人员在广州举行了为期四天的会议，议定了汕大筹办以及办学的一系列具体方案。同月，省委批准成立汕大筹委会，任命吴南生为筹委会主任。1980年8月，省高教局调查组抵汕踏勘校址。1980年9月，省高教局正式草拟筹办汕大的具体计划。同月，吴南生主席、庄世平先生就办汕大事宜与李嘉诚面商，李嘉诚慨允捐资，并于是年年底在吴主席、庄先生等陪同下勘察了校址。于是，吴南生主席亲赴北京西山，请叶剑英元帅题写了校名。在1987年2月召开的汕头大学第一届校董会议上，李嘉诚出任名誉主席，吴南生任主席，庄世平则担任副主席，各人均对汕头大学的发展关怀备至，做出了重大贡献。

2003年8月，李嘉诚在汕头大学发表演讲。

经常有人问我，为什么汕头大学如此命名，其实为什么不可以呢？汕头大学名字好像太地区性，然而观念的框框是否比其内涵重要呢？在今天的社会，通过科技的可能，知识的渗透力是显然而见，难关不在地域限制而更在人的心中，我们的不断自我分隔和堕入一种负面和异我分明的观念。

全球化过程一方面带来更多共同的利益，另一方面却带来更多新的冲突，这些张力构成一种难以克服的挑战。我们需要智慧，处理贫富悬殊，环境破坏，人类尊严的瓦解和追求和平的困局。

经过多少年的艰辛与努力，李嘉诚的事业蒸蒸日上，个人财富自然水涨船高。然而，每每忆起先父当年为教育的孜孜以求，看到家乡的贫穷落后，感念祖国未来的发展，必然需要大批人才。只有教育才能改造人类，改造社会，改造思想，变革观念。而自己的家乡汕头，虽然人杰地灵，人文厚重。但是，历经千年，依然缺少一个引领风气的广阔的文化教育平台。李嘉诚每每想到这一切，都身不由己，感慨万千。于是，在家乡汕头创办大学的念头便时时缠绕在李嘉诚的心间。

一个想法

让我们一起把自己的视野再追溯到汕头大学创办的艰难岁月。任职长江实业执行董事的庄月明，在工作上勤勤恳恳，一丝不苟，全力以赴十分默契地配合丈夫李嘉诚，是李嘉诚事业的核心人物，在长江实业内部，受到员工的普遍敬爱与尊重。她对丈夫创办汕头大学的雄心壮志，非常赞成、非常支持。

那是1980年的一个秋日，李嘉诚对夫人说：

今天我要和庄世平先生谈创建汕头大学的事情。创建一个大学确乎不易，要花很多很多的钱，甚或可能倾家荡产，不知你的意向如何？

庄月明轻松自在地回答说：“你是教育世家出身，我将义不容辞地支持你的任何决定。”庄月明望着丈夫，笑了几笑，继续说：“如果不是日本人侵略，将你父子赶到了香港，也许你现在是一个从事教育的教师哩！不是吗？我到现在，都还清楚地记得你那时求学若渴，如饥似渴的郁郁眼神。”

李嘉诚初到庄家，看到庄家汗牛充栋的藏书所流露出来的羡慕与如痴似醉的神态，顿然闪现在庄月明的眼前。李嘉诚连连肯定地说：“是的，是的，我现在一定是在当教师。说不定我在当一个小学或中学的校长哩！好，你支持我创建汕头大学，我也将义不容辞地担起这副历史重担。不过，办一所大学需要花费很多的钱与精力，可能会影响我们自己公司的正常运作。”

“车到山前必有路，船到桥头自然直，只要你有决心，一切困难都可以克服的。”李嘉诚听到夫人的这番话，心头不由一热，一个妇道人家，尚且古道热肠，义无反顾，我堂堂六尺男儿，还有什么犹豫不前的呢？亦由此，汕头大学终于开始走进了人们的视野。

庄世平老先生，是全国政协常委，中华全国归国华侨联合会副主席，香港南洋商业银行董事长，汕头大学筹委会副主任。他比李嘉诚年长近20岁，是一位德高望重的老前辈。他应约与李嘉诚商谈筹建汕头大学。

庄世平和李嘉诚谈得十分投机，十分兴奋，一幅汕头大学的宏伟蓝图跃然纸上。

也许，一件小事，更能说明白汕头大学在李嘉诚心目中的分量。有一次，汕头大学医学院的院长来到香港，与李嘉诚约好在午饭时间商谈筹建汕头大学医学院眼科中心事宜。而在此之前，李嘉诚的儿子在生意上有一些事要与李嘉诚商谈。李嘉诚说，给你五分钟，五分钟之后我约了汕头大学的人谈校务。对于那些要用钱的公益项目，一谈两三小时还嫌少，然而对那些赚钱的生意，却是只给儿子五分钟，这就是大富之后的李嘉诚。

其实，李庄两人都知道，早在1920年年初，饶平人张竞生，在获得法国里昂大学的哲学博士学位后，返回祖国出任家乡潮州的省立金山中学校长。任职期间，他深深体会到文化发达的潮汕地区，迫切需要建立一所大学。他对金山中学进行教育改革，想把金山中学办成潮汕大学，但最后无力摆脱军阀混战后的困境和世俗偏见的束缚与诋毁，导致张竞生愤然辞职和潮汕大学的流产。

李嘉诚认为，一方土地，一个民族，其兴衰强弱，原因很多，但归根结底，取决于教育的成败以及由此决定的文明程度。教育兴，则国运旺；教育废，则民气衰。可见，教育对国家的强弱、对社会的兴衰影响之大。要使社会长治久安，国家养才用才，都有赖于教育的发展。

> 理性是智慧的源泉，愚昧是人类最大的敌人。所以教育是如此重要，教育不应该只是一纸文凭或仅是一个学位，教育是掌握人生的导航器，是一个发现世界和发现自我的旅程，专业知识，语言能力，创意和慎思明辨的思维相互构成了一个平台，让我们可以怀着热诚和稳定心态争取成就，服务社会、民族和国家。正因如此，教育是一切传统和进步，尊严和智慧的基石，知识可以改变命运，这就是教育的承诺。
>
> 支援教育及医疗发展是我终生不渝的事业……在人生旅程中，能播下一些良好的种子，为人类做出贡献，生活就更有意义。
>
> 教育的重要，是国家的兴亡、社会繁荣的关键。甚至一个机构，一个家庭，其成员教育程度的高低都对其发展前途有着深远的影响。因此，教育事业的发展，直接影响时代的发展。
>
> 一个国家资源丰富，若人才鼎盛，善于开源节流，则可克服各种困难，使国家逐步走向繁荣富强；从历史上看，资源贫乏之国，不一定衰弱，可为明证。
>
> 基于这一信念，我深感人才的重要性，只有选拔人才、培育人才和重用人才，使国家走向繁荣富强：选才育才之功有赖教育。教育事业跟不上，就会造成国家人才匮乏。因此，国家各方面发展的快慢，是和教育事业的成败进退有着直接的关联，教育的成败，是国家强弱的根本原因。

教育立国，教育救国，教育强国，教育富国，教育爱国。当然，教育报国。这就是李嘉诚超越生命的梦想，超越生命的承诺，超越生命的追求，超越生命的奉献，超越生命的执着。这是李嘉诚一心在圆的另一个孜孜以求的世纪梦、人生梦，是他启动生命新旅程新生活的目标，或许也成为他发展新事业的基准基石。

昔日父亲病逝和自己失学的那份难以泯灭的刻骨铭心的伤感与抱憾，一直深深困扰着李嘉诚，成为魂牵梦绕挥之不去的心头之憾。从此以后，读书和看病、健康与知识在他心头变得格外沉重，成了一个苦楚而难以忘怀的理想，成了载他驶往彼岸的诺亚方舟。1980 年李嘉诚基金会成立，捐款主要用于教育及医疗事业。

潮汕大地在历史的轮回嬗变中，孕育着人文厚重的乡亲乡情乡音乡风乡俗。然而，自宋以来，素有海滨邹鲁之美誉的潮汕地区，却没有一所享誉内外的书院，不能适应新时代急剧发展变化的殷切需求。

1925 年 2 月，潮州人林子肩，重新发起组建潮州大学的号召，并成立了筹备处，终因经济上的重重困难，无力办成潮州大学，只得不了了之。1949 年，国民政府的两广监察使潮阳人刘候武，再次向海外潮籍人士发出在汕头创办一所潮州大学的呼声后，立即得到了香港地区和东南亚一带的潮藉人士的热烈回应，并且在香港成立了筹款委员会。此时，21 岁的李嘉诚的事业才刚刚起步，寂寂无名。

创建厦门大学的陈嘉庚先生，闻讯后十分高兴。热切希望此次潮州大学的筹建能一举成功，成为华南大地的南北明珠。但因内战烽火蔓延到了潮汕地区，筹建潮州大学一事再告夭折。

自 1979 年国家提出实现四个现代化，汕头成为经济特区以来，对专门人才的需求更显得异常迫切。要改善民生，有赖于工农业的发展，而未来各行业的发展则寄望于大批高素质的科技人才。有鉴于此，创办汕头大学已是势在必行，刻不容缓，更是水到渠成。正是在此时刻，李嘉诚萌生了要在汕头创办一所高水平大学的念头。

李嘉诚与也是潮汕人士、一向热心教育、关怀乡梓的挚友庄世平先生道及，两人居然一拍而合。于是，便积极进行筹备工作。庄世平并引介广东政要、潮汕名宿吴南生参与其事，推动落实宏愿。庄世平深知国情，在内地要想办成任何一件事情，特别是像办大学这样空前的壮举义举，没有政府的参与，那简直是不可想象的，哪怕是有益国民、全为他人的善事。

1978 年 9 月，邓小平、廖承志等中央政要，接见前来参观访问的侨胞，对李嘉诚提出在潮汕地区兴建一所大学的要求，表示高度赞赏与完全肯定支持。这样，筹建创办汕头大学的行动，就正式拉开了序幕。1980 年 5 月，汕头大学筹委会宣告正式成立。

一天，庄世平老先生，与李嘉诚磋商筹建汕大的计划。李嘉诚动情地说：“国家兴亡，匹夫有责。庄老，现在内地已经开始搞经济建设了，汕头又成立了经济特区，这就更需要各种专业人才。当此之时，潮汕办大学之事，可谓天时地利，确是势在必行，更是事在能行，所以，有决心有毅力，凝聚人气，求得人和，我认为这次一定能成功，也一定能够成功。”

庄世平不徐不疾地接着说：“是的，当年陈嘉庚创办厦门大学，也是为了报国。今天，国泰民安，社会稳定，国家对人才的需求，更是到了求贤若渴的程度。现在办汕头大学，的确是天时、地利、人和的绝好时机。”

李嘉诚想起了先父李云经努力耕耘教育的艰辛与夙愿，想起了夫人庄月明支援创办汕头大学的执着与热情，更想到了潮汕人民对大学教育的孜孜以求与殷殷之盼，更想到了国家中兴对人才的求贤若渴。李嘉诚以少有的激动，与庄世平老先生探讨着筹办大学的每个细节。

李嘉诚请教庄世平：“庄老，不知道办一所大学大概需要多少钱？”

庄世平笑了笑，回答道：“李先生，这很难说，大学像海洋一样，是个深邃的无底洞，投进去再多的钱，也能消化得了。但是，我个人认为，只要有个带头人，创造一个好的开端，将来一定能得到海外潮籍人士的积极回应。”在这点上，庄老似乎很天真也很自信。

李嘉诚听后，果断地说：“那就让我来做这个带头人吧！我马上捐出 3000 万港元，作为筹建汕头大学第一期工程的经费。”李嘉诚说完之后，充满激情地告诉庄世平：“庄老，这是上自先父我一家人的心愿！如果先父仍然在世，他一定非常赞成我捐资办汕头大学的。”

其实，在庄老与时任广东省委书记吴南生主动约见之前，李嘉诚坦言，“我几年前就一直有个想法，将来要在汕头盖起一所大学。”

李嘉诚忆述当时的情景时，笑说：“在这件事上，由庄老开口提出到我答应，前后的时间不足十秒。他一说完话，我便立即答应。”

李嘉诚坦言，当年要在汕头兴建一所高等学府，还是比想象的要困难得多。首先，当地的经济发展比不上珠江三角洲；其次，创办一所高水平的学府需要开放开明开阔的思想；另外，所谓万事开头最难，很多问题不是有了金钱便能够解决，前后过程都会花费巨大的人力、心力和时间。

汕头大学于 1980 年启建初期，李嘉诚和庄老首次联袂赴汕头，亲自视察选址过程。当年也是李嘉诚相隔多年后再次回乡。李嘉诚感慨地说，庄老在“汕大”开始的时候，付出了很多精力。

“汕大”建成后，庄世平历任校董会副主席多年，积极投入校内工作，亲自参与每场会议。后来随着年纪大了才慢慢退下前线工作。不了解他们的人，常常有个误解，认为庄老不时找李嘉诚捐钱。李嘉诚对此加以澄清：“这不是真的。他找我捐的钱，远远比不上我自己主动捐的钱。比如说，汕大一开始的3000万是由庄老提议，后来所有一切捐资都是由我做主动。”

李嘉诚最后说：“当年开始的十秒钟，是值得骄傲的。我一直想做这件事，一开始也没有想要盖这么多学院，我只相信如果有了一所综合大学，对潮汕发展将发挥很大的作用。”

现在汕头大学的发展已经迈上了轨道，发展突飞猛进，其中外语系学生在全国高校英语考试中达到99%的通过率，2006年毕业生的就业率更高达98%。说起这一切，李嘉诚深感欣慰地笑了。

邓小平的赞赏

20世纪80年代初期，正值汕头大学开始破土动工之际，中英关于香港问题的首轮谈判破裂，前途未明的香港问题，使香港人心惶惶，局势动荡不安，经济衰退惨重，各行各业倒闭现象不断发生。李嘉诚旗下的长江实业等上市集团公司，也受到经济衰退一系列严重打击，损失重大。是否能继续向汕大捐款，李嘉诚陷入了沉思之中：夫人和他已经决定独资创办汕头大学，且已经对外正式宣布。

从1980年9月的3000万港元，增至1983年5月的1.1亿港元，他都是独资负责到底。如今，他的企业损失太大，是不是让汕头大学缓建几年呢？虽然自己暂时面对经营上的困难，又怎么能打退堂鼓呢？

深明大义的庄月明态度非常坚决，她认为事情既然已经开张，已经迈出了第一步，无论如何都要坚持下去，就算自己公司面对暂时的困境，只要开源节流，完全有希望渡过难关。

庄月明态度恳切果决地对丈夫说：“我除留下一身换洗的衣服外，其余的衣服都给你拿去卖掉当掉，哪怕是我们现在住的地方卖掉，也一定要建成汕大。我的金银首饰，你也可以拿去卖掉，就算我不穿金戴银，也要把汕大建成。”

李嘉诚笑着对夫人说：“现在还不至于要你卖衣服、金银首饰来建汕大，这主要是个意志。只要我们兴建汕大的意志不变，自然有办法继续筹备建设汕大的财力。好，我来向汕大筹委会写信，表达我们建汕大的强烈意愿。”

李嘉诚挥笔写道：“近年世界经济衰退，影响所及，本人面临十年来的最困难处境。各行业倒闭及亏损者甚多，本人所经营业务亦深受打击。上述捐赠，在个人今后数年之现金收入，已达饱和。但鉴于汕大创办成功与否，较之生意上及其他一切得失，更为重要。而站在国民立场，能在此适当时间，为国家桑梓竭尽绵力，即使可能面对较为困难之本港经济情况下，仍属极有意义及应勉力以赴之事。”

李嘉诚还再三强调：“教育对国家民族的重要性，从世界和历史上许多事例中，都可以得到证明。学生就像种子，而学校像土壤，教学的方法和环境，就如同阳光雨露，教学人员，便是栽培灌溉的园丁。种子是否能健全地发芽茁长，而至成为可用的栋梁之材，各方面因素的配合，都起着一定的作用。”

如果通过教育的途径，能使年轻的一代培养爱国的情操，健全的心智，充实的学识和正确的人生观念，从而提高民族的素质，使国家的元气充沛，潜力深厚，则必然可使国家日渐富强。

而教育的失败，也意味国家前途的暗淡。当国家了无可用之才的时候，则任何建国兴国的事业也谈不上了。

所以，能促使教育的成功，便可对国家社会做出实际的贡献，这是我参与筹办汕头大学的主要动机之一。同时，也觉得很有意义和价值。

以爱国之心办好教育，从而对国家做出贡献，对我个人来说，就是汕大创办的目的和意义，对包括我在内的每一个中国人来说，是国家民族兴衰的关键所在。但愿教育的花果开满中华大地，使锦绣河山新姿焕发，使中华民族的前途远大辉煌！

李嘉诚坚定地向汕大筹委会表示，一定不让汕大建校工程停顿，继续不遗余力地向汕大捐款。当时，国家教育部副部长黄辛白出国考察途经香港，会见了李嘉诚。在谈到汕头大学继续施工及资金问题时，黄辛白希望李嘉诚先顾全自己，让企业顺利渡过难关之后，再考虑创办汕大。必要时，汕头大学可以暂时缓建。

李嘉诚一方面感谢国家关心自己的难关，但一方面坚定地向黄副部长说："不，不，我的事业可以破产，我的一切可以失败，但汕大一定要办，一定要办成。"

1986 年 4 月，李嘉诚在给邓小平的信中说：

> 本人童年失学，深切体会到学业对人生之重要，教育对国家之重要，人才对发展之重要，自少即有志办学校。其后，个人事业薄有成就，即渴望偿此心愿。

这充分表达了李嘉诚捐巨资办好汕头大学的初衷，亦并非一时心血来潮的冲动与狂热。李嘉诚深深懂得"致天下之治者在人才，成天下之才者在教化，教化之所本在学校"。因此，他把办好汕头大学当作他一生中最重要的事业。决心"为国家为家乡的教育事业竭尽绵力，并引以为荣"。

李嘉诚在致吴南生主席的信中说："溯自建校以来，本人尽心竭力，为汕大付出时间、金钱，更付出无限爱心。自始至今，以默默耕耘之态度，为汕大谋求进步。务使汕大在质量方面能达到国际水平，成为著名之学府。"

与校方共商办学大计时他表示：

> 我不当校董，我坚信内地是完全有能力把汕头大学办好的。

1996 年 1 月 5 日，汕头大学校董会工作会议在广州召开，会议着重讨论研究汕头大学争取进入国家"211 工程"建设行列需要解决的重大问题，李嘉诚及汕大校董们一致赞同学校的建设计划，并根据汕大建设的需要，李嘉诚表示再捐资 1.5 亿元，积极配合政府，加快汕头大学的建设与发展，尽早办成国家重点大学。

李嘉诚捐资兴学之壮举，不仅得到中央和地方有关部门人士的关注与支援，而且还得到邓小平的高度赞赏。

尽管如此，在当时的特殊环境下，一切都未能够一帆风顺，一切都不能够顺理成章，有时，就连最起码的公事公办都难做到。体制的束缚，观念的差异，凡此种种都给汕头大学的建校带来意想不到的困难与阻力。困惑中的李嘉诚更加困惑，究竟为什么如此步履维艰，甚至难过自己做生意。难道，李嘉诚自己真的如市井之言，为了那个看不见的虚无缥缈的名声？

极度困惑无奈之下，李嘉诚提笔致函邓小平，希望邓小平能够协助解决汕头大学遇到的实际问题，而这些问题绝不是广东省权限范围内所能解决的。

其一，给予大学更加开放的环境，允许招揽国外良好师资，并尽快调派优秀教师南下，对愿意南下的教师不要人为设卡。其二，给予大学更大行政权限，在汕头大学设立研究院，派遣研究生出国，学成回国为汕大服务，使汕头大学之学术水平能达至国际水平。其三，给予大学更大管理方便，使国内外有心为汕头大学贡献一份力量之人士，能为汕头大学培养科技人才贡献力量。其四，给予大学更大学术自由，使汕头大学能够更多地与国外一流大学加强学术交流与联系，提升汕头大学的国际学术地位。其五，给予大学更大发展空间，使汕头大学能够根据全球最新科技动态与发展需求设置调整学科结构，以便适应世界经济发展的最新要求与变化。

1986 年 6 月 20 日，邓小平会见李嘉诚时说："你资助教育事业这件事，很值得赞赏，因为教育是个薄弱环节，很需要支援。"并赞赏李嘉诚"你做的事，都是扎扎实实的事。"

邓小平并当场指令陪同的国家教委副主任何东昌，根据李嘉诚的具体要求，切实解决汕头大学建设发展过程中所面临所存在的种种实际问题。

此次会见后，国家教委立即落实邓小平的有关指令，鼓励汕头大学进行改革，允许汕头大学开放办学，并先后从中国人民大学、复旦大学、南京大学、厦门大学等全国重点高校，抽调一批学科领导人、系主任和骨干教师支援汕头大学。

事必躬亲

汕头大学是李嘉诚资助的最大公益项目，1981 年中国政府批准兴建汕头大学至今，李嘉诚为此付出了庞大的资金和心血，累计捐赠超过 80 亿港元；而每年汕大需要的 1.2 亿人民币经费当中，七成由李嘉诚支付，三成由广东省政府拨款。不过，李嘉诚所倾注的心血显然是无法以金钱来衡量的。

> 汕头大学创校至今，倾注着我很多的精神和心血，我一生乐于致力发展教育和医疗事业，虽然有时确有“西风凋碧树”之感，但建设好汕大一直是萦系我心，然而我不是在建设我自己的大学，我时刻关注的是要使得汕大能成为国家培养人才的基地，使得汕大能成为潮汕千万人口训练栋梁的地方，我常常思量如何克服汕大面对的困难，常常思量如何拓展汕大的空间。

为着汕头大学的创立和发展，李嘉诚倾注了大量的心血。他对汕头大学的选址、奠基、设计、施工、院系设置、聘请教师、选购仪器设备等事事关心。

而对香港公司的事项，只是放心地交给下属打理，其实，在汕大筹办的最初几年，他根本无暇顾及长江集团的生意。李嘉诚对汕头大学所耗费的心血与倾注的热情，超过了对自己的任何一盘生意。李嘉诚多次主持校董会，详尽研究汕头大学的发展大计，包括每一个学科的规划与建设。他希望汕头大学早日成为国内重点大学。还希望把汕头大学办成在国际上有相当影响的有别于国内传统大学的一流大学，出产更多的出类拔萃的，具开放的国际视野的优秀人才。李嘉诚在汕头大学的一次讲话中说：

> 汕头大学的目标不是要赢取一些虚誉，而是要切切实实地成为一所重点大学，成为一所受人敬重，具有国际地位的高等学府，希望各位体会到本人及诸位校领导对汕头大学的期望及爱护，上下一心，团结一致把汕头大学发展成为重点大学。

为此，李嘉诚全力以赴，采取了一系列措施。李嘉诚非常关心教师的教学生活情况。他到汕大，下车第一件事就是先去看望教师，和他们促膝谈心。他曾感慨地对一位来自宁夏大学历史系的教授萨本仁（笔者早年曾有幸与这位教授共事）说：“唐朝时韩愈来潮州的路途比您还远呢，但您有韩愈的精神，可敬，可敬。”萨教授事后谈起这次偶遇，心中始终难以平复。

有一天，从上午8点一直走到12点多，整个汕头大学，李嘉诚都跑遍看遍了。

他发现一幢教授楼墙面嵌镶着咖啡色瓷砖，显得暗淡不雅，他紧皱双眉，说道:“像这样的房子，我都不住，怎么可让教授住？敲掉，马上敲掉，立即更换。”负责基建的人说：“那每处都得多花两千多元啊！”“两千就两千。”他见教师、学生宿舍走廊上都晒着衣服，他对学校领导人说：“必须提供洗衣机和烘干机，消灭这些万国旗才是啊！”

在回答如何把汕大办得更开放时，李嘉诚强调说：“要继续招聘国外教师。汕大礼堂和设施都达到国际标准，可在此召开国际学术会议，相互交流留学生。汕大学生将比国内其他大学有更多机会与世界其他高校进行学术交流，以此提升汕头大学的学术水平。”

他豪气干云地说：“汕大目前仅动用设备资金的 17%，还有 83% 存在香港未动用。”

首先，李嘉诚于 1983 年 5 月捐赠港币 2000 万元，在香港成立“汕头大学学术基金会”。该款存于香港之银行取息或用于投资，收益作为经常费用，基本利息每年约有港币 200 万元，可做汕头大学与国外著名大学进行学术交流之用。汕头大学从 1984 年元月起，利用这笔基金的利息，对全校教职员工实行生活补助和职称、职务津贴，每人每月按基本工资发 20% 作为补助。与此同时，对讲师以上及行政副科级以上者，每月还给予不同数量的职称、职务津贴。后来，李嘉诚又耗资 500 万港元，特地兴建一座可容纳 120 人的高级多功能学术报告厅和会议室的学术交流中心。

在李嘉诚的积极倡导和全力推动下，汕头大学自开办以来，已先后引进外籍教师 13 批，共 107 人，有 15 个国家和地区的百余名教授、专家、学者到校讲学，进行学术交流。另外，还聘请 29 名中外知名学者担任名誉教授或客座教授，汕头大学从早期招聘了二十多名教授、副教授和 34 名讲师开始，至 1995 年年底，在聘的教授和副教授达 230 人，讲师 305 人。到 2013 年，在聘的教授和副教授更多达 800 人。

李嘉诚在一个获奖仪式上强调，在这前所未有的信息社会，教育区分出哪些人可拥有或懂得如何应用知识，哪些人被视为更有价值或不受重视。我们都痛恨世界上现存的不正义和不公平现象，但我们可带来改变的能力却有局限；然而我深信忠诚、正直、公正无私及同情心是重要和不可替代的价值观。

自从1949年中华人民共和国成立后，我从未有如今这样的欣喜和信心，今日整个国家充满繁荣兴旺的景象，实在令人鼓舞。虽然目前有些制度还有不如人意的地方，但整体而言国家已步上了康庄大道。

我们生于这个有重大责任感的时代，这是一个机会，使我们共同肩负一个崇高的使命，为我们的大学，为发挥对潮汕地区和整个国家的影响而做出贡献。如果我们能够朝着目标好好地干下去，所得的快乐是任何物质不能替代的。

李嘉诚多年来不遗余力地推动教育医疗事业。他说：

在过去和今天，为汕大付出精神、时间、资源及深厚感情，但对个人而言实是一无所求，近年许多世人梦寐以求的世界级荣誉或衔头，几乎全部为我所婉却，已接受的亦极力低调。如果时光可以倒流，要我选择做一些人生最有意义的事，我还是以教育及医疗为终生不渝的事业。

在人生旅途中，我深深体会到王安石所说“丹青难写是精神”这一句话，作为中华民族的一分子，我会竭尽所能贡献个人力量实现这个理想，不为名利，亦更不介意别人的想法。

在这20年当中，可能因为制度的困难，令汕大发展常常遇到种种令人费解的人为障碍，令汕大事务往往事倍而功不及半，但我没有因此而放弃，为的是汕大前途、国家教育、在座同学和素未谋面而未来入读的年轻人，如果只求圆滑而不推动汕大更新求变，自问是一种罪过。

过去多年来，我不断与校领导重复地说，汕大要取得成功，并非单靠资源的投入，还要凝聚众人力量，要靠在座各位及关心汕大的朋友热诚投入时间及精神，两年前我们更新了校董会，各位出任校董的同仁，均能以其在地方或专业上的知识，向汕大提供宝贵经验和指导。

我认为汕大最成功的发展，并不只是要追及重点大学的水平，更重要的是发挥学生最大的潜能。汕大是我们共同的理想，如能凝聚我们所有人的智慧，汕大一定能够成功。

在商业界，李嘉诚的许多言论被奉为“经商圣经”，业者更是如饥似渴，视若甘露，而他在高等教育方面的见解，也应该成为一种不可或缺的财富，一种包含着深刻的哲理和具有广泛精神价值的社会提炼。可以说，李嘉诚在教育领域的影响不仅仅超越了自己的生命，超越了民族地域，超越时代空间，而且也超越了绵绵国界。他在参与建设和发展汕头大学过程中的经验，他设立“长江学者奖励计划”等类似项目中的设想，不仅仅是属于汕头大学的，也是属于当代中国高等教育持续发展的重要组成部分。同为潮汕人的香港大学原校长黄丽松应李嘉诚之邀，担任汕头大学校董会副主席，能够重返故乡做点事，他自是义不容辞。

“汕头大学的特色，不仅是财务资助源源不断地来自香港，而是它乐意思索来自中国以外的新观念，如我们几位来自香港的建议，依循英联邦大学的结构，成立董事会，建议获接纳，汕头大学是中国唯一有这样的董事会的大学。”汕大校长徐小虎博士记忆犹深，李嘉诚先生那种热爱中国文化、热爱中国教育事业的崇高精神实在感人，他捐巨资创办汕大，不是简单地作为公益、慈善事业，而最终出发点是把汕大办成一所有特色、国际化、多为国家培养精英人才的现代化高等学府。因此，汕大凝聚了李嘉诚振兴桑梓教育的点滴心血。

李嘉诚不管工作多忙，涉及汕大的事他第一时间办理，每年他都花很多时间亲自到汕大指导办学工作。对办学思路、理念，如何为国家培养精英人才，李嘉诚都有极具前瞻性的主见和计划，甚至好多事情他都亲力亲为。如对长江商学院，他就先后亲自讲了《公司战略》《奉献的艺术》和《管理的艺术》等讲座。

经过二十多年的建设，汕大已进入国家“211 工程”建设，及获得博士学位授予权的一所具有相当学术实力的综合大学，也是中国广受海内外业界关注的大学之一。

李嘉诚的行动和言论中反映出的其教育思想所具有的重要的现实意义。虽然这些思想的很多方面具有李嘉诚商学思想的经世致用的典型特点和汕头大学的开放的时代特色与地方烙印，但其中也不乏具有普遍意义的诸种元素，比如，在人才培养上期望的“有志、有识、有恒、有为”。因此，可以毫不讳言地说，李嘉诚的教育思想不仅仅贯彻体现在汕头大学的每个角落，每个时期，每个学科，而且也成为内地高等持续教育的共同的宝贵财富。

李嘉诚认为：

> 我们常说人为万物之灵，人是一切发展的核心能源，我们兼具为善、为恶，有创造、有破坏的能力，我们为了追求进步，不断提升自己的竞争力，这本来是对的，教育的本质是令我们积极向前。
>
> 今天科技进步，通信、医疗、生命科学等都不断有新突破，我们拥有更多知识，但未必更有智慧；我们能掌握事物的起因，但还不能预知未来。今天社会一切的困境不也就是人类创造出来的吗？所以我们必须反思人性的迷失能否复归？我个人深信透过教育是做得到的。
>
> 教育目标是传播知识，启迪思维、追求智慧、完善人格。我们生活在社会中，要与社会互动，懂得如何与自己相处，以及如何与别人相处。大家要有同理心，能易地而处，张开心胸去体会来自世界各地不同文化，不同种族的人们所思所想，才可以超越种族、性别、年龄、文化及其他隔膜，不单要努力提升自己，更要致力建立社会共同的尊严，否则我们在全球化的过程中要能彼此和谐共处，只是遥遥不可及的希望。

李嘉诚透露，20世纪80年代以来，需要通宵达旦工作的日子都是和公益项目有关。他注重参与，不仅出钱，而且出力，汕大每年的校董会他一定不会缺席。

2002年6月28日，汕头大学经过20年的努力，终于颁授了首批4名博士学位，标志着汕头大学进入一个新的里程碑。

“李嘉诚一直在转变和提升他的商业模式。你不能去学他做什么业务，做怎样的资产组合。因为这些东西跟他的背景、目标、个人喜好、公司的基础、外在环境都有太多相关。”上海复星高科技集团董事长郭广昌对《环球企业家》说：“应该去思考的，是他的逻辑是怎么形成的？他为什么在这个时候做这个决定？他是怎么来做这个决定的？他的感受是什么？他在那个时间的思考点是什么？”

在郭广昌看来，他从李嘉诚身上所学得的心得有三：一、在不断巩固已有业务的技术、管理能力的同时，不拒绝寻找新的机会。二、在开展新业务时不做愿望式的假设，提前评估好自己是否输得起。三、所能支撑前两点的是出乎于内，超乎于外的心态。只有一种超卓的内心平衡机制，才能让他既保持良好的进攻性，坚持寻找挑战，又拥有足够的自控，不变成一个赌徒。

而联想控股总裁柳传志认为李嘉诚的独特之处在于两点："李嘉诚明显是个非常务实的人，他不会公司没做好就去忙慈善，但当他想做慈善的时候，又是很大的手笔。除了务实，他没有只局限在香港的地产业务上，也证明了他的视野超越了同辈许多企业家。"

身兼汕头大学校董会名誉主席的李嘉诚，在汕大十六届毕业礼致辞时表示，汕大由二十年前的一片荒芜之地，发展至今天颁发博士学位，顺利列入国家"211工程"的大学，他感到无比激动。李嘉诚又表示，有很多人担心汕大是他个人"孤独的激情"，但他重申，汕大是他"超越生命的承诺"。

李嘉诚以"在那'零和''非零'间"为题发表演讲，引用20世纪50年代美国两位数学家纽曼及摩根斯坦提出的"博弈理论"，指出人生其实是可以追求双赢甚至多赢的"非零"游戏，而非你胜我败的"零和"游戏勉励年轻人做事，在权衡利害取舍之间，选择彼此双赢，互依互存，才是真正的胜利。

人生有没有既定命运，我不知情，但每一天我们在那"零和""非零"间的选择，我们其实正在不断选择自己一生的命运。

他认为个人成功一生缺一不可的素质，坚毅、勇气、有志、有识、有恒、有为、诚恳、可靠、有礼、宽容、公平、正义、洞察、智慧、尊重、正直、和善大方。李嘉诚在演讲中提出了"精英"的定义，就是"能够坚定捍卫净洁能反思的心，能努力正直取得自己的成就，能对别人的成功不存妒忌，能关怀无助贫弱的人"，便是他心目中的精英了。

曾经有一次，一连几天通宵达旦工作的李嘉诚，在汕头大学医学院开会期间险些晕倒。当时，他突然感到天花板和墙壁动了起来，赶紧知会身旁的病理学教授。这位教授初步判断李嘉诚可能是过于劳累而引致血压太低，找来了医生诊治，注射了葡萄糖。接着李嘉诚告诉旁人不用协助，自己站了起来，并吩咐继续开会。

从李嘉诚自幼所处的特殊的教育环境背景，从李嘉诚在教育领域的深刻影响为考虑的基本视角，从李嘉诚对中国大陆教育发展走向的真知灼见，从李嘉诚所处的中国改革开放的大背景，从李嘉诚对内地教育事业不离不弃的执着投入与热情不减的高度关注，从李嘉诚对香港各层次教育的古道热肠，都应该成为探究李嘉诚教育思想的基本出发点。

1987 年，李嘉诚来汕头大学出席会议，和他握过手的几位新闻界同行，都敏感地发现，李嘉诚的手心有些发烫，说话的鼻音也重了。李嘉诚显然是感冒了，发烧还没退。

一位校领导回忆，连续两天的会议，李嘉诚“太劳累了，感冒又加上胃痛，但他仍然不动声色地打起精神坚持着”。

只是到了会议中间，他才走近这位领导的身旁悄然说：“我要吃胃药，需要几块饼干送药，能找到几块饼干吗？”

学校的人马上去买来肇庆产的菜汁饼干，李嘉诚吃过药，又回会议室开会。事后，他非要交还买饼干的钱，几经说明，几块饼干，区区小事，不足挂齿，他才作罢。

当代商业调查公司的奠基者乔治 · 盖洛普博士曾经说过这样的话：“人们对历史上有些人物念念不忘，有时并非由于他们的政绩如何、战功多大、拥有多少财富，而只因为他们的有些性格上的细微特点。”见微知著，以小见大，这就是李嘉诚的为人处世。

相比之下，李嘉诚的演讲要幸运轻松得多。他不是为了表演和百万美元的出场费，他选择了一个清静的场合，选择了每年一次在家乡汕头大学面向长江商学院 300 名 EMBA 学员的真情对白与交流。

从一开始，李嘉诚就极力避免无谓的炒作，避开了一些无聊的问题，避开了一些花了大价钱要来显示一番的名人的花言巧语式的文字纠缠，避开那些玄而又玄的字眼话题，而是本着完全自然的语调与口气，讲述真正能够打动自己的故事。

许多报道，都是从与会者的口中得知，并凭借他们一丝不苟的现场记述或录音，才能幸运地留下这字字珠玑，振聋发聩，发人深省的言辞。

汕头大学在我一生事业成就之中占了很重要的地位，多年以来，我乐于为汕大投入极大的时间、付出心血和金钱，其间尽管受到一些令人费解的阻力，和甚至在1983年收到有关机构转告谓有政治组织因我大规模支援国内教育事业而成暗杀目标，此等危险与障碍并未能转移我视教育医疗发展为终生己任。

也许，这就是李嘉诚超越生命的承诺。也许，这就是今天我们理解超越生命的内涵。个中的酸甜苦辣，只有李嘉诚自己才能真切感受到。

教育情结

李嘉诚最能体会范蠡的孤独。“飞鸟尽，良弓藏；狡兔死，走狗烹”，道尽了当时社会的残酷、悲情与冷漠。当范蠡离开勾践时，必然是理想与追求的彻底的幻灭。哪怕最知心的朋友文种，也怀疑他的神经似乎有某种病理问题。

李嘉诚遭遇着同样的问题：他超出自己所需几十年艰苦卓绝地奋斗争取，在某些特定的时候或某些特定的人物那里，却硬是被曲解为“唯利是图”或是“无商不奸”。

历史还能轮回吗？历史还能复制吗？历史还能重演吗？李嘉诚不愿追随范蠡，他有着更高的人生标尺。李嘉诚无意模仿范蠡，他有着更远的目标理想。李嘉诚已经超越范蠡，他有着更大的非凡成就。李嘉诚不能比拟范蠡，他有着跨越时空的自我。以无我追求自我，以自我追求无我的范蠡，是中国人的缩影。

李嘉诚从给店铺当茶童的那一天起，就开始了他对社会的用心观察、真切体味与理智解读。他经历过、体验过、化解过多少次人性危机与商业危机，就连他自己都已经无法细数了。李嘉诚提到他一向处事低调，就好像数年前捐出1000万美元资助北京大学重建图书馆，落成开幕时，北大领导人希望可以用“北京大学李嘉诚图书馆”命名，不过李氏却希望保持低调，毫不犹豫地要求删掉李嘉诚三个字，而最终该图书馆亦尊重李嘉诚的意愿，只以“北京大学图书馆”命名。

说到这里，李嘉诚又打赌说，没有他的“贴士”，在占地400万平方英尺、由他出资兴建的汕头大学，24小时内绝不可能找到李嘉诚三个字。事实上，就连汕头大学的奠基碑刻上，落名的也只有吴南生、饶宗颐，而没有捐款创办人李嘉诚。但是，当你走进校园，走近师生，你又实实在在感觉到，李嘉诚无处不在，李嘉诚无时不在。那一切都被看淡了。这一切又都被看化了。现在他向往的和身体力行的，就是“建立自我，追求无我”的超人境界。这是一种绝对可以超乎凡夫俗子的时代精神，也是五千年人们所追求而难以突破，不可逾越的精神。此时此刻，完全可以斗胆问道：范蠡在哪里？胡雪岩又在哪里？

前广东省委书记任仲夷曾赞叹道：“闽有陈嘉庚，粤有李嘉诚，前有陈嘉庚，后有李嘉诚。”

虽则如斯，李嘉诚以有限的生命，可以投入一种无止境的追求，就可以踏上充满了无数炼狱的磨砺与未曾停顿的长征。在这样的迢迢万里长征路上，必然充满了千钧压顶的重负、侮辱耻辱的挫折、骁勇亢奋的激情与亢奋。一种截然不同的创造的盈硕，一种如痴如狂的诗化的理想，一种坦诚相见赤子的博爱，一种浮想联翩的无限的遐想，一种不同凡响的超凡的思维，一种沁人肺腑的感人的对白，到头来，当然是，一种富比东海的滚滚的财富。所以，才有，李嘉诚超越生命的奉献。

汕大的成功，将对整个潮汕地区产生无可估计的长远利益及巨大影响，亦对国家教育发展贡献出一份力量。

俄国有一句精彩的俗语：“别问老年人，要问过来人。”常常发生这样的情况，老年人活的时间长，但见的未必多，所以倾向于先验思维，轻视经验。“过来人”知道的则是另外一回事；他作为“过来人”亲眼看到他从不相信的东西出现过，知道初看起来片面的东西，或许要主宰事物的进程。于是“过来人”常常能不带成见地去感知和行事。

韦尔奇与李嘉诚是老人，更是“过来人”。他们的演说不是先验的，而是充满“过来人”的经验。打动了李嘉诚自己的故事，当然也深深打动了我们。当然不一定每时每刻都能够打动每一个人。当然，这并不是说韦尔奇对东方社会的理解不够深刻。

对韦尔奇来说，“建立自我，追求无我”的人生坐标，或许是超常识，是像空气一样自然的事情，而不须特别诠释。从某种意义上来讲，是放之四海而皆准的天则。著名学者余英时曾经在《士与中国文化·序》中有这样一段精彩的论述。

“如果从孔子算起，中国士的传统至少已延续了2500年，而且流风余韵至今未绝。这是世界文化史上独一无二的现象。今天西方人常常称知识分子为社会的良心，认为他们是人类基本价值（如理性、自由、公平等）的维护者。”

在李嘉诚看来，如何“建立自我”是主要的是现实的未必人人可以做到的目标，而“追求无我”是纯然从属性的，是理想的但一定人人可以自觉自愿争取达到的目标。他直言不讳：“把社会责任当作公司最首要的目标是荒谬的，也是错误的。只有获胜的、杰出的公司才能够回报于社会。社会责任非常重要，但是首先要把公司办好。”即，用公司的利益与盈利去回馈，而不是用社会的责任约束限制公司的发展扩张。只要处理得法，把握有度，这两者表面看来矛盾的不同体，实际上完全可以统一，将二者利益融为一体，因为，两者最终目标是一致的。

李嘉诚爱国爱港的精神感召着生活在这美丽花园的每一个人，不论是求知者，还是诲人者，也不论是游客，还是访客。李嘉诚是汕头大学的灵魂，李嘉诚是汕头大学的标志，李嘉诚是汕头大学的旗手。

在潜规则通行的中国，韦尔奇像是在与他自己的管理团队交流，他反复强调：“诚实、正直并不是每天都要去宣传的一项价值观，而是一项与生俱来的必须要做到的素质。如果没有诚实正直的话，就什么价值观都没有，没有办法进行竞争。”

有庞大的帝国为背景，韦尔奇从来都未曾模棱两可，更不曾手足无措过。他内心清楚：因为昨天的成功，建立起了他“强大的自我”，才有可能在耄耋之年，在遥远的中国依然这样受人推崇和拥戴。他喜欢这种处处被人追捧的奇妙感觉。至少，在现阶段的中国，他所能获得的这种感觉相当强烈，亦相当美妙，相当令他陶醉。当然，比起李嘉诚来讲，还不能算是一个家喻户晓的人物。是的，只有获胜，杰出的公司才能回报社会；只有建立起强大的自我，才有可能追求无我。

我们的商人，我们的商业公司，我们的商业社会，我们的商业运作，我们的商业精神，我们的商业原则，甚至乎，我们的商业技巧，在任何时候，都特别需要建立自我，追求无我的精神和文化，这是我们可以凭借穿越转型之时光隧道的希望与光明，更是我们追随李嘉诚的不二法则。

在汕头大学的创建发展史上，李嘉诚投入了价值八十多亿港元的物质，而且更为难能可贵的是，李嘉诚也投入了无法估量的爱心与精力。换一个角度看，尽管汕头大学所带来的社会效益绝不仅仅是80亿港元,但是,李嘉诚为此付出的，又何止这区区 80 亿港元。李嘉诚投入汕大的爱心，也包括了十多年前亡故的爱妻庄月明的无私爱心。

作为普通人，未必知道，李嘉诚夫人庄月明女士一直到生命的最后时刻，都在深深关切着汕头大学的建成，关注着汕头大学各项工程的进展。毕竟，庄月明是香港大学的高才生，亦是日本大学的留学生，相比较自己的爱妻，李嘉诚才刚开始接触高等教育，对大学运作还是一个门外汉，是一个未进过大学的“外行”。

庄月明对承担汕头大学整体设计的香港伍振民建筑师事务所提交的方案，提出了许多非常科学、合理的建议，该项与北京有色金属冶金设计院共同完成的校园整体设计方案，先后六易其稿。其中，不时点缀、闪烁着庄月明的真知灼见。比如行政大楼的结构与空间布局，比如大礼堂的坐向与安全门，比如校园内湖的走势与园林设置，比如学生宿舍的空间布局，比如教室内的音响、采光等等。甚至，校园内的一花一草一木一砖一石。如设计专家后来的回忆，李夫人的每项意见或建议，都是以委婉协商或征求意见的问询方式提出，从未有高高在上或颐指气使的感觉。作为一个受过高等教育的“海归”女性，不能否认，在许多方面，她都有超乎夫君李嘉诚的独到之处与真知灼见。

庄月明对汕头大学的倾情投入，绝不仅仅是因为她是李嘉诚的夫人，也绝不仅仅因为她是潮汕山水的儿女，而是因为，她有一颗爱国爱家的崇高品格所使然。而是因为，她有一颗大爱无疆的完美品格。一个女性，可以倾其所有，不顾一切，全力以赴，执着以求。从大学的选址，到校园的规划设计，再到学科的设置，再到发展规划，事无巨细。我们能够说，仅仅是因为，她是李嘉诚的夫人吗？只能说，也必然只能说，因为她是潮汕人民的女儿。甚或，因为她是中国人。更或许，她是李嘉诚夫人，她愿追随夫君的一切。不幸的是，1990年元旦的那一天，庄月明突然心脏病发作，驾鹤仙游，没有亲眼看到汕大落成典礼的一天，这是多么痛心的人间憾事！

汕头大学典礼照常举行，李嘉诚将照常参加，而拒绝了关心人士的劝告：在夫人举丧期间，延期举行。

鼓舞生命的力量

李嘉诚认为，生长与变化是一切生命的定律，昨天的答案未必适用于今天的问题，只有你的原则才是你生命导航的坐标，只有你的情操才是你鼓舞生命的力量，只有你的拼搏与创新才是令你辉煌的基石。

没有人可以为你打造未来，只有你才知道怎样去掌握创造未来。李嘉诚一番意味深长的讲话令在场毕业生受到深刻启发。

1987 年 6 月和 1988 年 1 月，李嘉诚先后捐赠港币 750 万元和 150 万元，设立“香港大学李嘉诚奖学金”，协助汕头大学的优秀人才进入香港大学进修硕士或博士学位，学成后返回汕头大学任教。这项奖学金为期五年，即从 1988 年起到 1992 年止，每年资助 10 名获奖者，共 50 名，受资助对象包括汕头大学青年教师及应届优秀毕业生。

汕头大学还设立教职员工敬业金。1988 年起到 1992 年，李嘉诚每年捐款港币 300 万元，作为汕头大学教职员工敬业金，其目的在于通过现金奖励的方式，激励全校教职员工专心致志从事教学、科研、管理等工作，推动学校事务的加速发展。

从 1993 年起，对教职员工实行合同聘任制，将工资待遇大幅度提高，至 1995 年度，李嘉诚平均给予每位教职员工的每月工资津贴与国家基本工资及津贴的比率为七比三，同时，还额外追加每年之物价补贴，借此提高教职员工的生活条件，加速推动汕头大学的发展。在 1992 年内，除基建及仪器设备外，李嘉诚提供的学生教育经费资助金额相当于广东省高教局对每一个学生综合经费资助金额的 135%。1995 年，该资助金额已递增至 200%。就内地大学的物质条件而言，汕头大学的学生绝对可以称得上是天之骄子。

李嘉诚说：“自己是潮汕的一分子，应竭尽所能为家乡做事。希望潮汕人民体会我的动机，理解我内心的期望。”

1992年11月，李嘉诚私人出资与汕头市达成一项合作发展50万平方米商住写字楼——“汕头第一城”的协定，如一切顺利，预计“汕头第一城”出售后的收入将超过15亿港元。但在协定签署之前几分钟，李嘉诚反而忐忑不安，犹豫不决。他走到室外，独自一人默默地思索着：“自己多年来都不在家乡潮汕地区赚钱，何必现在改变初衷？往后汕头大学所需经费将不断增加，自己支援汕头大学有多年了，万一有什么难以料到的事情发生，汕头大学便少了一个有力的支持者。”骤然间，一个念头闪现出来，李嘉诚决定将这项投资永远作为对汕头大学的支援。于是，李嘉诚回到签署协定的地方，当众宣布，把“汕头第一城”的本金和利润拨入汕头大学发展基金，以做百年大计之用。日后这笔基金利息投资滚存，其款额之巨将难以估计。

李嘉诚于1995年12月，增捐港币1亿元，解决1996年之汕头大学经费缺口；为支援汕头大学进入“211工程”，又于1996年1月捐资人民币1.5亿元，作为与国家及省市政府共同支援发展汕头大学之积极表示。故自1980年捐资3000万港元建立汕头大学开始，累计对汕头大学已捐资达20多亿港币。

李嘉诚这样做，恰如他自己说的：“本人对汕头大学的支援是全心全意的”，是“超越生命极限的”，“一贯以来都抱着不屈不挠的精神支援汕头大学”。

广东省委书记林若，把李嘉诚创办汕头大学的壮举赞誉成彩带丰碑。如今，汕头大学已成为一所文、理、工、医、法、商科齐全的综合性大学。1993年，国务院学位委员会又批准汕头大学数学、计算机科学及肿瘤病理三个学科硕士学位授予权。

对于汕头大学的师生来说，他是潮汕大地的儿子，胸怀依然揣着那颗朴素的中国心。对于李嘉诚来说，或许每年一次两次的“省亲”已经成为习惯，浓烈的乡音变成了挥之不去的时代烙印。一个时代开始，一个时代会结束，一个更新的时代紧接着出现，周而复始。不变的是海边高高耸立的灯塔，它曾经照亮无数寻找梦想的年轻人，义无反顾地游过浅浅的蓝色的港湾。

李嘉诚的企业对香港的经济影响力很大，学生们自然希望李嘉诚能给香港的竞争力把一把脉。李嘉诚也非常坦然地指出，这是他和所有香港人都关心的问题。他率直地说：“面对今天的竞争，香港人需要抛开昔日自满的心理。”他认为，香港今天的问题，在于贫富悬殊日益严重。

将来香港的情形会与今天的美国一样，受教育多、知识水平高又用功的，收入会向上，收入低者则越来越萎缩。这是社会的经济转型，我们已走进知识型经济。

解决这一问题，他认为要双管齐下。

短期输入一些高教育水平的技术移民对香港至关重要。而长期则要加强教育，提升香港大学生的水平。单是大学学历已不足够，希望有硕士、博士程度，才经得起考验，加上香港人一贯灵活和有拼搏精神的优点，便可与外国的强者竞争。

2000年5月15日，李嘉诚先生致信汕头大学医学院第二附属医院孔抗美院长，信中写道：

此次来汕出席新一届校董会首次会议，很高兴与您和附二院同仁再聚。

附二院在您悉心带领下取得理想成绩，康复科更为突出，内地对此方面之服务需求甚殷，但行动较迟，未来发展深具潜质。除此之外，附二院在其他项目方面亦各具特色，至为可喜，深盼再接再厉，更求精进。

此次得到市政府答允跟进附二院周边道路之改善工程，实为汕头市全体市民之喜讯，亦有助于附二院之未来发展。本人将一如既往，支援汕大、医学院及各附属医院之发展，盼附二院同仁同心同德，团结一致，与香港方面保持密切联络，为附二院之未来发展共同努力。

2000年6月25日，获悉附二院通过ISO9001国际质量认证，李嘉诚难掩兴奋的心情，欣然提笔，致信孔抗美院长，信中写道：

喜悉附二院获认可机构评定为ISO9001国际质量体系认证之大型综合性教学医院，居于全国一万多家县级以上医院之最前列，不胜忭贺。

> 附二院获此卓越成绩，实有赖您与全体同仁共同努力以致之。作为汕大教学医院，附二院不断提高管理素质、医疗教研水平极为重要，尚祈同仁再接再厉，以期竿头更进，续创佳绩。

2002年12月3日，李嘉诚先生再次致信孔抗美院长，信中写道：

> 出席校董会期间与您见面，并谈及医学院和附二院的最新发展情况，知道您付出了很大的努力，并取得成绩，深感高兴。
>
> 欣悉附二院在医疗服务方面取得了全国性认可的良好成绩，可喜可贺，这都有赖您及附二院同仁共同努力有以致之，谨致衷心贺意。

日理万机的李嘉诚，对家乡的情义，对家乡的关爱，对家乡的期望，由此可见一斑。

执着

李嘉诚先生把办好汕头大学作为他的全部事业的一个很重要的组成部分，当作他追求人生价值的一个很重要的方面。经过多年的发展，汕头大学在教学科研、人才培养等方面取得很大成绩，成为在国内外享有很高知名度的大学，也成为潮汕地区特别是汕头的重要教育基地和人才培训、科研开发、对外交流的基地。在确立了“立足粤东，面向全省，顾及全国，对外开放”的办学方针和“团结、勤奋、求实、创新”的校训后，李嘉诚在香港注册组建了李嘉诚汕头大学基金会有限公司。基金会的目的在于确保汕头大学和汕头医院的后续资金支持，以确保汕头大学能够长期有效地运作。

汕头大学在创业过程中培养了一批又一批的人才，也使汕头尊师重教的传统得到进一步的发扬。汕头大学已发展成为一所全国知名的综合性大学，继而又通过国家“211工程”。作为汕头重要的人才培养基地、科学研究基地和对外交流基地，汕大为地方经济社会发展提供了强大的智力支援和发展动力，也提升了汕头的城市文化品位。

李嘉诚令汕头大学蓬荜生辉，然而，汕头大学从某种狭隘的意义上来讲，尚未能给李嘉诚锦上添花。这不是苛责，汕头大学虽教有所成，育有所得，但离李嘉诚的期望值，离大众的期望值依然很遥远。这绝不是美丽的误会。

当然，囿于内地的体制及校方对李嘉诚潮汕情结的考虑，加上汕头大学偏安一方的地域限制，汕头大学的发展虽然可用高歌猛进来形容，但始终是一所地方色彩浓厚的大学。不仅未能晋身内地百所名校前列，而且其自身除医学、法学重点学科外，其他科目亦无法在内地学术前沿阵地占有一席之地。

作者在这里无意苛责汕头大学同仁。只能说，在中国现行体制下，教育，尤其是高等教育的路，还需要相当久远的探索与蹒跚，才能够真正走向世界，面向全球。

笔者多次走访汕头大学，接触学校各阶层人士，发现汕头大学一个特点，就是从中层到高层几乎都是清一色潮汕人士，虽然在汕头启用当地人士固然有工作之便利，但是，一所大学如果没有五湖四海的精神，势必缺乏超前的国际视野并制约其长远发展。反之，就算强调地方特色，汕头大学亦应该在潮汕文化、岭南文化、私营经济，南洋华侨等极具地方特色的方面能够有相当的投入并取得超乎同业的研究水平，但是，汕头大学恰恰在这些方面，可以说迄今仍是一片空白。

很显然，汕头大学以其如此规模的投入与得天独厚的特殊条件，特别是作为沿海开放地区的非传统意义的大学，并未完全达到李嘉诚预期的目标，甚至也未达到教育界期望的目标，更未达到潮汕父老乡亲期望的目标。

> 办教育跟做生意不同，我是永不灰心的，做生意认为不高兴和没前途便可以结束，但对汕头大学，我不会。无论如何，汕头大学一定要认真办好，我一生的心血就放在汕头大学这上面了。

1986年10月7日，李嘉诚曾动情地说："汕大是我一生最大同时也是最重要的一件大事，为了汕大我付出了不少心血，为了汕大我愿破釜沉舟。"

汕大的创办，是汕头乃至潮汕人民的福祉。相信在李嘉诚的支援、指导下，将一路向前，获得更大的发展。

李嘉诚来自潮州，他热爱家乡。他对学生们说：

我放了不少心血在家乡，没有任何一个生意比汕头大学更占用我的时间，最初十年我每次到汕大都工作直至凌晨两三点。

走进汕头大学，有一点会给所有来访的人留下深刻的印象，每当李嘉诚来到汕大，学生对他的爱戴程度，看了会让任何一个人感动。当学生们争先恐后和他握手的时候，能把他一只胳膊都握满了。当一只只年轻的手掌，和那只并不苍老的胳膊握在一起的时候，他们所能感受的那种力量，所感受的那份力量与智慧，就是带给所有人的希望，而他所能感受的这种希望，就是他最大的愿望，也就是他的成功之动力源泉之所在。

2005 年 12 月 7 日上午，李嘉诚先生抵达汕头，参加汕头大学第六届校董会第四次会议。下午三时，李嘉诚先生在市领导林木声、黄志光、陈茸等陪同下参观了汕大医学院 P3 实验室及学生宿舍。“李先生来啦！……”随着夹道欢迎的汕大医学院学生们发出的一阵阵热烈的欢呼与骚动，满面笑容的李嘉诚走下车来一边同大家打招呼一边走向学生队伍。排队等候的学生们纷纷摇起手中的彩旗，热情回应李嘉诚的问候，并争相要求与他握手或合影留念。

对于学生们的要求，李嘉诚都在可能的条件下尽量予以满足，当他看到有个别学生为了争着跟他握手合影而险些跌倒时，还关切地提醒他们要多加小心。在听取完汕大医学院学科进展汇报后，李嘉诚一行还参观了刚竣工的三级生物防护实验室（P3 实验室），随行的管轶教授及陈鸿霖教授等向李嘉诚详细介绍了实验室各功能区及设备技术情况。该实验室建成后主要用于流感病毒、呼吸道病毒的研究。该三级生物安全实验室并向国家实验室认可委员会申请实验室认可。李嘉诚现场参观并听取介绍后，对于 P3 实验室的设计建设给予肯定。

随后，李嘉诚还参观了医学院学生宿舍和学生公寓二期工地。早已等在那里的学生们纷纷在宿舍阳台上打出了“谢谢您，李先生！”“我爱您，李先生！”等字样的欢迎标语。在参观新建宿舍楼中一间寝室时，几位爱好音乐的学生情不自禁地拿起吉他深情地弹唱起《感恩的心》：“感恩的心，感谢有你，伴我一生让我有勇气做我自己；感恩的心，感谢命运，花开花落我一样会珍惜……”李嘉诚仔细地听完学生们即兴弹唱的曲目，非常感动，他问学生们：“你们喜不喜欢这宿舍？”学生们异口同声地回答道：“喜欢！”李嘉诚激动地大声说道：“我还会为你们再建很多这样的宿舍！”学生们一边欢呼一边热烈鼓掌……

多年以来，李嘉诚对医学院和附属医院的捐资巨大。当李嘉诚开始捐建汕头大学的时候，当时香港大学的校长王庚武，就曾经劝诫过他，说医学院很贵的，好像一个大海洋一样，比一般的大学可能贵十倍，买仪器及各方面的投入都要多，而且医学院一定要有附属医院才有用。王庚武劝李嘉诚捐建大学不一定要建医学院，可以建一些费用较低的大学，可是李嘉诚坚持要搞一个医学院，这当然不是沽名钓誉，这当然不是一时冲动。

李嘉诚本人的视力相当好，但是他对于医学院眼科的治疗中心，却倾注了更多的心血。他说人没有一条腿，没有一只手，还能看得到这个世界，可是没有眼睛的人，整个人生都是黑暗的。李嘉诚称："在汕头大学的事业走上正轨之后，我还要为国家做第二件好事、第三件好事、第四件好事。""一辈子做有利于中国人民的好事，这便是我的心愿！"

汕头大学医学院第一附属医院是李嘉诚捐巨资于1989年兴建的现代化综合性教学医院。在李嘉诚先生和社会各界的亲切关怀下，医院蓬勃发展，医疗、教学、科研和管理水平不断提高，先后被国家卫生部等授予"三级甲等医院"、"全国百佳医院"等殊荣，成为内地卫生系统一颗璀璨的明珠。

医院坐落在市中心繁华路段，占地60亩，是一所风格独特、环境幽雅的园林式医院，正在扩建外科住院大楼。拥有先进仪器设备二千七百多台套，总价值超过1亿元。医院约有14个教研室，承担培养各层次学生的教学任务，心血管内科和风湿病学科是汕头大学进入国家"211工程重点学科"和广东省"五个一科教兴医工程"重点专科。医院的目标是建设成为一所"设备先进，技术精良，管理科学，医德高尚，服务周到"，在国内外享有较高知名度的现代化医院。医院努力为来院工作的专业技术人员创造满意的工作与生活环境，使他们的聪明才智得到充分的发挥。

在汕头，如果你问汕头大学第一附属医院，可能真的无人知道，但如果你问李嘉诚医院，几乎个个都能给你指路带路。

1995年12月29日，风和日丽，煦风送爽，李嘉诚专程陪同江泽民总书记、谢非书记和朱森林省长莅临汕大视察。江总书记说："我这是第二次来汕大，今天看到汕大的进步和变化很大，我很高兴。"江泽民高度赞扬李嘉诚捐资办学，爱国爱乡的精神，"是一个真正的爱国者"。

终其一生也要绽放生命光彩

中国人素来有句俗话叫作“人过留名、雁过留声”，似乎天经而地义，在筹建汕头大学之时，更有人建议将其命名为李嘉诚大学。然而，当李嘉诚为汕大投入了无数的金钱、心血和感情的时候，汕头大学里却没有留下李嘉诚的名字。有关领导及学校同仁多次问及这一问题，想以李嘉诚或其先父李云经先生之名来命名校内某栋建筑物，李嘉诚都一一拒绝。

在汕头大学大礼堂建成以后，有心人建议命名为未名堂，等待李嘉诚百年后重新定名。李嘉诚亦全力反对，并且幽默地笑着说：“我今年才70岁，不要等我死。”凡此种种，李嘉诚的回答是：

> 这个名呢，真的是……如果你建起一所大学，太多的股东的名字，这边一个，那边一个。我自己好像是感到有不好的地方。有的人希望最好自己的名字更大一点，更醒目一点。但是，一个人有一个人的人生观，我的人生观就是我做的都是自己认为对这个国家民族有利的，只要能这样做下去的话，那么没有我的名字是不要紧的。只要做好这个事业。
>
> 我利都没有了，名都不写，那么我为教育、医疗做什么事的时候，假如有一个部门，或者有一个人，专门要刁难，什么原因我不知道，那么他心里要想一想，我这人来到国内，来到这个地方做事，为了什么？如果有难为我的地方，他午夜梦回的时候，也应该感到有惭愧的地方了。

李嘉诚的一番说话，也从另一个侧面道出，汕头大学的发展绝非一帆风顺。

汕头大学医学院院长李玉光教授接受《亚洲周刊》访问时表示，面对如何解决农村医疗扶贫模式的问题，李嘉诚做了很多研究，“他投入的精力远远超过了他投入的资金”。

每次来到由李嘉诚资助的汕大医学院与医务人员研究医疗计划，李嘉诚可以一整天听汇报，席间他会详细询问，仔细思考并提出许多专业性很强的意见。可以看出，每次与会，李嘉诚事先必会花费相当多的精力与心血。

2012年6月30日，李嘉诚再次来到汕头大学，出席教育部、广东省人民政府及李嘉诚基金会《三方共建汕大》协议签约仪式，支持汕头大学加快发展及继续发挥高等教育改革“试验田”作用。该协议主要内容包括省、部加大经费投入及政策支持力度，将汕大改革项目列入国家教育体制改革试点。同时，基金会亦承诺继续支持汕大，利用其与世界高水平大学的联系渠道，协助汕大成为一所国内先进、国际知名、有特色的高水平大学。

李嘉诚表示：“汕头大学的改革能得到教育部和广东省的认同和支持，这是对在汕头大学每一位有志贡献于推动中国教育事业前进的工作者很大的鼓舞。我一直视我的基金会为我第三个儿子，而我这儿子将传承我对支持教育的信念和承担我对汕头大学超越生命的承诺。”

李嘉诚深知，绝不能用自己的金钱令人信服，必须用自己以勤补拙的智慧与见识，才能令这班自视拥有远见卓识的教授心诚口服。李玉光说：“我们知道，在香港长江、和黄开会，李嘉诚听汇报最多给你十五分钟的时间，而在这里，他几乎倾注了全部的心血。汕大医学院可以取得这样的成就，不是光有钱就能成功的，还有李嘉诚一颗热心公益事业的心。”

拿破仑曾经说过：“每个人都要学习专心致志于自己的生活，以期待在自己的人生沙滩上留下足迹。”

> 中国有很多哲学，有的到今天还是有用，但是有的也是不可思议。因为我有的时候，一个人事这么多，自自然然烦恼也多。甚至办这个医疗教育，也有受气的地方，也感到不公道。有的时候，你也气馁。
>
> 在国内做医疗跟教育，金钱当然也是重要，但是更重要的是时间、心血、担心，还有投入的感情。所以有的时候，也有激动。
>
> 为什么这么简单的事，有些人根本不懂，就是因为有成见，有地位，令你知识分子也敢怒不敢言，有的事真的是不对的呀。我是敢言的，但敢言之中，你有的时候发觉到，要他理解啊，难。因为你有感情，心里就有难受的地方。

经年累月辛劳，李嘉诚坦言自己也会觉得累，但是能够令他维持热诚、思维清楚的原因，却是他对名利得失有个人的独到看法，不会刻意经营。李嘉诚常常说：“成功之后，利用多余的资金做我内心所想做的事，心安理得，方寸间自有天地。”不仅要在事业上有成就，更要胸怀祖国、胸怀世界，这才是超人的真正秘诀。

2005年6月29日，专程莅临汕头参加校董会和毕业典礼的李嘉诚，作了题为《内心的天空》的演讲：

> 昨天晚上，我翻阅了汕头大学2004年的年报，虽然只是一段段简单的文字，却清楚写出“不一样学习经验”的意义，不仅是为了传授知识，更为着培养你们的毅力和心力。
>
> 谁都知道人力资源在全球竞赛中很重要，为了创造更丰盛的生活和更大的成就，大家都沉溺在竞争中。在一片追求财富、成功的声浪中，我们要活得出色快乐，毅力和心力同样不可或缺。
>
> 心力是理性和理智心灵的发展，通过终生思索和追求学问的人一定不会掉进时间的迷宫，在营营役役中黯然失去生命的光彩。善于学习的人能领会和掌握未来，好学的人懂得把观察、经验和知识转化为智慧并使用得当，不仅能把梦想持之以恒，更懂得如何事半功倍。
>
> 各位同学，你们将走入人生另一阶段，我相信你们都有雄心壮志投入社会创造成就，请你们不要忘记，凭仗自己的本事你会受人尊重，凭仗自己的贡献你更会感动别人，让我们永远不忘记回馈社会和民族的信念。
>
> 我记得法国文豪雨果有这一句话：世间有一种比海洋更大的景象，那便是天空；有一种比天空更大的景象，那便是你内心的天空。

作为汕头大学首届毕业生、中文系87届的陈新造，离开母校走向社会已经超过十多个年头。陈新造笑称自己有两个大恩人：一个是邓小平，一个是李嘉诚。邓小平推行改革开放政策，恢复高考制度，给他提供了一个公平竞争的机会，使他能够凭自己的实力考上大学。而李嘉诚先生不仅捐巨资兴建汕头大学，给他和其他幸运的学子们提供了一个优雅舒适创新的学习环境。而且，用陈新造自己的话说：

“李先生身上所体现出来的那种虽历经磨难而永不气馁、愈挫愈奋的拼搏精神，那种虽事业大成却永不知足、精益求精的敬业风范，尤其是那种淡泊名利、克勤克俭而又无私奉献的人格魅力，无不每时每刻教育、鼓舞和鞭策着我。”

早在1994年，当时的校领导提议在适当的时候组建校友会。陈新造和一批热心校友便紧锣密鼓地展开了筹备工作。那年4月，李嘉诚莅临汕大参加校董会。会前，他接见了陈新造等八位毕业生代表。当得知他们正准备成立校友会时，李先生非常高兴，表示赞同和支援，还旁征博引，介绍了世界一些名牌大学的校友怎样和衷共济、共同进步，以及校友会从中所起的作用。

李嘉诚还讲述了一个典故，引出了一副对联，叫作“寸水难起三尺浪，星火可度万重山”。勉励汕大校友志存高远。

1994年12月，“汕头市汕头大学校友会”正式宣告成立。成立那天，百忙之中的李嘉诚亲临大会，发表了热情洋溢的讲话，并被聘为永远名誉会长，而陈新造则当选为校友会首届会长。之后，李嘉诚先生专门派长实集团的罗慧芳小组与陈新造等校友晤谈，一方面了解市校友会成立以来所做的主要工作、存在的主要问题和今后的打算。另一方面，罗小姐转达了李嘉诚的意愿：在母校的直接领导下，由市校友会牵头，筹建汕头大学校友总会。

李嘉诚希望把分散在国内外各地的校友组织起来、团结起来，更好地展示汕大毕业生的精神风貌，更好地造福桑梓，奉献社稷，回报母校。诚如李嘉诚1994年在汕头大学的一次讲话中说：

> 如果汕头大学同仁能齐心合力，各尽其职，汕头大学一定可以办好，前途是无可限量的。希望汕头大学能发出耀眼的光芒，培育出照耀祖国的青年。

天地浩浩，日月昭昭。

2006年6月28日上午，李嘉诚一行莅汕，出席次日召开的汕头大学第六届校董会第五次会议和参加毕业典礼。当日一早，不少身穿学位服的毕业生纷纷涌向汕大体育馆内，等待激动人心的一刻的到来。

8点15分，李嘉诚缓缓步入会场，同学们兴奋地欢呼并争相与之合影。丘成桐教授和李嘉诚先后在典礼上致辞。作为著名的数学家，丘成桐教授以自己的亲身经历，鼓励汕大毕业生们即使在最困难的情形下，要效法李嘉诚，要将眼光看得远一点，要待人以诚，尽量帮助他人。

李嘉诚的演讲题目很有趣，叫《打倒“差不多先生”》。他从自己最近重读的胡适先生1924年所写的文章《差不多先生》切入，与在座的师生们做了一番深入探讨，并勉励各位同学：

> 如若你不愿被命运扣上枷锁，你必须谨记，活着是一种参与。你要勇于思考、尊重科学、尊重原则，能感受、有追求、能关心，能经得起考验，骨中有节，心中有慈，心中有爱。

他也和学子们分享了他所坚持和珍惜的信念：人要焕发出生命的光辉，就必须凭借自我的驰骋和超越。“终我一生，我将毫不含糊地、不变地活出我精神力量的华彩和我的血肉热切之心。”李嘉诚慨叹：“现代科学还未找到人不死的灵丹妙方，何以独是差不多先生能成功存活于世？”他说：“当我重读这篇名著时，令我惊骇的不仅是差不多先生可怜的愚昧，更糟的是旁人接受如此荒谬的存在方式，还企图自圆开脱，这种扭曲式的浪费智慧行为足以令人哭泣。”最后，李嘉诚激动地向全场学生问道：“我是绝不会成为差不多先生的，你们呢？”现场两千余名学生齐声答道：“绝不会！”

“作为一个企业家，一定要有长远的目光，不可以只顾及实时的回报，要有分析能力去发掘有发展潜质的科技项目，具备国际视野，打破地域观念。”

第四章

攻占码头

Li Ka-shing

▲ 校务委员会主席冯国经（右）及校长徐立之教授（左）会晤李嘉诚，代表香港大学感谢其慷慨捐赠十亿港元予大学。

▲ 李嘉诚和风细雨般的亲切笑容，给人们留下了深刻的印象。

航运业是香港的传统行业之一，也是今日香港赖以繁荣的支柱产业之一。英国人当初进占香港的主要考虑就是，这是一个拥有天然良港的四通八达的航运中心。香港赖以成为亚洲金融中心的客观条件就是其无可替代的地理优势。

不过，从20世纪50年代起，香港的航运业发生了深刻变化，从中国的沿海内河航运，转到以香港为中心的太平洋区深海远洋航运。二次大战后，英国开始用登陆艇运载英国至爱尔兰及欧洲大陆的货物，这种运载货物的便捷方式很快在欧洲广而推之。

1955年，新型集装箱货船开始启航。1960年，集装箱货船运输已成为环球航运的主流与未来发展的方向，集装箱货船其后航遍全球每个港口。20世纪60年代末，航运业的集装箱化革命已冲击到远东，英国及欧洲著名轮船公司的集装箱货船已驶入太平洋及远东地区，兴建集装箱码头已成当务之急。

九号集装箱码头

1966年7月12日，港府成立集装箱货船委员会，筹建香港集装箱码头。1967年，委员会建议用将位于葵涌沿岸的95英亩醉酒湾沿岸海床滩涂做集装箱码头的选址，另外20英亩则预留做五年后发展。当时，醉酒湾仍然是一片迷人的滩涂田园风光，完全是一片纯真宁静的处女地，恬美平坦纯朴静谧，青涩嫩滑舒适诱人。不过，它很快将面临急剧的沧海历史巨变。1969 年 5 月，土木工程署海港工程部指定兴建葵涌集装箱码头工程的可行性报告，成为该集装箱码头的发展蓝图。1969 年兴建的葵涌集装箱码头，工程分为三期，计划停泊的码头有四个。1969 年，三家行走香港航线的著名欧洲轮船公司：东方海外集装箱航运公司、边航轮船有限公司及德国的赫伯罗德开始着手筹组现代集装箱码头有限公司，太古集团成为最早加入的本地机构，其后加入的是汇丰银行、捷成洋行、和记洋行以及嘉道理家族。

1970 年 8 月，香港政府在葵涌集装箱码头招标，现代集装箱码头投得葵涌一号集装箱码头，二号、三号集装箱码头则分别由日本的大山船务公司及美国海陆联运公司投得。四号码头则稍后由和记国际组成的国际集装箱码头公司夺得。这个时候，李嘉诚仍一心一意地忙着建屋起楼，致力扩充自己的地产王国。随着香港航运集装箱化的进程，传统的船坞业开始式微。

1972 年，太古船坞与黄埔船坞联合创办香港联合船坞有限公司，各占 50% 的股权。联合船坞投资 2.5 亿港元，在青衣兴建一座新型的现代化造船厂，以取代鲗鱼涌的太古船坞和红磡的黄埔船坞。1972 年现代集装箱码头连同九龙仓再投得五号集装箱码头发展权。1976 年，现代集装箱码头公司与国际集装箱码头公司达成协议，以放弃六号码头三个泊位的半数发展权交换已被国际集装箱收购的二号码头。至此，现代集装箱的一号、二号、五号码头连成一体，与国际集装箱成为香港经营集装箱码头的两大巨头之一。1978 年，太古船坞正式关闭，成为太古集团发展房地产业的庞大土地资源。

国际集装箱全称是香港国际集装箱码头有限公司，其前身是香港黄埔船坞有限公司的集装箱码头业务。

1974 年，黄埔船坞夺得葵涌四号集装箱码头发展经营权，遂将其位于红磡、北角和观塘三段集装箱码头业务全部集中迁往四号集装箱码头，并重新命名为香港国际集装箱码头有限公司。1977 年和记国际与黄埔船坞合并为和记黄埔，国际集装箱成为和黄附属公司。1979 年李嘉诚收购和黄后，即透过国际集装箱集团大力发展集装箱码头业务。李嘉诚正式开始踏足码头业务，国际集装箱集团之业务由此进入一个崭新的快速发展时期。1985 年，港府决定让国际集装箱和现代集装箱共同发展六号集装箱码头，但国际集装箱为确保新码头能够按照自己的规划开发，便以二号集装箱码头换取现代集装箱在六号集装箱码头的半数权益，斥资20亿港元独力发展六号集装箱码头。1987年，葵涌集装箱码头已跃升为全球最大集装箱码头。1988年，港府招标竞投七号集装箱码头，国际集装箱以43.9亿港元的天价夺得七号集装箱码头发展权，一举奠定其作为香港最大集装箱码头集团的霸主地位。七号集装箱码头的标价连同填海及购置设备等费用，总投资高达70亿港元。

1991年，国际集装箱与中资的中国远洋运输总公司合资组成中远—国际集装箱码头（香港）有限公司（CHT），与港府达成协议，取得八号集装箱码头四个泊位中的两个泊位的发展经营权。至此，国际集装箱集团共经营葵涌的四号、六号、七号、八号集装箱码头的12个泊位，已然成为全球规模最大的私营集装箱码头公司。李嘉诚统率的和黄完成这一历史壮举，前后经过了十年时间。

1995年，国际集装箱集团处理的货运量高达520个标准集装箱，在葵涌集装箱码头处理的总吞吐量中所占比重超过50%。这一处理量相当于李嘉诚旗下的盐田港2000年的集装箱处理量。该年度，港口及有关服务为和记黄埔带来的营业盈利高达36.3亿港元，占和黄营业盈利总额的55.6%，成为和黄的核心业务。

细心的读者可以留意到，从李嘉诚购入和黄的1979年算起，不过是16年的光景。

2002年，香港集装箱码头吞吐量为1920万个20英尺集装箱，较上年增加7.4%，达到历史最高峰。其中，李嘉诚属下的国际集装箱处理了大约近600万个集装箱。香港港口亦再度蝉联全球最繁忙集装箱港。

1992年，随着香港集装箱码头业的高速增长，预期葵涌一至八号集装箱码头的吞吐量将于1995年达到饱和，九号集装箱码头的兴建遂提到议事日程上来。

同年11月10日，港府在未与中方磋商的情况下宣布以私人协议的方式将九号集装箱码头的发展经营权批予以英资怡和为首的青衣集装箱集团（其余股东尚有海陆集装箱集团、新鸿基地产及新世界发展）、国际集装箱及现代集装箱三个财团，九号集装箱码头的四个泊位中，青衣集装箱获得其中两个，国际集装箱与现代集装箱各得一个。

其时，正值香港新任港督彭定康上任伊始，并在施政报告中单方面提出对香港原有政制进行重大改动的改制方案，中英交恶，双边关系陷入低潮。港英当局的任何举动，都有可能触动中国大陆敏感的政治神经。要知道，内地960

万平方公里的国土与13亿爱国人民，充满了高度的政治细胞与智慧。

中方即指责港英政府单方面批出跨越”九七”的重大工程，是违反联合声明的侵权越权行为，且肆无忌惮地公开让利英资集团，未来特区政府将不予承认。亦有人指出，此因利益分配不均的港商上京告御状，导致中方反应过度。香港舆论亦普遍认为港英政府的决定有私相授受之嫌。九号货柜码头的发展遂陷入僵局，一拖达三年之久。

说来真是话长。在港府动议兴建九号集装箱码头的时候，正是李嘉诚香港码头业务如日中天之时。长和系控股的国际集装箱码头堪称香港集装箱地头蛇，葵涌集装箱码头的生意额，如从单一股东角度看，李嘉诚系是最大的收益者。所以说，在香港发展集装箱码头生意，要漠视忽略或不考虑李嘉诚的存在，那简直就是天大的笑话。天意弄人，与李嘉诚私交甚笃的港督彭定康偏偏和李嘉诚开了个天大的玩笑。

彭定康将九号集装箱码头权益不再进行公开招标，而是采取暗标，主要看各投标公司的综合条件。当然，就综合条件而言，李嘉诚自是分毫不差。但这一综合，便有了弹性，有了猫腻，有了变通，有了漏洞，有了转寰的余地。简单来讲，有了主观的因素。也就是说，这个招标有可能失去了自由市场的公平公开公正。当然，这只是外行看热闹的表面现象。

开标的结果，九号集装箱码头判给了英资怡和，当然，为了取得至少表面上的公平与平衡，彭定康掩耳盗铃，有意将华资新鸿基、新世界作为标签绑在怡和身上。彭定康其实一点也不傻，一点也不天真，在这个问题上，他有他的如意算盘。他的算盘就是接纳财阀意见，打破李嘉诚国际集装箱码头可能形成的潜在垄断地位，在码头商与香港整体利益中求得动态平衡。某些方面不能太高调，但政治不同，玩的过程中就是要高调唱，越唱越好。如同政改方案一样，彭定康是个喜欢走钢丝的政客。他不单要确保自己不会跌下去受到伤害，更要成为人们注目的焦点，而且人们的视野还要随着自己的一举一动而紧张兴奋。如果与彭定康打麻将，他一定是一个不按常规出牌的高明的牌手。

彭定康当然是一个极其精明的政客，虽然有时太过于棱角分明而显得不够圆滑，但其处事手法显然是典型的英国政客式的，常常可以出人意料，又在情理之中。精明的政客彭定康，显然希望用牺牲老朋友李嘉诚的局部利益，甩开三道板斧，迅速在辖区树立公正廉明的清誉开明的政治强人形象。因为，一般预料，与李嘉诚关系笃厚的他，一定会照顾自己的好友。一般人显然只能得出一般的结论，当然，这是个一般人常出的一般的错误判断。

从另一层面来看，彭定康也算公正，至少，在集装箱码头的处理上，更显现出为人之精于算计平衡与操控掌握舆论为我所用的炉火纯青，此为民主社会为官之道之公开秘籍也。至于肥彭在推动政制改革方面的不遗余力，相信除了内心深处可能保有的民主信念外，少不了英国政客对华掣肘不合作的偏狭心理在作祟。

很简单，缘何英国统治香港一百年，从未重视推动香港民主发展，在将要交还中国时却又格外醉心其民主进程呢？只能说是醉翁之意不在酒。至于那些闻鸡起舞的黄皮肤政客，在英国百年殖民统治历史上，只识得摇旗呐喊好好好，回归未几却振臂高呼闹闹闹，不能不令北京怀疑其司马昭之心。

九号集装箱码头的失利，对李嘉诚而言，显然是非战之过。只能说，谋事在人，成事由天。一位财经分析家写道："凯瑟克家族雪洗了当年痛失遮打金钟地铁上盖物业发展权的耻辱，李嘉诚成了纽璧坚第二。不过，两者失利的缘由不同。置地号称中区地王，实则上拥有的地盘物业，不及一成，纽璧坚是大意失荆州。李嘉诚控有集装箱码头的七成，算是真正的霸主，超人失利，非本人努力不够，故仍可歌可叹。"

其实，末代港督彭定康就是李嘉诚的欣赏者之一。当年彭定康受商界排斥，却表明很欣赏李嘉诚的态度及性格，"虽然李嘉诚不赞同我的意见，但总是态度温和。他不是喧闹的激进分子，他从不会哗众取宠地胡乱发表意见去取得中国对他的好感。这反映了他能在商业利益、理性的态度及诚信之间做出平衡。我认为李氏会较喜欢生活在一个有更多民主而不是更少民主的香港。"

彭定康的眼光相信较寻常的分析研究者更为准确。在中英互不信任，彼此心存猜疑之下，中国方面认为港英提出此议，目的在于花掉储备，并让英国公司取得最后最大利益。中方有此猜疑，并不是完全没有根据，因为港英政府将九号集装箱码头的兴建经营权以一个很低廉价格，批出给英资怡和集团；而在此之前，李嘉诚的国际集装箱码头，却要花费四十多亿港元才能投得八号集装箱码头的兴建经营权。

港府所持的理由是，八号集装箱码头因与七号相连，可多兴建一个泊位，和黄志在必得，故能出高价，若九号码头再出高价，势必拉高成本，将来必影响香港集装箱码头的竞价竞争力。况且，若依据价高者的市场投标原则，势必会被李嘉诚投得，与八号、七号码头连成一片，自然而然就会形成区域性垄断，长远来讲，并不符合香港之自由经济体系所奉行的市场原则。故改以“私人批租方式”批出。

九号集装箱码头的争议持续已久，怡和一直也在与港府进行这项生意合作，但专营权一事却受到中方极力阻挠。因为合约及经营权会跨越九七，所以中方以跨越九七为难关，施出绊马索，百般留难，限定港府批出的专营权必须与他们洽商，如果未经知会协商便批出经营权，则其合约终止期可能是 1997 年 6 月 30 日。这个限制方法一方面是针对各项公用设施和对港府的一个紧箍咒，一方面也是针对怡和等英资的一只无影政治脚。毕竟过去百年的历史，英资确实时时处处受到港英当局的特别关照。

后来，更有人指心生不忿的李嘉诚亲自赴京告御状，导致北京顿然醒悟，知其利害，公开全力抵制九号集装箱码头招标。李嘉诚对此只是淡然一笑，我老李哪里有那么大的通天本事。此处真正应验了以小人之心度君子之腹那句老话。

再后来，彭定康极力邀请李嘉诚加入总督商务委员会，李嘉诚婉言谢绝。结果由李嘉诚的儿子李泽钜顺利进入总督商务委员会，成为该委员会最年轻的新贵。看来，彭定康亦不是忘恩负义的政客。李嘉诚在这番角逐中只不过得了个安慰奖，但也总算有个面子上的交代。

生意，难在一朝一夕间看出将来，但中方针对性极强的反制措施，明显在压抑英资势力。怡和的前景不能不再次引人遐想。当然，这只是港英单方面的说辞，香港其他财团与中方均不接纳此说。最后港府被迫重新分配葵涌集装箱码头的各间公司的权益比例。有约在先，就算再牛筋脾气的彭定康也不得不寻求妥协转圜的解决办法。

1996 年 1 月，中英关系转趋改善，而香港集装箱码头的发展更趋迫切，两国外长终于就九号集装箱码头的解决办法达成共识，并拟就一至九号集装箱码头的泊位拥有权做重新分配。然而，由于交换泊位涉及各财团的切身利益，有关磋商一再拖延，直至同年 9 月 11 日始获解决。一切源于香港集装箱码头增长放缓和回报期长，旧股东纷纷只求套现，结果一场历时大半年的葵涌集装箱码头股权争夺战，终于尘埃落定，而战果则可以说是皆大欢喜，因为各阵营其实已成功地各取所需。结果，经过连番洗牌，和黄的国际集装箱再次一如市场预料，成为这场游戏的最大赢家。

时也？势也？命也？运也？国际集装箱除获得九号集装箱码头一个泊位外，再额外获得一个支线泊位及港府批出一幅在九号集装箱码头以北占地 2.79 公顷土地，可发展为商业楼宇。

国际集装箱每年将增加 120 万个标准集装箱，令该公司的吞吐量上升至 700 万个标准集装箱。九龙仓的现代集装箱则以八号集装箱码头的两个泊位交换青衣集装箱在九号集装箱码头的发展权，因而在九号集装箱码头将获得三个泊位及额外一支线泊位。而获得八号集装箱码头两个泊位的青衣集装箱则重组股权，并易名为亚洲集装箱码头有限公司。

重组后，被北京政治游戏吓怕的英资怡和集团意兴阑珊，其股权大幅下降，成为第二大股东，透过置地及怡和太平洋持有 28.5% 的股权、经营三号集装箱码头的海陆集装箱集团成为大股东，持有 29.5% 的股权，新鸿基地产和新世界基建分别持有 28.5% 和 13.5% 的股权。

至此，九号集装箱码头的争夺逐渐偃旗息鼓。不是有人欢喜有人愁，而是皆大欢喜。这是一个典型的分猪肉方案。只不过是，有人分得了后腿，有人分得了前腿，有人只好拿走猪头。三个码头经营者为现代集装箱码头有限公司、香港国际集装箱码头有限公司及亚洲集装箱码头。根据九号码头协议，现代集装箱码头拥有码头南面四个泊位、国际集装箱码头拥有北面两个泊位。亚洲集装箱码头将分担部分九号码头的发展费用，借以交换现代集装箱码头位于八号码头西的两个现有泊位。

屯门码头

香港约有超过 20 个中流作业经营商，与多间从事内河贸易货运的公司。位于屯门的内河码头于 1999 年年底竣工，专责处理香港与珠江三角洲一带港口之集装箱及散货的分发及中转，为陆路跨境通道提供多一个较便宜的选择。说起屯门码头，不能不提到李嘉诚与李兆基的另一次短兵相接。话说 1996 年，港府公开招标竞投屯门内河码头。李兆基参与以新世界基建与新鸿基工业为首的财团，角逐该项工程。竞争的另一个强有力对手，就是本书的主角李嘉诚。

招标结果，不是价高者得，而是和黄为首的财团低价投得。这项结果一出，香港议论纷纷，落败的新世界基建与新鸿基工业立即高姿态通过传媒做出异乎寻常的强烈反应。除召开记者会，要求港府对被指招标书内容欠佳做出合理解释与清晰准确说明外，更扬言政府必须提供令人满意的答复，否则，不排除采取法律行动控告政府。要知道人们普遍以为李嘉诚与彭定康及港府高层关系密切，难免会瓜田李下。面对突如其来的风波，李嘉诚依然微笑淡定，保持其惯有的低调洒脱作风。

港府在强大的舆论压力与质疑声中，立即罕有地召开记者招待会，详尽解释落标一方标书计划之欠缺所在，包括港府所期望之海陆运比例，码头及内河污水处理，台风防御设施，散货场规划与物流疏通等，都不能令有关专家满意。因此，若依据该等方案，在码头建成后，港府势必拿出相当多的资金善后，显然不符合港府招标的初衷。挑战的一方哑口无言，知难而退。

李嘉诚在这件事情上，自始至终保持着沉默，除了一贯的作风风格外，很重要的一点是，竞争对手是自己多年的老朋友李兆基，况且，这次公开表明不满的只是子侄辈的第二代，更加不宜失身份多嘴多舌，以免贻笑他人。这件事很快就风平浪静。

不过，从这件事可以看出，其一，李嘉诚做事之精细，往往能够知彼知己，谋划精确，不打无把握之仗。其二，李嘉诚对朋友关系的分寸拿捏得十分精妙。整件事情，虽然知道对方对港府，甚至对自己有很大的误会误解，但依然宰相肚里能撑船，大事化小，小事化了，和气生财。其三，面对任何问题，始终都能够冷静坦然应对，绝不意气用事。

九号集装箱码头首个泊位在动工后 24 个月落成，以后每四个月可多建成一个泊位，全部落成后可处理 220 万标准集装箱。由于葵涌码头一带已再无可发展的土地，因此，在青衣岛上兴建的九号集装箱码头将是该区最后一个集装箱码头。九号集装箱码头有六个泊位，岸线全长 1900 米，面积 68 公顷。九号集装箱码头整项工程占地 150 公顷，包括码头后勤用地、物流及其他码头设施。工程项目并包括一条连接青衣南面的桥及第二条连接位于南面的八号集装箱码头的通道。此外，并会将航道挖深至水深 15.5 米，设计处理量为每年 260 万个 20 英尺集装箱，可停泊大型集装箱货船。

2003 年 11 月 16 日，李嘉诚对媒体表示，本港货运业未来 20 年会有一倍增长空间，前景不错。他指工业北移，厂商宁愿选择内地码头出货，香港需要改善交通，相信西部通道有利本港。他还表示，香港七至八年后，才需要考虑兴建十号集装箱码头，希望香港及内地货运业保持良性竞争。

在拥有一定的业务规模后，李嘉诚持续要求港口业务的负责人进行管理技巧的改善。因为香港港口空间有限，最主要的改善在于，其他港口码放两三层的集装箱，在这里需要摞至六七层高。这并非简单的吊机和码放方式的改变，更为需要对所有集装箱的出、入时间及地点进行良好统筹。否则，仅在搬运腾挪中就将损失极多时间。

从 1980 年代中期起，和黄一直自主开发码头的电子管理系统，可以事无巨细的显示码头内集装箱的各种资料。和黄港口在香港的子公司根据当地情况，专门发明了由计算机控制搬运集装箱的“电子龙”型吊机，效率大为提升。从此香港国际集装箱码头因其效率，成为了国际著名的“补时港口”：那些在运输过程中被延误的时间，可以在香港得以补偿。

经过多年发展变动换股，葵涌码头业务已经大体底定。一名港口分析员亦称，葵涌港口形势大定，九龙仓的现代货箱及和黄的 HIT 占有率最高，弱势 CSX（环球集装箱码头）及置地认为倒不如出售套现回归其本业，本港又不会出现新港口，只有政府仍希望借增建十号码头来保持世界第一吞吐量港口的地位。

2000 年 12 月 12 日，李嘉诚在香港公开大学李嘉诚专业进修学院命名典礼上的讲话中提到，近年，因为有了孙儿的声音，为了加强日后与孙儿的沟通，亦会主动翻看一些童话及寓言故事。

李嘉诚感叹自己穷困少年时从未有此份奢侈，今天才知道儿童的世界亦充满启发。他记起曾经看过一本充满哲理、中文译名为《为自己出征》的故事书，主角是一个心地善良、充满爱心、坚毅勇敢的武士，他历年成功地不断屠龙和拯救危困中的公主，备受世人推崇，更得到国王赏赐的一套闪亮的盔甲。

李嘉诚详细介绍这本书的内容。久而久之，武士习惯了成功，没有注意到盔甲已开始铸锈，亦忘记了盔甲虽然标榜着成功，但盔甲中的他，才是创造成功的人。直至有一天，武士蓦然惊觉铸锈的盔甲已脱不下来，已成为自己的负累，武士知道自身出了严重的问题，武士也许并非最聪明，但却异常有勇气，面对新的挑战，武士到处求教、寻找新方法、新知识，鼓起意志和勇气，克服疑惧，终于成功摆脱累赘，寻回自我和找到新的出路。

李嘉诚是否在自书自语，无人能够完全明白。李嘉诚讲述这一童话的用意，在于鼓励香港人，应该像这位盔甲武士一样，鼓起勇气与意志，克服万般无奈，摆脱各种困境，挣脱无数羁绊，不要沉迷于过去的辉煌，而应在激荡的世界潮流中，寻回自己的出路，塑造香港的崭新未来。

李嘉诚在出席香港总商会一次晚宴时发表了《装备自己，挑战未来》的演讲。他说，过去几十年来香港经济的发展，主要基于香港几代人的努力及坚定不移的决心，内地经济的持续增长为香港的发展增添了动力。他强调说，迈进 21 世纪，香港无可避免地踏入全球化经济革命时代，一定要时刻反思，更新求变，以智慧客观地认清香港的处境，以毅力坚决地冲破重重障碍。大家应共同努力，不断追求社会的进步与繁荣。

> 我们常说人为万物之灵，人是一切发展的核心能源，我们兼具为善、为恶，有创造、有破坏的能力，我们为了追求进步，不断提升自己的竞争力，这本来是对的，教育的本质是令我们积极向前。今天科技进步，通信、医疗、生命科学等都不断有新突破，我们拥有更多知识，但未必更有智慧；我们能掌握事物的起因，但还不能预知未来。

一个人的操守与道行，人格与魅力，品格与影响力，毕竟是在人生困惑与明朗、挫折与成功交替中升华中整合中磨砺中铸就的，而不是在一味的内心熬煎或幸福舒坦的境遇中修炼凝聚的。李嘉诚幸运地成为这个动荡不安的社会的不远不近的邻居。这一切，都镌刻着历史岁月的无情痕迹，而不是一蹴而就的只争朝夕。

商业生活的锤炼，除了增加李嘉诚理智上的明辨力外，更修炼了商圣李嘉诚精神上的决断力。也由此产生了指点江山激扬文字的霸气。正像炼金术士在寻找金子的过程中，却发现了火药、医药，甚至大自然的规律，在普通凡人任由金钱和人际关系飘摇挤压左右扭曲的岁月，内心深处却只期待着获得商圣式的思想锤炼与顾盼。

在追求财富的过程中，李嘉诚或会发现内在的真正的财富：灵感、思维与精神明辨力。而这一切的一切，都离不开香港这一特殊的多元浑浊的文化社会与社会文化。

2004年，香港特区行政长官董建华发表他第七份《施政报告》，连他自己也对报告评价为“没有很多新意”，但商界对此反而叫好，因为商界一直希望政府切切实实地营造更佳的营商环境。董建华宣布兴建十号集装箱码头及启动内地与香港的物流快线，便是为业界节省真金白银的真功夫。

董建华在宣读《施政报告》后的记者会带出明确的信息：今年的经济环境很好，明年的经济环境都会很好。我们要做些什么呢？要扎扎实实地去做，能够确保这个经济持续地增长，这是我们的责任，是大家的责任。这份《施政报告》可以说没有很多新意，但事实上我们正在做事。

香港普遍的期望与反应是：董建华与特区政府做得越少，香港经济就会越好。这也是现代市场经济的基本法则。是否需要兴建十号集装箱码头在香港争议多时，终于由董建华一锤定音。他在《施政报告》中说：“为了长远提升竞争力，政府会建议兴建更多集装箱码头。”他并称，新集装箱码头的选址有可能在大屿山，配合邻近即将兴建的港珠澳大桥及“增值物流园”，以及现时已高效率运作的香港国际机场，特区政府将会在大屿山形成一个“海陆空物流基地”。

董建华出席立法会答问大会时，也受到立法会议员刘健仪的质询，她指物流业关注的不是香港码头处理能力问题，而是深圳码头成本及收费远低于香港，令深圳同业绝对有机会超越香港。董建华承认：“香港码头收费偏高，长远会输给竞争者。”他说因此香港需要降低收费，但他指出，内地与香港码头的兴建成本及营运成本相差不会太远，香港有需要提高码头处理能力，以提高香港竞争力。他又承诺基建发展“不会慢三拍”，而会优先处理。

但是，本港最大集装箱码头经营商李嘉诚，罕有地公开反对董建华的此项建议，指香港码头营运能力仅得设计能力之七成，远未饱和，没理由再建码头。而且，这样做，对于投入巨资兴建现有码头的营运商而言，并非是一个公平的决策。李嘉诚等码头经营者所考虑的问题焦点是，如何保证投资有合理的回报。仅自20世纪80年代以来，和黄投资本港码头的资金，就已超过了100亿港元。董建华及港府所考虑的问题的焦点是，如何创造商机无限的自由宽松便利的环境。从道理上讲，两者都无可非议，甚至无懈可击。实质上，港府的考虑有可能从法理上蚕食码头商的利益。因为，高价投得码头经营权显然带有专营性，因而是局部时空区限内享有垄断权的。

看来，那些天天指责李嘉诚与董建华有某种特殊关系的人，可以闭上自己的嘴巴，给自己放几天大假，好好轻松一下了。

港珠澳大桥

港府拟议中的新码头与现有码头的投资方法不同，发展商无须再支付昂贵的地价成本，所以新码头的收费可望大幅降低，现时最头痛的是如何照顾现有码头营运商的利益，因为此举无疑会造成政府在干预市场运作的前提下，强逼现有码头商也要减价。

其实兴建十号集装箱码头之所以引起争议，最重要的原因是现有码头营运商，包括李嘉诚任主席的和记黄埔属下的国际集装箱，以及吴光正任主席的九龙仓属下的现代集装箱，均担心兴建新码头会令香港码头运力过剩及收费降低，影响其属下码头的投资回报率。另外，两大集团在深圳也有庞大的码头投资，也会被十号码头抢生意，所以两大财团一直反对提早兴建十号码头。

一波未平，一波又起。长江实业 2002 年的利润近九成来自于旗下的和记黄埔，而和记黄埔的主要利润又来源于港口及相关服务的收益，由此可见，在长和系中港口业务又以香港和盐田港的业务为重，但该部分业务在 2002 年却受到了前所未有的挑战。

兴建港珠澳大桥的构想早在 1989 年由香港合和集团主席胡应湘提出，因其中牵涉众多大财团及各地方经济利益，方案一直悬而未决，各方出于各自利益的考虑对建桥与否争论得相当激烈。

以李嘉诚为代表的长和系反对声音最为激烈，双方的争论在 2002 年，达到了白热化的程度。为确保长和系在香港和珠江三角地区的既得利益，在港珠澳大桥问题上，李嘉诚不得不与合和、新世界、新鸿基、信德等港澳大财团全面短兵相接，正面交锋。在强劲对手面前，李嘉诚不免显得势单力孤，这对一向以高层攻关见长的李嘉诚而言是一个极大的考验。但是，确实是一个无可奈何难以回避的选择。

以胡应湘为首的合和系联手郑裕彤的新世界发展、郭炳湘兄弟的新鸿基地产、何鸿燊的信德集团、李兆基的恒基地产和亚洲金融集团，拟自筹资金 150

亿港元兴建港珠澳大桥，其中50亿来自企业贷款，100亿来自银行贷款。

经过努力，除广东省政府考虑到“大广州计划”态度消极冷眼旁观，其中略带反对之外，中央计委已批准立项并做了实地考察，香港政府迫于本港舆论及其他各方压力也不反对，珠海和澳门政府出于地方经济考虑态度积极，而李嘉诚一方则孤军奋战，于官于商明显处于劣势。

掀起这一轮争论的是香港合和实业主席胡应湘，他兼任香港港口及航运局主席。胡应湘可能是最热心兴建港珠澳大桥的基建商。英国《投资分析》杂志曾说：“胡应湘名下的合和实业是世界上最大的最纯粹的以中国为投资对象的私人公司，因此也是受中国风险影响最直接的公司。如果对中国有信心，你就买他的股票；如果你对中国没信心，你就不买他的股票。”

据香港《经济日报》2004年8月27日报道，胡应湘透露，他将为该项目寻求私人融资。而与他同一阵营的，还有香港最大的地产商新鸿基地产和澳门赌王何鸿燊旗下的信德集团，他们都有意参与兴建大桥的计划。胡应湘强调，如果大桥可由私人企业负责融资兴建，他控股的合和实业愿意牵头。预计总投资约为150亿港元，他已与一家银行签署有关文件，对方承诺会协助兴建大桥涉及的融资问题。

事实上，表态支援兴建大桥的，还有香港机场管理局主席冯国经，香港九龙仓集团主席吴光正，东方海外集团主席董建成等商界名流。各财团今次纷纷表态支持建桥，和黄显得势单力孤，这或多或少反映出不少富豪财团在此一问题上对李嘉诚成见犹深。

在董建华任内五年，李嘉诚在众多问题上遭到香港众富豪的夹击围攻。如1997年，政府默许九铁单一招标，与长实合作发展红磡货场上盖物业：1998年以超低补地价港币3.85亿，批出九号集装箱码头一半权益；而地政署以英尺价港币200元的价格，将马鞍山酒店地皮售予长实，被指令库房损失达6.4亿港币。

和黄董事总经理霍建宁一直以成本效益问题，公开叫阵，反对胡应湘倡议兴建港珠澳大桥。胡应湘终于按捺不住，在生产力促进局举行的物流研讨会上，明讨霍建宁：“建桥无论在资金及技术方面均无问题，如果霍建宁担心回不到本，那‘本’就不用了，因为没有人要求他参与投资。”胡更拍胸口夸海口，合和不费吹灰之力可牵头即时集资150亿建桥，而无须政府分担分毫。在同一场合，胡应湘又露了口风，透露大桥附近还计划建深水集装箱码头。

“他（胡应湘）指码头是物流用地，是工业行为一种，不应单纯以商业形式来批地，政府要有优惠。就是这番话，搞得霍建宁很不满。”中山大学珠江三角洲研究中心郑天祥教授说。由于胡应湘指名道姓地炮轰，再加上要政府平价批出码头用地，触动了身在意大利的霍建宁神经线。翌日，他立即以电话会议召开记者会，甫开腔即狂轰。

“若 Gordon（胡洋名）要起桥，自己揾到钱，我恭喜他啰……你去做世界不要紧，你就不要做我世界，这样会死人。”

胡应湘与霍建宁公开吵架，令市场为之侧目。其实双方事前已拳来脚往，四处进行游说。率先行动的是胡应湘，他以港口及航运局主席身份，在 5 月与左派的民建联会面，推销其大桥对香港的好处。7 月他又应香港总商会邀请，出席珠江三角经济发展论坛，与九龙仓副主席吴天海及中华厂商会会长陈永棋会晤。

不久，陈永棋在《文汇报》撰文，图文并茂推论出要靠港珠澳大桥，才可以挽救香港经济，其危言耸听的论调，就好像该大桥是未来香港的救命稻草，大桥是香港未来发展的天梯，是搭救正在沉沦的香港的诺亚方舟，不建大桥，香港将很快会沉沦下去。

有关港珠澳大桥的建议及初步拟订的图则，胡应湘其实早于一年多前，已正式交给港府高层，包括当时的运输局局长吴荣奎，当然董建华也一早获知会，但一直没有正面的积极回应。而胡应湘一有机会和港府交手，就不厌其详地卖力推销他的建桥大计。胡应湘并向北京游说。他更委托全国政协委员云大棉，把一式五份建议书带给国家领导人李鹏。

回港后，胡应湘致函云大棉，详述这条大桥的资料，包括成本 150 亿人民币，预计每辆车收费 150 元，乐观估计十年可回本。胡还向云透露，何鸿燊和李兆基曾表示对计划甚感兴趣。故此，当胡应湘号召兴建港珠澳大桥时，一众财团一呼百应。

2001 年 7 月 11 日，李嘉诚首度开腔，认为若从货物运输角度考虑，建桥必须顾及实际效益与投资回报，同时若珠江三角洲兴建大桥互相连接，无疑将会对香港港口的货运带来更大的压力。李嘉诚并首次披露，和黄在珠海高栏港两年多前已完成一深水港工程，但因当地货量不足，该港口一直只能用于处理散件货物，并且长期处于亏损，迟迟未添置处理集装箱的重型吊机。珠海是珠江三角洲西部最主要的港口，其自身及周边货物吞吐量尚且不足，且珠海机场长期亏损无货无客，那么，现在倡议兴建西部通道，货物又从何而来？

连西部有关设施尚且吃不饱，怎么会有多余的货物不远数百里，涉远洋，缴费贵，耗时间，花精力，忧损耗，运到香港来出口呢？就算考虑自由行人口增加，珠江三角洲西部又有多少富裕市民，日日搭数百元的贵巴来香港看烟花呢？李嘉诚亦认同兴建路桥确实会方便人的来往，是一件好事。但是，他强调，人情好事是一回事，商业投资是另一回事，不能因为这是好事，就可以好心地忽略商业上的成本投资。李嘉诚并表示只要对香港有好处的，他一定会支援。

港珠澳大桥能否得以落实，除了要香港政府推荐、广东省政府不反对外，最后还要得到国务院同意计委立项，对于这一牵涉港粤关系的重大工程，甚至须待中央政治局批准。在这次建桥争议中，由于董建华采取中立，出来掰手腕的是胡应湘及李嘉诚。

持有逾八成香港国际集装箱码头（HIT），以及近五成深圳盐田港码头的和黄，其实早于一年前，已得悉胡应湘的港珠澳大桥计划。

由于胡应湘的蓝图内，包括在大屿山大澳，预留位置辟作集装箱码头，而且还要求特区政府以工业用地形式廉价批地，和黄深知对自己不利不公，便主动要求参与投资大桥，希望分一杯羹。怎料胡应湘坚持不与和黄玩，导致两阵营短兵相接。

现时葵涌码头由和黄及九龙仓垄断，收费较深圳盐田港贵三成。和黄早知盐田港的潜力，并已定下全盘大计，拓展珠三角东部的版图。目前盐田港已接驳了高速公路通往深圳机场，而2001年11月，和黄更落实与深圳盐田港集团，合资发展盐田港第三期（和黄占四成九），并同时购入平湖盐田铁路六成半的权益，为逐步于平湖建设大型物流中心，打好运输基础。总而言之，若该物流中心一旦建成，珠三角的集装箱港口生意，相当部分会落入和黄口袋里。

胡应湘倡议兴建港珠澳大桥及码头，并建议码头有补贴，换言之日后可与现有码头经营者直接竞争，并掌握非常有利的价格优势，即是霍建宁所说“做我世界”。和黄唱反调的关键在于，胡应湘希望以免地价扩展的十号集装箱码头吸引车辆上桥来港。这对于已投资港口过百亿元的和黄集团来说显然极不公平，对现有的其他码头商而言也有失公允。胡应湘大力推销的港珠澳大桥，原来取自他20年前构思的伶仃洋大桥，即是由屯门连接淇澳岛与珠海。接近胡应湘消息人士指出，当时港府尚未有计划在大屿山发展新机场，也没有陆路连接大屿山与市区，所以胡应湘才把大桥的香港起点放在屯门。

胡应湘今次点火，公开挑战李嘉诚，背后其实还有大财团倾全力支持，其中首先表态力撑胡应湘的，是新鸿基地产的郭氏兄弟。而身为机场管理局主席的冯国经，更与胡应湘表演大合奏。“现时新机场放在大屿山，跟大陆无接通，机场的铁路和高速公路，使用率偏低。如果多条桥，就可以吸引内地客源到香港坐飞机，始终香港国际航班较内地频密，机场就可以多做生意。”郑天祥说。

幻想珠三角客人不远数百里，忍受两小时的汽车颠簸来香港搭乘贵两成的飞机，穿过两道虽说不算太过麻烦的关卡，不是这个客人疯了，就是这位学者太天真了。多一点疯子也罢了，就怕疯子比天真的专家还少。

全国政协副主席霍英东，在南沙港兴建一个物流中心，所以也站在胡应湘那边。霍英东打算在南沙的九州港附近，挖深港口供远洋轮船泊岸，港珠澳桥正提供了一个运输渠道，霍英东显然双手赞成。

“至于新世界就想发展地产，嘉里想做物流，除和黄外，好多财团都支持胡应湘。”郑说。即使同样在港经营集装箱码头的九龙仓主席吴光正与高级副主席李唯仁亦先后表态赞成起桥。

表面看来，似乎如拿破仑所说的那样，上帝是站在士兵多的那一边。外界一直以为，胡应湘与李嘉诚曾经多次合作，应该十分友好，其实在商言商，一切均建基于商业利益上。胡李两人于20世纪70年代认识，当时合和、长实与其他三间渐有规模的地产商，恒基、大昌和新地合称地产“五虎将”，并相继于1972年上市。1978年这批大富豪，在广州合作发展中国大酒店，开始了胡李两人的首次合作。至1987年11月，即股灾后首次卖地，长实李嘉诚有心托市，参与竞投九龙湾国际展贸中心地皮，而胡应湘亦对此地皮甚有兴趣，最后双方合作，以4.7亿投得地皮。

不过4年后的1991年2月，长实将该地皮的五成权益售予合和，以换取合和一成新股；同年6月，合和供股集资五十多亿港币，长实包销一成三，有关股份其后分批沽售。及至1987年1月1日，李嘉诚更与胡应湘联手推出“西部海港——大屿山战略发展计划”，该计划之前瞻之庞大之规模，令全香港为之一振。

仅以此来看，胡应湘实为香港百余年历史上着实不可多见的具有远见卓识的战略投资家，经济地理学家。其投资之战略眼光确实有过人之处。当然，如果作为一个国家、一个地区的宏观发展战略而言，确实是一个令人振奋的设想。

李嘉诚早年曾设想，与合和等财团联手投资港币250亿元，在大屿山填海造地，建造大型国际机场及西部海港，开发系统完整的工业区、住宅区、港口区、物流区、商贸区、休闲区、旅游区，使大屿山成为香港一个新兴的卫星商业中心。而且，还可以使该区通过海底隧道与跨海大桥，与九龙港岛相链接，甚至可以与珠江三角洲相链接，形成四通八达的物流网络。将香港经济命脉嫁接珠江三角洲经济命脉，从而使未来的香港经济枝繁叶茂，保持持续的活力动力。其实，这一构想就是今天港珠澳大桥的原始雏形。

困扰

2001年12月4日，李嘉诚在给香港理工大学学子演讲时曾提到，“世人都想有一本成功的秘籍，有些人穷一生精力去找寻这本无字天书，但成功的人，一生都在不断编制自己的无字天书。”每个人都是一部无字天书，或富有个性，处处可见锐的角度和合力的交叉线条，引人入胜；或是沉闷重复，充斥着习见与平庸，倒人胃口。大凡富有个性的篇章，多发端于当头的厄运、压顶的危难以及内心的恐惧。

无疑，当难题或挫折出现，当内心的颤栗、彷徨、恐惧、迷茫、困惑、无奈的感觉袭来之时，一个生动的篇章就要打开，一个曼妙菲菲的乐曲就会谱写完成，人生的一个新的起点就要出现了。

造化弄人，逆境造人。2002年和黄港口业务增长主要由深圳盐田港货物吞吐量增加所带动，增长达21%。和黄在内地港口业务投资虽多但并不是事事顺利。和黄的欧洲港口拓展计划受到来自欧盟的强烈政治阻挠而进展迟滞，在中国内地的港口拓展计划亦遭遇同样命运。

2001年起和黄曾一口气向中央申请十多个港口经营权，但最终只有连云港一计划获准。和黄在内地的港口业务除新批准的连云港项目外，还有上海的集装箱码头和宁波的北仑港，其余的均分布在珠江三角洲地区，包括深圳盐田港码头、珠海高栏港、南海国际货运码头、汕头国际货运码头、江门国际货运码头、厦门国际货运码头。

在上海，新修建的大、小洋山码头和外高桥码头都与和黄的上海集装箱码头和宁波北仑港发生正面激烈竞争，上海市政府亦不断要求和黄持四成股权的上海集装箱码头降低收费，为此和黄与该码头的另一大股东上海港务局间发生势同水火的直接冲突。

在此时，港珠澳大桥项目咄咄进逼，李嘉诚当然不能应允。其实，几大财团之所以鼎力支持，也无不是从各自的利益出发。在商业利益方面高谈阔论大公无私，简直是痴人说梦。

合和集团通过旗下的珠江基建发展有限公司在珠三角地区投资有五条高速公路，构成了珠三角地区交通网络的骨干。其道路网络恰好环绕珠三角地区东西两地之重要城市和货源腹地，倘若港珠澳大桥接通香港，届时将在珠三角地区形成一个完整的高速公路网络，贯通广州、东莞、深圳、香港、珠海、澳门、中山，货运客运往来将极为便利。形成越快越好，越好越快的完善的交通网络，自然有利资本之生成、壮大与回报。

新世界发展在珠三角地区及香港地区投资了近 40 个公路项目，总长度达 1146 公里，大桥项目包括高明大桥在内共有六个，总长度达七公里。此外还在珠三角地区投资有大量地产项目，因此港珠澳大桥项目完成后，新世界将成为最大受益者。

新鸿基地产非常看好珠三角地区的房地产市场，在该地区投资日益增多，港珠澳大桥建成后将极大方便港澳居民往来内地，对当地楼价是很有力的支援。

对信德而言，虽然目前拥有亚洲最大的高速客运船务公司，占亚洲高速客运市场 90% 的份额，但与其在澳门的娱乐业相比，船务利益远不及澳门娱乐每年近 200 亿港元的盈利。信德主席何鸿燊通过澳门娱乐拥有在澳门包括葡京赌场在内的十间赌场及八间酒店。大桥竣工后，将极大方便香港及内地客流往来澳门，这正是何鸿燊十余年来一直努力的方向，创建高速客运舰队也正是基于此种设想。就算因为大桥而解散高速客运船队，其潜在的客源给赌场带来的收益，相信远远超过船务收益。

港珠澳大桥直接涉及大桥的落脚点问题，也就是说，大桥落脚点在不可能选择已经无地可辟的葵涌的情况下，必然做另外的考虑，这就极有可能与港府正在规划考虑的十号集装箱码头方案捆绑一起，即有可能选择在大屿山落脚。

兴建港珠澳大桥的目的是推动大珠三角物流畅通，让香港发挥区域物流枢纽的作用，因此，港府必须审慎考虑配套码头之吸引力，其中最主要的就是码头收费问题。倘延续传统的竞标策略兴建码头，势必推高码头收费，难以达到建桥的初衷。倘改变游戏规则，免收低价，兴建码头，势必有违现有市场经营原则，直接损害现有码头商的利益，遭致现有码头商的强烈抵制。港府显然处于两难的选择。

兴建港珠澳大桥给李嘉诚所带来的困扰是：其一，势必分流葵涌码头及盐田码头的货源。其二，在大桥为公用投资的前提下，未来的新码头很可能采取补偿式经营，即港府必然会一改以往的公开招标竞投的方式，在码头建设成本大幅度下调的因素下，新码头集装箱处理收费必然下压，直接冲击葵涌码头的运作，逼使国际集装箱码头压价竞争。其三，除李嘉诚本人外，葵涌其他码头经营者都投票支持建桥，直接导致的后果是，和黄码头在往后的经营中势必腹背受敌，前后夹击，造成严重的不公平竞争，直接损害在葵涌最大投资方和黄的利益。其四，作为一项商业投资，仍缺乏科学严谨的前瞻性研究论证，就目前发展态势看，很难确保投资商之合理回报。其五，和黄无法就该项庞大工程可能带来的环境影响做长远的科学评估，因此，对工程可能给环境造成的深远影响表示忧虑。其六，和黄在珠海高栏港口的设施闲置教训与现实，说明珠江三角洲西部货流量相当有限，如果单方面幻想客运爆增，以维持大桥营运并回收投资，显然是一个热情多过商业，理想多过现实的主观选择。其七，珠三角产业结构的调整与转换将是一个不甚遥远的不可避免的社会历史过程，事关未来百年的投资绝对不能建基于目前的经济数据分析，必须充分考虑未来可能发生的种种变化等不确定因素。李嘉诚虽贵为亚洲首富，但面对如此强劲的敌手，只能是有守无攻。

李嘉诚在内地的地产投资主要集中在京、沪两地，在珠三角地区投资亦主要集中在深圳广州。因此，港珠澳大桥项目对长和系基本无任何利益，反而会因分流货源，给长和带来重大损失。

2002 年 8 月 27 日，霍建宁则通过电话接受多家传媒访问高调反击，他认为若政府资助这座大桥，会打击香港原本的码头经营商，尤其是在港府考虑补偿式经营码头时，会直接破坏香港固有的公平公正的市场价值。

和黄在珠江三角洲拥有多个码头项目，对于连接珠海、澳门以及香港的大桥专案，一直持非常强硬的保留态度。霍建宁解释，陆路运输的成本比水路高出十倍，所以他一直反对政府注资兴建大桥。霍建宁续说，收到消息指建桥财团要求在机场附近兴建新的集装箱码头，但却不像和黄以及其他集装箱经营商般，须支付庞大的地价。他说建桥公司试图以免地价的优惠，来补贴大桥，是打破香港的公平营商环境。在金融风暴期间，和黄及其他公司斥巨资兴建九号集装箱码头，支援香港的发展，如果现时其他人要求免地价取得码头用地，对原本的经营商很不公平。

李嘉诚认为目前珠三角的发展需求并不明朗，暂时没有必要兴建。特别是在珠三角港口业务全面发展之际，看不出兴建大桥的迫切性在哪里。李嘉诚强调，反对兴建大桥，并不完全是从和黄私利着想，整个项目必须从珠江三角洲地区的长远的经济社会发展需求着眼，必须考虑社会经济发展的动态需求及环境变化。李嘉诚此前曾经质疑兴建这座大桥的经济效益，他认为珠三角西部的货量并不足够。和黄董事总经理霍建宁更指出，期待珠三角厂商远涉重洋，把更多的货物运到贵价的香港，再转口国外的设想是幼稚的，至少是不划算的。

8月26日，胡应湘高调批评反对者“守旧、不进取”的做法，还生气地表示，不期待和黄会积极参与建设大桥。身在意大利的霍建宁也不甘示弱，他在特别声明中指出，他从未反对过兴建大桥做其他用途，只是关心资金的问题，并质疑花费纳税人金钱去建造这座像彩虹一样美丽好看的大桥是否恰当。霍建宁表明他们并非反对建桥，只是反对港府补贴，更加反对港府补贴新建码头；又指若兴建大桥，不排除和黄也会参与投资；假如大桥能带旺珠海，和黄也会从中得益。胡应湘随后向传媒提起80年代李嘉诚曾支持他的伶仃洋大桥建议，如今才改变态度，并慨叹这可能与长和系现由“少壮派”当权有关。

霍建宁召开记者会反驳这番言论，他忆述说：“80年代李嘉诚及和黄均未曾与胡应湘磋商兴建任何大桥计划，90年代胡应湘曾向李嘉诚提出一个与现时港澳珠大桥‘大同小异’的计划。当时我也在场，但李嘉诚当年已即时拒绝投资，因为该项投资的‘生意模式不适合我们（和黄）’，所以李嘉诚从未改变态度。”

“李生（李嘉诚）要我代他讲，对事件（指与胡应湘的争论）感到非常可惜、非常遗憾。”霍建宁说。

霍建宁又说：“和黄管理层是一个团队，全部都是‘少壮派’，阿头就是李嘉诚先生。”他重申，和黄反对免地价提供集装箱码头来补贴私人兴建港珠澳大桥，因这将牺牲本港集装箱行业利益与已经形成的公平的良性竞争环境，冲击本港投资营商的公平机制，但只要不涉补贴，和黄便不反对，也无理由反对。和黄特别关注的是，有人建议投资建桥者，可以换取政府以豁免地价的方式来发展新的集装箱码头。这才是争论的全部问题的实质所在。霍建宁说：“我强烈反对这种建议，因为这意味着用集装箱码头业来补贴大桥的建设”。若此，政府是否应该同等补贴斥巨资经营葵涌的码头公司？是否应该将码头商已经投入的资金原银奉还？

尘埃落定

2005年8月27日，多位本港及内地专家获邀出席在长春社举办的“港珠澳大桥研讨会”讨论大桥的经济效益及环保工作。专家指出，造价高达600亿元人民币的港珠澳桥将面临激烈竞争，成本效益确实存疑；尤其是处于规划阶段的深圳至中山跨海大桥，建造成本及预期收费将十分低，会直接吸纳大桥原规划方案中考虑到的相当一部分客货流量，会对港珠澳大桥带来直接的庞大压力。

不少专家均认为，面对区内其他港口及道路系统陆续投入服务，大桥的货流将被大幅度吸走，经济效益大大降低。中山大学特区港澳经济研究所教授郑天祥指出，珠江西岸的设置已可满足货运需求，因此对港珠澳大桥货运方面的经济效用表示存疑。郑天祥更特别提到，深圳市政府现正规划兴建一条深圳至中山跨海大桥，将对港珠澳大桥造成巨大威胁。他说：“中山至深圳接驳大桥，路短、投资小，而且完全由内地管理，而收费亦因而较低廉，且盐田港发展势头旺盛，与港珠澳大桥的竞争十分大，若同时兴建会分薄物流量。没有理由厂商会舍近求远，舍廉求贵来香港。”

郑天祥指出，港珠澳大桥由原本的高架桥构思演变为桥隧方案，大桥完全不利用珠海周边的天然岛屿，反要建人工岛，再加上拱北市区发展成熟，需建隧道入市区三项因素，大桥造价不计利息成本已三百多亿元人民币（粤方公布的实际费用为432亿元人民币），连利息更达600亿元人民币。

郑天祥续说，珠三角有多个港口，货运网渐成熟，珠三角企业因政府控制水、电措施及环保考虑，将逐步转移或转向高科技发展，当局估计2020年有700万箱集装箱运至香港属高估，他相信成本较低的水运始终较适合珠三角企业的运输。此外，按目前构思内地车需在香港边境换乘其他车，对驾驶者吸引力大大减低。种种因素下，他相信大桥难以回本，很大机会成为一种理想化的理想。

理工大学土木工程系副教授熊永达测算分析到，曾以当局预期车辆流量做过初步计算，若按政府估计，大桥通车初期每日1.6万驾次，头十年每年增长率为13%，结果显示，如果有关方面希望于十年内回本，所遇的困难将会很大，“如果想头十年收回成本，需要向每驾车收取不少于357元人民币的单程费用，还要假设一年365日都有同样高的车辆流量，风险相当大。”因此质疑大桥的成本效益。倘若单程收费357元，就算回程便宜至200元，来回亦高达557元。显然亦非货主所愿意。这还不考虑来回报关清关的繁杂手续及费用。退一万步讲，倘如胡应湘所言，每程收费150元，且保持同样流量，预计30年才有可能回本。事实上，2008年年初广东公布的测算显示，需要36年甚至更长时间才能回本。

香港运输局的研究报告表明，通车初期仅能增加千分之四的货运量。如果再考虑投资的借贷利息成本，及落成后的路桥等设施保养维修费用，恐怕50年回本都是非常乐观的估计。况且，自开通自由行迄今，粤人来港意欲已经大大冷却，况且珠三角产业结构调整与基础产业大转移，又有谁相信或能确保30年后，这条美丽的彩虹还能够车水马龙呢？如此说来，谁敢投资？谁愿投资？谁能投资？谁可投资？

其后李嘉诚亦开腔，指出香港现有的集装箱码头，都未用尽使用量，再兴建新码头作用不大，他又非常不满地说，“香港最弊是多外行人讲内行事”。李嘉诚又说，香港的工厂已经北移，货物来源在内地，即使增建新的集装箱码头，对争取生意帮助不大。况且珠江三角洲的工厂亦在持续北迁，货物流量已经不可能持续大幅增加。他又否认和黄反对兴建新码头，与在深圳盐田港的投资有关，因为和黄只是持有盐田港五成股权，而在本港码头的股权，却多达九成。长实集团财力雄厚，人脉深广，在世界各地竞投争夺大型项目，屡屡以压倒性优势胜出。有人问，面对这样强势的竞争对手，怕不怕最终落得一个为他人作嫁衣裳的结局？

胡应湘表示，合和没有任何特殊优势，唯一优势是对大桥项目进行了超过二十年的研究和推广，在珠三角地区有二十多年的基建项目营运经验。至于能否化干戈为玉帛，两家携手合作？他表示，目前最重要的是联合所有力量，推动大桥尽快建成，因为这等于为香港从西面引入一股新鲜水源，旅游、物流、零售等行业都将因此而受惠，其余的尚在其次。

28日，香港集装箱码头商会在报刊上刊登声明，也强烈反对采取这种补贴的做法。28日晚上，财政司长梁锦松表态了。他在出席招商银行酒会时指出，香港作为华南地区的物流枢纽，与其他周边地区的交通非常重要。香港北面已经兴建了很多与珠三角联系的交通通道，但是目前与珠江西部唯一的交通只是船只，因此长远来说，兴建大桥是有必要的。至于所谓的补贴问题，梁锦松强调，目前尚言之过早。每个人都有理由相信，这绝对是君子之不同。

从各地区经济长远发展考虑，大桥修建似乎将为必然。香港经济受国际经济拖累，自亚洲金融危机后长期处于通缩，加之港内众多加工企业纷纷内迁，削弱了香港的优势，尤其面对大广州中心城市的形成和深圳在科技、物流的挑战，只能尽力扩张天然港和物流业的优势，利用大桥为陆路通道，进一步拉近与珠三角地区的距离，并扩大对珠三角地区的经济辐射，使得香港经济发展直接融入珠三角经济的高速发展。因此，长远来讲，建桥对香港而言理想收益甚大。当然，任何人都不能百分之百肯定，建桥一定会有合理的商业回报，所以，不论如何，港府始终是赢家，至于热衷建桥的商家，私底下，恐怕仍然七上八下。

港珠澳大桥非但影响到珠三角及港澳未来的发展前景，也密切关联港澳相关大财团的利益，建桥甫一立项，商战即刻上演。此时，公众倍加关注政府决策会否公平、科学。

2003年8月6日早上，合和公路基建在香港交易所主板正式挂牌上市，合和集团主席胡应湘，忙于与到贺的金融界及商界高层酬酢，言语间掩饰不住意气风发。在内地投资多个大型公路基建项目、被港人称为基建大王的胡应湘，喜悦不仅来自此次在“非典”肆虐后一度沉寂的股市筹集到30亿港元资金，更来自前一天粤港联席会议宣布：粤港澳三地政府将成立协调小组，专责研究港珠澳大桥项目。作为最早倡议建桥的人，奔走呼吁二十年，终于看到迈出了实质性的第一步，胡应湘形容这是“最大的安慰”。

在他一直推动的建桥方案中，大桥预计在2004年年初动工，在2007年——

香港回归十周年大庆前落成。香港确实回归祖国了，连这样重大的基建项目也要看作献礼工程。

胡应湘强调，如果协调小组决定把港珠澳大桥项目公开招标，他们当然会积极竞投，因为此次上市最大的目的，就是为投资建桥打下财政基础。他承认，香港的建筑工程成本太贵，和内地施工单位相比缺乏竞争力，但香港在工程管理及技术力量上仍然占有优势，因此他对经营权志在必得。

霍建宁表示，和黄从来没有反对兴建港珠澳大桥，认为大桥甚至会对和黄在珠海的码头及地产有利，只是反对政府以任何形式补贴建桥，牺牲和黄香港港口的利益。

有关纷争直至中央及香港政府均表示要详加研究建桥事宜后，才渐渐平息。其实，仔细分析各方言论，大家都同意加强香港与珠江三角洲西部的联系。香港经济要走出当前的困境，必须尽快打通与珠三角的经脉。新鸿基地产副主席郭炳江分析得非常透彻："珠三角已经是全球最大的制造业中心之一，香港才六百多万人口，一千多平方公里，不拥抱珠三角，进而沟通西南、西北，如何发挥区域优势，再创辉煌？"

大桥兴建之后，不仅能把香港与珠三角西部有效地连接起来，也有助于进一步加强香港与西南地区的联系，扩大香港经济的辐射力。胡应湘说，香港要保持转口港地位，就要放低环保顾虑，大量在西部港口开辟土地建集装箱码头和修筑路桥通往珠海。2004年，香港的集装箱码头吞吐量增长急速放缓，在葵涌码头占最大市场的李嘉诚便公开断言，九号码头落成后五年，也不用考虑建十号码头。

长江基建主席李泽钜表示，作为一家基建公司，不可能断言对一个基建项目绝无兴趣；但最终要等三地政府完成了项目的可行性报告，待环境评估及国际招标条款订出后，才能决定是否加入角逐。显然，如果长建积极参与大桥项目，长实集团就能化被动为主动，掌握主动权，从设计、经营手法上做出协调，尽量减轻对集团的港口业务造成的负面影响与冲击，免除后顾之忧。所以，李嘉诚对这个项目可谓爱恨交加。

一位不愿透露姓名的官员指出，港珠澳大桥的融资谈判各方都想出资最少、得益最大，因此出现分歧是在所难免。如果分歧无法调和，财团融资不成，港珠澳大桥计划就有可能成为泡影。那么，各方诸侯的心态又如何呢？有什么办法可以解套呢？

港珠澳大桥计划如今最关键问题是资金来源，国家发展和改革委员会原来建议经费全部采取私人财团形式融资，不用粤港澳任何一方政府出资。可是，这一点与港府提出的由三地政府和中标私人公司按不同比例投资的建议有很大的差异。

有当地官员指出，建设港珠澳大桥，广东省政府是不会出钱的，因广东方面是考虑到香港和澳门在国家政治中的地位，而且在中央协调下，才积极回应大桥的倡议，但如果在建桥经费上有关方案不能考虑广东的实际情况，硬要拖广东省下水，这条大桥最终能否如期兴建，值得质疑。

有人估计，广东政府不可能为兴建大桥而掏钱承担部分建筑费，除非中央愿意回拨相等的上缴金额给广东，亦即变相由中央出资。但是，中央不可能为这个大桥项目出资，因为项目并非国家重点工程，就算列入国家基建项目，在港澳政府多年来并无对中央有直接的财政贡献的情况下，也势必难以直接行使财政拨款。更重要的是，牵涉港澳，就涉及一个敏感的政治问题与分歧的集团利益问题。而澳门政府一年的经常开支也不过约七十亿元（澳门元），难以承担数以十亿元计的工程建设。至于摇旗呐喊的众多商家中，除了合和与信德外，很难指望其他商家慷慨解囊。

一石二鸟

2005年6月12日，和黄以现金逾72亿港元，出售香港国际集装箱码头(HIT)20%股权及中远—国际集装箱码头10%股权予新加坡港务局（PSA），套现达55亿港元。另外，新加坡港务集团将以象征式代价，向和黄购入香港国际集装箱码头集团旗下财资部门两成股权。

分析员预期，连同上月提前完成向KPN（荷兰皇家电信集团）及NTTDoCoMo[①]购回英国3G业务的股权，并获利94亿港元，和黄截至2005年6月底止半年度可望有近150亿港元入账。通过这次出售部分股权，和黄与竞争对手结成伙伴关系。有美资分析员指出，李嘉诚这次以17倍市盈率出售

① 一家日本移动通信运营商。

资产极之吸引，而引入竞争对手做股东，将纾缓两地在码头业务竞争。因为目前越来越多的全球大型港口运营商涌到香港淘金，导致香港港口业“价格战”日趋激烈。

和黄通过这一交易减少一个劲敌，多了一个战略合作伙伴，有利日后共同扩展全球码头业务。因为新加坡港务局近期已投资香港三号及八号集装箱码头西，通过这次交易，新加坡港务局进一步持有香港国际码头12个泊位即四号、六号、七号及九号的两成股权，以及中远—国际集装箱码头两个泊位即八号集装箱码头东的一成股权，有助减低港口费用出现激烈减价战的可能性。此举同时减低新加坡港务局利用新加坡港口吸引由香港国际集装箱码头来处理部分转口贸易的可能性。

和黄集团董事总经理霍建宁是这样说的：此次交易将会为集团的港口业务建立一个强劲的联盟，让双方可以进行策略性合作，进一步创造双赢价值。和记黄埔港口集团董事总经理马德富说，此次建立的策略性联盟，可为香港国际集装箱码头与中远国际集装箱码头更添实力，这次合作有助IIIT及中远—国际集装箱码头面对本港集装箱码头市场高度竞争的挑战。

摩根士丹利驻港分析师夏朗表示，“出售一个处于饱和的业务，然后再把资金投向有发展前景的业务，是和黄集团惯用的策略”。此外，市场亦关注持有HIT一成股权的华润创业会否出让股权予PSA，令PSA的持股增至三成。HIT一直是葵涌码头的最大经营商，加入与中远太平洋合资的八号码头东，合共控制14个泊位，占总泊位数目的58%，即是PSA现时除三号及八号码头西外，再占有四号、六号、七号、八号东及九号码头。

集装箱业人士表示，除现代集装箱外，PSA成功沾手两大码头，虽然全都只居第二大股东，没有话事权，却成为葵涌码头最大范围的业者，对维持价格有举足轻重的力量，且日后与杜拜港及和黄均可合作，又可作为和黄与杜拜港的合作桥梁，可谓左右逢源，现代集装箱将进一步被孤立；对船公司而言则是坏消息，因今次变化可说令葵涌集装箱码头的减价机会进一步降低。

证券界视该交易为一石二鸟之举，减持股权令和黄套现大量资金，亦与新加坡港务局组策略联盟合作发展港口业务，并可部分抵销3G亏损。

证券界续谓，新地以29亿港元向美国环球集装箱码头有限公司（CSX WORLD TERMINALS）出售有两个泊位的亚洲集装箱码头57%权益计算，每个泊位作价为23.4亿港币，但今次的交易每个泊位平均价值约30亿港币。他认为PSA入股后，两地码头因竞争激烈而减价的压力肯定下降，并说："等如对手给钱兼减少竞争。"

香港国际集装箱码头现持有葵涌四号、六号、七及九号集装箱码头86.5%权益，而中远—国际集装箱码头则持有八号东43.25%权益。交易完成后，和黄仍持有香港国际集装箱码头66.5%权益，以及中远—国际集装箱码头33.25%权益。

德银则估计，HIT在扣除债务之后的股权价值为159亿港币，HIT两成股权市值约30亿港币；投资银行普遍认为，香港港口行业已过了高增长期，而且引入已持有本港港口业务的PSA为合营伙伴亦能减低和黄承受减价压力；加上和黄也拥有快速增长的深圳盐田国际集装箱码头，所以对和黄出售股权予以正面评价。

也许，这才是全部问题的实质所在。也许，这才是李嘉诚考虑问题的出发点所在。和黄表示，交易最迟于6月22日完成，净收益将会用作一般营运资金。香港集装箱码头业务多年来一直是和黄的金牛，每年贡献数以十亿港币计的盈利，是和黄的掌上明珠，为何和黄要出卖HIT呢？确实令人深思。

香港港口近年发展停滞不前，已是不争的事实，李嘉诚似乎已对香港港口看淡，与其守着迟早贬值的香港码头资产，不如趁早卖出。但无论怎样说，香港仍然是第一大港，不可放弃。而新加坡港务集团一直垂涎香港的港口业务，向其出售HIT两成股权，既可保留控股权，又可赚取可观利润，可谓恰到好处。

李嘉诚此番进可攻退可守，在发展战略上取得灵活机动的有利位置，在未来之港口发展方面更为主动。

另新加坡港务集团购得部分三号码头及八号码头部分权益，即担心新加坡港务集团将在香港发起减价战，如今和黄成功把新加坡港务集团作为合作伙伴，避免了相互间的激烈竞争，是极其精明的做法，因为引进外资，客观上可以减缓和黄减价的社会压力。

和黄与新加坡港务集团一直在角力，例如，曾共同竞投美国环球集装箱码头出售的葵涌三号集装箱核心资产的一揽子计划。因此，这次收购对新加坡港务集团来说，是既捡了便宜货，又坐享其成。对和黄来说则立即套现减债分身，并借助外资化解自身所面临的有关减价的社会政治压力，是一个双赢的方案与选择。

2006年4月21日，和黄集团以43.88亿美元出售整体港口业务20%权益予新加坡港务局（PSA），双方争取尽早完成交易。交易完成后和黄可获约243.8亿港币溢利，将作为一般营运资金。

和黄董事总经理霍建宁表示，交易是为公司及股东变现价值的极佳机会，交易条款反映集团非上市港口业务的素质和价值，为集团仍会控制和管理的业务余下权益，订下具吸引力的价值指标。交易意味和黄旗下港口业务市值达1700亿港币。

“我们要进行思想的耕耨，对各种信念要有更深入的理解，兼容并蓄，凝聚共识，才可真正知道人与人之间虽然存在很大差别，但仍可和而不同、融洽共处。”

第五章

全球扩张

Li Ka-shing

▲ 李嘉诚在新加坡管理大学主席何光平先生（左）和学生代表陪同下参观大学校园的模型 。

▲ 2011 年 10 月 20 日，李嘉诚与圣米高医院行政总裁霍华德一同为知识研究院揭幕。

2001年5月29日，和记黄埔港口集团宣布，已与以菲律宾为基地的国际集装箱码头服务公司（ICTSI）及其投资者达成协定，收购该公司旗下负责海外港口发展业务的附属控股公司ICTSI国际控股公司。ICTSI是菲律宾的上市公司，分别在墨西哥、阿根廷、沙特阿拉伯、巴基斯坦、坦桑尼亚和泰国六个国家经营八个港口，共有23个集装箱及散货泊位。和黄当时没有参与这些国家的港口营运，所以这次收购进一步扩展了和黄的港口版图。收购完成后，和黄将在全球15个国家和地区拥有27个港口。

步步为营

和记黄埔港口集团董事总经理马德富指出，该集团过去从来没有在这些国家参与港口发展，而这些港口都分布在全球极具吸引力的市场，这次交易是和黄港口业务策略发展上的一个重要里程碑。李嘉诚的这项投资再次引起全球注目。

因为，和黄收购有关业务，令其全球港口版图将进一步扩大，成为全球拥有最多泊位的单一财团。根据协定，和黄将收购ICTSI分布于全球各地八个港口，这些港口分别于墨西哥、阿根廷、沙特阿拉伯、巴基斯坦、坦桑尼亚及泰国，共计提供23个集装箱及散货泊位。虽然双方并未透露成交金额，但据估计，金额应不超过四亿美元。除了收购菲律宾港口公司外，李嘉诚5月29日同时对外透露，和黄投资宁波港北仑二期集装箱码头项目，经过一段时间斡旋后，已经落实了。

据和记黄埔港口集团事务部透露，继11.7亿港元成功入股中国宁波北仑港后，和记港口马不停蹄，将斥80亿港元巨资在英国兴建码头。英国兴建码头的计划包括两部分，分别为兴建新码头、扩容现有码头。

和黄计划斥资43.7亿港元，在哈尔威治港（HWH）兴建年处理173万个集装箱的新码头，此外，还计划斥资36.4亿港元把和记港口在菲力斯杜港（PEL）的码头处理量，增加至每年150万个集装箱。

目前英国集装箱码头运能严重不足，南安普敦港口集装箱紧张问题已为当地业界敲响了警钟，有货运业专家警告，如兴建新码头计划久拖不决，日后运到英国的货物可能需要先运往其他欧洲港口，再转运到英国，除了时间成本外，运费大幅增加。通过这次收购，将可进一步巩固和黄在全球经营港口的地位和实力，以集团现有之港口和分布点，已远远抛离与之争夺“一哥”地位的新加坡港务集团，并凌驾澳门铁行港口集团及美国理货服务公司之上。所以，对于这次和黄收购，券商及舆论一致看好，认为这将扩大和黄的全球港口王国，甚至有舆论预期，和黄将发展出一种新型的港口经济及管理模式，甚至人才培训、财务管理、技术操作等都会有新内容，对集装箱及运输发展影响深远。

作为全球最大的港口投资商，和黄马不停蹄地展开了一系列码头扩容行动。2005年3月，和记黄埔港口宣布与以埃及亚历山大港务局为首组成的集团达成协议，兴建、营运与管理位于埃及亚历山大港的新旧两个码头。和记黄埔港口与该集团合组亚历山大国际集装箱码头，并将该两个散货码头发展成为现代化的集装箱码头。稍后，集团全资附属公司和记黄埔港口宣布完成收购位于波兰格丁尼亚港的散货码头Wolny Obszar Gospodarczy大部分股权，并把公司改名为格丁尼亚集装箱码头；收购协议在2004年10月22日已经首次公布。

2005年4月20日，和黄旗下和记港口拟斥资约5.46亿港元，于波兰格丁尼亚港口兴建集装箱码头，该集装箱码头吞吐量将由15万个标准箱，增加至四年后的44万个标准柜。8月，和记黄埔港口宣布，旗下合资公司已获授权兴建与经营一个位于泰国兰差彭深水港的滚装船码头，为期30年。该码头除了处理滚装船外，亦可处理散件杂货。

实际上，亚洲出口激增是英国集装箱码头运能紧张的主要原因，特别是中国近年对全球的出口量快速上升，集装箱码头面对的压力更大。

和黄建立全球集装箱码头网络的雄心壮志，正承受欧盟政策改变的风险。欧盟运输部长同意开始进行港口服务改革的立法程序，在2005年时，容许独立的经营商可以向现有的集装箱码头租用港口货物靠泊及乘客上落设施。

若然，和黄在欧洲的英国港口及鹿特丹共四个集装箱港都受到冲击，提供跨大西洋航线靠泊港口的策略将难免在新措施下，遭到重大挫折。掌管和黄旗下所有港口的和记港口董事总经理马德富，对欧盟官僚作风大肆抨击。他形容这种做法，相当于没收和黄的资产，情况有如一家酒店东主，被强制向对手交出一层酒店楼面，而且由一个外间人士定出酒店租金。

和黄现时全球集装箱码头港口网络，位于欧美国家的港口，只有英国及荷兰共四个港口。重要性可想而知。和记在菲力斯杜港、泰晤士港及哈尔威治港占九成股权。欧盟的货物经由该些港口，可以前往全球最大的市场美国，继而穿越巴拿马运河，横渡太平洋，连接亚洲各国的港口，也就是和记港口主要的盈利来源地。原本属于稳定的集装箱码头业务，竟然受到欧盟的挑战，也难怪马德富如此高调向欧盟投诉。根据欧盟的构思，和黄将继续拥有该四个港口，但需要容许竞争者由集装箱货船起集装箱，使用费则由欧盟官员参与厘定。欧盟认为，和黄在岸边集装箱吊桥的投资甚巨，因而容许和黄拒绝开放这些不动产，为期36年，届满时可再延长10年。

欧盟不同意和记港口的解释，认为新措施并非夺去私人财产，而是终止不健康的垄断局面，一位欧盟官员更毫无根据地直斥，和记在欧洲第四大港口英国东北港口菲力斯杜港，阻挠其他经营商提供集装箱服务。

连线成片

2005年6月9日，和记黄埔宣布，以现金购入韩国现代旗下现代商船12%股权，收购价格为6.06亿港元。收购价每股为7259韩元，较6月10日在当地交易所每股8990韩元的收市价，约有20%折让。现代商船是韩国第二大班轮公司，全球排位第二十。公司旗下拥有119艘不同种类的船。2003年，全球营业额为32.78亿美元。现代商船在1993年第一次靠泊和黄集团的集装箱码头，双方从此展开业务关系。十几年来，除了上下游业务上的合作，双方还有不少投资上的合作。

和黄于2001年向现代商船购入釜山子城台码头，并与现代商船和韩进海运组成财团，在光阳港经营集装箱码头。目前，通过旗下港口部门和记黄埔港口有限公司，和黄在釜山港与光阳港经营集装箱码头业务。这次现代商船出售股份给和黄，最主要的原因是，公司的业绩欠佳。现代商船自2001年起营业额、净收入也逐年下滑。总资产也由2001年的52.17亿美元，下降至2004年年底的35.63亿美元。“公司近年经营困难，所以证券交易所按照证券条例，要求我们减持股权。”现代商船公司解释说，现代商船主要是为了减轻财务负担，同时促进与和黄的战略合作关系，所以折让出售股权给和黄。

现代商船母公司韩国现代集团创始人的儿子，现代峨山公司董事长郑梦宪于2000年8月自杀身亡，令现代集团与旗下公司的股价都大幅下滑。

现代商船因为受到现代集团的影响，股价曾经一度跌到谷底，公司一直都在大规模调整其与现代集团之间的联系，而且一度被迫向债权人保证，将不会向其他现代集团子公司再提供金钱援助。除了一直在清理受母公司现代集团拖累带来的投资坏账以外，近年还会传出现代商船内部不和的消息。这些负面消息，都不断影响公司日常运作并动摇公司股价。但是随后不久，韩国三星证券的分析报告指出，因为航运市场渐渐复苏，而且现代商船已经摆脱了现代集团带来的诸多负面影响，开始专注于自己的核心业务，股价也已经跌至一个有吸引力的价位，所以将对现代商船的评级展望又上调至“建议买入级”。

这是李嘉诚投资的唯一例外，因为这是在全球航运业再度繁盛之初时，有违李嘉诚惯常的高出低进策略。其中奥妙究竟何在？有分析人士指出，一是看中现代商船可能会带来的业务利益：二是现代商船本身的投资价值，三是配合和黄在烟台港的投资，四是看中韩资近年来在胶东半岛的大规模投资，五是借重韩国与日本、美国良好频密的经贸往来关系，六是该项投资很明显是乘虚而入，乘弱就手，虽然外部航运繁盛，但是现代内部经营不善，运作不畅，待价求售。

“现在运输业市况正盛，航运指数由上年的80点，上升至今年同期的120点。”香港富昌证券总经理蔺常念说。

在激烈的竞争中，多付出一点，便可多赢一点，所以快一点就是赢。就像参加奥运会，你看一、二、三名，跑在第一的胜出，这比第二及第三就是快了那么一点点。若是跑短程的，可能不够一秒之差，只赢一点，所以快一点就是赢。

香港信诚联席董事连敬涵指出，和黄入股的做法是为了把现有的航运客户捆绑起来。因为现在行业竞争比较激烈，除了借入股排除行内竞争者外，还可达到交换条件，入股现代商船后，可能和黄会与现代商船签订不公开的排他性协定，现代的船只可能停泊在和黄旗下的码头。

目前和黄旗下的港口业务包括韩国、中国香港地区、中国大陆、荷兰、英国、巴拿马等15国家和地区的32港口178个泊位，据2003年财报，和黄的港口业务收入达到231亿港币，比2002年增长了12%。其中，2003年，增长最快的就是香港、盐田、宁波和上海港。

2001年中国市场出口集装箱量已占太平洋航线东行货量的约47%，占亚欧航线西行市场的48%～50%，并且呈两位数的高速增长，中国已经成为全球最大的集装箱出口货源市场。

而现代商船在中国的业务也与和黄在中国的港口业务有密切联系。到目前为止，现代商船一共在中国开设了14家分公司。而且，现代商船制定的一个重要战略就是，利用中国的重点港口来加强自己班轮服务的全球网络。

2001年，现代商船就与美国总统轮船公司（APL）和日本大阪商船三井船舶公司（MOL）合作，开设了“新中欧快线”。从青岛、上海、宁波、香港以及盐田港出发，到达欧洲港口。而这些港口正好也是和黄在中国投资的重点港口。截至2001年年底，现代商船一共有27条中国（包括香港）航线，总运量达到62万标准箱。

由此可以看出，在和黄购买现代商船股权以后，双方在中国业务上的合作无疑会紧密。如果股权投资换来的是排他性的长期合约，那么和黄港口业务更是长期的直接得益。“两家公司已合作超过十年，相信这项策略性投资将进一步加强双方的联系与协同效益。”和黄董事兼总经理霍建宁在当日发布的新闻稿中指出。

中韩之间高速发展的商机也是推动和黄入股现代的一个重要因素。2003年全年中国与韩国的双边贸易额达到632亿美元，年均增长率达到30%。韩国已经连续几年成为仅次于日本、美国之后的中国国际贸易统计中的第三大贸易伙伴。釜山港比上海港的运量还略大，分别为世界第四和第五大集装箱货运海港。2001年和黄在韩国收购的两个港口的业务也快速增长，在韩国釜山港与光阳港的业务量上升了5%。和黄入股现代商船以后，双方也许可以更进一步合作，分享中韩两国的巨额进出口增长带来的商机。

证券商蔺常念指出，“本年入股航运类公司，股价会很贵，因现在是经济周期的高峰”。但由于和黄入股现代商船的价格已经较市场同类型公司便宜。而且大幅折让两成，香港资本市场一位人士指出，和黄将来很可能陆续对类似的企业有收购活动。

连同最新收购ICTSC及投资宁波港计划的落实，和黄的全球港口王国已无远弗届，所经营的港口已横跨亚洲、非洲、欧洲和美洲。以国家及地区计算，和黄经营的港口分布在英国、巴拿马、墨西哥、阿根廷、沙特阿拉伯、坦桑尼亚、印尼、马来西亚、荷兰、巴基斯坦、缅甸、中国大陆及中国香港。

业界估计，和黄的全球港口资产已达到860亿港元。和黄港口现有19个港口，共136个泊位，2004年总吞吐量逾2500万个标准集装箱。完成这次收购后，其港口增至27个，泊位量也达159个。

其实，早在1988年5月，和黄董事总经理马世民就曾讲过：“若说香港对我们而言太小，这的确有点狂，但是困境正在逼近，我们没有多少选择余地。”也许，某天香港的港口管理人才会成为宝贵的资源，输出外地，为香港争取外汇收入，而全球港口网络的经济效益，也将成为和黄盈利的新增长点。

2005年2月2日，和记黄埔港口集团旗下卡拉奇国际集装箱码头公司与卡拉奇港口信托公司（KPT）达成协定，计划共同开发巴基斯坦卡拉奇港西码头三期项目（卡拉奇国际集装箱码头扩建工程的一部分）。除了延长现有码头的特许经营权的期限外，该协定还包括将沿岸水深挖至14米，并通过改建所得额外土地，提升码头的货运处理能力，同时将添置新的岸边吊机和堆场设备。扩建工程竣工后，卡拉奇国际集装箱码头将拥有7台岸吊、20台轮胎式龙门吊机、8台堆垛机、6台空箱正面吊、48辆拖车、64个拖架、6台叉式起重车及多部无线电通信设备。

对于与和黄的合作，KPT主席Ahmed Hayat先生表示，巴基斯坦集装箱运输业迅速增长，去年的吞吐量突破了100万标准柜，已濒临饱和状态，发展卡拉奇港西码头三期项目正当其时。同时，巴基斯坦港口的区域性贸易中心的地位也将得到加强。尤其是，巴基斯坦作为传统的中国友好国家，与中国的经贸往来正在进一步加强，其港口货物吞吐量亦必将借此进一步上扬。且随着中国内地石油需求量的急剧增长，中国与中东地区的贸易往来也势必日益密切，卡拉奇扼中东往印度洋及太平洋地区的咽喉，其港口战略地位必然更为重要。

卡拉奇国际集装箱码头行政总裁Khurram S.Abbas则表示，将与巴海关密切合作，推出一套自动化清关系统，以缩短集装箱在码头的停留时间。

和黄旗下共有五大核心产业，分别是港口、电讯、地产及酒店、零售及制造、能源、基建等。其港口业务遍及18个国家，在世界七大繁忙港口中，有五个是和黄经营的：

2003年年报显示，和黄港口业务营业额共计231.29亿港元，同比增加25.57亿港元，上涨12%。

2004年10月6日，和记黄埔港口宣布，该集团与泰国港务局达成协议，共同发展位于兰差彭港的六个集装箱码头。

由和记黄埔港口、Hutchison Ports Thailand及Lexton Thailand所组成之合资公司和记兰差彭码头有限公司，获授权兴建及经营六个位于春武里（Chon Buri）府兰差彭（Leam Chabang）深水港之集装箱码头，为期30年。

和记黄埔港口集团董事总经理马德富就有关投资表示："泰国目前有双位数字的贸易增长，而兰差彭港周边建有完善的道路及铁路网络，连接泰国多个工业区，这些基建有助新集装箱码头的货物能更快捷有效地运送往来内陆腹地。""兰差彭港地理位置优越，势必成为区内的运输中心。我们期望能参与推动及协助泰国政府将兰差彭港发展成为世界级枢纽港。"

该六个集装箱码头的泊位总长3250米，前沿水深达16米，并设置现今最先进之设施，能处理最新型之集装箱货轮。

兰差彭港位于工业及生产区之中心地带，为多家世界最大生产商及制造商的根据地。2003年，兰差彭港之总吞吐量为340万个标准箱。

2003年7月21日，和记黄埔港口宣布收购墨西哥圣樊尚集装箱码头有限公司（LC Termnal Portuarade Contenedores S.A.deC.V.）（LCT）51%的股权。

LCT 最近获得在墨西哥太平洋海岸的圣樊尚港发展和经营集装箱处理设施的特许权。2003 年 4 月，LCT 获准即时重开现有一个泊位的码头，并取得一项发展 85 公顷未开发深水用地的长期特许经营权。

位于墨西哥米切沃肯州的圣樊尚港，是一个高度发展的工业深水港口，它比曼萨尼罗更靠近墨西哥城。该港是除曼萨尼罗港外，墨西哥沿太平洋港口中，唯一一个能为墨西哥城这个重要市场提供服务的港口。

该码头具有铁路设施，可充分配合及受惠于由州政府和国家港口商共同发展的 NAFTA 铁路通道，该铁路通道将由墨西哥湾延伸至美国中西部。对于这次收购，和记黄埔港口集团董事总经理马德富表示："和记黄埔港口很高兴能建立这策略性的合作伙伴关系。我们通过引进集团的专业管理经验和先进的科技系统，致力将 LCT 建设成世界级的港口。"

现时，和记黄埔港口在墨西哥经营的港口包括：墨西哥湾主要的集装箱码头——维拉克鲁斯港的维拉克鲁斯国际集装箱码头，以及在太平洋海岸的曼萨尼罗国际码头、恩塞纳达国际码头和恩塞纳达邮轮码头。

巴拿马事件

就在李嘉诚全球港口战略顺风顺水之际，和黄在巴拿马港口的投资扩张碰到了前所未有的瓶颈与出人意料的政治阻滞。

全长 82 公里的巴拿马运河呈 S 形，把东西走向的巴拿马国拦腰切断，西连太平洋，东接大西洋，是世上为数不多的与苏伊士运河、马六甲海峡齐名的国际咽喉黄金水道之一。

随着中国大陆的和平崛起，太平洋势将成为 21 世纪的经济政治军事中心，特别是中美两大国家的战略利益所在，使得巴拿马运河更成为中美关注的焦点所在。因为两洋与中间陆地的落差，巴拿马运河上共设有三级船闸，用来提升或降低水位，以便船只从一个水面进入另一个水面。船闸分三级将船提升到海拔 26.7 米，然后经好几个弯道通过运河的最窄部分——盖拉德切道（Gaillard Cut），再进入加通湖（Gatun Lake），在即将进入大西洋时，再通过船闸降至海平面进入大西洋，整个航行过程 10 至 12 小时。

选择这个地理位置开凿运河，不仅因为它位于巴拿马地峡最狭窄处，也因为它的地势较低。在这块狭长地带有一条天然河道，形成了加通湖的大水库。但是加通湖的水面高出海面 26 米，不通过人为升降，单靠船只自身的马力是不可能从海面爬到湖的高度，再降至海平面的，所以才建造了硕大的双线船闸。每个闸室用混凝土建造，长 305 米，宽 33.5 米，船只的最大吃水深度为 12 米。

在这里，读者可以移情别恋，看看中国长江三峡工程的有关资料，三峡大坝永久船闸每个闸室长 280 米，宽 34 米。在中国人眼中如此的巨无霸，在巴拿马大船闸面前，也不过是个柔弱的小弟弟。

巴拿马运河是世界最繁忙的运河之一，主要通商航道有三条：（1）美国东海岸—亚洲，包括中国、日本、韩国、印度等；（2）美国东海岸—南美的西海岸；（3）欧洲—美国西海岸及加拿大。

每天在巴拿马运河来往的船大约有 40 艘。中国是仅次于美国、日本的第三大用户，每年有三百多艘中国船只通过运河。巴拿马运河堪称人类建筑史和航运史上的亘古未有的奇迹。

从 1881 年开始，法国好几家公司先后试图开凿运河，均无功而返。不仅如此，两万多建设人员被热带疾病夺去了生命，法国为此付出了沉重的代价。1903 年，美国以帮助巴拿马从哥伦比亚独立为诱饵，签署了《美巴运河条约》。美国取得永久使用、占领、控制运河及运河区（两岸 10 公里内约 14.74 万公顷）的权利。除了这一权利外，美国还得到修建铁路和设防驻军的特权。美国于 1906 年重新开挖运河，历时八年，1914 年第一次世界大战启用通航。

修建巴拿马运河在当时是一个极具挑战性的、费时费力的工程，雇用了数十万来自世界各国的劳工挖凿运河，其中包括四百多名中国劳工。工程前后耗时 30 年，当时的条件十分艰苦，在没有现代化设备的帮助下，工人们用汽铲和挖泥机在丛林、沼泽和坚硬的岩石中挖掘。盖拉德切道便是从山岩中硬砍出来的。

巴拿马运河对美国的战略意义和经济价值自不必说。巴拿马不仅沟通两大洋，也是北美和南美两大陆的联结要冲。首先，运河是美国洲际贸易的黄金水道，据统计，经运河从大西洋到太平洋的贸易中几乎有三分之二的货物来自美国，可谓“南北商贾，舳舻络绎”。运河开通后，美国不必再绕道美洲南端，从东海岸到西海岸的航运距离缩短了 8000 海里。如果从经济角度来看，每年至少节省 800 亿美元。

巴拿马运河对美国的军事价值同样重要。二战期间，美军能夺取太平洋战争的胜利与巴拿马运河的作用分不开。朝鲜战争及越战期间，美利用这条运河输运武器装备。美国在巴拿马运河区先后建立了十几处军事基地或要塞。冷战时期，美国在巴拿马驻军人数达 6 万之多。

美国人眼中，巴拿马确确实实是山姆大叔的不容置疑的咽喉，更是美利坚柔软的下腹部。就如同穿在山姆大叔身上的裤子的拉链一样，紧紧守护着内里乾坤。

现在，来者不善、善者不来的李嘉诚想掌握拉动这条拉链的权利，一旦风吹草动，秋毫稍犯，这还了得。这些基地，连同美国在拉丁美洲的另两个地区古巴和波多黎各的设施，毕竟是美国本土防御的南部屏障。

而巴拿马运河是扼守大西洋通往太平洋的要冲，控制着整个加勒比海地区。虽然如此，美国也不能为所欲为。

美国迫于压力，与巴国在 1979 年再次签署《新运河条约》，同时废除了 1903 年的旧约。美国履行新条约规定，于 20 世纪最后一天，世纪交错之时将运河和运河区主权及管理权全部交还巴方，驻巴美军也全部撤离巴拿马，从此结束了近一个世纪的霸权式的驻防任务。

巴拿马收复运河以后，对运河的管理，由原来的半商业半军事化改为纯粹商业营利性运作。且收费标准一涨再涨。尽管这样，仍然挡不住熙熙攘攘的船来船往。

如今平均每吨过河费为 2.5 美元，船只过河的平均交费为 47 万美元。巴拿马每年运河费收入就达到 7 亿多美元，平均一天 200 万美元以上。运河，无疑成了巴国产金蛋的鸡，而且是一只不会老不会死不争食的鸡，任劳任怨风雨无阻的鸡。

运河是巴拿马经济的命脉，收入占国民生产总值的 6.4%。有这棵“摇钱树”，加上政府的自由贸易政策，巴拿马的经济水平与收入远远超过除哥斯达黎加以外的其他任何中美洲国家。邻国尼加拉瓜的人均产值才 2700 美元，而巴拿马高达 6000 美元。而在中国大陆，2005 年才刚刚突破 1000 美元。

运河管理局属非政府机构。巴拿马政府为确保运河有效的运作，制定了运河管理非政治化的政策，运河行政长官的任期不受总统任期影响。行政长官是由 11 名成员组成的运河领导委员会任命，并在其监督下工作。还有一个由 17 名国际航运界专家组成的顾问委员会，参与重大事务决策。美国移交运河后，巴拿马为节省开支，把原来的庞大管理机构精简到 9000 名员工。

1997 年，李嘉诚旗下的和记黄埔港口集团公司，通过国际竞标获得对巴拿马运河两端港口长达 25 年的经营权。李嘉诚迄今已在巴拿马投资 1.2 亿美元，使上述港口的吞吐量短短五年间提高了四倍。照此数字简单计算，李嘉诚一人每年额外贡献巴拿马国家近 2 亿美元。

卧榻之侧，岂容他人酣睡。美国佬唯我独尊，唯我独霸的牛仔臭脾气又来了。美国曾有政客担心和黄管理巴拿马运河会对美国构成威胁，怕亲共的李嘉诚卡运河的咽喉，进而控制运河，随时捏断山姆大叔的命根子，限制美国航空母舰在全球耀武扬威地频繁穿梭往来。

美国媒体有报道说，和记黄埔公司主席李嘉诚和中国领导层，特别是中国军方联系密切。有关人士担心，中国政府会利用和记黄埔公司对巴拿马运河的控制，进而对美国战略利益构成威胁。比如，倘若台海开战，美军驰援，必然受困运河。美国的庞大舰队被李嘉诚堵在狭窄的运河里面，进出不得，任人宰割这还了得。

美国参议院多数党领袖洛特曾就此事致函国防部，指责美国政府“不发一枪一弹就把缰绳拱手让给了中国”。甚至，耸人听闻地说，美国怎么能心甘情愿地将套在脖子上的绳索交给潜在的战略敌人的盟友。这岂不是将美国自己套在了对手中国的绞刑架上。

危言耸听，疑幻疑真。在这些政客眼中，李嘉诚显然是一个不折不扣的令人提心吊胆的麻烦制造者。

香港的《南华早报》引述洛特参议员的话说，中国在发展海军的同时，正在从商业上和军事上占据重要的海上枢纽。

针对这些指控，“和记黄埔公司”发表声明，否认李嘉诚与中国军方有任何关系，而且否认公司中存在任何中共的利益。

还算理智的美国白宫、五角大楼和美国国务院随后也表示，这种中国威胁论是没有事实根据的。此外，根据美国撤离时与巴拿马政府达成的协定，在任何情况下，如果运河的中立使用权受到威胁的话，美国仍有权进行军事干预，直至改变运河之中立地位，恢复美国控制。

聪明的美国人永远考虑的，都是自私自利的自我。也就是说，美国只要认为他的利益受损，那么就可以随时“合法合理”地再次派兵占领运河。看来，做美国人很幸福很自豪，没有哪个国家敢和他过不去。其实，过往的历史不是这样吗？美国一不高兴，连他国总统诺列加都可以捉到自己的国家去审问，试想，手无寸铁的李嘉诚又怎么能够轻举妄动呢？又怎么敢胆大妄为呢？

美国首都华盛顿的卡托研究所就此召开研讨会，围绕中国是否会对巴拿马运河造成威胁展开辩论。与会学者针锋相对，各抒己见。美国安全政策中心的加夫尼认为，很多证据都显示，和记黄埔主席李嘉诚与中国政府和军方关系密切，这种关系不容忽视。

加夫尼认为，中国政府是要填补运河移交后美国留下的权力真空，控制巴拿马运河这一战略枢纽。加夫尼说：“我认为中国是美国的威胁，特别是中国企图填补西半球的权力真空。我们不久就要在这种威胁下，移交运河的管辖权。”加夫尼更加煽动性地指出，如果大家承认巴拿马运河对于美国来说具备战略意义的话，我们就有理由相信，美国潜在的敌对力量会在关键时刻阻挠美国对运河的使用权。

当然，也有许多人提出，中国鞭长莫及，没有办法对运河进行有效控制。在这个问题上，加夫尼指出，控制运河并非中国的兴趣所在，中国最关心的是在关键时刻阻挠美国对运河的使用，阻挠美国航空母舰穿过运河。

美国前参谋长联席会议主席穆勒更是危言耸听地警告，中国可借此把各式导弹运进巴拿马，甚至把巴拿马用作攻击美国本土的核弹发射平台。甚至像前苏联一样，把导弹悄悄安置在美国的眼皮下面。

完全是战争贩子的一派胡言乱语。彻头彻尾的冷战思维。在这场杞人忧天的口舌之争中，就是在美国本土，也有良心的闪烁。美国大西洋理事会的纳尔逊对加夫尼的论点提出了反驳。他指出：“和记黄埔是世界上最大的集装箱运输公司，世界各地都有他们的商业基地。他们经营港口的商业记录优秀，而且他们能够和当地执法机构密切配合。”

纳尔逊说：“没有证据显示，李嘉诚或是他周围的人与中国军方或是中国政府有任何不恰当的关系。事实上，像李嘉诚这样的大企业家，难免会与各式各样的人有所接触。”相信李嘉诚绝对没有去说服纳尔逊，甚至可能还未曾谋面。

“美洲对话”的希夫特同意纳尔逊的看法。他说，有人在运河管辖权移交之前感觉到一种失落感，从而对中国政府和巴拿马政府产生了怀疑。希夫特认为，这种怀疑缺乏事实依据。原因在于，这种怀疑基于两个站不住脚的假设：首先是把“和记黄埔”和中国政府等同起来，其次是认为中国对美国构成威胁。

希夫特指出，“和记黄埔”关心的是高效经营巴拿马运河，关心的是从中赢利。

同时，巴拿马政府再三强调，选择由“和记黄埔”来经营港口，完全是为了保证巴拿马运河公平与高效地运营，保证能够最大限度地赢利。

一时间泰山压顶，黑云压城。美国国会及各界为此争论不休。其实，和黄公司仅仅是管理巴拿马运河装卸货物的集装箱码头，并不管运河航运或控制船只进出运河，更加没有机会操控船闸升降，也不参与巴拿马运河的总体运作。也就是说，和黄只负责港口装卸货物，不负责开闸关闸，也无权过问闸开闸闭。货物上落与船闸关闭毫无关系。开闸关闸控制上货落货，上货落货不能制约开闸关闸，这是一个连小学生都明白的道理。要想控制运河，无疑痴人说梦。“控制运河”阴谋论最终无疾而终。

李嘉诚反驳说，和黄集团在巴拿马运河只是进行一项集装箱业务的投资，与控制权并不相干。他强调，和黄集团只是在巴拿马经营集装箱业务的商业公司之一，同一些美国公司和台湾公司相比，和黄甚至不是最大的集装箱经营公司。李嘉诚亦曾幽默地回敬这班政客，我手中连支枪都没有，怎么控制运河？怎么阻拦美国的航空母舰？就算我是百毒不侵铜墙铁壁的超人，又如何抵御美国的巡航导弹？就算李嘉诚手中有支枪，能抗衡美国佬的原子弹吗？

李超人不愧有超人之称，1999 年 10 月 21 日，在记者会上兴致勃勃地畅谈和黄出售 Orange 这策略性部署时，突有外国传媒记者问到和黄取得巴拿马运河两端港口控制权所造成的小风波时，现场所见，李嘉诚从容不迫地以红磡海隧做比喻。

李嘉诚说：

巴拿马事件是一个有趣的故事。如果你于香港的海底隧道附近，港岛及九龙区均各拥有物业，可以说你这就是控制了红磡海底隧道吗？

李嘉诚表示，集团于巴拿马的港口并不是最大的，集团亦无意，甚至根本就无可能控制巴拿马运河，他本人亦从未如此天真与幼稚。而事实上，美国方面已清楚表示集团在当地并无特别权力，除赚钱外更无特别之意图。他现时没有任何政治职务，他亦不想被牵涉入政治内。除经商外，他宁将时间放于医疗及教育上。稍后不久，获提名的美国国务卿鲍威尔亦亲口否认说，中国在巴拿马的出现，对巴拿马人民、巴拿马政府和运河本身都没有也不会造成危害。2001 年 1 月 17 日，鲍威尔在会见英国外交大臣库克之后举行的记者会上发表上述谈话。一场劳心劳力的毫无意义的争论就这样销声匿迹了。

2006 年 3 月，美国政府决定雇用李嘉诚旗下的和记黄埔有限公司，协助检查运进美国的外国集装箱是否装有放射性核物质，这是美国第一次允许外国公司来运作美国给安全检测部门装备的放射性扫描采测器。

根据美国政府与和记黄埔签订的合约，美国将雇用和记黄埔公司在离美国 65 英里的巴哈马港检测运往美国的集装箱，在巴哈马海关官员的监督下，和记黄埔的雇员将会操纵类似于卡车的放射性扫描探测器，从集装箱货轮周围缓慢行驶，从而检测出集装箱内部是否装有放射性物质和武器，整个设备自动运转。如果发现可疑物质，报警器就会将信息直接反馈到美国的反恐中心。合约金额为 600 万美元，合同为期一年，期满后双方愿意可以再延长三年。

根据美国政府官员透露，这也是美国第一次在没有美国海关人员在现场的情况下在一个外国港口使用美国的放射性扫描探测器。

李嘉诚遨游商海六十多年，对原则问题说一不二，哪怕大把银子堆在眼前，不动心就是不动心，这大概是超人王国多年不败的一个法宝。

孔子曰："君子不重则不威，学则不固。主忠信，无友不如己者，过则无惮改。"原则涉及做人之道，商圣对原则问题绝不含糊。

李嘉诚娓娓道来一个有关坚守原则、有所为有所不为的故事。他在巴拿马投资，拥有集装箱码头、飞机场、酒店、高尔夫球场及大片土地，成为当地最大的海外投资商。巴拿马政府拿出很多商人求之不得、一定赚大钱的赌场牌照，作为酬谢李嘉诚的礼物。

巴拿马总理找到李嘉诚说："许多商人追着要这个牌照，我们都没给，你这么大的投资，照一定要给你，你有三家酒店，随便放哪家都可以。"

面对送上门的横财，李嘉诚毫不犹豫地婉转地拒绝了。他说："我对自己有个约束，并非所有赚钱的生意都做。"盛情难却之下，李嘉诚做了"妥协"，决定不接受赌场牌照，但在酒店外面另盖独立的房子给第三者经营，并由经营者直接与政府洽谈条件，和黄只赚取房屋租金。

> 酒店客人要去哪儿我不管，但我的酒店绝不设赌场。不过，我不会拒绝并会欢迎赌客进驻我的酒店。

李嘉诚说，或许，用现代的生意眼光来考量，会有各种不同的说法，但是，“这是我的原则，原则就是原则，原则必须坚持，原则不能动摇，原则不能含糊，原则不能变通。”

李嘉诚面对董事局内部的开赌声音，力排众议，否决开设赌场的董事提案。面对决绝的李嘉诚，提议的董事也不得不懂事了。也许，没有原则就没有今日的李嘉诚。也许，没有固执也就没有今时的李嘉诚。也许，没有择善坚持就没有今时今日的李嘉诚。

苏东坡在不朽的《赤壁赋》中从感叹三国英雄汇集赤壁的辉煌蓬勃盛景不再而后悟道：“天地之间，物各有主，苟非吾之所有，虽一毫而莫取。”唯有江上之徐徐清风，与山间之朗朗明月，吹皱平湖之万里波涛，取之无禁，用之不竭，是造物者之妁妁风华，是人世间之绵绵绝唱，是时空中之浩浩回荡，是人性中之明镜高悬。

若静下心来，慢慢体会咀嚼出这千年不朽，万年不衰的波澜壮阔的传颂中的点滴真知灼见，或许，后知后觉的我们，也就能体会与千秋虫草共饮一江春水，与万世皓月共影宇宙星空的无穷乐趣及其难望其项背之高风亮节。

无风起浪

令美国官员费心的事又来了。又是那个咬住各种机会不放过的李嘉诚。李嘉诚的和记港口控股公司又酝酿购买佛罗里达州坦帕的新集装箱设施，若果成事，便将与美国中央司令部为邻。

风声鹤唳，草木皆兵。如果，李嘉诚在山姆大叔的心脏部位安装窃听器，这还了得。不过，和黄发言人回应，目前未有计划要购买报道中所指的土地或任何设施。这是李嘉诚被美国全国广播公司有线电视台指为解放军资产管理人后，再度被美国传媒指他涉及威胁美国国家安全的最新阴谋。

美国《华盛顿时报》五角大楼记者在专栏中，引述匿名美国官员的消息，指李嘉诚的和记港口正设法购买佛州坦帕一个新的集装箱设施。美情报官员担心，和记将会为中国情报单位提供监察附近美国中央司令部的情报站。说实在的，这次也确实太靠近了点。万一李嘉诚在那里安装个天眼什么的，岂不坏了美国人的世界警察勾当？阿富汗反恐战争便是由这个中央部门负责指挥的。

专栏又指出，美国的情报机关相信李嘉诚与中共领导人关系密切，更指1997年和黄悄悄取得长期租约的巴拿马河两端港口设施，已让中国可轻易进驻及接触所有行经的战略货物，例如太平洋或欧洲需要的军事补给品。甚至可以监视直出直入的美国航空母舰。

文章也提到，密西西比州共和党参议员洛特曾于1999年致函警告五角大楼，指和黄可能会阻止美国船只使用巴拿马运河。

《华盛顿时报》指出，自90年代以来，美国军方一直关注中国利用公开的但是是假的商业机构做掩护，进驻世界各地的战略据点。

主管拉丁美洲美国军队的南方指挥部曾于1997年针对中国在海洋重要据点取得战略基地，进行情报搜集分析研究。看来，美国人今后对李嘉诚要绝对多留点儿心了。

李嘉诚在接受“国际杰出企业家大奖”时，感慨万千地回顾了五十年的营商岁月：

> 一切实在是毫不容易的历程。我的一生充满了挑战与竞争，时刻被要求要有智慧、要有远见、要求创新，确实使人身心劳累，但综观一切，我还是很高兴地说我始终是个快乐的人，因为我作为一个人、一个市民及一个商人，我尽了一切所能服务社会。

对李嘉诚来说，在商场经营有道及对社会的道德责任不一定是鱼与熊掌的选择，而是可以兼容相顾的，是左手与右手的问题。当迈出左脚争取利益的同时，右脚的落脚点必然考虑踩到社会道德责任的点上。

> 我深信在获取更多盈利及更高效率所带来的巨大压力下，也不应牺牲了我们维护公平及减除疾苦的决心。若果我们选择只为追求金钱及权力，而牺牲人类高尚情操的话，则一切进步及财富的创造都变得没有意义。

他续说：

> 我并非将自己看成卫道之士，除我两儿之外，我亦无意成为其他人的导师。我自己经历的挫折与无助，令我早已下定决心不以我所拥有或所能发挥的权力来评价自己，我只想令生命变得有价值。

我本人绝不同意李嘉诚的这一说辞。因为，作者笔下这本洋洋洒洒百万言的李嘉诚的人生表白，将实实在在成为更多人的实实在在的人生教科书。这是本书写作的唯一出发点与动力。

> 从前经商，只要有些计谋，敏捷迅速，就可以成功；可现在的企业家，还必须有相当丰富的知识资产，对于国内外的地理、风俗、人情、市场调查、会计统计都非常熟悉不可。

折翼

2001年年初，据《环球时报》报道，李嘉诚旗下的香港和记黄埔港口控股公司因未能通过印度政府的安全资格审查，被迫退出印度尼赫鲁港口集装箱码头开发项目的竞标。继美国国防部以国家安全受威胁为由反对和黄收购美国环球电讯之后，和黄再度因政治因素蒙受不白之冤。

在2001年1月，就有印度媒体指出，尽管和黄实力强劲，但竞标胜出的可能性不大。因为外国公司竞标1亿美元以上的港口和船运项目必须要通过安全资格审查。果不其然，除和黄之外，印度政府现已通过对其他11家竞标商的安全资格审查。

印度安全审查部门认为，尼港与印度南方海军司令部相邻，如果项目中牵涉有中国或巴基斯坦背景的外国公司，可能会导致严重的国家安全问题。印度媒体报道，印度国防部不久前同样以安全因素为由向石油部门建议，今后在印度领海的石油项目招标中，应禁止中国、巴基斯坦及东南亚某些国家的公司参与。

和黄强调，和黄是全球最大的集装箱码头经营商，业务以香港为基地，遍布亚太、北美、欧洲15个国家和地区，还是欧洲最大港口荷兰鹿特丹港的大股东。和黄几年前计划增持荷兰鹿特丹的欧洲集装箱码头股权，从31.5%增加到75.5%，这一计划在2001年12月顺利获得了欧洲委员会的批准。

和黄在香港接受《印度快报》采访时强调，和黄只是商业公司，而非政治实体，实在弄不懂为什么有些人会对公司有这么多安全方面的关注。5月22日，李嘉诚在股东大会上说，和黄股东来自世界各地，政治背景很清楚，他不担心这一事件会影响该集团的业务发展。

也难怪印度人，在香港，李嘉诚有印度同胞为其持枪守大门不说，还要跑到印度本土赚他们的钱，这口气如何吞得落肚。李嘉诚说，该集团对于竞投印度港口只在初步研究阶段，即使不做也不会失望。

试水受挫，可能暂时令和黄在南亚地区的港口布局中出现一个缺口，但是和黄投资海外港口业务的脚步不会因此受阻，和黄“仍将在全球选择性寻求具吸引力的投资机会”。

尼赫鲁港是印度所有集装箱码头的龙头老大，它位于印度西部马哈拉施特拉邦，与最大商业城市孟买一衣带水，并与全国铁路以及公路网相连，交通十分便利。尼赫鲁港新码头项目是印度政府首次允许私人财团投资国家主要港口，项目金额更高达90亿卢比（约合2亿美元）。

由于印度基建市场潜力巨大，众多海外财团都想抢占先机，除和黄以外，还有美国、新加坡、马来西亚、阿联酋以及印度本国的11家财团参与竞标。对于政府对中国公司投资进行人为限制的做法，印度工商界人士大多表示不满。印度工业联合会执行主席苏伯德·巴尔嘎瓦呼吁，“政府应该鼓励中国公司前往印度投资，并努力创造与之相符的适宜环境”。

此次共有11家印度国内外的公司对孟买的这一码头项目感兴趣，其中来自中国的公司共有两家，分别是中国香港的和黄港口控股和中国台湾的港口服务公司长荣海运。

据孟买的一名港口高管透露，和黄港口控股没能通过建造并运营该项目的安全调查是由于它的红色中国背景。这位负责人同时透露，长荣海运也由于类似原因未能通过该项目的安全调查。和黄港口控股拒绝对此事置评，但知情人士说，该公司已请求印政府进行复审。

2005 年 11 月 7 日，李嘉诚旗下公司和黄港口控股欲竞购印度一个价值 2.7 亿美元的集装箱码头项目，而印度却以国家安全方面的考虑为由，再度将这家全球最大的独立港口运营商排除在潜在竞标者名单外，禁止它参与此项目的投标。这是李嘉诚第二次由于所谓的“安全原因”而被印度拒之门外。

当时，和黄港口控股和一些企业竞标运营印度最繁忙的港口——孟买的贾瓦哈拉尔—尼赫鲁港，但印度中央政府安全部门将和黄港口控股从最后候选者名单上剔除了。

近年来，印度对中国公司在印度的投资、收购频频设置障碍，引起外界强烈关注。2005 年 3 月，华为向印度外国投资促进委员会提交申请，计划投资 6000 万美元在素有印度“硅谷”之称的班加罗尔建厂生产电讯设备，应用于改造印度破旧不堪的通信设施。然而，印度外交部与内政部认为，国家电讯网络具有战略意义，让中国公司介入该网络将导致印度的国家安全受到威胁，因此反对华为的投资建议。

2002 年 7 月 12 日，美国华盛顿时报的“圈内”专栏报道，中国政府持续在全球扼有重要海域咽喉的港口拓展商业势力，向来和中国共产党高层关系密切的香港李嘉诚也参与了最新的行动计划。

匿名美国官员表示，李嘉诚的和记黄埔集团计划在伊朗波斯湾重要军港阿巴市的北方，投资兴建一处大型港口，距离扼有全球重要原油进出路线的霍木兹海峡仅数英里。另有情报指出，中国亦希望在地中海具重要战略位置的马耳他投资港口设施。

美军南区指挥部数年前曾在一份机密情报中预估，中国有意以商业势力渗透全球具备重要战略咽喉地位的港口，以便在爆发世界危机或冲突时，可利用这些地方展开军事行动，瘫痪国际货运，甚至威慑牵制美军行动。《华盛顿时报》也曾报道，和记黄埔希望在美国中央司令部所在地——佛州的坦帕购买港口设施。不过，华府的亲中国官员并不相信中国正刻意进行战略包围政策。

例如，巴拿马运河是美军参与亚洲战事时的重要战略水路，和记黄埔的相关企业多年前即已取得此运河两端港口的长期租约。但时任美国国务卿鲍威尔对国会作证时表示，他并不认为中国势力进入巴拿马海峡是危险的事。事实上，美军早在 1998 年的机密情报中就已指出，李嘉诚计划等 1999 年 12 月美军将巴拿马运河交还巴国政府后，就会设法取得运河经营权。

试水以色列市场

2001 年 5 月 30 日，据以色列媒体报道，李嘉诚向访问香港的以色列外长沙洛姆表示，一旦以色列政府对其地中海两大港口实行私有化，他有意购买其中的一个或全部买下。李嘉诚认为他在经营管理港口方面有丰富经验。据悉，李氏公司迄今在以色列已投资 16 亿美元，其旗下的化妆品和保健品生产商屈臣氏公司亦计划投资以色列。

以色列媒体普遍报道了李嘉诚有意收购以色列海法港和阿什杜德港的消息，但是没有进一步报道或分析。以色列港口管理局官员对《国际先驱导报》记者的问询也都闪烁其词，让人不得要领。以色列政府为了摆脱经济停滞不前的困境，推出了一系列改革计划。港口私有化改革是其中重要举措。

以色列有三大港口。一个位于红海湾，即埃拉特港；两个位于地中海，即北部的海法港和中部的阿什杜德港。从地理位置上看，以色列港口连接了亚洲、欧洲和非洲三大洲海运通道，无论过去还是现在，海法和阿什杜德两大港口都是国际贸易的重要口岸。

位于以色列第三大城市海法的海法港位于海法湾南部，于 1933 年投入使用，是当时实施委任统治的英国当局留下的遗产。位于以色列第五大城市阿什杜德的阿什杜德港是以色列最现代化的深水港，水深近 14 米，是世界上少有的几个建在开放海域的港口，属于海洋工程中的杰作。该港于 1965 年底投入使用。海法港和阿什杜德港预计均有大幅赢利，其中海法港 2004 年第一季度较前一年同期赢利翻了一番。

港口在以色列经济中的地位举足轻重。若以 2005 年 6、7 月为例，仅由于港口工人怠工，以色列外贸额大跌，按年度折算相当于下跌 5%。据预测，以色列港口吞吐量在近年将有较大增长，这里有以色列自身的经济增长因素，但其港口经济仍受其他一些因素的影响。

比如，中东和平进程，特别是以巴局势对以色列港口货运和客运量有着直接影响。此外，周边国家叙利亚、黎巴嫩和埃及的港口也在同以色列争夺约旦和巴勒斯坦客户。

在以色列建国前后成立的以色列总工会利用从海外犹太人筹集来的资金，帮助当地犹太人发展生产。随后，以色列总工会成为以色列工人、合作社员及自由职业者自愿结合的最大组织，是以色列最重要的经济团体。上述两港口即属于以色列总工会。

经过多年的发展，以色列总工会及以色列政府都意识到，总工会下属的企业存在效率低下的问题，于是企业改制提到议事日程上来。根据计划，两家子公司的股票从 2005 年年初开始在特拉维夫股票交易所上市，其中 10% 的股票以七折的价格卖给港口工人。

以色列总工会同意了政府的改革方案，但是总工会下属的港口工人委员会对此提出异议，认为政府对每个港口估价 30 亿谢克尔没有充分体现其价值。港口工人委员会要求政府为港口私有化向工人提供 7 亿谢克尔的补偿，否则将于一年后举行大罢工。由于港口工人大罢工会对以色列经济造成巨大影响，让政府难以承受。在此情况下，以政府被迫宣布推迟执行港口私有化计划。

总之，如果李嘉诚买下以色列港口，他在考虑中东局势和周边国家港口竞争的同时，还要考虑到以色列总工会的作用，港口工人委员会的影响也不容忽视。就如同他收购加拿大航空公司一样，头痛的不是价钱与管理，而是那班难缠的工会人员。

2005 年 4 月 22 日，李嘉诚先生在汕头大学商学院经济沙龙就一些人生准则和处事方法回答了记者的提问。

李嘉诚先生当日以一问一题形式与在场一百多位师生，以及校内其他学系会场和校园网上收看直播的学生分享他多年来的一些宝贵营商经验。

问：我们一谈及香港的领袖，都想到李先生。大家都知道成为领袖必须要有目光、理想、勤力及奋斗精神，但又怎样才能做好？

答：要成为领袖，你提到的基本的素质一定要有，小企业每样事情都要亲身处理，所谓“力不到、不为财”；至于中型至大型企业，则一定要有组织。而最难做到的就是要建立一个良好的信誉、建立主要行政人员对公司的信任，令他们知道在公司会有更好的前途及工资。

同时，亦要令同事明白他们工资与花红越来越多时，亦要清楚知道他们的生产能力要同时配合，这样公司才能够维持，只做一个好好先生是没有用的，如果只会乱花钱，公司迟早一定会出现问题。

问：做生意，您认为什么最重要？作为一个生意人，您认为一个人的品德是关键的吗？您的经营之道是学老子还是佛家，还是儒家？

答：正规的教育我受得非常少，但是，我小时候就懂得要牺牲不看小说，而看对我这一生有重大关系的书。但是，就我的哲学来讲，我掺入了儒家，也掺入了释家，即佛教，也掺入了道家。你不开心的时候，拿这些书来看一看，你的心可以静一点。

如果说品德跟能力，我们中国好像有这样一个说法，乱世的时候，你要看重大臣的能力，但如果太平盛世，你要看他的品德。但是原则上，你可能说我守旧，我是把品德看得更重要。一个人有能力，但你要派三个人每天每小时都看着他，那么这个企业怎么做得好啊！

问：您如何处理人与人之间的利益关系呢？

答：作为人与人之间的利益关系啊，就是要公道。但是公道并不是说将你袋子里的钱放到对方袋子里。这样的话那你也不用念MBA了。

问：李先生的两个儿子均很成功，是如何去教育自己的孩子？

答：我昨天刚与一欧洲著名家族吃午饭，他们已有五代的成功历史。中国有句老话：“富不过三代”，但今天的教育、组织不同，令事业可以继续。相信这句话日后将会修正。过去中国有些有钱人家宠溺子弟，这是落后的思想。

在知识经济的时代，将来的贫富差距越来越大，如果你的知识不高，将来的机会更少。以过去几十年来讲，低素质、低知识的人，在西方国家，他们的生活条件，生活收益因为有通货膨胀而受限制。知识水平高的，一路涨上去，你们这里的，可以说“天之骄子”啊。

问：商学院学生要培养哪些素质？

答：好奇，是其中一个，有探索的好奇心。但今天在座的诸位，最要紧的一个，计算机啊，我建议大家学好。我们在21世纪，计算机一定要好。因为将来面对的是一个新的管理模式。

第二个呢，你在这个外企、华企，会计方面也要注意。

第三个呢，多听一下那些有经验的人的讲座，也要记笔记。

问：创新需要大量的投资，而且失败的概率比较高。您怎样看创新中的失败？

答：其实很多时候创新的投资是比较小的。传统的商业模式和技术在设备更新或规模扩张的时候，如果没有创新，往往在不知不觉中失去竞争力，而今投资回报率较低，甚至为负数。那么这个损失是要远远超过创新所需要的投资的。

70年代，我在地产销售模式上做了很多创新，其中只有一部分成功，但成功的那部分就赚了大钱。但是当时没有创新的地产公司，由于不能掌握先机，很多都被收购或破产了。所以因为怕投资失败而不敢创新的人，就是商场的懦夫啊！

“资讯网络的无远弗届，和生产成本的下降，迫令市场更开放，竞争更快更激烈，知识快速的传播，竞争优势很容易被侵蚀和转移。未来将是一场无情和灿烂的竞赛。”

第六章

染指电讯业

Li Ka-shing

▶2010 年 9 月 29 日，李嘉诚先生与斯坦福大学校长约翰轩尼斯在斯坦福大学医学院院长 Philip Pizzo 博士和校董会主席 Leslie P. Hume 的陪同下，为“李嘉诚知识研究中心”主持揭幕仪式。

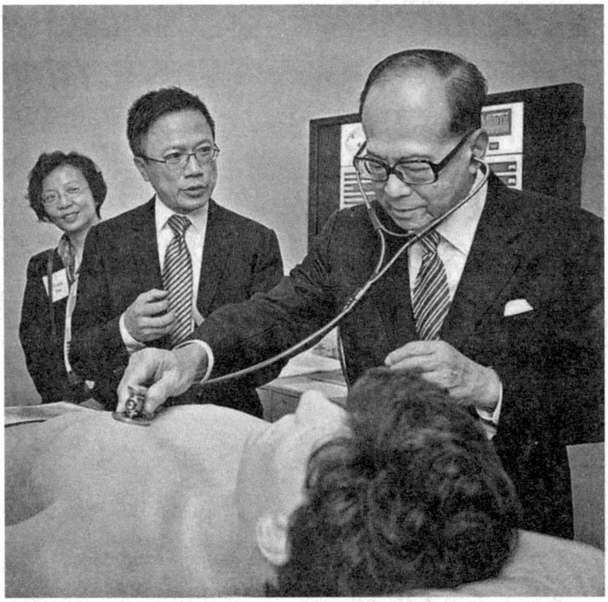

▲ 李嘉诚先生在斯坦福大学“李嘉诚知识研究中心”内为心肺病人模型“夏菲”检查，该幢楼高五层的新研究中心是世上最先进的模拟及沉浸式医疗训练中心之一。

1985年8月，和黄集团与美国摩托罗拉公司合资成立和记电话有限公司，利用摩托罗拉的资金和技术优势，率先在香港推出蜂窝移动电话业务，由此开始，和记黄埔逐步涉足电讯业务。这是李嘉诚电讯帝国的万里长征第一步。随后的几年，和记电讯的资本触角开始伸向世界各地。1989年，和黄集团进军英国与澳大利亚移动电话市场。1991年，买入原由英国巴克莱银行、荷兰飞利浦电子以及英荷壳牌石油公司组成的合资企业拥有的移动业务牌照。1994年推出以Orange为品牌的第二代移动电话业务。1996年，Orange在伦敦与纽约证交所上市。1998年，Orange的移动电话业务拓展至荷兰、比利时、瑞士和爱尔兰，在香港地区、澳大利亚与以色列推出的移动电话业务也统一使用Orange品牌，Orange在英国本土成为第四大移动电话运营商。

1999年，向新经济转型中的德国曼内斯曼钢铁公司以480亿港元现金、时值700亿港元的10%曼内斯曼股份（总值1180亿港元）收购和黄集团在Orange中45%的股份，这是和黄集团有史以来一笔最大宗的交易，写下了和黄“卖橙赚千亿”的神话。

80年代初，香港仍是一个以制造业为主的城市，当时移动电话亦未在港出现。其实香港电讯80年代亦有无线电话服务：但受技术发展尚未成熟之影响，当时的手机体型十分庞大，号称砖头，重达六七磅，而且机价奇高，动辄逾万，加上当时采用的制式为NAMPS（North American Mobile Phone Systems），不能处理手机过站之问题(只可在一个范围内使用,如发射站A之覆盖只在中环,则用户不可越区使用移动电话服务),故此移动电话始终难以普及。

左手电话右手电视

80年代中,摩托罗拉为拓展亚洲及大中华市场,便派员赴港,推销王牌产品——无线电话,当时摩托罗拉之要员,自然第一时间找上香港一家电讯公司,展示其移动电话产品,当时的产品过于笨重,外型不吸引,备用时间短,而且在香港街边“借电话打”十分方便。

更重要的是,香港电讯垄断本港的固定网络电话,自然不希望移动电话分流自己碗中的肥肉。故电讯公司的领导层对摩托罗拉之产品兴趣不大,便拒绝与摩托罗拉合作在香港发展移动电话服务。由于被该电讯公司拒绝了合作之要求,于是摩托罗拉便几经转接,投石问路,联络上当时仍主力发展地产及港口业务,但据闻对任何新玩意儿都极为感兴趣的李嘉诚。

历史往往就是在这样极为偶然的境况中,被不经意地顺手改写了。

当时从未接触过电讯业务的李嘉诚,却对这种新产品十分有兴趣,像个好奇的婴儿拿住那部砖头把玩欣赏,问长问短。凭其敏锐的市场眼光,认为大有可为,于是与摩托罗拉一拍即合,成立了和记电讯,并于1985年与摩托罗拉签约,使用其蜂窝电话系统。

初期移动电话服务增长甚为缓慢,但由于网络逐渐建成,加上机体有突破发展,砖头块式大哥大面世,让流动性增加,于是在数年间,和记便成为香港移动电话的名副其实的引领风气的大哥大。环球通信创办人温理基说,他来签约之前刚到加拿大与加拿大帝国商业银行的高层会面,并透露与和黄合作发展大中华区的计划。当然,也是靠加拿大帝国银行的引见,才有机会接触到神奇小李。该银行家说:“如果不是找李嘉诚,就不要到香港,如果你不是与李嘉诚为合作伙伴,便不要到中国发展。”这句至理名言堪称洞若观火,就是二十年后的今天,依然具有实用价值。

另一电讯公司可能发觉错过机会,于是便奋起直追,在1987年推出TAC制式电话,与和记在移动电话市场竞争,而数码通及讯联亦在1992年分别以

GSM 及 TDMA 数码制式加入战场，令香港电讯市场出现百花争鸣之局面。

由于和黄在香港移动电话业务上成绩理想，促使和黄积极发展其他电讯业务，李氏终在 1991 年冲出香港，投资英国 CT2 制式移动电话 Rabbit，但由于 CT2 制式技术未发展成熟，令和黄第一个海外电讯业务在两年内便触礁，须为该项投资撇账 14 亿港元。

虽然初尝失败滋味，但李嘉诚丝毫未见气馁，更连同英国宇航合资 5 亿英镑，发展 Orange 电讯，在其后成功将 Orange 上市，把 Orange 发展成为市值达 2000 亿港元的电讯公司。和黄集团虽一度退出欧洲移动通信市场，但保留在香港地区、澳大利亚与以色列的 Orange 品牌永久使用权限。

早在 1987 年，李嘉诚以闪电般的速度投资 3.75 亿美元，买进英国电报公司 5% 的股权。尽管李嘉诚为这家公众公司的大股东，却由于英资传统的偏狭心理作怪而进不了董事局，显然，听惯了狼来了的掌握该公司大权的管理层，同样提防这位华资大鳄。

当年李嘉诚鲸吞和黄的故事，这班洋大人个个耳熟能详，心有余悸。一如过往，闻风而动的股民迅速将英国电报无线电公司的股票抢高。情形就如同当年李嘉诚收购和黄初期一样，和黄管理层居然可以将李嘉诚拒之门外。于是在 1990 年，李嘉诚趁高抛售持股，三年净赚近 1 亿美元。

1988 年，鉴于欧美有线电视的发展，以及香港电讯的垄断地位，港府批准设立第二电讯网络，这一网络将提供有线电视和其他非专利电讯服务（如移动电话、无线寻呼等）。已经拥有非专利电讯业务的和黄集团，捷足先登，迅速与英国大东电报局、香港中信公司等集团组成新财团，力夺第二电讯网经营权。

在这个国际电讯市场竞争格局剧烈变动的年代里，和记电讯为全球电讯树立了企业快速走向国际化、规模化与多元化的超凡范例。和记电讯在不到二十年的发展历史中，通过频繁的恰到好处的神乎其神的资本运作，由一家香港本地移动运营商迅速发展成为业务遍布全球十六个国家和地区的世界主要电讯运营商，投资回报率远高于同行业平均水平：资本运作的艺术和魅力被商圣李嘉诚发挥得淋漓尽致。

在短短 19 年的迅速扩张过程中，和记电讯经历了大大小小六十多宗资本运作事件，1999 年千亿卖橙更创造了国际市场资本增值的登峰造极的神话。如今，面对巨额的 3G 牌照、网络建设与运营支出，以及前景渐趋明朗的 3G 发展，资本运作又成为和记电讯筹措资金支援以及改善经营业绩的重要依托。这或许是和记电讯与其他电讯运营商的最大区别。

1988年2月24日，和黄、中信、大东合组的亚洲卫星公司成立，宣布投资发射、操作经营第一枚专为亚洲提供电讯服务的人造卫星，计划利用中国长征三号运载火箭送入东南亚上空同步轨道。

李嘉诚双管齐下，一手欲夺第二电讯网，一手让卫星覆盖亚洲。

1989年年初，港府初步选定有实质业绩的和黄为第二电讯网的经营者。另一个强大竞争对手，是包玉刚的九龙仓与郭得胜的新鸿基地产合组的新财团。港府要求的投资承担最低线是55亿港元方可取得有线电视经营牌照。和黄集团的首脑，特别是马世民等人，和坚持在港投资的李嘉诚发生矛盾，以马世民为中坚的和黄走资派，坚持认为香港回归中国势在必行，中共势难保障资本未来自由发展空间，和黄为确保未来发展之畅顺，必须分散投资，将未来之投资重点移向港外。

李嘉诚虽一如既往看好香港未来，但毕竟难一言九鼎，双方僵持，对是否在港重点投资左顾右盼，举棋不定，错失良机。结果，港府转手把牌照给了九龙仓有线传播公司。

> 机会不会坐着等你，若奢望机会可以轻易到手的话，是绝对不可能发生的事。

然而，李嘉诚并未心甘情愿退出角逐。按亚洲卫星公司与中国航天部的原有协定，亚洲卫星一号卫星，于1990年4月7日成功发射上天。亚洲卫星一号的原用途是以电话服务为主，由和黄通信负责经营。李嘉诚移花接木，把未尽其用的卫星频率改用在刚刚起步的电视画面上。后来，卫星电视不仅为李嘉诚、李泽楷父子赚了大钱，而且成就了李泽楷出山的第一神功。

1989年，和记电讯与澳大利亚当地的一家运营商合资建立和记电讯澳大利亚公司，顺利进入澳大利亚移动电话市场。1989年，李嘉诚在英国和黄电讯注资84亿港元收购了一家英国电讯服务公司Rabbit，开始涉足英国的电讯市场。然而此番出师不利，新购公司处于长期亏损状态。1989年，李嘉诚成功收购了英国Quadrant集团的蜂窝式移动电话业务，使其成为和黄通信拓展欧美市场的据点。

1990年10月8日，李嘉诚接受《纽约时报》专访时谈道："目前集团在海外的投资占总投资的10%至20%，但五年以后，也许会增加到40%至50%，这也是不足为怪的。"

滚雪球

1994年，李嘉诚大踏步介入印度电讯市场，在当地的合资企业和记电讯又与印度当地一家运营商合资成立Hutchison Max Telecom公司，进入印度电讯市场，获准在印度的七个城市经营无线寻呼业务。1994年，和记电讯将在英国的电讯业务重新包装，改名为Orange，并推出当时较为先进的GSM移动电话业务，此后，Orange走上了快速发展的轨道。1997年介入美国的移动电话市场，和记电讯收购美国Western PCS公司19.9%的股权及其母公司Western Wireless Corp约5%的股权后，成功进入美国市场。

1998年，和记电讯通过与以色列一家运营商合资建立Partner通信公司进入以色列市场。同年，和记电讯还与荷兰著名移动运营商KPN Mobile成立合资公司，从而进军荷兰市场。1999年，和黄在澳大利亚与以色列的移动电话运营商分别在当地证交所以及在美国纳斯达克上市，赶上了科技与电讯股上市的最佳时机。1999年，和记电讯为Voice Stream Wireless Corporation兼并Omnipoint Corporation提供资金近十亿美元，和记电讯在合并后的新公司所占的股权增至30%以上，合并后的公司成为美国当时最大的GSM运营商。1999年，和黄集团与美国的环球电讯在香港组成各占50%股份的合资企业，和黄由此介入固网通信与互联网接入服务。

2000年，与中国联通建立了合资公司——北京通和电讯科技有限公司，提供电讯咨询与网络规划设计方面的业务。2000年10月，和记电讯收购IMobile Holding约49%的股权，后者持有泰国运营商Tanwan Mobile TelecomCo约65%的股权，进入泰国移动通信市场。2001年和黄在印度的四个主要城市与三个邦投得移动业务新牌照，覆盖印度购买力最强的四分之一人口。

2002年，进一步收购了印度加尔各答Usha Martin Telekom Ltd约49%

的股权和印度古吉拉特邦最大的移动通信公司Fascel Ltd14.7%的股权，在蓬勃发展的印度移动通信市场站稳了脚跟。

依托和黄集团的雄厚财力和自身的资金积累，借助高超的资本运作和财务管理能力，李嘉诚在短短的时间内实施了一系列频繁而成功的资本并购，快速扩张、扩大市场份额并进入多个新兴市场，成功实现产业国际化、规模化和多元化。在这快速变化的过程中，资产并购与重组成为和记电讯资本高速扩张的主体。

1999年11月，著名的财务管理杂志《CFO ASIA》，在所进行的一百家亚洲最具增值力企业选举中，香港电讯及和黄便被评定为区内首两家最具增值力的企业，再次证明他们的业务策略之成功。

负责评审工作的斯图尔特赞扬和黄的全球性策略，他说透过积极的收购及扩张，和黄已成为亚洲区少数突破地域界限的全球企业，虽然按市值增长额计算，和黄以5亿美元稍微落后于香港电讯，但以和黄向德国曼内斯曼公司出售Orange所带来的巨额收益来看，和黄来年势必越过香港电讯，登上亚洲区最具增长力企业的位置。

与行业内的知名企业或者当地的企业建立合资公司是和记电讯进入新的行业和市场的常用资本运作方法。对并购这样的公司革命，李嘉诚不仅得心应手，而且是炉火纯青。当然，有时更是出神入化，神乎其神。

与这样的戏剧性变革相比，传统经济帝国还只是一个金字塔型的企业组织系统。“管理不到位”已成为一个世界性难题。因为传统管理体制的落后，“效率效益效果”就成为企业运作甚至存在的核心所在；在多级层叠的“讯号损耗”里，许多有发展价值的创意都会走样变形，按照流行的说法，就是异化嬗变。而这一切国际企业的通病，对李嘉诚而言，又似乎显得如此陌生和遥远。

> 如果一词对我有新的意义，多层思量和多方能力皆有极大的价值，要知道“后见之明”在商业社会中只有很狭隘的贡献。
>
> 人类最独特的不仅是我们有洞悉思考事物本质的理智，而是我们有遵守承诺、矫正更新的能力、坚守价值观及追求目标的意志。

这一切，不是李嘉诚一个人所面临的问题，而是传统经济体制与新经济环境的矛盾。组织创新与制度创新的实质，是思维创新、理念创新，是为产业和技术创新搭建平台，是为最终的产品和创新服务。创新的优势在于：不仅能够节省企业海外扩张中的资金需求、分散投资风险，而且能够利用合作方的既有资源，如技术、管理和政府、客户等的关系资源，从而减少企业进入陌生行业和市场的壁垒和困难，风险与阻滞，更快地适应当地市场的特点。

“取法乎上，得乎其中；取法乎中，得乎其下；取法乎下，得乎其下下。”

> 我们历来只做长线投资。如果出售一部分业务可以改善我们的战略地位，我们会考虑这一步骤。除了考虑获取合理的利润以外，更重要的是在取得利润之后，能否在相同的经营领域中让我们的投资更上层楼。
>
> 我们主要的衡量标准是，从长远角度看该项资产是否有赢利潜力，而不是该项资产当时是否便宜，或者是否有人对它感兴趣。

英国 Orange 是李嘉诚经营策略中不为最先且成功的典型范例。Vodafone（沃达丰）1991 年在英国推出 GSM 网络业务，1994 年年底客户已达百万。BT Cellnet1994 年在英国推出 GSM 网络业务，而 One2one 也已于 1993 年进入英国市场，Orange 姗姗来迟，是最后一个。然而 Orange 增长却异常迅速：英国客户数从 1994 年的 300 万迅速上升到 1997 年的 1000 万，1999 年达到 3500 万，年增长率超过 60%。同时期，Vodafone 的英国客户数从 1994 年的 1000 万上升到 1997 年的 3000 万，到 1999 年的 5000 万，年增长率不足 40%。

1996 年 Orange 上市，成为进入 FTSE—100 最年轻的公司，而且 1998 年成为 FTSE—100 表现最出色的股票。可以说，Vodafone 花了八年时间所苦苦经营可谓来之不易发展到的程度，李嘉诚旗下的 Orange 用短短四年的时间就已“轻而易举”地达到了。

2005 年 4 月 17 日，著名学者郎咸平在西安提醒陕西企业家时，讲道：“李嘉诚的成功，在于多元化的同时，找到能够互补的业务来分担风险，保持稳定的现金流，同时在成本方面进行了卓有成效的控制。否则，如果简单地多元化发展，那么资金链迟早会断裂。”

上市

1996年，和记电讯在英国的子公司Orange在伦敦证券交易所和美国纳斯达克上市，公开发售约30%的股份，募集资金25亿英镑。这笔资金用于改善英国移动通信网络的覆盖。

随后数年，全球电讯类上市公司股价普遍飞速上涨，李嘉诚再次抓住难得机遇，将澳大利亚的电讯业务于1999年8月在澳大利亚证券交易市场分拆上市，募集资金2.35亿澳元。

在以色列的子公司也于同年11月在美国纳斯达克和伦敦证交所上市，筹集资金5亿美元。

2004年9月，香港股票交易所正式批准和记电讯大部分非3G电讯资产分拆上市申请。此前，和记电讯已将其大部分非3G业务打包成和记电讯国际有限公司，进行首次公开募股，募集资金达20亿美元。并且将同时申请在香港和纽约两地同步上市。

和记电讯在大规模电讯网络建设过程中，充分利用了资本市场的资金筹措优势，将子公司的再上市和优势资产分拆包装上市，作为募集资金和扩大知名度以占据市场的有效途径，并取得了十分显著的效果。

> 决定一件事，事先都会小心谨慎研究清楚，当决定后，就勇往直前去做。

通过资产上市，也分散了和记电讯在世界各地的投资风险，并为相关业务运作筹集到了必需的资金，而上市后标准化的交易和明确的市场定价，也为和记电讯日后的股权转让和退市提供了便利。另外，把握时机出售资产和转让股权是和记电讯收回投资、退出市场、优化主业和资产的常用资本运作手段。

和上市、并购一样，时机的把握绝对是关键环节。和记电讯在连续几次大的并购和出售资产、转让股权事件中，对时机的把握恰到好处，有张有弛，有缓有疾，无一失手，其资本运作能力令许多大型国际投资银行也相形见绌，更令资本市场叹为观止。更令华尔街的资本大鳄目瞪口呆，自叹不如，甚至无地自容，到头来，只好自认自己是三流的分析家。

早在20世纪90年代，和记电讯与英国大东电报局及中信集团合作成立合资公司亚洲卫星公司，和黄持股54%，主营卫星通信和电视业务。为了集中精力发展移动通信业务，和记电讯于1997年和1998年分两次出售了持有的全部54%的股份，扣除成本共赢利24亿港元。

李嘉诚的人格力量像征服大众一样征服了中国企业家，同时也征服了欧美企业家。事实上，把李嘉诚看作传统意义上的中国企业家并不完全合适。因为依据传统的中国思维定式决然不可能达到如斯境界。

他对中国企业家的影响并不限于一时一世，一地一港。在很多大陆企业家口中，人们听不到李嘉诚的全称，他们沿用了香港的习惯叫法——李超人，甚至连多一个李字都觉得似乎不敬，直言超人。但愿本书出版后，人们的喜好能有所改变，改叫商圣而不叫超人。

李嘉诚初始并不习惯这样的叫法，尽管超人可能会笑眯眯地劝阻："还是叫我诚哥比较好。"

联想集团柳传志曾多次表达过自己对李嘉诚的敬意："李嘉诚做的是家族企业，但他非常重视教育子女，使家族企业焕发出新的生机。他确实把股东的利益放在第一位，为人坦诚，绝对不做侵犯股东利益的事情。想做大事必须得这样。只有这样，才能做成大事。"

既被称为超人，想来是常人凡人俗人庸人难以企及——李嘉诚曾面对的机遇和对机遇的把握似乎难以复制，亦难以超越，甚至在某种程度上，任何人都难以分享。有时，更加令人难以想象，难以琢磨，难以理解。

> 过去的六十多年，沧海桑田，但我始终坚持最重要的核心价值：公平、正直、真诚，同情心，凭仗努力和蒙上天的眷顾，循正途争取到一定的成就。我相信，我已创立的一定能继续发扬；我希望，财富的能力可有系统地发挥。我们要同心协力，积极、真心、决心，在这个世上撒播最好的种子。

在一次演讲中，李嘉诚如斯说道。这话如果出在第二个人的口中，也许人们会打个大大的问号。

李嘉诚的策略与战略便是在求得稳定的同时，力求进步。他总是事先准备好一份几乎精确到小数点的庞大预算，并只在合适的时候、合适的价位进行合适的投资。当然，并不是每次交易都可以对小数点忽略不计。

因为我公道公正，以前很多跟我合作过的人，没有一个不高兴的，很多年来，很多机遇都是跟我合作的人送来、追来给我的。

任何一个国家的人，任何一个省份的中国人，跟我做生意伙伴的，合作之后都能成为好朋友。

虽然如此顺风顺水，但是，多少岁月，多少个日日夜夜，李嘉诚有时也不免徒叹人生之奔波与诸多之奈何。

在电讯投资，建立网络和客户群是要时间的，花了时间与心思，收获就随着汗水滚滚而来。80年代中，李嘉诚旗下的和记黄埔向传呼服务和移动电话市场进军，成为华资大财团中率先进入电讯业的集团。

其实，香港的传呼服务早在60年代末已展开，1969年8月，一位美国驻港记者开设Republic Broadcasting System Ltd.，向港府邮政署取得传呼牌照。在港岛跑马地安装一部发射机，提供传呼服务，但当时的人们，至多是对这种新玩意儿好奇而已，很少有人去试试，结果，不足年半便宣布结束。

第二家传呼机公司Apollo Telephone Service Ltd.，创办于1970年，1974年被佳讯有限公司接收，佳讯以大机构及政府部门为重点推销对象，结果在数年间便吸纳了大量客户。

70年代，港府鉴于传呼服务需求大增，便增发十数个传呼经营牌照，其中，当时英资的香港电话公司亦增设传呼服务。

80年代中，和黄看准香港电讯市场的巨大增长潜力，于1985年推出手提无线电话，并进军传呼机市场，和黄在市场大举收购各大小传呼公司，一时间即购入七家传呼电台，客户逾16万。

到80年代末，和黄旗下的和记传讯已成为香港最大的传呼服务公司，1989年年底已拥有一百个传呼站，为二十三万家客户服务，占香港传呼市场的50%份额。

而和黄属下的和记旗下的和记电话公司，亦提供占香港总量55%的蜂窝式移动无线电话服务，用户已有五万多家，在香港移动电话市场占领先地位。

和记电话在香港移动电话市场的领先地位很快被香港电讯所取代。据统计，到 1996 年 10 月，香港电讯 CSL 拥有的客户达 32 万户，市场占有率 28.6%；数码通拥有的客户 28.5 万户，市场占有率 25.4%；和记电话的客户达 28 万户，占 25%：而讯联则有客户 23.5 万户，占 21%。

1996 年 7 月，港府宣布颁发 6 个个人通信服务（PCS）经营牌照，中标财团包括和记电讯、新世界电话、讯联电讯、八方通信、汇亚通信及万众电话，各大财团在香港移动电话市场的竞争更趋激烈。

李嘉诚历史上的各项投资，“不为最先”运用得很多。英国 Telepoint 却是不为最先的失败案例。1989 年，李嘉诚透过和黄收购英国 Quadran 集团的移动电话业务，迈开拓展海外电讯市场的第一步。1991 年 7 月，和黄通过旗下的和记通信与英国宇航局控股，和记通信（英国）收购英国宇航名下经营个人通信业务全部权益，而英国宇航则购入和记通信（英国）30% 股权。

双方协议在未来数年投资 8 亿至 10 亿英镑共同发展英国移动电讯市场，而重点是第二代移动电话（CT2）和个人通信网络（PCN）。1992 年 5 月，和黄在英国推出 Telepoint 的电讯服务，取名 Rabbit。这其实是英国最后一个 Telepoint 的服务商。1989 年 9 月 Phonepoint 最早推出服务，其后又有三家相继推出，他们均于 1991 年停业。

显然，和黄趾高气扬地认为他们的失败不会在 Rabbit 身上重演。换股完成后，和记通信（英国）成为和黄集团在英国发展电讯业务的旗舰，旗下业务除第二代移动电话和个人通信网络之外，尚包括和记移动电话、和记传呼、和记移动数据通信及和记干线移动电话等。但由于技术、产品及经营理念与市场不合，Rabbit 于 1993 年 12 月不得不宣布停业。

1994 年 4 月，和记通信（英国）推出 Orange 数码蜂窝式通信网络服务，业务迅速发展，到 1995 年年底用户已激增至 48 万名，约占英国数码移动电话客户总数的 26%，并占整个英国移动电话市场的 7%。

1996 年，和记通信（英国）成立 Orange PLC 作为 Orange 个人通信网络的控股公司，同年 4 月将其分拆分别在英国伦敦证券交易所和美国证券市场上市，和黄借此获利约 32 亿港元。

与此同时，和黄亦进军亚太区的电讯市场，1989 年，和黄接连在澳大利亚收购多家传呼机构，包括昆士兰的 Bellpage，南澳大利亚的 Answerpage 和西澳大利亚的 Auspage，1992 年又收购美国 Motorola 在澳大利亚的传呼业务，这些业务均由和记通信（澳大利亚）控制，和黄持有 56% 股权。

1993 年，和记澳大利亚又推出 Optus GSM 移动电话网络服务，到 1995 年年底，该公司已拥有 9.8 万户传呼用户及 1.8 万户 GSM 移动电话用户。

此外，和黄又积极拓展在泰国、马来西亚及印尼等的传呼及移动电讯业务。不过，和黄竞投泰国及澳大利亚卫星发射和经营计划则遭到失败。

和记电讯与印度卖方于 2004 年 6 月 16 日订立初步协议，收购 Aircel（泰米尔纳德邦及金奈的移动电讯牌照持有人）100% 权益，总代价为 120 亿印度卢比（约合 20.7 亿港元）。

和记电讯旗下 Hutch India 已在金奈市经营 GSM 移动电讯网络，完成 Aircel 收购事项将使 Hutch India 所覆盖的服务范围数目增至 14 个。这宗收购可能是印度移动通信史上最大一笔收购交易，但交易协定在第一周即告失效。该协议不获印度当局批准。

Aircel 公司是印度一家中等规模的 GSM 移动运营商，拥有 112 万用户，在印度的移动电讯市场上排名第八位。

李嘉诚帝国的一个重要特征便是其现金流量始终很充沛。任何时候，只要有合适之投资项目，事先根本不需要考虑融资，就可以直接拍板进行投资。正因为这样，李嘉诚往往更能够较其他企业抢得先机。李嘉诚拒绝透露公司现金具体数位，但他表示，他的现金量达几十亿美元，并远远大于其负债水平。

正因为这样，李嘉诚的这一稳健作风会招致想赚李嘉诚利息的银行的极度不满，他们公开指责李嘉诚的经营过于保守，只讲稳健不求发展，只赚钱不借钱。

超人说这是他第一次向外界透露这个秘密，连银行家都不知道。他这个现金蓄水池的流入量远够支付每年的红利派发。李嘉诚强调，他不愿意在财政压力下运作公司。和记每时每刻都在建筑这个现金蓄水池，遇到好的机会，他都不会轻易放过。

在评价 1999 年的业绩时，李嘉诚说 2000 年他很难做到再次辉煌，因为 1999 年他卖掉 Orange 获取了创纪录的千亿利润。不过，李嘉诚相信他的生意依然顺畅，这完全是基于如下的理由：

一、目前的业务 99% 是赢利的。

二、电讯业务飞速发展，前景光明。他预计未来三年是一个电讯的投入高峰期。

三、香港乃至全球的经济气氛渐渐好转，在经济重拾上升轨道之际，传统赢利的生意之畅顺是不言而喻的事情。

四、集团多元化业务日益发挥出产业协同效应，确保集团在任何经济环境中都能够稳定发展，并为股东赢取必需的利润。

五、集团未来发展持续看好，集团债务风险完全控制在预期的范围内，集团有必需的现金流支付集团的日常运作与投资发展。

六、中国大陆经济的高速持续发展，为长和系未来的发展与稳定利润提供了最可靠的保障，迄今为止，李嘉诚系是投资内地的最大的港资。

短暂的股价波动对于他的集团不会有很大影响，股价并非是未来利润前景的唯一尺度，全球的电讯业将有良好的回报，并提升股本权益。

和记已为今后三年的投入做足了充分的资本预算，唯一耐心等待的是收获季节的到来。和记的所有业务运转良好，这使得它能够防范外界的变化，哪怕是金融风暴，达到其长期的利润目标。另外，最主要的是，李嘉诚多年来的营商策略，保守稳健的财务政策。

上市是募集资金和扩大市场占有率的最佳途径之一，也可以相应地分散投资风险。但是在证券市场上市需要满足很多充分必要的条件，而且把握上市的最佳时机和买卖股票一样非常困难。李嘉诚的和记电讯在这个方面的成功，更是有口皆碑。收购并购是快速扩大企业规模、扩大市场占有率以及进入新型市场的有效方法。

李嘉诚在电讯资本市场的呼风唤雨，成为众商家竞相模仿追捧的对象。然而，时移势易，时过境迁，今时不同往日。诸多东施效颦的举止，不是碰得鼻青脸肿，就是落得个出师未捷身先死，赔了夫人又折兵。

拓展大陆市场

逢低吸纳，逢高抛出是和记电讯常用的资本运作手法，在其他电讯运营商相继出现财务困境而无力收购的情况下，李嘉诚的和记电讯抓住这一时机，以超低的价格收购环球电讯，如果不是政治方面的因素，也许几年后，相信又会出现一起类似李嘉诚1999年千亿卖橙的神话。

和记黄埔香港固网业务1999年年底引入美国Global Crossing做股东，组成和记环球电讯后，Global Crossing正部署把其所持股权注入将在美国上市的Asia Global Crossing内，令香港固网变相在美国上市及引入微软与软银为股东。

Global Crossing准备在2000年8、9月间分拆旗下的Asia Global Crossing（简称AGC）于美国纽约交易所上市，集资8.48亿美元。Global Crossing计划将其持有的50%和记环球电讯，即间接把和记和黄在港固网、国际电话、互联网、国际电缆网络及数据中心等五成业务注入AGC，变相在美上市。

由于除Global Crossing外，AGC亦有另外两个股东微软及日本软银。换言之，将使和黄有关业务与国际巨头微软及软银结成战略性伙伴。

AGC在美国上市，准备公开发售5300万股，上市集资8.48亿美元，配售价为每股16美元。集资所得，其中5亿美元用铺设海底光缆，2亿美元投入电讯及互联网有关业务，余下不足一千万元用于减债。

业界认为，若果李嘉诚日后将其持有的50%和记环球电讯权益一并注入上市后的AGC，相信有助和黄将本地网络结合AGC在亚太区内网络，并推动香港成为亚洲电讯及IP枢纽中心。

2002年4月，趁环球电讯破产之际，和记电讯又购回亚洲环球电讯在和记环球电讯50%的股权以及在和记环球资料中心50%的股权，仅花费0.9亿美元。

2001年5月，美国VoiceStream Wireless Corp被德国电讯收购，和记将在其中持有的股份全部出售给德国电讯，获得溢价利润300亿港元（投资成本约100亿港元，股权转让价格约400亿港元），和记电讯从美国市场全身而退。

2001年6月，以远期合约形式售出270亿港元的Vodafone股份，避过随后的股市下跌而赢利44亿港元。

2002 年 10 月，和记电讯以现金 0.73 亿美元的价格向日本 NEC 出售和记电话及 H3GHK 约 5% 的股权，双方结成战略联盟，共同开发香港 3G 业务。

随着中国加入 WTO，内地市场将给香港和世界其他国家及地区带来巨大的商机。不过香港将遇到更大的挑战，外国人将对内地做出更多的直接投资。

中国电信大幅削减集资规模 55% 后，占发行股数 95% 的国际配售部分，终于成功获得足额认购，承销团并且决定以下限价每股 1.47 元（未计佣金及交易费）招股，集资金额 111 亿元，李嘉诚旗下的和记黄埔更证实斥资 3.9 亿元，认购中国电信的股份。

和记黄埔董事总经理霍建宁表示，中国电信削减集资规模之后，该集团决定购入 5000 万美元中国电信股份，若以上述招股价计算，和黄合共购入约 2.65 亿股中国电信，占中国电信总发售股份 75.56 亿股的 3.5%。

值得市场关注的是，和黄董事总经理霍建宁在解释入股中国电信的第三个原因是：和黄与中国电信的关系一向良好。言下之意，早就有来往。这句话确实耐人寻味。实际上，以上的论述人们稍加分析即可直接得出结论。

作为一位独具慧眼独具匠心的战略投资家，李嘉诚往往能够发现许多人未能看到的地方，在不为人察觉的情况下出其不意，出奇制胜。在其深邃而又平和的眼神里，其真实的意图可能还有更深层的战略考虑与战术含义。常人，未必能够理解，至少，当时未必能够理解、洞察。也就是通常所说的，常人凡人所看到的至多是今天的战术层面，超人商圣所看到的是明天的战略层面，十年甚至数十年之远。这显然不是一个层次，不是一个级数。

李嘉诚通过和黄斥资 4 亿元人民币入股中国电信，而和黄是一个全球性的 3G 运营商。在整个欧洲对 3G 充满恐惧的时候，李嘉诚以巨额资金和技术大举进军欧洲，首推 3G 业务的壮举，坚定了全球市场对 3G 时代的憧憬和信心。如今，他又看到了中国 3G 的市场前景。

当时不断有消息传出，作为中国电讯业改革的一个战略步骤，信息产业部即将在中国构建四大全业务运营商。言下之意，国家将给中国电信和中国网通发放 3G 牌照。一些业界专家也指出，中国电信获得 3G 移动牌照只是时间问题。依着敏锐的嗅觉，李嘉诚察觉到中国电信是其 3G 上最好的长远的战略合作伙伴。要想进入大陆庞大的电讯市场，此时此刻铺桥搭路，可谓天赐良机，届时的情况一定是生意找上门。

由此，人们不难想象，4 亿入股中国电信是李嘉诚在中国未来的 3G 市场设下的一个棋子，一个过河小卒，这可能也是李嘉诚在中国电讯上市的关键时刻，帮其一把的最真实的战略意图吧。没有人能否认这一点，李嘉诚也从来没有公开否认这一点。

2000 年 9 月 9 日，在中国加入世贸落实之际，中国第二大电讯集团联通与和黄全资附属公司和记电讯宣布成立一家由联通占五成一股权的合资公司，为联通提供电讯业技术及市场推广的顾问咨询服务，并为其电讯从业员提供专业培训。

据香港《明报》报道，该合资公司名为北京通和电讯科技有限公司，由联通持有五成一股权，而和记电讯则占余下四成九权益，业务范围覆盖全中国。市场人士相信，与联通的合资协定，反映和黄在中国入世后，会全力拓展大陆的电讯市场的战略意向。

李嘉诚这次与联通成立合资公司，虽然只是提供咨询服务，但待大陆的电讯业对外商开放后，便可正式转型。

对于中国经济，李嘉诚显得信心十足。2004 年 10 月，时逢新中国成立 55 周年大喜日子，李嘉诚以“普天同庆”形容此刻心情。李嘉诚满怀信心深情地说：“我们国家几十年来取得了很大、很辉煌的成就，国际地位不断提高。实力也不断增强，改革开放后经济发展迅速，经济增长很高啊，这些都值得中国人骄傲和自豪。”

自 1985 年成立以来，和黄电讯集团已经发展成世界级的电讯运营商。但在内地，和黄所能做的还仅仅是项目合作和购买在海外上市的内地企业股票。不过，和黄同内地三家主要的电讯运营商的关系一直都维持良好。

2000 年年初，和记环球电讯开始通过海底电缆，提供内地与香港间的长途电话业务。

2000 年 10 月，和记环球电讯投资 2 亿港元，建成了 80 公里长的穗深港环网光缆，成为香港第一家与中国电讯的网络实现连接的固定电话运营商。

2001 年 10 月 16 日，和黄电讯宣布，它与中国移动签订了一项 GPRS 漫游协议，共同发展中国内地的 GPRS 漫游业务。

2002 年 1 月 28 日，美国环球电讯根据《美国破产法》第十一章提交了破产申请。该公司资产总额为 224.4 亿美元，债务为 123.9 亿美元。这是自 1980 年以来美国的第四大破产案（前三位是安利、德士古和美国金融公司）。就在这个时候，不经不觉，李嘉诚悄悄来了。

狼来了！狼来了！就在环球电讯向法院申请破产保护的同一天，2002 年 1 月 28 日，与前者一直有业务往来的和记黄埔集团宣布，与新加坡旗下的新加坡电讯合作，以现金 7.5 亿美元，购入环球电讯 60% 的股权，以图大张旗鼓地进入光纤通信业。

和记黄埔股价在上述计划公布后飙升至 75 港元。显然，投资者对李嘉诚的再次出手电讯，前景相当看好。显然，李嘉诚在科网破灭之际，顺手牵羊，期望捡到一个便宜货。

电讯和高科技产业会是在泡沫经济破碎的最彻底的区域，竞标环球电讯（Global Crossing）对李嘉诚而言，是一个使曾经失败的投资死灰复燃的绝好机会，而对整个亚洲地区，这无疑会令人们看到经济复苏的曙光。在经济低迷彷徨之际，甚至对整个地区经济都是一针兴奋剂与强心针。至少，看到了以网络为概念为核心的新经济的新的希望所在。

早在 2000 年，李嘉诚曾向环球电讯提供了 4000 万美元贷款，而由于全球经济衰退，对手增多和市场消化不良等诸多因素，环球电讯的市值已骤跌至 4500 万美元，仅相当于它巅峰时期的 1%。

此次竞标中，李嘉诚将在勾销旧账的同时，协同新加坡科技电讯（STT）分别再在环球电讯中投进 3750 万美元。竞标成功后两家将共享环球电讯 79% 的股权。

“李嘉诚掌握了贱买贵卖的艺术。”许多人都这样赞叹道。这次竞标即便失败，李嘉诚的这种收购企图也足以预示在 2003 年或 2004 年里，亚洲区域经济终将开始一场缓慢但是一定有希望的复苏。

收购环球电讯

也许，有一天，当人们回头看看亚洲经济从世界性的萧条中重拾轨道的历史时刻，一定会说，李嘉诚与 STT 的这场联合竞标，就是一个振奋人心的转折点，就是一个亚洲经济再度振奋的勃起点爆发点。当然，也就是人们惶恐性抛弃科网经济后，回过头来理智面对现实，又不得不痛苦地接纳现实正视现实包容现实的催化剂。如果此项交易能顺利完成，和记黄埔有机会在对环球电讯重组后，通过出售后者的股权获得不菲利润。它还使和记黄埔在新加坡获得了一个强有力的合作伙伴。

和黄经营的卫星、电讯、数据传输等业务形成有效的资源配置与协同效应，可以通过环球电讯的海底光纤，输送到全球的任何角落，从而形成一个完整的前途一片光明运作畅快顺的产业链。

其实在 2001 年下半年，环球电讯危机重重的时候，和记黄埔就有意出资 10 亿美元吞并。后来新加坡资本的加入，多少有些出人意外。此前，和记黄埔与亚洲环球电讯合作，成立了和记环球电讯，各持有 50% 股权，主要在香港从事固网业务。新加坡科技公司则与环球电讯也有一家合资公司 StarHurCrossing，主要在新加坡经营高容量的基干网络。为了免遭清盘厄运，申请破产保护的电讯企业大都把旗下的资产卖给出价最高的买主。要想这样做，环球电讯就必须说服包括摩根大通、美林和花旗集团等在内的二十多位债权人，支援它提出的重组计划。

毕竟，李嘉诚提出的方案，注资全部用现金支付，而且一次到位，可以远水解近渴，在很大程度上能够保证公司如常持续运作，最终将会令公司起死回生。况且，和黄及新加坡电讯的庞大电讯业务势必将仰仗环球电讯的光纤，不大可能将环球电讯作为一个赚钱的工具再转手倒卖。然而，《华尔街日报》亚洲版危言耸听地称，李嘉诚同内地之间的特殊联系令美国证券机构感到不安，更加令美国安全部门疑心重重，而这可能使和黄在重组美国电讯运营商环球电讯的过程中只能充当非常被动的出钱不出力的尴尬角色。

克劳塞维茨的《战争论》是一部在世界上享有盛名的军事理论著作，而克劳塞维茨也因这本书成为历史上最著名的军事战略理论家之一。克氏的主要命题就是，战争无非是政治交往通过另一种手段的继续。而精通克劳塞维茨的《战争论》的山姆大叔，则把它出神入化地演绎为，政治无非是商业交往通过另一种手段的继续。这也难怪，在今天这样的强权社会里，喜欢指手画脚的山姆大叔就是上帝的化身与代言人，美国人的言论就是《圣经》的精句。又有谁，能奈之若何？

2003 年 4 月 30 日，和黄发言人指出，该集团虽然已经与美国当局紧密合作，致力处理有关规管问题，并按有关方面的要求提供充足的资料，唯仍然未能在合理时间里达成双方都满意的合理架构。

由于收购环球电讯对于和黄的全球电讯策略而言，并非一项重大权益或必要投资，亦不能对现阶段和黄核心业务及相关业务带来实质性助益，因此决定退出收购计划。退出收购，和黄在财务方面难免有所损失。摩根士丹利发表研究报告指出，和黄可能要为此拨备4亿美元。另外，由于和黄在收购建议中没有提出任何有关分手费的建议。而是主动提出分手，所以不会得到赔偿。

也许放弃收购环球电讯，反而令和黄可以更加专注于3G业务的发展。李嘉诚再次使出以退为进的撒手锏。得固然可喜，失亦不足为惜。和黄方面却显得颇为大度风度。发言人指出，该集团体谅美国在“9 · 11”恐怖袭击后的气氛是以慎重安全为上，因为发生“9 · 11”事件，美国将电讯基础设施视为一个重要的国家防御堡垒。

持续长达16个月的美国环球电讯公司收购战，以李嘉诚旗下的香港和记黄埔集团鸣金收兵而曲终人散。这意味着收购行动将由其合作伙伴新加坡科技电讯媒体独立完成。环球电讯收购战一波三折，情节引人入胜，绝对是畅销小说的上佳题材。

李嘉诚对电讯市场的强力运作游刃有余，在电讯市场热度膨胀的时候及时脱手，背书了一个又一个令人目瞪口呆的资本运作的神话。电讯扩张，李嘉诚给世人太多太多的启迪联想，也给世人带来了太多太多的迷惑。当然，势必给股东带来太多太多的惊喜与意外。李嘉诚在国际电讯市场的成功投资，尤其是在3G方面的泰山压顶志在必得的豪气千秋、风卷残云的谋略，谱写了近三十年来国际电讯风云变幻的交响乐。

今日全球经济明显欠佳，平常生活中经历的所有挫折，均显得更加沉重，遗憾的是在经济转型中，并没有实时显效的灵丹妙药，亦没有人可以向你保证说所面对的问题会持续多久，只有聪明睿智的人洞悉到今天不是昨天，知道要承担无可逆转的改变，尽管今天没有破译的方法，他们也不会凝固于痛苦与自我折磨之中，不会天天斤斤计较眼前的得失，不会天天计算眼前的利弊，因为他们知道每日积极正面地面对、思考及冲破问题，是构成丰盛人生的重要环节，及为人生累积最有价值的财富。

即使处境可能不会因自己的主观努力或意志转移，但他们早已战胜生活的苦涩，为转危为机做好一切准备。

面对瞬息万变的环境，我们的主要策略是针对各种变化而灵活应变。对于开拓新兴经济业务，集团的策略是在现有业务及新发展业务的范畴内，积极参与庞大增长潜力的信息及新科技业务。

老子说："道之为物，惟恍惟惚。惚兮恍兮，其中有象；恍兮惚兮，其中有物；窈兮冥兮，其中有精，其精甚真，其中有信。"李嘉诚的道，非常人之道，乃超人之道，商圣之道。

领导全心努力投入热诚，是企业最大鼓动力，与员工互动沟通，对同事尊重，才可建立团队精神。人才难求，对具备创意，胆识及审慎态度的同事，能给予良好的报酬和显示明确的前途。

李嘉诚强调：

80年代初中英谈判期间，不少公司都仍停留在业务本地化的阶段，但我的考虑是公司要发展得大，就一定要向海外发展，但说到海外发展，就什么人都是一样，比方说在美国投资，以美国人当负责人就会比较方便。

李嘉诚的扩张思路应该给全球企业带来震撼性的启发和思考。融入全球化竞争是全球一体化和全球经济化的大势所趋，早日跨出一步就能够早日占领战略制高点，为以后更大的竞争奠定基础。这完全不是梦想，李嘉诚的港口投资战略已经充分显示了这一点。李嘉诚的电讯投资也充分验证了这一点。

公元前7世纪希腊诗人阿基洛库斯有一名句："狐狸知晓许多事情，而刺猬知晓一件大事情。"用管理学的语言阐述，刺猬是系统高手，刺猬专注的天性令它目光永远紧盯着核心，从不脱离核心，而狐狸的多维思维法更像是一种离心力，狐狸相信世界上有多元真理，心理上绝不抗拒尝试不同的方法。

李嘉诚也许从未借助任何神灵的启迪感召。既然有这样的机会，就不放弃，就成为完美无缺的最好的，在各个方面尝试成为最好最出色最成功的典范与楷模。

亿万的财富进出、投资、投机、吞并……没有硝烟的战争，没有疆域的王国，没有令人胆战心惊的刀光剑影的血洗，没有风啸马鸣的惨烈厮杀，没有人为的预先的限制与设定。更加，没有休止的音符。

一切都好像如鱼得水。一切又如行云流水。显然，一切都已经驾轻就熟。海阔凭鱼跃，天高任鸟飞。李嘉诚乐此不疲。李嘉诚随心所欲。却倒是，未见商圣李嘉诚因此而沾沾自喜。唯有，在挥洒自如的时空中，偶尔战战兢兢，诚惶诚恐。

就在李嘉诚为收购环球电讯奔波之际，一些闲言碎语又一次激起了商圣的无名之火。李嘉诚不得不大发雷霆了，因为，他被记者询问：若和黄成功收购环球电讯是否李家会达致垄断香港光纤网络市场？商圣怒答："无这样的事，这是一些人'屈'（无中生有冤枉人）我。"

李嘉诚实时反驳："香港只是环球电讯服务二百多个城市中的一个，香港人应该为香港公司能够赚到外国人钱感到高兴，不应该无中生有，诸多挑剔。"李嘉诚强调，旗下集团在海外赚取利润之余，仍继续投资香港，并维持派息予股东。他又愤愤不平地说："全世界二百多个城市中，没有一个城市会说这样的话。"香港人香港社会确实应该反省自己，为什么总会有这样独一无二的噪声？这难道仅仅因为我们都是黄皮肤的中国人？看来还真的要请教柏杨先生。

业务全球化

中国入世后，香港的分析员纷纷预期，李嘉诚不失时机地会利用在英、意、奥地利及瑞典、澳大利亚等地的 3G 跨地域电讯网络优势，进军内地市场。李嘉诚透露，他已向信息产业部提出建议，开放部分 3G 牌照进行拍卖。

润讯通信主席、香港互联网暨通信业联会主席侯东迎认为，中国入世开放后，对于和黄这样的大电讯公司，完全可能提供大规模基础电讯业务，直接或与其他内地公司如网通等联手投资 3G 牌照等。

2004年，清华大学国情研究中心主任、清华大学公共管理学院教授胡鞍钢为首的几位学者撰写的《中国3G世纪报告》中，一些主要观点引起了业界极大的回响。该报告提出，3G在国际上技术早已成熟，市场也早已成熟的观点。该报告对内地政府有关主管部门迟迟未发放3G牌照持强烈批评的态度，并将其概括为“醒得早，起得晚，看得多，动得慢”。该报告认为既然国际上技术和业务都“早已成熟”，我们只需要跟着感觉走即可，早早发放牌照，快快开放市场，如此这般就可以“加快发展世界最大的电讯市场了”。该报告认为，政府有关部门发放3G牌照太慢，“实际上是受到某些利益集团的干扰和俘获”。

某个企业、某个行业并不具有左右公共政策的能力。在这样关系重大的问题上，很难想象决策者会受某个企业或者行业的摆布。

美国人在任何事情上都从来不讳言自己的出发点和立足点是美国的国家利益。就中国的3G发展决策而言，最大限度地争取国家利益，自然是题中应有之义。该报告有意无意地在强调新技术使用所能够带来好处的同时，却忽略或者低估了技术拥有者会因此得到的收益。其实，没有人否认内地3G发展决策在商业层面与政治层面的关联性、复杂性。

中国当时的移动电话用户有近四亿之多，每年全球新增的移动电话用户有三分之一在中国。因此，3G对中国来讲，机会大，同时风险也最大。

2004年10月6日，和记黄埔有限公司（和记黄埔）新兴市场电讯业务首次公开募股（IPO）。和记电讯国际有限公司（Hutchison Telecommunications International Limited）是李嘉诚控股的集团企业和记黄埔的子公司。

2004年10月5日，和记电讯国际将IPO发行所得的预期从9.76亿至11.3亿美元下调至9亿至10.5亿美元，每股IPO价格被降至6.01港元至7.04港元（原为6.52港元至7.55港元）。

2004年3月，和记黄埔宣布将把其新兴市场电讯业务、香港的固定线路业务和移动业务整合成一个独立的实体——和记电讯国际。这家公司的资产分布于香港、澳门、印度、以色列、泰国、斯里兰卡、巴拉圭和加纳，位于这些地方的子公司大部分经营传统的第二代电话网络，但香港业务提供更先进的第三代网络。

和记电讯国际过去三年有大幅亏损，未来近期也不打算派息。为期三周的巡回推荐活动进展也并不顺利。许多人对这家公司以往的经营状况、近期内不会派息以及最好的一块业务——印度六家移动业务一年内可能会分拆单独上市表示了担忧。而且，和记电讯国际的一些子公司，包括香港和泰国的无线运营商，都在竞争极度激烈的市场中争夺业务。

分析师们也对发行所得将流向母公司和记黄埔而不是和记电讯国际的事实不满。他们还指出，难以预测该公司相距遥远的各地业务未来的收益增长，这些业务的监管环境各不相同，而且往往比较复杂，相对风险亦较高。高盛是和记电讯国际此次IPO的保荐人和全球协调人。

“不断分拆有资金需要的业务上市，这是李嘉诚惯用的令人眼花缭乱的财技。”工商东亚研究员徐国熙表示。此前和黄将持有的橙、德国电讯等股权已悉数套现，分拆业务上市便顺理成章地成为取得特殊收益的最有效途径。

目前，和黄在香港、东南亚、中东、澳大利亚、欧洲以及美洲等国家和地区均拥有并经营电讯及互联网基建，在世界市场中占据领导地位。其提供的服务范围包括移动电话（话音及资料）、传呼服务、集群通信服务、固网服务、互联网服务、光纤宽带网络及电台广播服务等。

和黄的电讯业务也从这一业务全球化的策略中获利颇多，其好处主要来自以下三方面：首先，由于信息技术更新换代的速度非常快，许多投巨资研发或购买而得的科技可能没过多久就会被市场淘汰。如果公司的业务只集中在某一两个市场，在技术寿命相对短暂的客观条件下，所带来的盈利期限也非常有限，所存在的潜在风险亦非常高。而且，多元化的市场可以最大限度地分散电讯投资风险。拥有多个不同类型的市场，便能使公司将一项专利技术于不同时期在不同的市场推广，从而尽量延长其盈利期限。和黄的移动电话业务就是一个最好的例子。当其第二代移动电话技术GSM在香港和澳大利亚的增长已经逐步趋向稳定增势缓慢之时，和黄却在印度和以色列这类移动电话普及率较低的新兴市场继续大力推广GSM业务，并从中获取最大效益。虽然在较为先进的市场GSM技术已趋向饱和并将逐步被第三代技术取代，但和黄并不需要完全退离GSM技术市场，因为在印度等发展相对较迟的地区，它仍然有着巨大的市场潜力。当然，如果和黄不是同时在香港、澳大利亚以及印度经营移动电话业务，恐怕GSM技术便随着其在香港这一个市场的饱和而自然而然被淘汰了。而业务全球化之后，当香港、澳大利亚等技术发展较快的市场在逐步准备引入更先进的第三代移动电话技术时，第二代技术仍然能够在其他地区继续为公司带来盈利。

其次，实行业务全球化策略后，和黄在推出新产品、新技术或投资新项目时，所承受的整体风险势必降低。公司利用某一两个兴新市场作为试验基地，走一步，看一步，试一步，做一步，积累运作经验，为将来在其他市场的全面推广做好充分必要的准备。即便试验的结果未必全能尽如人意，损失也只限于局部的某一两个市场，不会影响到整个大局。而且公司可以及时发现所存在的技术及管理方面的问题，吸取经验教训，调整下一步的发展策略与战略。

再次，由于3G项目初期涉及的投资数额庞大，而且刚开始经营的几年也不可能有盈利，所以和黄整个电讯业务的盈利增长势头必会受其影响。但是其业务全球化的策略能使公司利用2G成熟技术所带来的盈利去支援新兴3G技术的巨额初期投资和亏损。据不完全统计，和黄的3G业务自投入运营到2005年为止，已耗资约1388亿港元，而且3G业务预计要到2005年或2006年（实质上还是过于乐观）才开始有盈利，所以这中间的几年时间，来自成熟业务2G技术的资金支援便显得异常重要。否则，和黄电讯业务的整体盈利将因为3G支出而受到较大的负面影响。其股价也就自然跟着下挫，这对公司的发展前景极为不利。实质上，尽管和黄集团数年来全力催谷①，确保电讯运作及集团运作，不因3G持续亏损而受到影响，但是和黄股价依然处于无可避免的拖累下挫与持续低迷。

采用业务全球化的策略以后，和黄能较好地协调新项目和现有项目之间的轻重缓急，并能有效地控制新投资项目的发展节奏，更加合理地利用成熟项目的现金流与发展项目的资本支出，从而确保整体盈利不会因为新项目而有太大的跌幅与波动。这个策略的最重要意义在于利用2G成熟技术所带来的盈利支援新兴3G技术的巨额初期投资和亏损。因此可以说这个策略使得不同地区间互相从技术到资金得到支援，而且更可以透过延长每种技术的盈利期限而进一步强化支援3G的发展空间。

2005年5月3日，一度被市场憧憬为和黄电讯业务旗舰的和记环球电讯宣布私有化计划，大股东和电国际以现金每股六角半或每21股换2股和电国际股份方式，向少数股东（47.5%）提出全面收购。

和电环球2004年年初才注入和黄部分本港电讯业务借壳上市，短短15个月便再私有化，在香港股市可谓相当罕见，从而引起各界强烈质疑与猜测。

① 催谷一词，最早起源于香港。原意指把谷种先放在营养液中培养，然后再栽植，有促进、促使之意。

环电私有化

2003年3月16日，李嘉诚旗下的另一家上市公司中联系统以0.63港元收盘，与0.9港元的招股价相比，已经大幅缩水三成，成千上万的散户和数百机构投资者遭受了意想不到的打击与损失。两个月前，和记黄埔把名下的香港固话业务注入中联系统，后者发行价值39亿港元的新股以及32亿港元的可转换债券支付这次收购交易，该交易使李嘉诚的企业集团获利13亿港元。此举引发了市场的巨大争议。

港交所董事、证监会股东权益小组及收购合并小组成员大卫·韦伯严厉批评了这项交易，并称这项交易暴露了现行上市规则的漏洞。但是，这只是制度的问题，是游戏规则的问题，而不是操作的问题。因为都在香港证券交易条例的规程中公开合法进行。联交所交易的漏洞，不能由李嘉诚去补漏，更不能由李嘉诚来承担有关的责任。更何况，在此前的交易史上，为何从来就没有人注意到这一漏洞？也即是说，在一个游戏中，双方都完全按照游戏规则进行，但是后来才发现这个规则有问题，那么，难道游戏的参加者本人需要为这不健全的游戏规则负责吗？

和电国际行政总裁吕博闻指出，两公司业务相近引起市场混淆，为提升经营及财务弹性，决定私有化计划，和记环电股东可选择现金或股份做交易，私有化涉及的资金约22亿至24亿港元，以当日股价计，收购价较停牌前（四角七分半）分别有差价三成七及四成八。和电国际最后交易价为七元四角，和记环电小股东可收取的股份作价相当于每股70.5港元。和电国际控股公司和黄把重叠的业务私有化亦非首次，早于1993年时，由于当时上市公司嘉宏国际集团，与和记黄埔地产业务重叠，所以几经波折最终将其私有化。

和记环电在2002年年初曾以每股九角配股集资20亿港元，令当时和黄获得13亿港元特殊收益，但后来和黄宣布独立分拆和电国际上市后，投资者预期和记环电成为和黄电讯旗舰的愿望成空，股价由最高一元七角急跌，最低曾见三角九分半。

现时突然重组业务把和记环球电讯私有化，市场人士自然会质疑当初借壳上市的决定是否恰当，以及小股东是否获得公平对待的问题。吕博闻解释，管理层在过去数周经过深思熟虑，在多个重组方案中选出今次的方案，并于上周五董事早会上拍板通过。他指出，和电国际去年上市后，已令和记环电股价受影响，“在过去六至九个月，和记环球电讯的股价一直徘徊在四角至五角的水平，而且成交少，故一向希望整合及巩固业务。”他认为现在是重组业务的适当时机。

吕博闻认为配股是十多个月以前的事，如把现时的私有化作价与当时的配股价比较并不恰当。他强调把和记环电私有化并非为赚取特殊收入，主要是由于和记环电及和电国际经常有关联交易，经常要召开独立董事会审批有关交易，给日常经营运作带来了极大不便，拖慢业务发展。他说：“私有化后灵活性大增，无论人手调动、业务拓展、经营及财务的弹性都会较大。”

和电国际财务总裁彭礼顿指出，由于私有化涉及的会计十分复杂，故现时仍未知该交易会为和电国际带来特殊收益或亏损。此外，他认为私有化给予投资者套现机会，“以近期股价（四至五角）计，股东基本上无蚀，而且更可转持业务更大的和电国际。”他重申今次的私有化建议及作价都十分合理。现时和电国际拥有 80 亿港币备用贷款额，截至 2004 年年底已动用 10 亿港币贷款额，而今次的私有化计划，假设和记环电股东全部选择现金方案，和电国际只须斥资 22 亿港币，对财务不构成重大压力。

如和记环电股东全部选择换取和电国际股份建议，估计会对和电国际造成约 7% 的摊薄效应，和黄在和电国际持股量会由七成降至六成半。吕博闻表示，即使小股东不通过该私有化计划，亦不会提高私有化股价，强调提出的是最终作价，并重申今次私有化计划不涉裁员。

5 月 4 日，和记电讯国际提出以最多 24 亿港币私有化和记环球电讯。刺激和记环电复牌后股价急涨，并以全日最高位六角七分收市，大升四成一，较私有化的现金作价六角五分还要高，并创一年新高，成交达 5.5 亿港币。和电国际股价则持续受压，低见 7.15 港元，最终平收 7.4 港元，成交亦逾 5700 万港币。

据和电国际及和记环讯联合公布，瓜田李下之无奈，身兼两间公司主席的霍建宁已无条件及不可撤回地同意捐出其持有的 1000 万和记环电股权予独立慈善机构。以当日收市价计，该批股份总值 670 万港币。

2005 年 5 月 7 日，和记电讯国际表示将不会提高收购和记环球电讯股份的报价。在此之前，和记环球电讯的少数股东曾提出质疑，认为和记电讯国际 24 亿港元的收购报价过低。

分析人士认为，少数股东的反对并不影响这一交易的完成，但却会严重损害李嘉诚的惯有的视之如生命的清誉，进而降低他在投资市场融资的能力。因为这部分股东眼中所看到的，只是私有化价格与招股价的高低差别，而对溢价五成的私有化价格视而不见。和记计划将印度移动部门分拆上市，希望获得13亿港元融资以弥补3G业务的亏损。

和记电讯国际董事会主席霍建宁表示，该公司将以每股六毫五的价格收购和记环球电讯剩余47.5%的股份，这一价格比和记环球电讯4月25日的收盘价四毫七五高出了36.8%。和记电讯国际也可能通过换股的方式完成对和记环球电讯的收购。

和记电讯国际股价最后一个交易日报收于7.4港元，按照这一价格计算，和记电讯国际支付的收购价格比和记环球电讯股价高出了48%，相当于每股七角五分，从市场的角度看，溢价高达近五成，已算相当合理之作价。尽管和记电讯国际的收购价格高出和记环球电讯当前股价，但却低于后者2004年1月上市时每股九毫的发行价。

霍建宁表示："我们将不会修改报价，我们已经提供了两种选择。"但是，和记环球电讯的这一举措却引发了少数投资者的不满，一位不愿意透露姓名的投资者表示："今后我不会再信任李嘉诚家族控股的任何公司。他们以每股九毫三的价向我们销售股票，现在却要以每股七毫将公司私有化，这简直就是欺骗。"

作为投资者，不可能将个人投资的市场风险全赖李嘉诚一人独立承担。显然，投资者认为跟紧李嘉诚只会赚钱而不赔钱。

2004年1月，和黄集团将固话资产注入中联系统，并成功在香港联交所上市。和黄集团随即以每股九毫的价格发行新股，融资18亿港元。2004年4月，中联系统更名为和记环球电讯。

中联系统上市时，很多投资者期待该公司将获得更多的和记电信资产，例如非3G全球移动业务，但最终和黄将这部分资产注入了和记电讯国际。

无论如何操作与如何破解，和记环电在上市仅仅15个月的时间，就实施私有化，且私有化价格虽溢价即日股价四成，仍较招股价九毫折让近三成，尽管和黄解释是为了优化结构，保持营运与财务安排的灵活性，还是引起市场的强烈质疑：其一，小股民无可避免地遭受到了损失，虽然这种损失是完全来自于非主观因素的市场要素；其二，就算市场完全可以排除李嘉诚借市圈钱的因素，在实际操作当中，李嘉诚的个人清誉还是无可避免地受到了损害；其三，和黄作为全球顶尖的集团，出现上市十五个月就私有化的如斯抉择与决策，造成市场无可避免地怀疑和黄市场决策管治能力；其四，和黄高层包括霍建宁与吕博闻在事件中的欠缺灵活的强硬态度，无可避免会造成小股民的更大不满与市场的非议；其五，和黄集团如此眼花缭乱的资本运作，自然会被外界质疑其集团管治的非常浓厚的非市场的资本运作因素；其六，香港资本市场是一个开放透明的市场，资本运作一般来讲都是在阳光下运行，但是李嘉诚毕竟是李嘉诚，他是股民心目中的财神，跟随买进的股票非但没有赚到钱，而且还要被逼私有化，这显然是投资者所不想见到的结果。

“知识最大作用是可以磨砺眼光，增强判断力，有人喜欢凭直觉行事，但直觉并不是可靠的方向仪。时代不断进步，我们不但要紧贴转变，最好还要走前几步。要有掌握和判断最快、最准的信息。

第七章

拿下赫斯基

▲ 赫斯基属下的加拿大白玫瑰海湾油田。

▶ 李嘉诚与护老院老人交谈。右三为香港佛教协会会长觉光法师。

◀ 李嘉诚一偿当医生的夙愿，格外开心。

1986年12月，在加拿大帝国商业银行的撮合下，李嘉诚及和黄通过合营公司UnionFaith投资32亿港元，购入加拿大赫斯基石油公司52%股权。

赫斯基于2000年8月28日在多伦多证券交易所挂牌交易，是标准普尔/多伦多证交所综合指数、标准普尔/多伦多证交所加拿大能源板与标准普尔/多伦多证交所六十等指数成分股。赫斯基能源是一家经营石油与石油衍生业务的企业，总部设于加拿大阿尔伯达省的卡尔加里市。赫斯基在加拿大西部、加拿大东岸一带海域经营业务，并在南中国海、东海和印尼拥有权益。赫斯基共有约三千名员工，拥有的优质资产账面值达160亿加元。

李嘉诚旗下的和黄与嘉宏国际合组的联营公司UnionFaith购入43%股权，李嘉诚1983年已入籍加拿大的长子李泽钜购入9%股权，李氏拥有9%股权的加拿大帝国商业银行亦购入该公司5%股权，而原大股东、加拿大化学制品及气体运输集团则仍拥有其余43%股权。

时值世界石油价格低潮，石油股票低迷，李嘉诚看好石油工业，做了一笔人弃我取的交易。这是当时最大一笔流入加国的港资，不但轰动加国，亦引起香港工商界的骚动。

其后李嘉诚不断增购赫斯基石油股权，到1991年，股权增至95%。其中李嘉诚个人拥有46%，和黄与嘉宏共拥有49%，总投资额为80亿港元。

赫斯基的业务可分为三大范畴：上游业务主要在加拿大西部、加拿大东岸一带海域与国际海域勘探。加拿大西部的资产为赫斯基贡献了大部分盈利与现金流量，并为该公司的长期发展项目提供稳健的基础。中游业务包括劳埃德明斯特重质原油精炼厂（每天处理容量 7.7 万桶石油当量）、一个 2050 公里管道系统、劳埃德明斯特的 215 兆瓦热电厂的五成权益、彩虹湖的 90 兆瓦发电厂、200 亿立方英尺容量的天然气贮存库，还有处理与收集系统，以及石油商品推广。下游业务则为精炼产品的营销、分销与批发汽油、柴油、沥青、乙醇，以及在加拿大与美国的相关服务。核心资产包括劳埃德明斯特的沥青提炼、乔治王子城的轻质原油提炼以及赫斯基 Mohawk 油站的零售网络（包括分布于英属哥伦比亚省至安大略省和育空地区的逾 500 个零售加油站）。

增持赫斯基

2004 年，赫斯基扩展与改善乔治王子城的轻质原油提炼设施，以配合生产低硫汽油与柴油燃料；并在萨斯喀彻温省劳埃德明斯特将兴建一所全新的乙醇厂，每年可生产 1.3 亿公升乙醇。厂房于 2006 年年初投入运营，并将由本地生产的谷物提炼成氨基苯甲酸二。赫斯基在加拿大西部租用面积约 670 万亩的未开发油田，提供勘探与开发新油源的机会。阿尔伯塔省北面的油砂项目是赫斯基长期稳定增长的资源之一。目前，赫斯基在阿萨巴斯卡、科尔德湖与皮斯河区内的油田总面积逾 42.5 万亩，并估计蕴藏超过 330 亿桶沥青。

赫斯基是白玫瑰油田（WhiteRose）的主要股东（持股 72.5%）和经营商，并持有特拉诺瓦油田 12.51% 权益，以及在 Jeanned'ArcBasin 中部拥有数个小油田。目前，赫斯基在 15 个重要开发区持有 5.33% 至 100% 的营运权益。

赫斯基进军东南亚，也是该公司国际业务与勘探策略的一部分，借此冲出北美洲的碳氢化合物生产基地，拓展新基地，并开发传统式的石油和天然气来源。赫斯基占南海文昌两大油田 40% 权益，该两大油田 2004 年平均每天生产 1.97 万桶石油。赫斯基在南中国海与东海持有 6 个勘探地区的全部营运权益，覆盖面积逾 2.5 万平方公里。

拿破仑曾经对俄皇的代表斯普兰波顿将军说：“您的君主和我，我们有责任改变地球的面貌。”话说李嘉诚在取得赫斯基 95%股权后，立即备足现金，通知赫斯基所有贷款银行，要求他们如果想继续与赫斯基往来，就必须降低贷款手续费和到期后的利息。这个举动让银行团着实大吃一惊。

> 如果银行不同意，我可以用私人资金付给赫斯基，并由赫斯基通知所有银行，于必要时，可以在48小时内将债务全部还清。

李嘉诚不出招则已，一出手都是重击。“结果，没有一家银行不同意。”债权银行全部在48小时内同意降低贷款手续费和到期后的利息，此举使赫斯基的营运负担大幅降低。

为何李嘉诚要动用“小金库”增持赫斯基股权，而不用和黄？因为当时赫斯基负债很高，若和黄持股超过50%，则赫斯基负债必须放进和黄资产负债表中，“会让和黄的损益表很不好看，所以他才自己买。”陆法兰说。

拿到全部股权后，李嘉诚开始大动作整顿。首先，李嘉诚抓准“每桶十美元就能收支平衡”这个支点，认为赫斯基不应耗费巨资在海外勘探，因此将海外勘探占勘探费用的比率，从五成以上降至一成以内。其次，他更换管理团队，力行节省成本，重新评估蕴藏量。并将节省下来的资金，投注在更新炼油设备上，降低炼油成本。因为，只要十美元就能平衡，如果降低成本，意味获利增加。再者，因为资本支出下降，债信变好，再加上母公司与大股东以强健财务背书，赫斯基获得银行不错的信评等级，降低发债成本，为后续购并铺路。

从1996至2000年间，赫斯基收购拥有300个加油站和一个酒精厂的Mohawk Canada，并买下拥有大量炼油设备的上市公司Renaissance，并将赫斯基与之合并。2000年8月，赫斯基重新包装上市。

浴火重生的赫斯基，股价从上市之初每股加币6.25元，一路飙高，增至此后的约加币40元。加计股息股利，股东七年投资报酬率达636%。现在，赫斯基的负债比降至历史最低，现金流则是历史最高。

“当时（1991年）李先生以加币3.2亿元向Nova买入43%股权，现在看来真的很不可思议，如今赫斯基可是值加币350亿元啊！”陆法兰说。

根据加拿大政策，限制外国人购买“财政状况健全”的能源公司，但李嘉诚利用儿子李泽钜的加拿大籍身份避过这种限制，成功取得赫斯基的控制权。李嘉诚在收购赫斯基时非常客观，极其明智地表示：世界石油价格在短期内不会有太大升幅，但长远来说可以看好，而且香港电灯公司的发展与石油有很大关系，所以是项长远来看对香港绝对有利的投资。

地球围绕太阳公转了整整十圈，李嘉诚的这一远见才得到了验证。人们无不惊讶李嘉诚的商业预见能力与非凡的远见卓识。当然，若非如此，李嘉诚又如何成就商圣李嘉诚?

曾任职和黄董事总经理的马世民表示："我肯定他很关注有关业务，他高度期望那可以成功，再者，那亦是面子问题。"马世民目前仍是李嘉诚的好朋友。马世民形容李嘉诚是一个果断、具幽默感、对声誉极敏感及极度忠诚守信的人。马世民说："当然，他对别人的期望亦是一样，若有人对他不忠，在某程度上，他亦会还以颜色。"马世民习惯称呼李嘉诚为"KS"，至于香港很多影视作品中的"KS"，是否为虚拟李嘉诚，在这里就不敢妄下断语了。长和内部员工则尊称这位架上十年如一式的黑框大眼镜的叱咤风云的慈祥老人家为李生。香港媒体则亲切地称其为诚哥。

> 成功的管理者都应该是伯乐。摩登伯乐的责任不仅在甄选、延揽比他聪明的人才。更重要的是要聆听到沉默的声音，问自己的团队和你相处有无乐趣可言，你是否开明公允，能承认每一个人的尊严和创造力。

李嘉诚在一次演讲中娓娓道来：任何组织内优柔寡断、延误时机和盲目冲动都可能给企业在一夕间带来毁灭性的灾难。演讲最后，他还勉励学子，要建立没有傲心而有傲骨的团队，在肩负经济组织其特定既有责任的同时，也要努力不懈，携手服务于社会。

李嘉诚在接受《加拿大商业》月刊独家采访时还表示：为了寻求合适的能源投资机会，他曾花了几年在欧美考察，之所以看中赫斯基，主要有八个原因：

一是他个人对加拿大有一份特殊的个人感情；

二是他本人与赫斯基总裁 Mr.Blair 私交甚笃，对其极为信任，相信他的建议；

三是他相信随着经济的持续增长及全球经济总量的急剧膨胀，对石油化工产品的需求将持续上升；

四是赫斯基石油具有良好的运作体系及非常可观的开发前景；

五是加拿大良好的投资环境；

六是长和战略发展的多元化考虑；

七是现价买入赫斯基属于非常理想的投资；

八是赫斯基业务与自己旗下的港灯等业务具有很强的产业互补；

赫斯基自被李嘉诚收购后，即展开连串扩张活动，包括制订整套石油装置计划，趁低价购入更多的石油储存及多钻取石油以减低负债。1988 年 6 月，赫斯基又斥资 3.75 亿加元全面收购加拿大另一家石油公司 Canterra Energy Ltd.，令其资产值从原来的 20 亿加元扩大一倍，并雄踞北美五大石油和燃气公司之首。不过，赫斯基的连串扩展亦令负债激增，收益锐减，曾令其主要股东不胜负荷。

非议与收获

2003 年 2 月 7 日，和黄集团占 35% 股权的加拿大赫斯基能源，受惠于增产以及原油和天然气价格高企，2002 年第四季盈利较 2001 年同期激增 4.4 倍，以港元计接近 12.4 亿元，全年盈利超过 4.1 亿元，较 2001 年增加 23%。

2004 年 10 月底，国际原油价格破天荒地突破每桶 50 美元的高价，和黄下属公司赫斯基能源公司在加拿大那块不易开采的油田瞬间变成了宝贝。赫斯基给和黄带来巨额利润，由收购初期的月亏 1500 万美元到现在的日进 500 万美元。至于到 2007 年 10 月，国际油价每桶高见 80 美元，甚至 90 美元，这笔账就不是我们这些目光短浅的凡夫俗子所能算清的了。

一个收购多年曾遭人说三道四的投资项目，终于不失时机地向世人展示了李嘉诚的远见卓识与战略眼光。油价的节节攀升，令李嘉诚内心暗喜不已。因为他旗下的赫斯基能源，拥有加拿大其中一个最大的油砂矿，可开采储量可比美沙特阿拉伯，但必须在油价长期高企时才有开采价值，现时该公司已开始生产，如果没有受到石油输出国组织的阻挠，李嘉诚头上的冠冕很快便再加一顶：石油大王。

不过，就算有这样那样的议论与阻拦，李嘉诚在能源石油领域里的长袖善舞，终于为自己赢得了令人刮目相看的江湖地位。

李嘉诚又透露和黄旗下的赫斯基能源，开始从油砂矿开采石油。“我们在加拿大拥有其中一个最大的油砂矿，储油量比美……可不可以透露呢？总之是五十年也开采不完，储量数以10亿桶计，而且我们完全未入账。”

香港能源专家关荣乐表示，油砂矿类似铺路的沥青，加拿大有很丰富的储量，他说不知道赫斯基能源拥有的油砂矿详情，据他研究的另一家规模与赫斯基相若的加拿大石油公司SuncorEnergy所知，该公司的油砂矿储量为1800亿桶，比美沙特阿拉伯，他估计李嘉诚可能也是想说赫斯基储量比美沙特阿拉伯。

不过关荣乐指出，油砂矿含油量低，开采成本很高，必须在油价长期高企时才有开采价值：“油砂矿的开采成本每桶要15至16美元，完全成本价达每桶20至25美元，如果油价不长期维持在30至35美元一桶的话，开采便会赔本。这是一个赌局，开始开采，哪怕是油价突然大幅度下跌，也不能停下来，因为一旦开始生产，突然停止损失更大。”

他警告说，以中东国家石油公司为主导的OPEC，为了维持其垄断地位，会设法打击其他非OPEC成员的产油大计：“以往也有案例，当非OPEC成员在高油价时开始开采高成本的油矿，OPEC便发表不利油价的言论或协定增加产量，令油价回落，打击对手。”

说到和黄的海外业务，不得不提到长期以来遭非议最多的赫斯基石油公司。80年代，中东国家和美国有分歧，石油供应再度紧张。当加拿大帝国银行向他推荐赫斯基油田时，李嘉诚分析道：“加拿大有石油，政治环境相当稳定，如果投资加拿大石油，已经有一个大客：美国。”于是，他斥资32亿加元收购了亏蚀的赫斯基，多年来，开源节流，守得云开见月明，终于转亏为盈。

马世民说：“他的反应很快，正因为他有良好的判断力，亦即他的强项，他所做的决定通常都是正确的。”马世民还说：“他通常不会主动引导别人发表意见，但他会非常专注地聆听他人的意见，并能做出快速反应，在众说纷纭中形成自己的判断，并说服众人全力以赴地施展贯彻他的意念。”

和黄1998年中期业绩报告里，在七项业务当中，只有电讯、基建和能源有溢利增长，能源业务经营溢利4.3亿港元，占溢利6%。赫斯基零售网络和市场占有率增加一成，预计全年会有增长。

李嘉诚走路快，决策快，开会快，拍板定案的项目推展快，可谓雷厉风行。

我开会很快，四十五分钟。其实是要大家做功课。当你提出困难时，请你提出解决方法，然后告诉我哪一个解决方法是最好。

李嘉诚的两个儿子都加入了加拿大国籍。他本人于1987年应邀加入香港加拿大会所，成为会员。

每每李嘉诚出现在加拿大会所，驻港的加国官员及商人，都把他众星拱月般地围住。一名了解中国文化的官员，更把李嘉诚称为“我们加拿大的赵公菩萨”。

我的事业就像一棵大树，无论枝叶如何繁茂，根始终深深扎在这里。

李嘉诚这样描述他和香港的感情。李嘉诚说：“因投资关系我在1967年时已获得新加坡居留权，别人怎么说，我并不在意。”

李嘉诚深信：“在获取更多盈利及更高效率所带来的巨大压力下，也不应牺牲我们维护公平及减除疾苦的决心。如果我们选择只为追求金钱及权力，而牺牲人类高尚情操的话，则一切进步及财富的创造都变得没有意义。”

1988年，兼任加拿大赫斯基公司主席的马世民，会见美国《财富》杂志记者时曾意气风发地说：“若说香港对我们而言太小，这的确有点狂妄。但困境正在日渐逼近，我们没有多少选择余地。”马世民还谈到收购赫斯基公司的波折。按照加国商务法例，外国人是不能收购“经营健全”的能源企业的。

除石油降价因素带来资金周转困难，企业自身运作并无出现债务危机。幸得李嘉诚已经安排两个儿子加入加拿大籍，收购计划才得以顺利通过。

另外，如果伊拉克国内形势恢复正常并可以正常产油的话，油价有机会在2006年回落至每桶25美元，但这只是可能与机会而已。2005年的油价已经上望60美元，而且中国未来石油需求的七成将依赖进口。

李嘉诚与香港其他华人富豪不同之处在于，他从十年前即开始在海外大举投资，这些长线投资现大都进入稳定高回报期。马世民说：“他不太在意它是什么业务，只要是赚钱，合理的，他就会买。”

李嘉诚在香港扮演着重要角色，他给人的印象是一个乐善好施的慈善家。

有的人甚至认为，他对经济以及市民的超人影响力，实有点过分。

一位买了长实住宅单位的白领无可奈何地说："我在为李嘉诚打工。"一位常年在百佳消费的顾客感叹道："我在为李嘉诚赚钱。"一位使用码头出货的厂商说："我在为李嘉诚奔波。"一位使用港灯电力的店东说："我在为李嘉诚忙碌。"本书作者也在这里凑个热闹："我在为李嘉诚树碑立传。"

80 年代，中英大论战，风云不定，香港前途渺茫无期。撇开政治层面的信心问题，其实李嘉诚内心也有深深的忧虑。

> 我们有阴影，就是怕人家说我们两个葵涌集装箱码头发展得太大。虽然政府当时没有明言说你做得太大，但你感觉得到，那么，你就要为股东争取最好的回报和出路，你就只好向外面发展。

究竟这是否是李嘉诚发展海外业务的动机？也许，正是这一动机，造就了今时今日的石油大王。李嘉诚自己也说："今后三到四年对和黄极重要，因为香港以外的好多项目开始成熟。"《财富》分析说，李嘉诚的意思并不仅是指今后数年和黄的这些海外投资将进入稳定的回报期，而和黄在香港以外的投资规模已占相当比例，该公司现在约 30%的利润都来自香港以外的投资，而在今后若干年，预测公司的利润增长将主要来自这些外在项目投资。

在美国杜兰大学商学院副院长李志文教授看来，华人企业成功的海外并购模式有三种，其中，李嘉诚式的并购最为可取。从 20 世纪 70 年代起，李嘉诚就留意招揽海外人才；十年后，当旗下企业 80% 的高级主管都是外国人时，他又集中精力调整组织文化，在企业内部化解文化冲突；到 20 世纪 90 年代全球并购热潮一浪高过一浪时，李嘉诚便派"洋兵洋将"分赴各地开展国际化运作，比如由英国籍的高管去并购英国企业。李志文教授对这种做法颇为赞赏："如果根基不牢，就一个猛子扎到人家的市场里，很容易被淹死，李嘉诚的做法可谓稳扎稳打。"

李嘉诚在记者会上回答记者时称，虽然有专家担心高油价会打击全球经济，但对长和系的影响不大。

> 我们集团内的石油成本价很低，油价高影响不大，而且我们本身

也有石油公司，油价高会多赚些，弥补其他方面的损失。

李嘉诚除了有机会做石油大王之后，还有兴趣做传媒大王。他在答复记者另一提问时表示，极有可能在香港及内地收购及投资传媒业，但就不肯透露详情："投资内地及香港媒体，极有可能。"

和黄旗下的新城电台长期亏损，被投资者以鸡肋形容，李嘉诚反驳称，和黄旗下很多生意都是鸡肋，包括百佳超级市场都不容易赚钱。

> 我们每家公司都有自己的管理，我对我们的管理队伍很有信心，甚至投资媒体都有很好的预算计划，不会无得赚都去做。你说做媒体无得赚？好多都做到有得赚！

他坚决否认会收购风波频传的商业电台："有杂志说我会买商台，假设我买商台的话，那新城电台怎办？我可不可以同一时间有两个电台呢？香港法律不容许，这些是无脑和造谣。"李嘉诚并透露有意认购即将在香港上市的网通，因为这是一家好公司。

管理

《孙子兵法·兵势篇》指出：善战者，"能择人而任势"。这句话是说，善于指挥作战的人，一是能择人；二是能任势，择人首先要选择将帅。孙子在《始计篇》中论述，将帅应当具有"智、信、仁、勇、严"五大超凡入圣质量。他又强调："夫将者，国之辅也。辅周则国必强，辅隙则国必弱。"

一位长江实业的司机跟采访李嘉诚的记者说："我们真的很喜欢我们老板，他对员工非常好。他知道公司的公积金投资在外面，遇金融风暴，损失很多，老板填了那笔数，不让员工的公积金受损。"

2005 年 6 月，李嘉诚出席汕头大学毕业礼，以"内心的天空"为题，说明毅力和心力的重要；这是继之前他以"管理的艺术"大谈如何做伯乐后，再次传授做人之道。

李嘉诚在典礼上，向学生提出一个值得大家思考的问题，就是每分每秒的“艰苦忍耐”式奋斗并不代表毅力。在李嘉诚眼中，毅力是一种心态，而不是一种生活，真正有毅力的人，是清楚自己人生的目标，且愿意义不容辞地承担责任，具有非凡的决心与品格和充满希望，知道什么是原则、事实与正义。

李嘉诚指出，在一片追求财富和成功的声浪中，要活得出色快乐，毅力和心力是不可缺少的。他希望每个人能善于学习，又能领会和掌握未来，并懂得把观察和知识转化为智慧，适当地运用。

李嘉诚叮嘱即将投入社会大学的莘莘学子，要具雄心壮志创造成就。

> 凭自己的才干，你会受人尊重；凭自己的贡献，你更会感动别人；让我们不要忘记反馈社会和民族的信念。
>
> 由1950年几个人的小公司发展到今天全球55个国家超过20万员工的企业。我不敢和那些管理学大师相比，我没有上学的机会，一辈子都努力自修……我有自己的心得和经验。

李嘉诚在和长江商学院师生们畅谈管理艺术时，热烈讨论的气氛让李嘉诚欲罢不能。当14岁的李嘉诚还是“穷小子一个”时，他就有一种很简单的自我管理方法。

> 我知道我必须赚取足够一家勉强存活的费用，我知道没有知识我改变不了命运……虽然我当时只是小工，但我坚持每件交托给我的事都做得妥当出色；……我把任何剩下来的一分一毫钱都用来购买实用的旧书籍，我知道，要成功怎能光靠运气？

就是靠着这样简单、实际的自我管理与提升，“小工”在他22岁时终于成立了自己的公司。

当商学院本科生代表及EMBA代表将厚厚的学习生活相册、装订成册的作业交到李嘉诚手中时，他激动得将其高举头顶：“叫我如何舍得离开你们这些可爱的同学们。”按照活动安排，讲座本应在下午3点结束，但兴致颇高的李嘉诚不顾现场工作人员的再三“催场”，满怀激情地与学子们热烈交流，直到3

点18分他才恋恋不舍地走下讲台。

李嘉诚出席任何酒会都会成为焦点人物，贵宾室内人物均是非富则贵，不时有人上前求与“超人”寒暄、合影留念，“超人”可谓忙碌得不可开交。一次，当众人开始步出贵宾室时，只见“超人”走到一排水杯前，很认真地望着一只水杯似在找寻什么，这时，同为潮州人的米王唐学元，上前问他在找什么。原来超人在找他之前喝过的水杯。

酒会上用的所有水杯可说是一模一样，毫无二致，唐学元担心地叫他“唔好饮”，并称可叫侍应再倒一杯，但超人即说：“唔（不）好！别浪费了半杯水！”其后，他如获至宝般地拿起饮过的半杯水，向唐学元说：“搵（找）到了，就是这半杯了！”说完更将之饮下。身家千亿的李嘉诚，竟然连半杯清水亦不欲浪费，其节俭之本色令人动容。

韩非子认为，“道法万全，智慧多失。夫悬衡而知平，设规而知圆，万全之道也。明主使民饰于道之故，故夫而有功。释规而任巧，释法而任智，惑乱之道也”；“使中主守法术，拙匠执规矩尺寸，则万不失矣”；“故以法治国，举措而已矣。”

有一次，李嘉诚在加拿大一家中国餐馆用餐，吃到一半的时候，饭馆老板拿出了一瓶红酒，对李嘉诚说，刚刚为您服务的是个将要考博士学位的留学生，他说要送您一瓶红酒，又怕您不接受。那位博士说，我们中国人听说您收购了赫斯基（加拿大最大的石油公司之一）之后，都非常兴奋，中国人不光会在这里开餐馆、开洗衣店，中国人还会在这里干大事业。

还有一次也是在加拿大，当李嘉诚就要登上私人飞机的时候，突然有一辆小车飞速赶来，车上的人下来后专门交给李嘉诚一个信封，他说：“几个中国学者一定要我赶在您离开之前送到。”李嘉诚打开一看，是一封有中国的讲师、副教授、教授联合签名的信。信中说，我们第一批中国人到加拿大来，是建设从加西到加东的铁路，很多人都死了，虽然我们现在的知识水平高了，我们有职业，有很多的专业人士。可是我们的专业人士一升到工程师，就没办法再升上去做行政管理者了。今天这里也有中国人做老板了，下面有超过千名的外国人是员工，我们感到扬眉吐气。我们为您骄傲，我们为您自豪。这件事令李嘉诚激动异常，感怀万千。

话说当年迁出卢森堡宫那天，拿破仑神情得意地对布里昂说：“我们终究要睡到杜伊勒里宫去了。我一定要排列仪仗前往。这本不是我喜欢的，但是我们必须铺张一番，因为百姓喜欢。督政府太简朴了，因此没有威信。简朴在军队是适当的，但在一个大城市，在一座宫殿，国家首脑必须用一切可能的办法引人注目。”

赫斯基石油股权交易签约之后，李嘉诚曾对儿子李泽钜说：“这里不比香港，没有多少人认识我们，如果在香港，这可是大新闻，就算你躲在酒店的卧室，都会有电话追过来。”

不知是李嘉诚嫌过于冷寂冷淡，还是随意说说，他说的确实是事实，香港传媒都以大幅标题报道了这宗大型交易，而加拿大仅仅是轻描淡写、一笔带过，仅说是来自香港的某财团。昏睡的加拿大，难怪多少年来都是这样淡定，就像微风中的枫叶轻摇轻晃轻曳，一切都是这样的随意自然，无惊无险。

这话被在场的善于揣摩人意的加方华籍雇员听到，于是赫斯基石油公司主席布拉尔为李氏父子及麦理思、马世民等补办了盛大宴会，邀请加国的政界商界要员出席。加国商界由此而认识了李泽钜，加国平民由此知道了李泽钜。

“去年（1992年）8月，和黄公布1992年上半年业绩，李嘉诚毅然宣布为加拿大赫斯基石油的巨额投资，做出14.2亿元撇账，令和黄盈利大倒退。”

那是二十年前的情形了。回过头来看今时今日，国际油价不断飙升。2005年，纽约9月期油升至47.8美元一桶，李嘉诚内心更是喜不自禁。当石油逼近百美元大关的时候，就绝对不是兴高采烈那样简单的笔墨所能形容的了。

长实集团及和记黄埔于2005年8月19在香港公布截至今年6月底的中期业绩，李嘉诚满面春风，因为两家公司半年纯利分别达77.5亿元（港元）及124.82亿元（港元），分别较去年同期增长94%及106%，符合市场预期。

孙子说：“兵无选锋，曰北。”选择精锐的士兵担任攻坚的先锋，这对夺取战争的胜利也异常重要。孙子关于指挥战争必须“择人”的上述论述，被李嘉诚在一个又一个辉煌战例中发挥得出神入化。

发展

根据赫斯基公布资料，公司目前在加国拥有的油砂资源，估计未来40年可以开采约330亿桶未提炼沥青。赫斯基多年来可谓辛苦经营。这么一项资本密集产业，在1998年全年才获得2500万美元（1.95亿港元）的利润。但苦尽甘来，近年油价狂升，赫斯基终于领略到财富暴涨的滋味，自2003年开始全年纯利突破13亿美元（约101亿港元）。“近水楼台”的赫斯基亦早在广阔的加拿大油砂大地上做好部署，重点投资了两个油砂开采业务，如今油价高企，其油砂业务亦立刻成为新贵。

李嘉诚在2005年8月25日的长和业绩记者会上亲自透露，预计赫斯基的第一桶合成原油，于2006年年底面世，并可望在2007年起投产。由于前景看好，和黄甚至考虑2006年年初先安排分拆有关业务上市。

不过，油砂同样贵为石油家族成员，但其价值不及传统原油起眼。皆因半固体的油砂，开采成本远高于一般液态的原油。油砂就像把沙泥混合在机油里一样，油中夹附大量杂质，要提炼油砂涉及投入大量繁琐工序。由于提炼油砂的工序涉及注入天然气，致令油砂开采成本远高于一般原油。据《财富》杂志分析，提炼油砂的成本约为开采最廉价质量原油的七倍。换言之，生产一桶油砂涉及的成本开支，足以开采七桶廉价原油，可见油砂生意风险不低。

除了原油价格下滑对油砂生意构成风险外，天然气价格增加亦会令油砂生意无利可图甚至亏本。

随着技术不断改进，加国开采与提炼油砂的成本正逐步降低，由80年代中期每桶合成原油成本30美元，逐步下降至现时的20美元水平；但相对于中东部分地区每桶原油开采成本仅3美元，油砂仍大大处于成本劣势。

只是适逢油价屡创新高，在石油供应难以一下子大幅增加的情况下，市场才正视到油砂的潜在价值。

2005年7月12日，和记黄埔股票上涨0.84%，报收72港元；母公司长江实业上升0.933%，报收77.75港元，两只股票表现均好于恒生指数，当日恒指下跌0.07%。同时，和记黄埔成交金额巨大，达21亿港元，而通常情况下成交金额最大的汇丰控股位居第二，仅14.4亿港元。长和系单日成交金额占总成交额的16.78%。

一港资证券商分析人士表示，利好因素支撑这两只股票持续走强。首先，李嘉诚一直在增持长江实业；其次，市场预期公司3G业务将继续改观；再者，出售赫斯基能源股权的可能性正在增加，最后，国际油价持续走高。在汕头大学演绎公司战略时，李嘉诚认为“公司有了Profit，但没有Cashflow时，业务大都会撞板”。同时强调：“每一个主导的人，一定要知道他的 Cashflow 的情况。”足见他对财务战略所具有的深刻认识与精确把握。此外，多家大行上调公司投资评级也推高了股价。该分析师认为，短期内，和记黄埔及长江实业表现将继续强于大盘。

摩根士丹利及瑞士信贷第一波士顿分别发表报告，预期和黄如出售赫斯基能源将提升该股价值。

其中，大摩将和黄评级调高至“增持”，目标价调升至 90 港元。瑞士信贷第一波士顿也维持和黄“跑赢大市”的评级，将目标价从原来的 78 港元调高为 82 港元水平。而此前，大摩还重申了长实的“增持”的评级，目标价 85 港元。大摩在报告中称，油价高企有利于提高赫斯基能源的盈利能力，原油价格每上升 1 美元，可令赫斯基能源每股净盈利提升 0.13 加元。如果和黄以溢价出售赫斯基能源，公司每股净盈利将可提升 2 港元。此外，大摩预期，在能源、港口、金融及投资收入带动下，曾预计和记黄埔 2006 年、2007 年的盈利预测调高 48%、12%。

2003 年 11 月，集团联营公司赫斯基能源与中国海洋石油签订石油合同，共同勘探东海海域。这是赫斯基与中海油总公司首次签订的勘探合同，显示赫斯基扩展中国东海油气的决心。

2004 年 12 月以来，中国石化母公司中石化集团计划收购李嘉诚的加拿大赫斯基能源（Husky Energy）股权的消息，甚嚣尘上，但中石化集团否认了该消息，市场普遍认为另外两家国有石油上市公司中石油和中海油的母公司——中石油集团和中海油集团较有机会成为收购事件的主角，其中又以中石油集团的呼声最高。

高盛证券表示，和黄若以市值出售所持的赫斯基能源 35%股权，估计约值 362 亿元人民币，而有关权益于和黄的账面成本约 192 亿元人民币，以此计算若出售可获利 170 亿元人民币，令和黄的流动储备增加 44 亿美元，至 231 亿美元（约 1912 亿港元）。

摩根士丹利则认为，和黄出售赫斯基能源，估计可获得 181 亿元港币的收益，若于 2006 年完成出售，正好可以弥补其第三代移动通信（3G）的亏损。

至于哪间公司机会较大，刘志成认为，中石化集团已出来否认了，中石油集团和中海油集团机会可能更大，不过，以两间公司的财力来看，中石油集团机会更大。也就是在这个时期，不断有人叩门，是要求李嘉诚卖掉他私人持有的赫斯基能源 37% 的股权。另外还不断有人建议李嘉诚入股内地银行。

2005 年 8 月 25 日，在长实、和黄中期业绩发布会上，被一名外国记者问及中国石油天然气等石油公司是否会洽购赫斯基时，李嘉诚说："虽然许多人叩过我的门，但在这一刻我还没有想过要出售（赫斯基），亦不需要出售。"

李嘉诚及和黄分别持有赫斯基 37% 及 36% 的股权，按赫斯基 8 月 24 日收市价计，李嘉诚单是这项私人投资，市值折合已达 615 亿港元。如果读者还记得的话，李嘉诚当年是以 32 亿港元收购赫斯基的。

一名接近李嘉诚的投资银行家说，目前油价高企，李嘉诚可以高位套现，中石油也希望购入赫斯基股权，分享其国际油源。但李嘉诚对油价长线看好，加上赫斯基持有的油砂矿权益并未入账，他在现阶段不想沽售。至于日后会否因为要加强与中国政府及企业的关系而割爱，则是未知之数。

其实，国际油价不断上升，若每桶达 60 美元，则无论谁收购赫斯基能源，价钱肯定是贵的，若油价能回落到 40 美元左右，那时候收购的时机自然会好一点。

加拿大离中国太远，运输成本相对较高，收购价估计有一定的折让，假如和黄不考虑特殊因素以特别优惠价卖出，双方估计很难谈得拢。况且，和黄一向都低买高卖，估计这项交易价格不会太低。李嘉诚虽然十分爱国，但不会做爱国的政治买卖，有关交易只会依据市场价格进行。

中国自 1993 年石油净进口后，石油需求量迅速攀升，2005 年原油进口量已高达 8585 万吨，增长逾 36%，全年已超过 1 亿吨大关，即是每日大概 240 万桶。如果中国每年国内生产总值（GDP）仍以平均 8% 至 9% 增长，十年后每日要进口 500 万桶原油才够应付日常所需。

赫斯基能源正进行一项"点砂成金"的大计，计划把加拿大的油砂提炼成石油，若成功，估计可以开采出超过 26 亿桶石油。李嘉诚曾经表示，赫斯基能源的油砂矿藏量丰富，"五十年都开采不完"。

赫斯基能源油砂的开采及生产成本大约为每桶 12 加元至 15 加元（约 10.7 美元至 12.95 美元），提炼成本大约为 3 加元至 3.5 加元（约 2.52 美元至 2.9 美元），油价只要高于每桶 20 美元，开采油砂就有利可图，而现时油价每桶 50 美元左右，获利能力极为诱人，估计这也是吸引中国石油公司再次与李嘉诚洽谈的原因之一。

另一方面，和黄于1987年收购赫斯基能源后，经过多年的改造，已把这一家亏损企业变成了一棵取之不尽、用之不竭的摇钱树，2004年纯利高达13亿加元（约90亿港币），和黄单是2004年收取的特别股息便有8.73亿港币。

2005年第三季度，赫斯基能源盈利增长15%至2.86亿加元（约19.87亿元港币），超出预期，每股派第三季股息0.12加元及特别息每股0.52加元。以和黄持有35%赫斯基能源计算，和黄可收取股息6.78亿元港币，李嘉诚个人持有36%股权，可收取股息近7亿元港币。

此外，赫斯基能源已分别在2005年2月、4月及7月合共派发了每股股息1加元，估计和黄及李嘉诚各得约10.27亿元港币和10.58亿元港币股息，可见赫斯基能源的盈利能力极佳。

和黄董事总经理霍建宁早前透露，有买家洽购赫斯基能源，但价钱未有足够吸引力。不过，他暗示卖与不卖，主要看视乎是否遇上好价钱。

和黄2004年11月30日曾发出通告表示，为继续发展与增长核心业务，同时维持稳健的财务状况，集团一贯持续参与各类洽谈，其中若干可能构成须予披露之交易。显然，和黄在出售赫斯基能源一事上是持开放态度的。

和黄旗下加拿大赫斯基能源受惠于能源价格上涨，到2005年9月底为止第三季度纯利增长87%，达5.56亿加元（相当于36.7亿港元），每股盈利1.31加元，增八成七，每股派季度息0.14加元，增一成七。李嘉诚私人持有三成半赫斯基能源，将收取1.39亿港元股息，而持股量相若的和黄，亦收取1.38亿港元股息。赫斯基期内平均实现油价为63.24美元，增长四成四。油气产量减少6.7%，至每日30.32万桶油当量。

总裁刘钱崧解释，加拿大西部受到持续潮湿的天气，拖长的运营问题，及油田TerraNova的维修影响，而减低石油及天然气的生产速度。全年的油气产量相信不能达到预期，不足之数将达到4%。不过，他预计，油价持续高企的刺激下，2005年的业绩会创下新高。

第三季营业额为20.1亿加元，较去年增加13.8%，税前盈利为7.5亿加元，增77%。现金流量增加六成半，达62亿港元。

期内赫斯基能源在White Rose油田项目上取得进展，年底前将可抽出第一桶原油，而达到全面投产之后，每日油产量可达6.75万桶。油砂开采方面，在阿尔伯特省的设施兴建工程已经完成四成三，且依照进度钻井30口。

Sunrise油砂矿每日产量可达20万桶当量，于2005年年底或2006年年初获得政府批准。公司正继续在阿尔伯特省中部的煤矿，挖掘甲烷气及天然气，2006年与合伙公司钻井400口。

期内公司购入电力合约达22兆瓦，账面盈利200万加元。美元远期合约则有账面利润1200加元。

李嘉诚的私人投资有两大特色，一是长线回报具吸引力的投资，一是可以与各国政府及企业搞好关系的投资，两个条件要兼备，他不会因为单纯卖账给政府官员而动用其庞大资金。

2005年12月7日，李嘉诚旗下的赫斯基能源公司（Husky Energy）决定为中国海洋石油股份有限公司在南中国海进行的深海钻探项目提供资金和技术上的援助。

在南中国海的深海勘探项目将由中国国家海洋石油总公司的下属上市公司——中国海洋石油股份有限公司（CNOOC）和赫斯基能源公司共同完成。如果中国海洋石油公司在南中国海勘探到石油，这对于近在咫尺之遥的香港来说不啻为一个好消息。

南中国海的勘探项目将是中国海洋石油公司第一次进行深海勘探，就目前的技术水平来说，该公司目前尚不具备在水面350米以下深海勘探的能力。完成这一项目，中国海洋石油公司需要其他公司提供更加先进的技术。一份媒体报道说，为了吸引赫斯基能源公司参与该项目，中国海洋石油公司计划与赫斯基能源公司签署一份共同开发协定，如果在海域发现了石油或天然气，赫斯基能源公司将享有共同开采的权利。

李嘉诚旗下的赫斯基能源公司是深海勘探作业的老手，拥有丰富的深海勘探和开采的经验，该公司在加拿大东海岸拥有多个石油开采项目。

关于退休

2005年9月25日，李嘉诚在长江商学院EMBA/MBA毕业典礼暨学位授予仪式毕业典礼上，发表了题为《强者的有为》的演讲，提出了九个相信，强调自由与责任的并行不悖及坚持原则的重要性。

无意训勉，却乐意分享自身所坚持和珍惜的信念，李嘉诚提出了九个相信：

我相信自由，也相信自由和责任是并行不悖的。

我相信世上每一个人都有义务去维护人类的尊严。

我相信帮助他人对社会有所贡献，是每一个人必要的承担。

我相信强者特别要学习聆听弱者无声的呐喊；没有怜悯心的强者，不外是个庸俗匹夫。

我相信只有坚守原则和拥有正确价值观的人，才能共建一个正直、有秩序及和谐的社会。一个没有原则的世界是一个缺乏互信的世界。

我相信只有通过对真理和公平的不断追求，才可建立一个正义的社会。

我相信没有精神文明、只有物质充斥的繁荣表象，是一个枯燥、自私和危险的世界。

我相信有理想的人富有傲骨和诚信，而愚昧的人往往被傲慢和假象所蒙蔽。

2005年，年届77岁的李嘉诚永不言休，身壮力强，可谓龙精虎猛，他在北京出席长江商学院首届毕业典礼时，重申无意退休。

李嘉诚强调，强者的有为，关键在能否凭借自己的坚强意志坚持正确的理想和原则；凭借毫不动摇的毅力实践信念、责任和义务，运用知识创造丰盛精神和富足的家园；能否将自己生命的智慧和力量，融入文化，使它能在瞬息万变的世界中历久常新；能否无私贡献于深爱的民族，为她缔造更大的快乐、福祉、繁荣和非凡的未来。

李嘉诚笑称，商学院院长项兵要求主讲嘉宾说一些训勉的话，但今天不太合适，因为在座诸位，都拥有丰富的人生经验，在选择的行业内也曾付出努力，已经争取到不同程度的成就成功，前途也一定是无可限量的："你们才是最懂得掌握和有能力主宰自己生命的人，因此我认为我不应该告诉你们应该做些什么，或者不应该做些什么。"

从55岁开始，李嘉诚就一直被追问有关退休的计划。20年后，频频出现在人们面前的这位精神抖擞的年近八十的长者依然故我：

我完全没有退休计划，我是一个真正的 Acting（工作中的）Chairman！

李嘉诚更举例指热门的退休活动钓鱼亦不是其心头好：“我不会去钓鱼的，过年有时去钓，我一定钓到条鱼来食，就不再钓了。”

这是李嘉诚在 2005 年 9 月接受《香港商报》记者专访时吐露的内心世界。事实上，工作并不是李嘉诚的负累，反而是快乐的源泉，开心的动力。每一个项目每一项投资他都兴致勃勃地一丝不苟地参与其中。

> 大家同事都做得好开心，合作好愉快。工作有时做了，停下来反而会不习惯，除非是体力支援不了。

但他马上接着说：“目前我健康非常好，我现在做得 FINE，精力很好啊，目前还是 full speed！”

说这话时，他一面自豪：“我坦白讲，就算我这一秒钟不回香港，香港的生意亦一定 continue nicely，全世界都是！”

现实中的李嘉诚的确忙碌依然，忙碌非凡，连笔者的约访也是不情不愿。

> 我假期就比较少，过年一定有，平时好少放。

星期天对他来说都不见得轻松，“我五点起身，八点飞机，一早飞过来，中午和朋友吃饭，下午便来这里，一秒都没有停过，碰到你才有机会在这里坐下，饮杯茶，跟着又立即飞回去了。”不过，就算工作繁忙，李嘉诚并没有忽略家庭生活，每天回家都必定抽空陪孙女玩。

> 我们感情很好的，但玩之中我比较严的，不对的时候照样会话的。我比较希望，无论孙又好，儿女又好，都是希望他们成才，80% 的时间和他们一起，都是和他们讲做人的宗旨，很少讲生意。

眼前的超人，放下了商场的精明，取而代之是一份望子成龙的诚恳与慈祥，所以虽然口说没有退休计划，内心深处已为下一代悄悄地安排好一切。不过，超人并没有打算就此享儿孙福，日后真的退出商场，他还是希望不要停下来。

> 没有退休的，只是先退了生意方面，全力去做基金的事。我自己来讲，人生的最后的计划，只要脑根清醒，我会做我基金。

他语重心长地说：

> 人生求什么呢？我最想做的就是在这个世上种多些好的种子，最大的目的就是有利股东的利益，能够为股东创造更多财富，他们认为投资在长江那里不失落！其他就是我赚的所有的钱，利世上，尤其是中华民族的地方！

领悟

回望人生七十余载，李嘉诚坦言自己在好多生意、好多行业上都创造了奇迹，他将之归功于属下一班好的员工，“我在全个世界都有很多很好的员工，非常好的，亦都跟了我好多年，大家负责非常好！”

外间戴在他头上的种种令人炫目的光环，似乎对他来讲亦是无足轻重，不足挂齿。

> 其实我自己内心的天地才是令我最高兴，你有内心的天地，那种阔是阔到世界没有任何东西可以比的。
>
> 你如果看到我吃又简单，生活简单到一百个人当中，我敢大胆讲一句，我是最简单的，衣食住行都是简单。只要你自己内心有个世界，人家乱讲你乱攻击你，你一笑置之，话这些人无知。

他坦言，“我的世界很阔，才能令我有这种精神，支援我对 55 个国家和地区的生意都这么投入”。

李嘉诚虽然坐拥巨额身家，却出了名的勤俭。

我一心一意过自己的生活，是一个正常人的生活！

在李嘉诚的天地里，医疗教育是最为重要的。

我由小就喜欢看书，最值得恭喜自己的是，我12岁就看到人生的很多问题，感觉到知识医疗的重要性。教育是培养人才，无论一个家庭，一个社会，一个国家，只要教育好，样样都会好，我深深感受到知识改变命运。一个国家有高知识，一定强大。这就是我为什么要用钱之余，还要打躬多谢人。

人生有领悟，有成就，但超人会否和平常人一样有遗憾，他想了想说："这就不讲了！"干练精明的脸上掠过一丝难以察觉的无奈，又是一丝丝不易察觉的坦然潇洒自若神闲。

我难得有内心天地，亦都见过悲欢离合，好多都在心里面，自己的天地，你见过对你好的人，你当然好高兴；对得意的事，你自己内心感觉得到；对于你不如意的，你亦都一笑置之，你知这些人一是无知，一就是靠出名！

对于时下热门的话题，尾追堵截的记者不时发问李嘉诚，李嘉诚也不时一语带过。对香港特首曾荫权率全体立法会议员到访广东，李嘉诚对于这一突破给予赞许。

这是重要的一步。老子有句话说"千里之行始于足下"。最重要是第一步，第一次入去有个交流，多看看，是一件好事。

他指出："每个人，只要是中华民族的一分子，都希望民族团结。其实香港社会好多默默不讲的人，对香港有益的事，个个都在做。做香港人最重要是，怎样令到香港有一个和谐的社会！"对于香港议员们北上踏出沟通的第一步，李嘉诚相信对香港整体社会气氛会有正面积极的影响。

上去都是有益的事，大家加强沟通，任何对香港有益的事，大家都去做，会令到社会更加和谐，更加好，更加有前途。

李嘉诚强调并希望：“香港是一个有前途的社会，不要人为令到它没有前途，受到损害！”对于渐入佳境的香港经济，李嘉诚认为，平衡发展不错，并说2005年香港的GDP依然有机会达到5%，“不错的了，一个人均收入二万几美元的地方，有5%增长，相当好的。”他认为，香港现时是天时、地利，只要人和的局面再好点，便非常好了！

地利我们有了，天时亦都有。中国现在经济很好，有很多的GDP增长，人和，其实大家都明白，香港先要有安定，然后才有得创造。我对香港前途是乐观的。只要大家明白，每个人做任何事、讲任何事，都要从深层想，有一个比较和谐的社会，以今天的基础发展下去，相当好的。

不过，李嘉诚认为香港的经济需要有全面的发展，不能依靠单一产业，

地产是一个好重要的行业，但如果全个香港只是靠地产，就不掂①！现在几好啊，服务性行业、银行业，再加上地产，另外贸易都有啊，平均都很好的！

但他强调，如果不是急起直追，还是要面对强烈的竞争，所以还要加强教育，这亦是香港经济最终要依靠的根本。

今天来讲，教育落后于人，研究科技落后于人，不再急起直追呢，斗平你又不内地平，内地现在升得很快，卧龙藏虎啊，这个财富很大啊！

李嘉诚表示，因此他现时支援的慈善事业都是以教育为主。“高尖端的教育很重要，而且不要得过且过的教育，这绝对不行！”

① 掂，粤语中指非常好、妥当。

在这个瞬息万变的世界，知识的追求只是满足人生目标的其中一环，今天，我们要懂得如何启发孩子们营造梦想，让我们的孩子们能成为现代智慧的真正倡导者，不是旧式思维的奴隶，但亦要知道，未来的世界的要求将越见苛刻。

终身追求扎实的知识根基、比别人更努力进取、付出更多是基本原则，要非凡出色，你必须培养及坚持独立的探索及发现精神。

李嘉诚更以自身例子勉励港人。

你可以问我写字，我如果对一个字有疑问，我都一定有机会就要查出来它的意义，不理英文还是中文；不是知识问题，而是要求真，不要马虎，得过且过，这是关键！

他表示，长和在全球 55 个国家的业务，并不只是去投资，而是去经营，用心经营，用心拓展。

你会否对大自然奇妙的力量感到好奇？你会否以无比的热忱与诚意来探讨生命？你是否只默然接受自己的能力所限还是决心追求超越能力界限的梦想？你想成为怎样的人？你想拥有怎样的成就？你的智慧可否跨越人文和科学领域，看透事情之间的联系？又抑或你不外是如富兰克林所说“是一个学识渊博，可以用九种语言来形容一匹马，但却无知地买下一头牛做坐骑之用”毫无慎思明辨能力的人。你是否拥有推理的能力，在下结论之前会否三思？或许问大家一个问题：当玩计算机游戏时，你是否是一个只知道按照别人既定游戏规则参与的人？抑或一边玩而同时思考尝试改良游戏玩法和设计？

对于香港特区的第二任领导者曾荫权，李嘉诚给予相当不错的评价，“我认为他做得相当好，嘈杂的声音少了，效率是好了，这是事实，整个社会气氛好了，经济亦转好了！”

李嘉诚又不失时机地补充道：“公道来讲，当然董特首退的时候，香港经济已好返了，但需要人来维持，如果继续这样下去，是好的。”据接近长和系人士透露，李嘉诚在私底下亦不止一次做过类似以上的讲词。

“有人问我：你成功的诀窍是什么？我的回答是：我知道我没有诀窍。我的一个基本认识是：这个世界上几乎没有什么是完美无缺的。所有的概念、所有的事物都有它内在的缺陷，我就力图去找到这些缺口或弱点。”这一段话是索罗斯的自述，用来形容本书的主人公李嘉诚，亦同样适用，亦未尝不可，最次，亦算是牵强附会吧。

讲起成功，李嘉诚似乎相当感慨。

> 这个世界，做第一个很难，我们是开荒牛，做 Orange 那阵，被人说蚀本不掂啊，这个橙点点啊，结果赚大钱，人家才……；我做油的时候，又是这样？人家说又蚀好多……其实那不是真的亏损，是一个储备，当时正在探油……但人家既然要讲，一笑置之。今天的局面好好，别人又会赞你赚好多钱啊，你又是一笑置之。

他明言，内地投资会增加，过去一年，内地生意的增长更是数以亿计，

> 我们整家公司，财政很坚强很保守，但生意很活跃很进取。当然是我的座右铭，你赚钱之中不要忘记稳健，所以我做生意这么多年来，你有没有听过，我有什么财政压力啊？

李嘉诚归纳的范蠡的性格，或许有我们今天时常见到的在胡润或者福布斯富豪榜上面出现的名字的这一班人的某些方面的写照？也许李嘉诚做到了这些，也许，商圣李嘉诚早已超越了这一点，或者，早已忘却了这一点。但是，人们还是由衷赞赏他的深深期许：

> 今天商业社会的进步，不仅要靠个人勇气、勤奋和坚持，更重要的是建立社群所需要的诚实、慷慨，从而创造出一个更公平、更公正的社会。

担任李嘉诚的秘书原来压力颇大，“错一次都嫌多”。曾是李嘉诚的首席中文秘书的杨兴安先生接受访问时说，“快而准”是为李嘉诚打工的座右铭。杨兴安担任了李嘉诚的中文秘书六年多，一切有关涉及中文的东西，都要过他这一

关。李嘉诚是个什么样的人？杨兴安的回答倒是简洁："认真、要求高，是个读书的商人。"其实，这句话反过来说更好，李嘉诚是个名副其实的经商的读书人。

当李嘉诚的中文秘书，要有什么条件？也许许多人会很感兴趣并跃跃欲试。杨兴安的履历，或者会令对这份工作有兴趣的人掂量掂量：杨曾担任中文教学工作二十多年，也曾是武侠小说大师金庸的中文秘书。除语文根底扎实之外，还要在极大的压力下，完成接踵而来的工作。

杨兴安忆述在为李嘉诚工作时，有如以前在节奏急速的报馆里工作一样。电视台直播施政报告时，杨兴安要当上名副其实的"记者"，尽快把重点记录下来交给李嘉诚。日常书信往来看似容易，杨兴安则说李先生人脉广，深交浅交者众，执笔时的用词造句自然有轻重之别。

访问杨兴安时，边听边写，杨突然说："为李先生写信，就好像现在你这样，他说我写。"杨为李嘉诚工作了六年多，都是要求在短时间内，完成近乎完美的或能够振聋发聩的文字。

当然，所谓的完美，必须首先有深邃的眼光与发人深省的意境。当然，最主要是不要堆砌华丽的辞藻。杨兴安忆述，李嘉诚做事极为认真和要求高。他记得有一次，李嘉诚问他，《木兰辞》最后两句"双兔傍地走，安能辨我是雄雌"是否正确，杨立即说这是对的。

翌日，李嘉诚对他说："我搞错了，不是双兔，是两兔。"寻常人家，又有谁去质疑是双还是两，又有谁去考证是双还是两？杨兴安说，由于《木兰辞》是十口相传，因此有不同版本，但李嘉诚要杨佐以实证，最后他要到图书馆找好几个不同版本，才能说服李嘉诚，"不能错，错了他会不高兴……错一次都嫌多。"

杨兴安指，李嘉诚要求的是近乎数学家的准确和物理学家的严谨，是化学家的融汇，是语言学家的推敲，更是艺术家的精雕细刻。这对粤普混杂歧义多多的汉语而言，又是近乎苛刻的要求。

见解

2000年9月12日，李嘉诚就有关新旧经济与亚洲的未来，接受了记者专访。

问：过去三年，您力挽狂澜，带领长实、和黄集团走出金融风暴（旧经济）

阴霾，进而蜕变为新经济时代的佼佼者，其间必定有许多深刻而宝贵的经验可以与世人分享，因此想先请您谈谈整个集团在金融风暴中浴火重生的历程。

答：在 1997 年至 1998 年发生的金融风暴中，当时有些国家货币利率高，美元息低，于是不少企业拼命向外借贷，形成泡沫经济，外债太多，造成房地产、股票下跌，加上大规模的国际对冲基金、外汇炒卖集团借势投机，加深及加速经济崩溃和货币下跌。

当时曾有人多次向我们集团要求借取股票在市场抛售，借以增强沽售压力，加速股市崩溃，以遂攫利目的。当时如果我肯借出股票，随便可获得数以十亿港元计的利润，但我认为此举会对香港构成很大损害，故一口拒绝，这些钱我是绝对不会赚的。至于香港政府，确实采取了有效的措施去稳定大市，我是支持政府的做法。

问：金融风暴后，亚洲面临新旧经济的转折，不管官方或民间，在策划重建策略时都必须正视新经济的潮流，例如有些言论即认为以往偏重金融与地产的香港，可望因为新经济时代的出现，而由“科技沙漠”转型为“科技绿洲”，能否请您谈谈对新经济的看法？

答：新经济的核心，可以说是知识经济，而其主要动力，则为科技。新经济的发展，可说是必然的全球趋势。发展新经济是要有基础及条件的，香港的经济体系向以服务业为主，本身的银行、金融、通信、贸易系统达国际水平，外汇自由兑换，集资能力高，税务、法律等均很完善，这些优越条件是可以作为发展科技事业的一些基础。

作为一个企业家，一定要有长远的目光，不可以只顾及实时的回报，要有分析能力去发掘有发展潜质的科技项目，具备国际视野，打破地域观念。

问：亚洲朝野该如何应对，才能成为新经济的赢家？

答：要领导一间公司走向正确的方向已是很困难的，领导一个政府更困难，要在不同层次上面对全球的竞争，例如发展中国家的廉价劳工、发达国家的教育水平及贸易、法律、税制及市场情况等，这是相当困难的工作。

一个民族要孕育少数精英是容易的，但要普及提高整体质素，却极其困难，这工作是很艰巨的，在这急速变化的年代中，要有效率地与时间竞赛，绝不允许有太多的反复尝试。因此，所有领导都是任重而道远的。

所有繁荣社会都要在发展经济及承担本地责任之间，寻找到一个健康的平衡，在全球化的社会中保持自我的特质。除了要鼓励国民不断求知外，我们还要鼓励多思考、多创作，要有“逢山开路，遇水搭桥”的精神。

问：如何让新旧事业相辅相成，创造加乘效果？

答：集团建基于香港，以香港作为发展基地，又在中国内地、世界五十多个国家经营不同业务。在新经济的趋势下，集团未有弃守传统根基事业，而是将传统及新的业务兼容并蓄，产生前所未有的协同效应，令旧有事业更具效益及竞争力。

问：作为一个成功的企业家，如何把握趋吉避凶的对策？

答：信息科技的世界就好像星球大战一样，瞬息万变，必须时刻应战，我们必须积极以现有的传统业务做基础，结合信息科技，相辅相成，令业务发展得更好、更快，走在领先位置。

新科技业务本身不会制造泡沫，但企业要顺应环境的急速发展，有时需要透过金融市场筹集资金。然而当公司上市后，若主理人走错了方向，没有实际业务的支援，只将股票胡乱炒高，在跟公司的实际价值距离太大时，问题便出现，变成了泡沫经济。

因此，科技发展的公司必须有实质业务及具备可实现的目标，赚到利润后要适当地扩展，才能取得投资者长期的信任，这对企业的前景是非常重要的。

问：现在全球几乎都把目光放在中国市场，请您特别谈谈对中国市场的期待。中国即将加入 WTO，您认为对中国市场的冲击主要在哪些部分？

答：相信中国加入世贸后会逐步开放内地很多行业，引入竞争。我认为对中国市场最大的冲击，可能是农业产品。现时国内农业产品价格不便宜，由于大部分都仍以小规模农场生产，故成本不菲，加上大部分人民仍依赖农业为生，故政府对此问题非常关注，相信亦会采取适当措施。

此外，相信汽车工业、钢铁、化学工业、家庭电器工业等也会受到不同程度的冲击，虽然开放市场会带来短期阵痛，但竞争是好事，长远而言，能对中国产生积极利好作用，未来将进一步开放市场，涌现不少的业务良机，香港与内地经济命脉相连，自然可在内地蓬勃发展的过程中受惠，商机无限。

问：这是否会影响您对中国市场乃至全球市场的布局？

答：这些新发展不会影响集团在中国市场的策略，我们在国内投资已达 600 亿港元，集团除以香港为基地并拓展国际业务外，内地是我们的主要投资目标，我有信心我们所经营的公司在内地市场会有很好的前途。

问：从跨国企业领导人与全球性投资者的角度观之，您认为大陆市场应该如何改革，才能获致双赢的局面？

答：加入世贸后，我相信中国将会更加开放，商业法则会更趋完善，法律更容易令投资者明白，投资信心大增，取得双赢局面。开放给予外商，使其在中国有发展机会．另一方面，亦可为中国创造就业机会，带来新的商机、新的技术、新的构思，对中外双方均有裨益。

问：今年是您创业五十年，当初您以“长江”为公司命名，期许其不择细流、汇聚百川之意，如今“长江”依然奔流不绝，能否请您谈谈过去半个世纪经营事业的感怀与得失？

答：我在1950年开始自己的事业，到60年代初期，当时已经有一个发展国际企业的抱负，认为如果中国人能够以身作则、公正不阿，亦可发展一个有良好制度、架构精简及富有效率之组织而避免达至一定规模时结构臃肿的企业。

个人除勤力、有毅力和重信誉之外，在用人方面我坚持知人善任、赏罚分明、不分国籍用人唯才。只要大家抱着精益求精的精神、不断奋发向上，接受挑战，而领导阶层则必须树立楷模、不断求知、紧贴着行业的转变，建立良好的信用，这样的话，我认为华资企业亦一样可以成功发展为优秀的跨国公司。

问：是否曾考虑过接班的事情？

答：长江及和黄集团已建立起强大、专业的管理阶层，令我无后顾之忧，将来有一天若我想完全由他们接任时，一定没有问题，但直至目前为止，我并没有退休的念头。

问：您曾在一篇文章中提到：“不想以所拥有或所能发挥的权力来评价自己，只想令生命变得有价值。”这些年，您致力于慈善事业，特别是在教育与医疗方面，应该都是在体现生命的价值。能否谈谈您的价值观？

答：你所提到的文章，是在加拿大获“杰出国际企业家”奖项时所发表的讲词。其实我最近常常思索人生价值观的问题，如我这年纪的人，以往的经历是很难淡忘的，在今天很多没有经过战乱和贫穷的人，便不知道和谐的可贵，只有和谐的社会才可以享有繁荣，繁荣则可以让人民生活得更有尊严。

近代企业家对社会贡献越来越大，我个人认为，企业家肩负一定的道德责任。如用会计学来说，道德标准为一项基本成本，以诚实及可靠的手法经营，会取得更大的成功。

我们常常面对那些把自己的观念强加于别人的挑战，或甚至侵犯别人意愿的人和事，和谐因此更形重要。

问：除了经营事业，您现在最想做的事是什么？

答：我常问自己，成功的定义是什么？创造财富的意义又是什么？我觉得成功与自由是人类基本的渴求，成功就是达到自己定下的人生目标，而自由是对自己的行为向社会负责，这是每一个人都可以得到的。

我创造事业，除了希望自己的事业能不断发展下去，更重要的是要利用财富做对民族、人类有利的事情，所以我二十多岁时，已向自己承诺必要善用我商业上的成就去促进教育与医疗方面的发展，帮助无助的人。

我一生充满挑战和竞争。我为自己定下了目标，尽自己力量，不断为社会服务，希望尽量在这个世界上留下美好的种子，多做有意义的事，这样我的一生便不会白过。

“不愿改变的人只能等待运气，懂得掌握时机的人便能创造机会；幸运只会降临在有世界观、胆大心细、敢于接受挑战但能谨慎行事的人身上。”

第八章

开发内地地产

Li Ka-shing

▲ 身为李嘉诚基金会董事的周凯旋（左三），积极参与李嘉诚在内地的慈善事业。

▲ 2011 年，李嘉诚参观伯克莱加州大学细胞实验室。

在香港商界，李嘉诚被奉为超人，是天赋、智慧、技巧、运气、风骨、财富的集大成者的象征。

2001 年，美国商业杂志《福布斯》在全球富豪排行榜上，将李嘉诚评为“亚洲首富”和“全球华人首富”。

不动声色间，李嘉诚已向内地投入了六百多亿港元，涉及从码头到写字楼，从酒店到豪宅，从超市到互联网，从石油到电讯，从洗发水到保健品，从房地产到玩具城，一个庞大的大陆的李氏商业帝国已然成形。

显然，与狭小局促的香港相比，内地是李嘉诚的一个更为坚实更为宽阔更为看好的发展战略平台。在大陆经济发展持续活跃的背景下，李嘉诚在内地的胃口更大，步伐更快。然而，认真审视李嘉诚在北京的多项投资之后，李嘉诚在内地的投资，至少在某方面，并未能够一如预期般挥洒自如。这三项投资分别是：世界汇金网、北京主题公园、地产投资。由于种种众所周知的原因，它们最终不得不汇聚在了同一个方向——地产。

李嘉诚曾与首旅集团成立合资公司，计划与美国环球片场合作，在北京兴建一座主题公园，有叫板香港迪斯尼之势。未雨绸缪，李嘉诚以“北京金银信”的名义，在一年多的时间内悄悄在北京郊区房山买下了 3000 亩地。不料，谈判陷入了僵局。3000 亩地闲置一年多，任由荒草疯长，风吹草低见牛羊，几乎可以吟诗作画。而所谓的金银信正是汇金网挂的另一块牌子。

李超人在长安街上兴建的东方广场，也是几度风雨。其他几项在北京的地产投资也进展不甚顺利。

莫非，天子脚下的北京是超人李嘉诚的滑铁卢？市场似乎疑疑惑惑。

东方广场

1993年，长实野心勃勃的北京东方广场动工。该项目地处北京黄金地段东长安街上，投资额高达20亿美元。设计建筑面积六百万平方米，长实占33.3775%的股份。东方广场三期工程已于2002年年底竣工。

东方广场项目之动工兴建，并未得到城规部门的最后审核批准，被人戏称为“长安街上最大的违章建筑”。尽管表面上看来，李嘉诚在皇城根呼风唤雨，可是该计划还是充满了许多“不确定因素”，例如1994年年底，东方广场曾一度停工，因为原先的规划太过密集，可能对邻近的紫禁城景观造成负面影响，有违北京市总体规划，因而缩小面积。一直到2002年5月下旬，李嘉诚对外宣布东方广场会在中央批示下尽快复工。由此一来，遂使工程造价追加至20亿美元，比2001年预估的17亿美元，多出17.6%；比1995年预算的13亿美元多出54%。

1994年东方广场项目开工，但随后因陈希同腐败案延后两年，直到陈希同案水落石出，有官员极其清楚地表明无任何证据显示李嘉诚与陈希同腐败案有任何瓜葛，该项目才得以恢复建设。

当然，由于原设计比天安门城楼高，不符合北京市总体规划要求，因此高度设计降低30%，同时分建成11座不相连的建筑物。无论如何，该项目仍是亚洲目前最大的商用房地产项目。从这里可以看出，即使是像李嘉诚这样一位深具影响力的港商，在大陆的投资也不免承受各种难以控制的不确定因素的冲击与制约。

东方广场建设的前期还有一个不能不提的插曲。面对地皮上的各有靠山的业主住户商户，精明的李嘉诚将这个难似烫手山芋的拆迁任务委托给了北京市政府。虽然有京城铁腕人物出场出手，但是，搬迁并非顺风顺水。那些虽然有权有势，或者因不知法律概念，或者逼于更大更高的权势，诱惑于眼前的利益，或者为种种许诺所动心，总之，一个个都不情不愿地搬走了。剩下的，只有一个紧紧抓着20年合约在身，入乡还没随俗的洋老头麦当劳叔叔。

王府井麦当劳是该快餐集团在全球最大的分店，也是全球最赚钱的分店。两层楼面2.8万平方英尺，七百多个座位，平均每天有过万人光顾帮衬，月入百万。开业之初，人龙排出几公里，利润之丰，自不待言。面对麦当劳叔叔这个“钉子户”，习惯了惯性思维的北京市政府专门发出红头文件，责令限期搬迁。

麦当劳毫不示弱，拿出合约，扬言与官方对簿公堂。甚至，不惜打哀兵牌博同情，借助国际舆论压力对抗。麦当劳忘了一点，这是在北京，不是在纽约。当然，北京市政府也似乎忽视了，这是麦当劳叔叔，而不是京城四合院的老爹。很快，孤立无援的麦当劳与周边一拆清光的街景成了外国报纸的版心大相。国际舆论十分同情在风雨中瑟瑟发抖的麦当劳叔叔。那场景比起今日重庆号称的史上最牛钉子户还引人注目。如此以来，北京市政府也不敢动手动脚了。

在香港，李嘉诚也十分被动，有报刊公开指责其为幕后黑手，借势压人，借刀杀人，践踏合约，只许州官放火，不许百姓点灯。如前所叙，拆迁虽然是为了李嘉诚的东方广场，但是由北京市政府一手包办，李嘉诚并未过问插手。面对这一困境，素来奉行以和为贵的李嘉诚不得不出面救火。李嘉诚答允麦当劳方面，今后在东方广场内，为其预留一个更大更舒适的地方，甚至让步到由麦当劳叔叔自己指定位置。

北京市政府也借着这个台阶，答应批准麦当劳另在北京多开几家分店，面对这样优厚的诱惑，麦当劳叔叔顿时火气全消，喝着可乐，欢天喜地地与北京市握手言和。

没有过不去的桥，没有不喜欢钞票的人，古今中外，概莫能外。

其实，早在1993年4月，董建华领导的东方海外集团连同希慎兴业及新昌集团，与北京市政府属下的东方文化经济发展公司签订合约，在王府井闹市旧区建造东方广场，开始进军北京地产业。当时，董建华的胃口并没有后来那么大。

李嘉诚于1994年参与东方广场计划，并成为大股东，发展规模急剧扩大。整个工程计划均由当时担任北京市委书记的陈希同一手包办亲自过问批准。事有凑巧，1993年，内地开始大规模宏观调控，中央政府出重手压缩投资规模，这意味着东方广场如此庞大的投资项目势必受到牵连。面对这一困境，郭鹤年知难而退，留下李嘉诚支撑独木舟。整个王府井地盘发展权落入李嘉诚一人之手。

根据国务院批复的《北京城市总体规划》，长安街、前门大街西侧和二环路内侧及部分干道的沿街路段，允许建部分高层建筑，建筑高度一般控制在三十米以下，个别地区控制在四十五米以下。然而，拟议中的东方广场虽在三十米区间内，却要建七十米高楼。此外，东方广场规划中的地积比率超过城市规划的七倍。显然过高过大了。

1994 年年底，部分北京的政协委员联名向中央“告御状”，指东方广场设计“超高过大”，严重违反首都总体规划，同时项目规模超过北京市审批权限，但却在未经国家计委批准立项前已动工，批评者直指北京市政府高层有“失职越权滥权”错误。结果，陈希同遭到批评指责，正在展开的王府井拆迁工程也于同年 11 月被勒令停工。

在北京的传媒效应和包括中央级刊物《瞭望》的批评下，东方广场事件令陈希同在北京的统治地位首次受到动摇挑战，他更被指打乱了以天安门为中心的首都规划格局。

东方广场事件成为陈希同下台的导火线。不过，事件后来的发展，确实是对陈希同不利，他被控涉嫌贪污数百万元，判刑入狱十七年。

面对如此风风雨雨，长实集团适时高调发表声明：由于东方广场地段所在地为北京旧城危房改造区，根据北京城市规划法例规定，有关地段必须按规定发展，该地段之内土地使用者，必须服从有关城市规划。

长实强调，北京市有关城市规划法例极为合理，同时，类似城市规划法例亦在西方国家及香港被普遍采用。任何到中国投资的外商均须严格遵守中国的法律，任何希望通过国际舆论压力，而使其身处中国法律之外的做法均是不当的。长实长期以来在任何地方的任何投资项目，都自始至终地以当地法规为准绳，并完全依照当地政府之要求运作。

精明的李嘉诚在极为适当的时机做了一个极为适当的姿态。1995 年 3 月 11 日，李嘉诚向外界宣布，长实与北京市政府合作非常愉快，只是方案根据当地政策变化与商业环境变化需要修改。他并且强调，任何地方发展任何工程都要经商讨后才能最后确定，都必须获得当地主管机构的审核批准，长实从来在任何地方投资都无意谋求超出政策法规以外的权益，东方广场目前遇到的问题并不出奇。有人说，这是此地无银三百两。

至 1996 年 4 月，国家计委重新批核新设计方案，东方广场在腰斩后才“重出生天”。东方广场项目给了李嘉诚一个极为深刻的教训，经过了几年的反复，他最终发现，在北京，商业自始至终都是第二位的。

“东方广场是感情多于商业的作品。”东方广场项目是长和系涉水内地房地产市场的第一力作，但是首战不利，这似乎预示着长和内地的地产路注定要变量重生，难以一帆风顺。

尽管李嘉诚对政治一直保持距离，在商言商，颇有欧美早期的清教徒之风，但其生活和事业已与政治、文化、文明和国家，甚至权力不可避免地牢牢维系在一起了。

> 我的性格不会为五斗米而折腰，亦不是做生意最叻[①]的人，因怕应酬，怕奉承人，所以同任何中国领导人认识，去取生意，No！

理解中国商业的变化，不仅仅隔着语言、文化和制度的差异，中国独特的商业语境和快速的转变以及与权力盘根错节的拥抱亲吻已成为一个难解而无须解开的谜团，束缚着初来乍到的每一个投资者，困惑着每一个少小离家老大回的异乡客。

每一个人都曾经历过难以忘怀的令人尴尬的“水土不服”。而同时，中国经济正在不断地持续增长放大并影响世界。类似西方商业语境的韦尔奇，又能否和中国企业家、政治家及普罗市民演奏一首和谐的大合唱？

看起来很复杂，不过，说起来很简单。一句话，入乡随俗。就像洋人专门为此创造的英文单词“guanxi”。

近水知鱼性，近山识鸟音。从60年代末开始，李嘉诚在香港的所有收购举动都与内地政治变化有关：内地“文革”造成的香港移民潮，让李嘉诚在1967年至1969年顺手牵羊，收购了大量优质廉价地产。70年代后期内地“文革”停止，实施改革开放，曾经吃过共产党苦头的英资怡和在香港的信心出现动摇，李嘉诚趁机与其直接竞争并一举收购和记黄埔。80年代初，中英双方在香港问题上的争端再度给香港市场带来动荡，李嘉诚逢低收购港灯和青洲英坭。

他甚至会筹划在中英签署联合声明后联合其他地产商收购置地公司股份。这期间，李嘉诚借助政治气氛在股市中低进高出而大获其利的操作更是数不胜

① 叻，广东方言，相当于普通话中的“棒”或“厉害”，还有“聪明”等意思。

数，他不仅赚得利润，还因此赚得救市的声誉，赚得超人的一世美名。从某种意义上看，李嘉诚的政治嗅觉与灵敏远远高于同时代的许多人。

早在 1992 年，有记者就问起李嘉诚：“为什么你在 1992 年以前，在内地只有大笔捐赠公益事业，而基本上没有投资？”李嘉诚坦然道来：“我们一直在紧锣密鼓地部署，直到 1992 年以后，大陆的投资环境才渐渐成熟。”原来如此。在李嘉诚的眼中，如此这般的投资环境，真的算是成熟了吗？如果说成熟，那么，全国政协副主席霍英东在广东南沙的 400 亿元投资的焦头烂额，又说明了什么？

整个 80 年代乃至 90 年代初，李嘉诚虽然也参与了内地部分投资，但与其整个财团在香港的地位，与整个集团投资海外的规模相比，显得微不足道。

东方广场费时七年，其间历经波折，耗资 20 亿美元，前后风雨波折，个中的酸甜苦辣，只有李嘉诚自己，才能切身体会。

周凯旋

一位北京业内分析人士很坦率地说，李嘉诚在北京房地产市场的投资在一个狭隘的视角来看是不成功的。不过，任何人都明白，东方广场一役，给李嘉诚带来的负面讯息太多了，李嘉诚在内地的投资，不但要考虑商业利益，而且还要考虑当地官方的态度。即在内地投资首先必须是一个具有灵敏的政治嗅觉的投资家。

国泰君安证券研究所一位房地产分析员在评价和黄在内地的地产项目时，认为其投资决策还存在规模远大，前期投入过高的问题。

对于内地的市场环境，亲身领教的李嘉诚表现出了明显的不满，内地要发展，必须舍弃一些传统的、僵硬的做法，明确哪些是可以做的，哪些是不可以做的。而这些恰恰是当政者不想明确的灰色地带，因为内里乾坤，只有他们自己知道。其实人人都知道。在这种情况下，自认为成功与特权无关的李嘉诚终于更深地卷入了权力的关系之中，东方广场是一例，上海码头又是一例，盐田港亦是一例。

李嘉诚已在权力之中。风险似乎更大，发展亦更不确定。李嘉诚有生以来就试图远离政治，但是，当今中国政治对生意的向心力是如此之大，以至于，虽然奋力远游，终究还是被卷入一个又一个有惊无险的旋涡中。

既然不能六根清静，为什么不能为我所用？李嘉诚希望凌驾权力，而不是被权力支配。但是，内地的环境并非时时如愿，更非事事如意。李嘉诚将如何作为？

实际上经济制度问题绝不是经济本身，他是一个政治问题和社会问题，一个综合的结果，国家应该对这些问题合起来考虑。

李嘉诚这么说。人间烟火，不外如是。李嘉诚又能如何作为？

同样也是东方广场项目，造就了今日今时的香港女富豪周凯旋。

早在1993年，周凯旋把北京长安街上的东方广场项目转手给李嘉诚之前，她在香港商界籍籍无名。而在这个项目里，她得到的酬劳是4亿港币的顾问费。据说，当初与李嘉诚的谈判，前前后后一共花了5分钟，在这媒体纷纷报道的神奇的5分钟里，李嘉诚拍板买下了在北京长安街边上投资20亿美元、建设占地10万平方米的东方广场项目。

无人能想象是什么让这个富豪如此信任这个毫无房地产经营经验的女性——东方广场项目简直就是周凯旋想象出来的。无人能想象这位漂亮的女人的行事手法是如此漂亮干脆利落。用周凯旋自己的话描述："两个女生，从一幢小楼起步，做成一件轰动的大事。"

1992年8月的一天，这个年轻美女采用一种最直接的办法去实现梦想——她在长安街上走来走去，像一个探寻宝藏的探险家一样，搜寻着自己的目标，最后将目光锁定在儿童电影院那幢六层高小楼上。她最初的决定是将小楼重新装修一下，然后开一家店。心已足矣。

一位女经理接待了她。周凯旋开门见山，说自己想买这幢小楼。如此大事，女经理岂敢做主，立即打电话通知了当时的东城区文化局长陈平。很快，陈平告诉她另一个令人欣喜若狂的消息：儿童电影院不能单独开发，整个东长安街及王府井地区都属于统一规划，要开发儿童电影院必须将其周边一万平方米面积的土地整片开发。周凯旋毫不犹豫，马上决定：整块地全部拿下。后来周凯旋又提出了一个更大胆的计划：把周边几块地一并吃下，占地面积从1万平方米逐渐扩至10万平方米。

既然是以董氏集团的东方海外公司名义做，项目名称就叫了一个很合乎北京人政治思维的好名字——"东方广场"。毫无地产经验的周凯旋在日后分析自己当初的投资意识时这样说："财富机会只会降临在有胆识又很谨慎的人身上。"

不记得哪位富豪曾经说过，没有做不到的事，只有想不到的事。不得不承认周凯旋眼光独到，不论是在开发项目还是选择投资商上，周凯旋都显示出她非凡的慧眼识金。按照北京人的说法，这妞儿胆儿也太肥了。

1993 年秋天，周凯旋在北京王府饭店第一次结识李嘉诚，她事先准备了厚厚一摞材料，精心组织了各种理由以说服李嘉诚。当他们面对面坐下时，李嘉诚开口就问，负责这个项目是否因为你有丰富的地产经验？周凯旋直言相告没有。

李嘉诚没再追问她的经验和阅历，只问她用什么办法搞定拆迁和土地平整。当她将东方广场转手给李嘉诚之后，不只意味着她赚得亿万身家，更意味着她让自己进入了香港最有势力的大财阀系列。或者说将自己的命运与香港最大的财团紧紧联系在一起。

周凯旋曾经说："我做生意喜欢打破思维界限，从不按常理出牌。人家有条条框框，我们不一定就要参加，要有只玩自己游戏的自信心。"周凯旋则认为做东方广场项目，得益于其思维方式简单但不单纯，在周看来，要想成为优秀的人就应该"聪明如狐狸，单纯似鸽子"。

这又何尝不是李嘉诚的真实写照。

或许想象力就是这位被香港媒体誉为女超人的女性最不同寻常的超常能力。

1986 年，周凯旋第一次学做生意，是为她的英国老板去西安洽谈伦敦兵马俑展览，周凯旋展露了她出色的组织能力与公关协调能力，仅花了两个星期的时间就达成交易，展览大获成功的同时，周凭借着自己经营兵马俑的纪念品业务，赚到了第一笔大钱。从此周凯旋的发展方向转向商业运作。正是这笔生意，周结交到了第一个关键性的朋友——时任东方海外集团董事长董建华的表妹张培薇。周张二人英雄重英雄，旋即成立维港公司，专做内地贸易，新公司做的第一单生意就是卖散水泥运输船到广西。

当年香港房地产市场很旺盛，水泥需求量大，广西的散装水泥厂商希望能够打入香港市场，周凯旋仔细研究市场需求之后，认为散装水泥极有市场前景，并且根据两地水泥差价和购船成本，制定了一个比公司平均卖价高出一百多万美元的定价，最终交易成功，董建华自此对周凯旋的经营能力与过人眼光赞赏有加。

直至 1989 年，好人董建华对周凯旋说："你们做的生意还是太小，不如你们看准一些很好的项目，我们一块发展，你就会上一个大台阶。"其实，董建华做生意的眼光与头脑并不差。当时北京的房地产很热，董建华建议周凯旋可以在北京寻找房地产项目，由东方海外和维港公司一起参与发展。

1993年，就是这位弱女子，斗胆提出了全面开发新东方广场的庞大规划，并用半年时间，迁走了长安街上二十余个国家部级单位、四十余个市级单位、百多个区级单位、一千八百多户居民；又如传说一样，在某个早晨，仅仅用五分钟时间，用一杯清茶，说服打动商圣李嘉诚先生为此项目投下20亿美金。

历史的变迁总是在某个特定的环境留下显而易见的结果和线索，丢失了令人回味无穷的细节，其实这往往是人们最乐意津津乐道的重要话题。然而，诚如东方广场，人们所知者，仅仅结果而已，唯其细节，又有谁人能知？

那几年，处于最敏感地段的东方广场，作为李嘉诚投资的亚洲最大的建筑群专案，历经陈希同、王宝森贪污受贿案，长江实业运作北京高层突破建筑高度限制，诱使麦当劳王府井店搬迁，开发中撞见古物等一系列风浪，工程过程起伏变幻，事内事外的无稽猜测，国内国际的言论绵延不绝，没有人真正知道周凯旋到底是如何周旋其中，一一摆平，最终凯旋。

周凯旋前后付出了五年的时间，获得的回报是整项工程2.5%的顾问费，约4亿港元。周提现一半之后，将另外一半投资东方广场，作为长线股东投资。

“东方广场实际上是我卖给李先生的。”周凯旋迄今都很骄傲很自豪很潇洒。因为，一个商界的并不知名的女人，似乎是轻而易举赚到了李嘉诚的钱，而且是数以亿计。能够赚精明过人的李嘉诚的钱，似乎确实不容易，至少可以断定，此人一定很精明。但，如果是真的了解李嘉诚的人，都知道，赚李嘉诚的钱又似乎并不难。当然，条件就是一定要让李嘉诚也能赚到钱。

东方广场项目成功之后，周凯旋即成为李嘉诚投资的TOM集团的第二大股东；周凯旋亲手提拔的TOM集团互联网事业部少帅王雷雷，祖父曾任电子工业部部长，王雷雷的母亲是周凯旋在东方广场项目前就认识的闺中好友。

周凯旋对此并不讳言，自认多年以来，致力周旋于董建华和李嘉诚之间，但是“我不是他们的附属物，而是一个完全独立的个体”。周凯旋的处世哲学是，不把关系做成包袱。这样的关系才能自然、强壮。

“不把关系做成包袱。”也许，仍有许多人不完全理解这其中的奥妙。但，可以肯定，关系在周凯旋手中，绝对不是包袱，而是财富。这，或许就是香港人常常挂在嘴边的层次问题。

没有几个人可窥见周凯旋与华人首富、香港特首的密切交往，但是任何与周凯旋简单接触的人，都能在几秒内感受到她有如磁铁般的吸引力：当你对她说话的时候，她的充满智慧的眼神能让你相信全世界都在倾听你的声音，至少，她非常重视聆听你的声音，以致你身不由己地要说出内心全部真实的想法。

她说话清楚明确，语调丰富，语感细腻，时刻注意对方的感受，即使在多人面前谈话，她也会适时和蔼可亲地望你一眼，让你感觉到从来没有被忽视。她在每个故事里提到这样或那样的人，包括经常乘坐的航班乘务人员，为她制作过首饰的师傅，都会加上一个称谓——“我很好的朋友”。突然间，让人觉得亲切自然而不能见外。

说周凯旋就是周凯旋，一定不会错。但如果说周凯旋就是李嘉诚的代言人，从某种意义上讲，也不会错。比如说，当后来香港大学李嘉诚医学院命名风波一浪接一浪的时候，周凯旋从容不迫地忙于应付，与港大沟通，或温婉或强势或直接或婉转。总之，在捐款的同时，让香港大学医学院在限定的时间内，把招牌换成了香港大学李嘉诚医学院。更重要的是，事情演绎的结果，那些所谓的卫道士最终成了人们饭后茶余的笑料。

周凯旋的发达过程颇为传奇，她在二十来岁时想做明星，她于 80 年代投考“香港电台”学做 DJ，受训一段时间便索然无味放弃，后来协助歌星谭咏麟在欧洲举办演唱会，其后转投香港特区行政长官董建华家族的东方海外集团，专门负责大陆项目。

当“东方广场”陷入困境时，周凯旋即居中协调，排忧解难，使李嘉诚对她刮目相看，从此确立两人“好朋友”的令人羡慕嫉妒恨的超然地位。

周凯旋“好朋友”地位于 1998 年李嘉诚获香港城市大学颁授荣誉博士学位时首次被公开，当时周凯旋以“朋友”身份出席观礼，而翌年李嘉诚到剑桥大学领取荣誉博士学位时，她也携手同往，蒙蒙细雨中，更共遮一伞，两人朦朦胧胧的关系更进一步公开。

一次活动，周凯旋在“明天小科学家”会后合影，椅子刚好缺了一把，于是，推来让去之后，坐在第一排最中间的她，借了两边人的光，就那么跨挤在两把椅子中间照了相。这一看似随意的举动，不是人人都可以做得到的。

要是以周凯旋的举止写一本关于人际交往的书，一定会是公共关系的圭臬——这个假说，凡是见过周凯旋的人都会这样认为。但是，拥有如此多“很好的朋友”的周凯旋强调说自己不喜欢与人交往。更多的时候，喜欢一个人静静与自己相处。李嘉诚也说，她不喜欢应酬。

“最乐于与自己相处。”周凯旋强调说这和“独处”不同。或者可以这样猜想区别：“独处”多是苦修清修，“与自己相处”则多了份自由的享受与难得的清静自在。

这个“乐于与自己相处”的大女孩每天都这样神情自若地走出门去，和无数人物、力量潇洒地打交道，神情自若地打理应付各种事务，而她另外一面的生活掩藏得严严实实，没有人知道她的情感，甚至年龄。她要保留的，似乎没有人能窥探得到。她所需要的，始终是一个孤傲宁静地“与自己相处”的悠然洒脱怡然自得的自我。她说自己每天都会争取在晚上六点前回家，早上六点起床的习惯数十年未变。她兴趣广泛，每天写作，“但是，都不用自己的真名”。身边总是有书，从漫画到心理学理论，她都喜欢。

公众视线中的周凯旋，永远戴着自己珍爱的贝壳耳饰，那是她最早在香港上班时用一个月的薪水买下的心爱之物，当时的她天天从那个柜台经过，每看一次她就下一次决心。等到“全世界都是她的糖果店任由她挑选”（朋友评价周凯旋语）时，她一次请师傅一模一样制作了十副，轮换在周一至周五佩戴。而周六和周日，她只会在右耳戴上一只挂型耳坠。

很少有人看见那样的周凯旋。亦很少有人看见不是那样的周凯旋。也正是因为东方广场，开始了周凯旋与李嘉诚的风雨同舟。

这件“轰动的大事”成为周凯旋另外一种崭新生活的开始，从东方广场之后，周凯旋就和资本世界中最有权力的极少数人肩并肩携手站在了一起，借资本之力用改变世界的方式写就了自己独特的人生方程式。

香港 IT 投资热潮，TOM 创下的投资神话中，周凯旋一直是李嘉诚重要的左膀右臂，以至于香港《壹周刊》曾大做耸人听闻的煽情头条：富豪知己力斗太子。呜呼哀哉，最最憎恨“文化大革命”的《壹周刊》，倒是流露出“文革”式的语言与思维，莫非真的近朱者赤，近墨者黑？

“我想说李先生他令人赞叹的地方，是一个要常常深入思考的人，是一个常常提升自己、不怕转变的人，这亦驱使他从慈济家转变为一个慈善家。慈济跟慈善工作、跟基金会的工作是不同层次的。”周凯旋说。在周凯旋眼里，李嘉诚从 20 世纪 70 年代开始，从做事业成功到现在，一直认为“与人分享”是他重要的一部分。李嘉诚的一生中，会有很多他怎么帮甲、帮乙、帮这个组织那个组织，“但是随着他对社会的阅历越深，经济版图越广，而他又这么爱这个民族，他就一直想可以参与些什么事情，使这个民族内心的力量得到最大的释放。”

在周凯旋自己的公司，她连董事都不挂，她认为没有必要。“李先生希望跟中国有意于慈善事业的人所分享的，是他相信的东西。从他个人的榜样，他相信一件事情，而且他以身作则去实现这想法，这就是李嘉诚基金会最重要的原则。”

周凯旋认为，管理其实不是很难的事。“我常跟人开玩笑，我是不用去念商业管理（MBA）课程的。我是一个女生，我把我的厨房搞得这么好，这就是一个绝顶的 MBA 课程，这个男生是不明白的。管理好不好在整件事情里要花的心思其实是最低的，它只是一个显现你信念的方法。”

周凯旋曾在接受采访时说，“我的办公室比较简朴”，并且打趣说，是“富人的穷亲戚”。“富人的穷亲戚，李先生对这个说法也不是很能理解，觉得受到了伤害。”提及此，周凯旋轻松一笑，“我的意思其实是不要当某某的某某。有很多人很奇怪，他们追求在富人旁边。就因为他们是富人身边的人，他们已经很高兴，但是他们自己没有地位呀！他一生就是附属品，是某某的某某。”

周凯旋常常劝公司的同事，不要把名衔看得太重，而要发展自己，追求自己的理念和成功。从这个意义来看，李嘉诚是李嘉诚，周凯旋是周凯旋。

水土不服？

尽管进军内地房地产已有十多年了，但和记黄埔的动作思路，还有点对内地市场不完全适应。比如，项目定位被指不符合内地消费者的习惯。一位房地产分析员举例说：“深圳的黄埔雅苑，每套平均 100 平方米，这在寸土寸金的香港可能非常受欢迎，但在内地，就很难说。”说归说，论归论，黄埔雅苑依然卖得好气象。

风向似乎也对李嘉诚不利。越来越多的人相信，北京房地产业存在严重泡沫。的确，北京大大小小的房地产公司超过了五千家，商品房空置率相当高。商业银行也开始收缩对房地产公司的贷款。更主要的是，政府倡导以民为本，不愿楼价高企，全力推动宏观调控压抑楼市。

北京房地产似乎正成为一个危险的赚钱行业。从2002年7月起，北京土地开始采取公开招标、拍卖的方式，“在拿地方面，大家基本站在同一个起跑线上”，和黄善做政府高层公关的优势不再明显。这也就不难理解为什么和黄似乎对京郊东四环、东五环被称为“CBD后花园”的位置格外青睐了。

据华润置地董事郭钧分析，李嘉诚不再选择高档写字楼及商用楼而瞄准住宅市场，可能是出于对投资风险的把握。不过，和黄新的投资并没有进入实质性的运作阶段。

2001年9月，和黄与朝阳区签署意向协定，斥资100亿人民币开发东坝5000亩的超大盘。借李嘉诚的超常人气，东坝几乎一夜之间备受瞩目。但此后一年多几无进展。业内传言，该地已划拨给本土开发商天鸿集团，和黄早已出局。朝阳东坝，原本平常的一方土地，由此变得备受瞩目。在朝阳国际商务节上，和记黄埔悄然亮相，更是引来无数关注。9月22日，朝阳商务节闭幕，记者期望已久的李嘉诚并没有出现在签字现场，和黄代表只是和朝阳区签订了一纸意向性协定。

和黄地产（北京）副总经理陈敏在一次京港经济研讨洽谈会上表示，由于和黄看好北京房地产市场前景，和黄将加大在北京的房地产力度，除了姚家园项目外，现在还有数个项目在洽谈中。李嘉诚也表示，未来几年将加大对内地房地产业的投入，预计投资一百亿港元开发新项目。

李嘉诚在商场的运作一贯以超人的高层攻关为自身优势，在内地市场，李嘉诚也是遵循同样的操作手法。

长和系在北京不仅要面对香港老对手的竞争，同时更重要的是要应付当地众多实力雄厚的地产商，如华远、华润、万通、万科等的围攻。

强龙与地头蛇之争，各有利弊。谈起金钱，很多人都认同李嘉诚的看法。

财富是什么一回事？李嘉诚回答：

> 财富是可以令一个人的内心有安全感，但是超过某个金额之后，便没有太大意义，一个人所需要的安全感未至于要那么大。

面对有人问：“那你为什么还继续工作，累积更多的财富？”他说：“自已有多些财富时，骤然间想起要做些什么事，做些自己认为对其他人有意义的事，身边有钱，随时便可以去做，若想花钱才去赚钱，很难。”

对于长和系的挺进，当地地产商颇不以为然。尽管长和系进内地房地产市场已有十年，但在市场运作思路和手法方面显然还是显示出水土不服。其中最主要的一点就是，建筑规划风格未必完全适应北京地区的消费口味。在东方广场阻滞后，和黄无奈将目光转向了普通住宅市场，放弃了利润回报丰厚的高档楼盘的开发。

北京房地产市场潜藏着巨大的风险，正在变成一个吞噬巨大资金的无底黑洞。在此风云际会时刻，和黄在北京非但没有退缩，而更有大举发力的迹象。

李嘉诚对京城地产痴心不改，其间虽有无奈之举（汇金网蜕变成一家房地产公司），推断其真实意图，应该是希冀在北京及至全国再造一个地产王国，但代价将是非常巨大的。哪怕是这个项目没有实质性盈利，亦可以作为一个样板与楷模，发挥其辐射全国的功能。

李嘉诚说，一生中从未在内地谈私人事务，好像东方广场停工两年、三年，假如他要利用关系，就不会停那么久。这确实是实话。

李嘉诚不断强调说，在香港我见特首的时间很少。除了彭定康以外，回归前见其他港督的时间远多过董建华，而公司的海外机会和发展这么多，亦根本不需要利用什么特殊关系。

主题公园

2002年10月，北京市首都旅游集团突然分别在京港两地透露：首旅集团与美国环球片场已于9月签订了独家合作意向书，共同开发北京主题公园，注册资本为23亿元人民币，涉及投资总额约70亿元人民币，合作模式是，环球片场与首旅集团的合作，由首旅集团负责提供土地和资金。

在向外界宣称“欢迎其他财团加入”时，首旅集团董事长段强强调，和记黄埔已通过北京旅游发展公司进入主题公园项目。事实上，和记黄埔早已做好了准备。10月17日，北京控股、首旅集团、和记黄埔（中国）有限公司共同出资，成立了北京旅游发展公司，这使和黄进入主题公园变得顺理成章。更重要的是，和黄有另一手准备，老早就在北京郊区房山圈下了3000亩土地。

在北京旅游发展公司成立前后，北京金银信投资有限公司突然闯进了人们的视线。金银信公司的股东包括：和记黄埔、长江实业，及北京市政府下属的京泰实业。金银信手里掌握着3000亩地。据悉，早在1997年年底到1998年年初，金银信公司与房山区窦店镇政府签订了田园村约1500亩地租赁合同，为期30年。随后，金银信通过拍卖对破产企业用地等方式又掌握了1500亩土地。

重要的是，该片土地，金银信一直藏而不用，以致荒草疯长。作为果茶厂的该片土地终因与当地发生纠纷而展现在世人面前。“两块牌子，一套人马。”业内人士透露汇金网与金银信的关系时说。金银信公司的总裁杨秀芳，同时也是汇金网总裁。汇金网成立至今，公司牌子就一直没有挂出，取而代之的是北京金银信投资有限公司的牌子。

环球片场和迪斯尼是一对欢喜冤家。1999年，双方都把香港视为自己进入中国市场的首选之地。结果，迪斯尼胜出。既而，环球片场转向上海，与上海磋商修建主题公园。但是，迪斯尼又有了在中国兴建第二座主题公园的想法，再次杀出，环球片场再次落败，显然上海市对迪斯尼情有独钟。据透露，双方有关磋商已进行了好几轮，只是碍于香港杯葛，一直没有声张。不过，后来还是大张旗鼓地干了起来。

不甘失败的环球片场再把主要精力转投北京，希望借助北京2008奥运会全面改善城市形象的机会一举夺标。问题是，李嘉诚和其合作伙伴将不得不考虑香港方面的态度——特首董建华曾宣称，“一个中国只应该有一个迪斯尼。”当然，这只是小国寡民的香港人的一厢情愿。即使在环球片场、首旅集团，和记黄埔相互之间，也是，明争暗斗，矛盾重重。

主题公园首先意味着一项庞大的投资。中方的想法是，希望环球片场能尽快投入大笔资金。而环球片场出于规避风险的考虑，更希望中方的资金以及其他投资商尽快到岸。

知情人士说，在确定了环球片场为北京主题公园的投资方后，环球片场的积极性似乎又不高了。像主题公园这种大型投资项目，盈利回报期太长，对于资金流的要求很高。如果不能尽快从中获益，长期持有不开发窦店的3000亩土地，即使对于长实这样财大气粗者也不能不说是一种财政负担。

作为中国大陆第一家大型的主题公园，规划中的北京主题公园能否真的游人如织、取得理想的投资收益，很多人都抱怀疑态度。

从汇金网大跨度越过主题公园，李嘉诚这位商界巨人在内地的产业战略布局无疑非一般人想象力所能及。究竟是摸着石头过河？还是南征北战式的战略性大转移？

但是，主题公园产业本身的投资价值和商业风险到底如何呢？主题公园，目前在国内似乎还是朝阳产业，全国各大城市中并没有绝对的成熟的开路先锋，国外巨头也只在虎视眈眈阶段，而不敢轻举妄动。

2002 年 8 月间，江西媒体爆出新闻，称美国好莱坞准备落户华东，并希望找一处有山有水的地方落户。据《今日东方》记者了解，革命老区江西吉安成为美国好莱坞的首选，该地市委书记吕滨已率队到美国考察，并与美国方面签订了初步投资意向，总共涉及的投资金额达 10 亿人民币以上。

环球片场、迪斯尼及至好莱坞，不约而同地把下拨投资热潮，指向了中国。主题公园概念开始被热炒，并成为各种资本下一步跑马圈地的重头戏。

精明的李嘉诚显然不会错过。借助 2008 年北京奥运，李嘉诚携手中、美两国的合作伙伴，用心可谓良苦。然而，跑马圈地过后，谁能挖到真的黄金？是不是有投资过剩产生泡沫的可能？是不是能够同时带动周边房地产业，环球片场与北京市区间的交通配套设施如何解决？这些都是李嘉诚介入北京环球片场主题公园成败的关键。

李嘉诚真的把注下在了娱乐业吗？还是地产？业内人士分析说，主题公园也是以地产为依托的，这是确保资金到位的唯一卖点。而没有主题公园作为经验的长和系在北京主题公园的作用可能仅在于此。李嘉诚显然志不在此，自己擅长的地产开发才是投资的焦点所在。

波折

和黄地产（北京）公司副总经理陈敏说，姚家园项目建筑面积为 40 万平方米，分三至四期发展，兴建超过三千个住宅单位。据介绍，姚家园项目一期是经济适用房，二期是低密度的中档住宅。

这是一个新的讯号。但确实是一个明确的讯号。分析人士指出，姚家园项目的一个千真万确的意义是：李嘉诚把眼光从高档写字楼和商住楼转向了普通住宅市场。因此，对长和系而言，姚家园项目将是一个转折性的标志。华润置地董事郭钧主认为，这可能是出于风险的把握，李嘉诚在香港最擅长的就是住宅市场。

和黄地产（北京）副总经理陈敏称，非常看好北京房地产市场，和黄将加大在北京投资房地产的力度。从目前来看，李嘉诚的意图，仍然是打造北京乃至大陆的房地产帝国。

从其下注汇金网，到汇金网蜕变成一个房地产投资公司；从谋划主题公园到姚家园项目切入普通住宅市场，在变化的轨道中，均能看到李嘉诚对北京市场前景的判断与谋划，对地产的执着与痴迷，甚至能若隐若现地看到李嘉诚对内地地产市道的疑惑。尽管像汇金网转身一样属情不得已之举。

一位房地产业内人士说，根据他过往的印象，尽管李嘉诚更具资本和营销实力，但万科房地产公司和珠江合生房地产公司，以及诸多北京本地地产商，与和记黄埔相比，在开发住宅项目上可能更加强大、更熟悉本地市场、更灵活。

不过，没有人敢下这样的结论：李超人在京城房地产没有用武之地。李嘉诚宝号“超人”，绝非浪得虚名。但是，当你想依据市场规则，循规蹈矩地操作之时，你所面对的竞争者可能是一个完全不按常理出牌的人，甚至是一个任意改变游戏规则的人。那么，这场竞争，未开始之前，已经有了实实在在的结果。

市场公认，李嘉诚对市场趋势与判断一向很准，眼光独特，尤其有一个低买高卖的绝招：在市况低沉时大量买入，慢慢等待机会，市况转好时转手卖掉，大赚其钱。

李嘉诚绝招看起来很简单，但不是每个人都能操作的，不单需要精准的眼光、商业智慧，还需要巨额的资本，超人的魄力。只有在资本的实力与智慧的基础之上，才能沉得住气，挺得住势。这也是以往李嘉诚敢于跨行业多元化投资的秘密所在。

这一回，李嘉诚在北京却似乎一反常态，种种原因使其不得不在地产上集中火力。作为李嘉诚进军内地房地产市场的旗舰，和黄地产在内地持有的土地储备超过了 400 万平方米，足够未来六到七年发展之用，是响当当的大地主。

在这个意义上，即使房地产泡沫破灭的预言成真，李嘉诚可能也早有准备。

如果商业银行严格控制流向房地产企业的贷款，房地产则须依仗自身的资金实力、凭借大规模开发降低成本，同时对抗风险能力的要求大大提高。在这样的环境中，现在的一大批房地产开发公司肯定将走投无路，卖身投靠资本实力雄厚者。洗牌之后，少数有实力者才能生存。这样的局面，显然是李嘉诚所乐见的。

那时，李嘉诚的对手就不是现在的五千多个，只有寥寥可数的几个。不过，内地的事情很难说。今天几个公司倒闭了，明天，说不定又有几个更大规模，动辄几十亿元，甚至上百亿元规模的公司冒了出来，你都不知道那些钱是从哪出来的。

尽管李嘉诚最有可能是这幸存下来的几个之一，但是，即使如此，把所有的鸡蛋放在一个篮子里，始终存在着一定风险。而且，面临群雄争霸和不熟悉的市场环境，李嘉诚将为他的北京地产帝国付出相当大的代价是肯定的。

作为在香港呼风唤雨的地产巨头，李嘉诚在北京的发展却不尽如人意。但是，这种局面在2004年似乎有转机：东方广场在清退小租户后，租金大幅上调。而北京春天Mall的投资方中国商业发展建设公司（H.K）也爆出有长江实业资金背景，且一期投资计划就要达到二十亿元人民币。

东方广场商场东方新天地自2000年试营业以来，营运业绩一路攀升，成为几十家一线品牌的聚集地。据东城区地税部门统计，2003年东方广场纳税增长率高达两位数。东方新天地前总经理谭祐华先生表示，东方新天地的成功营运，证明他们在租户组合、管理和持续的创新宣传推广活动等方面做到了精益求精。目前，东方新天地商场的出租率已经超过95%，更有些店面的月租金已经达到每平方米260美元，2004年租金上调20%左右，个别增幅更达50%。

具有戏剧性的是，作为王府井商业联合会副会长的春天商业总经理尹铁铮曾经批评过东方广场的选址不当，但此次春天Mall的投资方中国商业发展建设公司，其资金背景却是李嘉诚旗下的长江实业按需投入，可见李嘉诚已经是咬定春天Mall了。

经过连番波折，李嘉诚不得不把所有的鸡蛋中的部分放在一个篮子里，一个顺手可牵的地产篮子。

“乌托邦”——世界汇金网

2001 年，李嘉诚在北京成立了世界汇金网，梦想成为中国的标准普尔，中国银行业统一的网络平台，直指当时金融业发展的最高端、最前沿。

李嘉诚的战略眼光和公关能力绝对令人佩服。然而，事与愿违，汇金网后来演变成了一个可有可无的空壳。

2001 年 7 月 18 日，号称“中国首家外资金融网站”梦想做成，“中国的标准普尔”的“世界汇金网”在人民大会堂鸣锣开张。这是一个令人心动令人向往令人鼓舞令人振奋的商业愿景远景规划。

根据李嘉诚当初的构想，汇金网将成为长和系在内地投资的制高点，长和系内地资本运作的进出口银行，一个中国金融界的网上投资平台，中国内地的“标准普尔”。汇金网的首发阵容可谓强大，背后是清一色的实力派外资，其中长实占 30%，世界金融集团占 15%，其他还包括策略性股东汇丰投资集团等。

汇金网的全部注册资本 5000 万元港元皆来源于长实，所以其实际控制人为汇金网主席李泽钜，而李嘉诚则是幕后老板。汇金网的剪彩仪式，中国人民银行、国家外汇管理局、中国证监会、中国保监会等金融机构的要员云集。为增加汇金网的分量，汇金网总裁则由前任中国人民银行副行长杨秀芳执掌帅印。这是一个不容置疑的野心勃勃的资本扩张计划。

汇金网宣称，将在 2001 年年底登陆香港创业板，届时首批加盟汇金网的会员按各自会费总额配售原始股，以迅速聚集人气，打出声势。但是，一个漂亮的亮相之后，汇金网接下来进展不顺，运作不畅。成立后，汇金网再也没有爆出任何利好新闻，笼罩其头上的炫目光环，像一颗夜空刹那间的流星，转眼之间就褪去了斑斓的色彩与迷人的光芒。

网络银行是汇金网成立伊始就高高举起的一面大旗。其根据是 2001 年 7 月 9 日中国人民银行发布实施的《网上银行业务管理暂行办法》。汇金网方面认为，虽然政府没有明确下文，但从某种意义来讲，汇金网可以说是中国金融改革的一个试点。汇金网提出的一个电子金融改革的全面解决方案，之所以获得了政府以及金融主管部门的认可，原因就在于是汇金网主动出资并自行承担风险，帮政府做一个前所未闻的金融试验。杨秀芳说，在汇金网的网上平台上实现各银行业务的互联互通，成为内地各大商业银行互通的电子枢纽中心，既可方便人民银行对网上业务进行监管，也增加了各银行之间的竞争。

但汇金网卡壳就卡在它不是金融机构，而是一家由香港人出资注册的外资企业，这样的身份要想在央行寻求一个合格的金融执业牌照，并且野心勃勃地部分取代央行的商业功能，在内地金融业还未能完全开放的情况下，根本是不可能的。

在香港，法律未明文规定不可以做的事情，你就可以大胆去做，在内地，法律未明文规定的事情，你最好小心一点。也许正是这个名不正言不顺的出身堵住了汇金网成为网络银行首批成员的通道。所以，汇金网才转身与内地众多银行开始了亲密接触，希望依托一家内地商业银行来完成这件美好的愿望。先后成为其战略合作伙伴的招商银行、华夏银行等都与汇金网进行了多次接触，但要说服哪一家担此重任似乎都不是容易的事。

“这些银行要么本身就有网上银行系统，要么也正想建立自己的网络银行，拓展自己的客户队伍，而如果要借由汇金网这个企业平台去实现理想的话，就总是隔了那么一层窗户纸。”一位前汇金网的高层私下说到。

在长期谈判不成后，李嘉诚也逐渐感觉到，与内地银行合作组建真正的网络银行，在目前整个金融行业开放仍然很缓慢慎重的客观条件下，这种可能性几乎为零。最终，绕了一大圈的汇金网仍然停留在出发的原地——虚拟的网络金钱世界。

中国农业银行、民生银行等多家被汇金网称为是自己战略合作伙伴的单位，在接受查询时，众口一致地对外称，“与汇金网目前没有任何业务关系。”这对汇金网的打击无疑是致命的。

汇金网在成立时还曾宣称：“要搭建一个电子信息平台、实现全国银行间的互联互通，用汇金网的一卡通在任何银行都能进行任意的交易、支付。”这个梦想在实践中落了空。

开通初期，汇金网要把全国银行像穿珍珠项链一样穿起来的神来之笔，吸引了无数人的眼球，人人都睁大眼睛期待这令人眩晕激动的时刻，期待着李嘉诚为他们描绘的这一近乎天方夜谭式的愿景，但要真正实现目标，同样没有那么简单，尤其是不能自己一厢情愿。甚至，期待造就中国的投资大鳄索罗斯，中国的股神巴菲特。

"国内各个银行之间历来老死不相往来，电子信息系统建设得再完善也是各自领域的单打独斗。"原因也很简单，就是，它们都有自己的存款指标、贷款额度和最珍贵的客户资源，如果实现互联互通，就意味着每一家的客户资源将要与大家共同分享，这怎么可以呢？"中国银行业协会副秘书长段培忠在接受访问时表示。

按照汇金网的发展思路，其利润来源主要有以下几个途径：

1. 向会员收取会费；

2. 类似于标准普尔的第三方资信调查收费；

3. 网上互联互通收取的手续费；

4. 成功将会员的项目推荐给投资机构后，从中收取的佣金；

5. 促成各种兼并吞并后的佣金；

6. 各项融资及上市安排、资产转让、资产评估之中介佣金。

但透过以上分析，可以看出汇金网的财路条条受阻。汇金网的另一项业务，是将自己定义为依托网络概念的投资公司。汇金网可以说是李嘉诚投资史上的唯一的乌托邦。

首先，在汇金网的网络平台上实现各银行业务的互联互通，现阶段是根本不可能实现的。这一点就连央行也无法强力推动。汇金网不是一家金融机构，而是一家由外资控制的网络公司，不可能取得一个合法的外资控股金融牌照。让外资承担网络央行的职能，显然是件天方夜谭的构想。这就如同一个人生地不熟的香港人在北京开设婚姻介绍所，而且限定只介绍内地人与内地人，而不是内地人与香港人或外国人，自然而然地，其结果可想而知。

中国虽然正在加大金融体制改革的力度，但对外资进入中国的金融系统这一关乎国家经济安全的问题，始终保持着审慎的态度，央行绝不会因汇金网而开此闸门。其次，各银行间互联互通缺少现实基础。各大商业银行间长期处于竞争状态，而非合作状态，囿于都有各自的存贷款指标和多年来积累的珍贵客户资源，基本是老死不相往来。如果实现互联互通，就意味着每一家的客户资源将要与大家分享，这是不可能的，最起码在短期看来。此外，各大银行都有在三至五年内改制上市的打算，这无形中又增加了竞争的激烈程度，互联互通就更不可能。最后，也是最关键的一点，汇金网未能获得更高层的金融机构的认可，在这种情况下，要想进行一系列具有突破政策界限的业务，就成了一种对未来的设想，而且，在实际操作过程中，势必处处事事受到约束掣肘。

加入汇金网的企业用户，不仅可以享受金融信息服务，还可在汇金网平台上自行发布资金需求和项目介绍，汇金网将组织经济、金融方面的专家和律师事务所、注册会计师事务所对项目进行资本风险评定，然后出具可行性报告向投资者推荐，也就是第三方资信调查和评定业务，基本类似于标准普尔。

这个设想是很超前的，对于内地目前急需资本及资产变现的大环境中，确实是大有可为的，所以初始其前景确实也很诱人。但是，在目前整个内地社会的信用体系尚未建立健全，金融中介机构缺少相应配套措施的情况下是很难落实的。

在对一些好项目进行投资时，汇金网发现，由于缺乏必要的担保，企业使用一些资产进行了抵押，但对汇金这样一个纯粹的电子信息企业而言意义不大，至少实质意义不大。因为，在一个诚信缺失的商业社会，希望用一个看得见、摸不着的虚拟网络承担交易信誉的中介与保证，或多或少都偏离了现实，超越了现实。

试问，今天的人们，还有几个善男信女相信网络承诺？至少，超越了内地的现实。至少，对汇金网自身有着巨大的缺乏保障的风险。很明显，这里是内地，而不是香港。

杨秀芳甚至认为，“如果发现有好的项目，汇金网也会考虑自已去投资一部分。”汇金网的这个想法很独特，然而在实际操作中却存在不少困难。汇金网为了与企业尽快打成一片，寻找到好的项目和资金，主动与各个地方政府合作为企业投资融资牵线搭桥，但在投融资过程中，资金安全问题始终无法很好地解决。

因此，融资虽然是中国企业目前的急需，但在实际操作中，由于难以做到位，汇金网也很难从中真正见到效益。

但是，就在实质的业务还没有展开之际，企业会员已经对它们从汇金网所得到的服务开始抱怨了。“他们当初承诺的，现在一个也没有实现，提供的信息和分析也没有什么实用价值。”一位原汇金网的用户发牢骚。他认为，如果没有什么新的变化，他不会在明年继续成为汇金网的用户了。

李嘉诚一向以具有战略眼光而备受推崇，但这一次犯下了一个价值 5000 万港元的不大不小的政治错误。

汇金网的资本链条，到底脆弱到什么程度？就算其背后有雄厚的资金支撑，那么，路在何方？抑或，汇金网以上的种种策略上的失误，仅仅伤及李嘉诚身上的半根毫发？又或，汇金网不过是网络热潮的副产品，根本就不曾纳入长和庞大业务的运作中？

汇金网何去何从？不言而喻。然而，这些问题的答案或许并不重要。因为，此时的汇金网已经以另外一个身份活跃在北京的地产界了——挂着金银信的牌子汇金网业已蜕变为一个空壳。而金银信则因为与世界级巨头联手雪藏 3000 亩地皮而引起了人们的注意。读者的视线应该再次回到本章的开头。

逸翠园事件

和黄（北京朝阳）有限公司于 2003 年年初正式注册成立，但事实上，在 2001 年和黄地产取得逸翠园小区所在的姚家园地块时，北京公司就有了基本架构，为姚家园项目的动工做种种准备。位于北京朝阳区平房乡姚家园村的这块土地，被和黄地产看好。业界流传说，为了取得这块地，和黄高层多次行走于北京市政府和朝阳区政府之间，终于以约 7 亿人民币的价格将其收入。

逸翠园是香港和记黄埔地产公司在北京开发的第一个大型住宅小区，为李嘉诚旗下所有。项目占地约 27 万平方米，总建筑面积约 36 万平方米，首期开发 18 幢住宅楼，共提供 760 套商品房，成交均价 9230 元／平方米：项目自 2002 年 12 月 23 日开始交房。然而，在收房过程中，部分业主对房屋质量提出了质疑，对交楼流程表示不满，并有数名业主参与集体维权。按照合约，这块地的一级开发由平房乡自己的开发公司负责，和黄从二期工程介入。此外，在统一的规划下，由平房乡的开发公司与和黄分别建设拆迁安置用房和商品房。

直到交房第一天，前来收房的业主发现，和黄方面要求业主付清维修基金、物业费、契税以及各项杂费后才能进去收房——先交钱再看货，这种看似不公平的做法在内地房地产业中极为常见。

部分业主认为，逸翠园的建设商——北京某建筑集团公司是工程质量低劣的主要责任者。这家公司注册成立于 1994 年 6 月 4 日，是北京市朝阳区区属的集体所有制企业。

曾与该公司有过业务往来的一位地产界人士说，这家公司起步于朝阳区十八里店乡小武基村的乡村建筑队，因为人脉灵通而在北京建筑市场中颇能呼风唤雨。直接承接逸翠园施工项目的是这家企业的第六工程部，是逸翠园地块所在的朝阳区平房乡的乡属企业。其实，在内地，许多资质不足的建筑企业为了获得建设项目，采取寄人门下直接挂靠的形式成为某个大建筑企业的项目部、工程部，独立核算，条件是每年交给大企业一定的管理费。这种做法在业界十分普遍，而这个第六工程部采取的也是这种挂靠方式，因而得以共享田华集团的国家一级的建筑企业资质。

一位和黄北京公司市场部的人士在收房时对业主表示，和黄当初要取得姚家园的这块地，前提条件是必须把建设项目交给该建筑公司，这已经为后来问题的爆发埋下了隐患。而该公司在施工过程中管理不善，延误工期，最后和黄不得不多次央求建筑商按时完成工期。连如此简单的商业要约，也要委曲求全，可见作为发展商的和黄，委实不能伸张自如。

在内陆，虽然发展商是爷，建筑商是孙，但是，一旦确定由孙子开发建设，孙子就会一夜间变成大爷，发展商反过来变成孙子一样求爷办事。对于和黄这样的港资，对于李嘉诚这样的大腕，似乎更是被咬定青山不放松。田华集团公司工程部称，逸翠园项目当时是对外公开招投标，为了中标，田华公司的标书都装了二十五大箱，直接邮到和黄地产香港总部。当然，这不过是做做样子而已。

他们辩解道，在施工过程中，集团公司曾经派员去施工现场查看过，当逸翠园工程发生质量风波之后，也曾经向第六工程部询问过。第六工程部表示，工程质量问题是由于和黄公司分包太多，有些事田华公司根本就做不了主。第六工程部还表示，逸翠园的设计也有问题，一些管线根本没有预先设计，没有留出预定位置。第六工程部看到设计有问题，曾经提出来，但是和黄管理层方面未予理睬。难道和黄设计图纸上连墙也画斜，连地板也画出渗漏吗？相信没有。

公说公有理，婆说婆有理。和黄（北京）有限公司是施工质量的主要责任者吗？和黄的前员工曾表示，北京公司只是个数据提供者和执行者，香港总部掌握完全的决策权。和黄的管理制度非常严谨，有一套非常严格的近乎机械式的程序。在这套制度里，几乎所有的权力都高度集中在香港总部。总部不仅掌握完全的决策权，而且还控制市场分析和产品分析的权力。

这种不放权的制度带来的直接负面效应是，产品不能保证与市场非常契合。

而且在发生任何意想不到的问题时，不能在第一时间处理应变，而要层层上报，逐级请示。逸翠园的问题恰恰就是当个别业主揭发问题时，北京和黄不予理睬，酿成滚雪球效应，越吵越大，使得北京和黄手足无措，令整个集团陷入被动难堪。

2002 年北京流行小户型的时候，逸翠园项目请的是香港兴业建筑师事务所，该事务所设计的产品分为三类——叠拼、六层、小高层。但到了 2003 年，公司却将设计改为小户型。2004 年，小户型早已不那么畅销了，公司还在为“是否改成二百平米户型”而犹豫不决。

和黄习惯请香港的设计师担纲。但是，北京地产界的人士普遍认为，香港设计师的设计手法并不太符合北京市场的口味。不过，和黄公司内部人士曾对外界透露说，北京公司毕竟还有一些直接与设计师沟通的机会，相比于上海公司，自由度还稍大一些。在上海，虽然合同由设计单位或设计师与上海公司直接签订，但设计方案并不直接与上海公司沟通。方案的审定首先经过香港总部，然后转到香港工程部，最后才交由上海工程部执行。

此外，和黄公司还采取典型的矩阵式管理方式：例如，北京公司的工程部直接听命于香港工程部，同时也听命于北京分公司。在这种管理模式下，每个部门都处在一个交点上，形成一种制衡机制，以防止出现滥权的情况。但这种高度集权和制衡制度往往令决策链条过长，决定要层层传导到总部去由总部研究定夺，甚至，连一个信封的设计也要传真回去由总部审定。和黄的本意是希望通过三角制衡，约束内地分公司，以防止不应该发生的滥权谋私。结果是谁都要负责，谁都不能负责，有功劳时个个往前跑，有问题时人人往后躲。

“我们面对的是一个小社会，组织非常严密，但同时工程部和市场部又互为掣肘。”一位业主代表说。

收房之后，对逸翠园的失望情绪从最初开始装修的数位业主开始，在遭到和黄北京的洽谈后迅速扩散。通过电视媒体和网上论坛的图片，逸翠园成为全北京最透明的住宅。旁观者和业主们一样，清晰地看到和黄地产在北京的第一个楼盘存在着墙体歪斜不规则，所用建筑材料质量存在问题的情况。此外，一些房屋的防水不好、漏水严重。

逸翠园事件可以算是和黄进入内地以来遭遇的第一次重大的公众信任危机。这对于香港的《苹果日报》来说可是一个天赐良机的特大头条新闻，对此天赐良机绝对不能忽视放过，实时以“李嘉诚北京卖烂楼”为标题，在 2007 年 1 月

18日的头版头条大肆渲染逸翠园业主维权事件，大张旗鼓地为业主“维权”，大有赴汤蹈火为民请命之慷慨仗义。

无论是逸翠园还是重庆比华利豪园，业主在介绍自己购买该楼盘时的第一个想法，都与李嘉诚有关。“出于对李嘉诚先生的敬仰，对和记黄埔的高度信任”，没想到，正当人们还在对李嘉诚麾下的和黄在内地大肆圈地的房产开发路径津津乐道之时，逸翠园事件的爆发使人们对其怀有的敬仰和佩服之情变得更为沉重复杂。

有趣的是，逸翠园和重庆比华利豪园的业主中，不乏内地有实力的开发商。据比华利豪园业主杨先生介绍，重庆这些自己本身就是开发商的业主，都是带着体验“李嘉诚先生会带给我们什么样的豪华、高档生活环境”的想法购买了和黄开发的项目。他们认为，以李嘉诚开发房地产的经验，应该是“我们想到的他们想到了，我们没想到的，他们也替我们想到了”，可没料想，“我们想到的他们也算是想到了，我们没想到的原来他们也确实没想到。”于是，失望与不满油然而生。

实际上，逸翠园事件的升级在于业主对和黄对待事情的态度及处理事情的方式无法认同。由于北京和黄方面迟迟拒绝与业主见面沟通，而仅仅通过简单发函的形式居高临下地强硬坚持自己的立场，推卸责任而不是诚意协商，而双方对解决问题的方式在没有深入商讨的情况下又不可能达成一致，危机的升级便在所难免。

一位有经验的工程师称，内地楼盘的质量很大程度依赖于承包商和施工队的人员素质。对于香港开发商而言，如何管理内地繁杂的建筑承包商和施工队，以达到其所要求的质量是最困难最头痛的事情。要求不严，他们会浑水摸鱼偷工减料，要求严格则是消极怠工频生事端，而且更会以各种借口要求多多。

而不幸卷入事件的李嘉诚更不幸成了内地某些人士眼中的大白象[①]，与商业运作中的慷慨的慈善家，以至无可奈何地承担了全部的商业责任，甚至还要额外地承担社会负担。就算如李嘉诚这样的非常人物，在大陆这种特殊的环境里，也有无可奈何的时刻。这个时候，我们更应该理解霍英东先生在南沙的困境。

据了解，香港开发商的合同条款制订非常细致和严格，但内地的承包商和

---

① 比喻稀有、贵重，但需很多维持费用、成本的难有巨大经济效益的资产项目。

施工队对此并不适应，因此在项目招标时会有很多不知情的施工队以较低的报价前来竞标，而各公司大多又以最低价中标为原则。当中标企业发现，依香港公司的合同规定来进行施工无利可图时，为时已晚。这时候，施工企业在施工过程中惯性的借机偷工减料的情况便屡见不鲜，而如何有效地对此进行监督管理，便成为香港开发商保证质量的关键。

学者出身的业主杨先生对和黄内地项目出现问题的原因总结为，香港公司集权式的管理使各分公司总经理处于无权状态，“总经理跟你谈和一个办事员跟你谈的效果是一样的。而总经理把业主反映的情况再转述给香港高层时，由于香港高层对实际情况没有切身体验和感受，因此对事情的处理就会与业主的期望产生偏差。”当然，这个问题所反映的另一方面是，无权自然无责，有任何问题都可以不用承担任何责任，所以任由危机像烧开水一样，越烧越沸腾，越烧越响。

业主们认为，和黄虽然整体收回逸翠园进行整改，但是他们并没有承认逸翠园在质量方面存在问题。和黄在给业主的第一份函件中称，“因为业主对和黄品牌高档楼盘的心理期望值与现实存在一定差距。”和黄在函件中也表示了歉意，并公布了联系方式期望与业主沟通。和黄的这一回应如果仅从文字方面来看是极不明智的，这无异承认自己的产品确实不是最佳质量，确实未能或者不能达到消费者心目中的基本要求与期望值。

和黄方面表示：“逸翠园项目严格按照国家建设规范的要求进行设计施工，房屋的质量及结构安全符合国家标准。”但是，面对诸多问题的业主，并不接受和黄的一面之词，尽管和黄已向业主承诺将聘请有资质的房屋质量检测机构对逸翠园的房屋进行随机抽检，但业主的要求是，对房屋进行质量检测与鉴定评估等工作应有业主参与，在证明房屋结构没有问题的前提下，再与和黄商讨整改的问题。

正是由于双方在这两个关键点上均未达成一致，因此矛盾迅速升级。据一位受某业主委托经常到逸翠园工地现场查看的工程师表示，逸翠园的房屋存在的主要问题是，后期初装修质量差，在初装中很多必要工序都有偷工的现象，所以造成观感质量很差，而其最主要的结构质量肯定没问题。

北京和黄在这次危机中，高高在上，抱着皇帝女儿不愁嫁的心态，对业主与他们所反映的问题不屑一顾，缺乏应有的危机应变处置决断力，这实质上也反映出和黄作为一个家族式跨国集团在体制运作方面所存在的僵化的官僚主义问题。层层请示，层层上报，有集权无分权，有成就无问题，有人领功，无人负责的通病，以致事态恶化到难以控制的境地，不得不被动地一而再地向业主让步，最终无可避免地影响甚至损害到和黄品牌与李嘉诚的个人形象。

尽管上述问题可以说是以日本、香港为代表的东方家族企业运作的通病，尤其是香港家族企业运作的不可避免的弊端。但是，毕竟经过百多年的演化与操作，人们久而久之已经习以为常，从来不视其为问题的问题，亦因此，出现问题之时变得手足无措，应对无方，避之大吉。

当然，事件的另一面，也不能否认北京市民对李嘉诚崇高形象的极高期望而形成的明显落差。不论怎么说，逸翠园事件对素来极为重视名誉的李嘉诚个人而言，都是一个极之不幸的甚至说是绝对不应该出现的插曲。

在逸翠园业主维权的事件公开后，同是和黄开发的重庆比华利豪园，其业主维权事件发生在更早之前，但并不为人所知，此次却随着逸翠园事件的升级而浮出水面。

重庆比华利豪园也是和黄在重庆的第一个项目，以开发独栋别墅为主，共计两千多套。据重庆比华利豪园的业主代表杨先生介绍，该别墅小区实际上早在 2004 年 5 月就已经开始交楼，但业主到 2005 年年底才开始陆续入住。

重庆比华利豪园的质量问题并没有在交楼之前被业主所发现，“我们都是在装修时或入住之后才陆续发现了诸如漏水、空调制冷制热效果差等问题”。与逸翠园的情况类似，重庆比华利豪园的冷气机也存在问题。据杨先生介绍，冷气机的电路板、压缩机等部件都出现过大面积修理的情况，而且制冷制热效果不好，夏天在屋里开冷气机不觉得凉快，冬天也不觉得暖和。

实际上，重庆比华利豪园业主维权事件的暴露，对和黄在内地的项目或许是一个现实的难题。而一旦内地消费者对和黄项目的质量存有质疑，对李嘉诚毕其心力打造而成的超人这一黄金品牌，将是一个必须面对的命题。

“企业的起伏，在中国有，外国也有，但是最要紧的是无论企业大小，都要有一点核心业务。有核心业务就可以在经济不好的时候，起到非常大的作用。这点是我个人的经验。在 1950 年我创立长江的时候，只有 5 万港元，但我非常小心，如履薄冰，‘发展之中不忘稳健，稳健之中不忘发展’，这是我个人的座右铭。”

第九章

布局内地港口

L i K a - s h i n g

▲ 李嘉诚与香港中文大学前校长李国章交谈大学发展。

▲ 李泽楷在圣保罗男女中学的校长及学弟学妹陪同下，参观校舍。

▲ 李泽楷回访圣保罗男女中学，鼓励师弟师妹们在激烈的国际竞争中学以致用，回馈社群。

谈到了盐田港，几乎人人都会提到李嘉诚。盐田港责无旁贷地成了和黄布局内地港口的第一颗棋子和最具威力的航空母舰。盐田港已经成为深圳繁荣昌盛的一个标志和窗口。搭乘中国经济步入现代化发展的快车，盐田国际集装箱码头以非凡的速度、辉煌的成就令世人瞩目，成为一颗名副其实的东方明珠。

80 年代开放初年，深圳大鹏湾海岸线上只有零星点缀的几个渔民村落。其情形就如同当年英国人踏上九龙半岛尖沙咀一样。见到的除了渔民还是渔民，此外就是零零散散的小鸟若干只。

在风平浪静的每一天，渔民手摇帆舨，出海捕鱼，或为自食，或换得零用，一幅与世无争的旖旎的海上田园风光，那是陶渊明的世界。谁能想到，短短数年，就变成了冒险家的乐园，投资者的天堂。

1985 年 12 月 18 日，由深圳市沙头角东河实业有限公司、深圳市经济特区发展有限公司、深圳市航运总公司按 4 ∶ 3 ∶ 2 比例合资设立深圳东鹏实业公司，注册资金 90 万元人民币，同时由市政府划拨 500 万人民币作为启动资金，拉开了建设盐田港的序幕。

盐田建港初期，主要遇到十大难题：一是建港资金问题，二是工程立项问题，三是港口规划问题，四是码头运作问题，五是船坞运输问题，六是陆地运输系统延伸问题，七是货源问题，八是货物出口问题，九是人才短缺问题，十是管理体制问题。

在资金问题上，作为毗邻香港的特区，新政策开阔了咿呀学语的深圳人的眼界。经专家论证，建议采用日本政府的特别日元贷款，邀请日本协力基金代表实地考察并获贷款许可。经有关部门同意，深圳市政府作为贷款人和担保人，与日方签订了贷款合同，获得长期优惠贷款上百亿日元。在立项问题上，深圳市政府和交通部对该项目给予有力支援，报经国家计委批准，盐田港口工程被列入国家和地方“八五”重点建设项目，码头建设迈出了最关键的一步。

当盐田码头发展到一定规模时，伴随市场经济的日趋成熟，内地的资本市场已经启动，作为持有盐田国际码头27%股份的盐田港集团，为了扩大规模，筹集资金，积极筹划股票上市，同时亦需明确股份，以便独家发起和设立股份公司。

为此，1987年年底，在深圳市府的强力协调下，东河、特发、航运总三家原股东顺全大局退出盐田港集团，之后，还办理了市交通主管部门作为股东身份的退出手续（因为盐田码头起步时，作为市政府交通主管部门向企业投资并作为贷款人），从而理顺了盐田港集团在工商的注册手续，深圳市投资管理公司受国资委委托，正式对盐田港集团行使出资人的权利。

盐田港A股股票于1997年7月在深交所挂牌上市，发行社会流通股1.25亿股。2007年，盐田港A共发行股票总股本5.85亿股，总资产达31亿元人民币。

特批控股

1987年12月14日，盐田码头一期工程破土动工，移山填海，筑路架桥，平展堆场，开凿隧道，经过五年的艰苦奋战，先后填出了一二期工程的码头陆基，建成了疏港铁路及公路，完成了盐田一期工程及配套设施，形成了两个5万吨集装箱泊位，1000吨至2.5万吨级的泊位5个。

1992年10月5日，深圳东鹏实业有限公司（1994年11月14日更名为深圳盐田港集团有限公司）与香港和记黄埔举行了盛大的签约仪式。

李嘉诚亲赴北京，签订了投资60亿港元协定，建设深圳盐田集装箱码头。签字仪式在钓鱼台国宾馆隆重举行，国务院总理李鹏、副总理邹家华等高层出席签约仪式，共同见证了《深圳盐田国际集装箱码头合资合同》的诞生。

在签约前，国务院总理李鹏在钓鱼台国宾馆会见了李嘉诚。李鹏对李嘉诚的投资给予高度肯定："内地未来继续坚定不移地推行改革开放政策，确保外资之合法权益。"

李嘉诚谓："虽然我们对刚刚发生的不幸事件表示高度关切，但是，我们亦明白改革开放已成为不可逆转的社会历史趋势，亦因此，集团将持续加大对内地的投资。"

李鹏说道："这一事件是历史的不幸，也是逼不得已的选择。事件的结局不影响开放进程，只会更加坚定我们推动改革开放的决心。"

李嘉诚回应道："作为投资者，我们更希望有一个宽松自由的政治环境，以确保中国未来发展更能够符合全球发展变化趋向，并能确保投资者的合法利益。"

当时，西方世界全力围困抵制大陆经济，因此李嘉诚的巨额投资，对北京来讲，像一针强心剂，社会政治象征意义十分重大，故能取得中央特殊考虑，批准拥有 50.5% 的控股权。这个控股比例已经是当时能够突破政策后的极限。这也是内地港口等行业开放的特例中的特例。

要知道，港口外资控股比例，要拖到十年后的 21 世纪初才有可能。哪怕是在此以后的投资项目，和黄在上海集装箱码头第一期的投资，亦只能取得 40% 股权，在宁波港的投资，也只取得 49% 股权。

正是这十年的时间差，造就了李嘉诚在内地港口的一资独大。

和黄透过旗下的国际集装箱集团与深圳东鹏实业有限公司合组盐田国际集装箱码头有限公司，国际集装箱持有该公司控股权，并与中远、三井及熊谷组持有该公司 70% 股权，深圳东鹏实业则拥有其余 30% 股权。

新公司计划投资 50 亿元人民币发展深圳盐田港首期，包括兴建两个 5 万吨级集装箱泊位及四个杂货泊位，第二期将建三个 5 万吨级集装箱泊位，落成后上述五个集装箱泊位和四个杂货泊位每年处理能力将分别为 170 万个标准箱和 200 万吨货物。根据盐田港长远发展规划，该港最终将建成 40 个深水泊位，年处理量达 8000 万吨，与大连大窑湾、宁波港、福建湄洲湾同为中央指定的国际中转港。

盐田港规划曾引起和黄与九龙仓的争夺，再次上演李嘉诚与包玉刚当年争夺和黄的精彩大戏，双方并一度酝酿合作经营，唯一山难容二虎，最终仍由和黄夺得。

时至今日，九龙仓系吴光正依然对此不能释怀。盐田集装箱码头第一、二期工程建成后，营运顺利，到了谈判第三期工程的时候，内地政策居然收紧，不再给予控股权。虽然李嘉诚在北京的人脉关系很深，但事情涉及中央认为有关国家经济命脉的，便没有人情可讲，此一时也，彼一时也。甚至，不容商量，没有丝毫讨价还价的余地。

1993 年 11 月 16 日，盐田国际集装箱码头有限公司工商登记，注册资金 24 亿港元，中外资的股比为三七开，之后又调整为盐田港集团 27%，和记黄埔香港盐田港口投资有限公司 73%。为中外合资企业、外资控股建设港口基础设施开始了大胆尝试。

1994 年 7 月 20 日，盐田国际码头迎来了第一艘远洋集装箱班轮——马士基船公司旗下的“阿尔基西拉斯”轮，这标志着盐田一期工程竣工正式投入营运。

1996 年 12 月 18 日，盐田国际码头举行了盐田二期项目的奠基仪式。该项目总投资 47 亿港元，占地 58 公顷，建三个 5 万吨级集装箱泊位。工程由中港四航局二公司承建，大量采用英国标准和规范，严格实行国际工程管理，以满足李嘉诚关于工程质量达到“50 年不维修”的技术要求。

2000 年 7 月，二期工程顺利通过国家竣工验收。

2001 年 10 月 1 日，盐田港集团为优化上市股票资产结构，将部分填海在建工程、港区后方配套用地的土地使用权及 2.6 亿元人民币应收款及现金、置换盐田港集团控股的盐田国际 27% 股权，以及对盐田国际的长期债权和深圳梧桐山隧道 50% 股权，置换资产总值近 18 亿元人民币。从而使盐田股份正式成为港口板块。经过五年多的运作，盐田港口稳步发展，效益显著。

为了适应集装箱日益发展的需求，2001 年 11 月 26 日，深圳盐田港集团与和记黄埔在深圳签订了盐田三期工程合资合同，中方股份为 35%，外方股份为 65%，双方共同投资六十多亿港元建设四个 5 万吨的集装箱泊位，总面积 90 公顷，年设计吞吐能力 160 万集装箱，码头前沿和航道水深达 16 米。该工程于 2001 年年底动工，于 2003 年年底至 2006 年分期投入使用。

届时，盐田国际码头将建成集装箱专用泊位 9 个，年设计吞吐能力达到 330 万集装箱，2005 年实际吞吐量达到 520 万集装箱，2010 年达到 960 万集装箱。盐田国际码头自 1995 年至 2001 年，集装箱吞吐量五年来平均每年保持了

70.38%的增长率。2004年1至10月，该码头完成集装箱吞吐量342.75万标准箱，同比增长52.58%，其中9月吞吐量达45万标准箱，破历史纪录。可以说，港口的生产已步入良性、快速发展的时期，各项业务指标屡创新高。

1999年9月12日，盐田国际码头同时使用八台岸桥，连续作业30小时，成功完成第五代超巴拿马型集装箱船货轮6443个标准箱的装卸任务，创造了中国内地港口史上一次性装卸最大量的新纪录。

2001年10月30日，赫伯罗特集装箱航运有限公司（HPL）旗下新下水的“汉堡快航”号巨轮首航盐田，该轮载运量7500个标准箱，是目前世界上最大的集装箱货轮。

在盐田港的股东名单中，和记黄埔的名字并未出现，其对盐田港的介入是通过盐田港的参股企业盐田国际集装箱码头有限公司（以下简称盐田国际）实现的。其中，和黄的股份占到73%，日常经营主要由港方负责，这也是外方控股内地港口的发端。当然，也是当时唯一的例外。

2004年6月，国家工商总局披露调研报告《在华跨国公司限制竞争行为表现及对策》，指责跨国公司在中国的垄断行为愈演愈烈。随即，商务部在另一份调研报告中指出跨国公司正在借专利悄悄包抄中国的对手们，他们通常的策略是先垄断专利技术，后垄断标准，从而垄断市场。和黄在内地的港口等业务再度引起人们的高度关注。许多人将上述报告指鹿为马。而且，当局如此高调，显然是项庄舞剑，意在沛公。

李嘉诚概念的引入，大大提升了盐田港的运作业绩。资料显示，从1996到2000年，盐田国际集装箱吞吐量年均增长56.76%，而凭借对其27%的股权，盐田港2001年获得投资收益3.21亿元人民币，占公司税前利润的70.86%。2002年盐田港年报显示，盐田国际报告期内完成集装箱吞吐量418万标柜，占据了深圳港集装箱的吞吐总量的半壁江山，并实现净利润17.64亿元人民币，而盐田港获投资收益4.76亿元人民币，约占全年净利润的八成半。2003年上半年集装箱吞吐量同比增长20%，高于内地同类港口16%～17%的增幅。

国信证券港口行业研究员唐建华说，李嘉诚不但给盐田国际带来了充裕的资金与良好的管理模式，更给它带来了诸多的国际客户，亦由此带来了超卓的国际信誉。这是确保盐田港超高速发展的绝对必要的条件。深圳方面也从来都不否认这一点。很显然，数以百万箱计的集装箱，完全是因为李嘉诚而心甘情愿来到盐田港,而件件集装箱与艘艘万吨巨轮又是因为什么来到深圳呢?答案不言而喻。

盐田港作业费用比深圳其他港口高出一成至两成，但仍是外国船运公司的首选，他们看上的主要就是金字招牌李嘉诚。安全、快捷、准确、准时，就是盐田港最大的卖点。唐建华认为，和黄的背景是一般的港口所不具备的明显的商业竞争优势，是盐田港最大的无形资产，甚至可以说是盐田港的金字招牌。

据有关统计，内地目前有1467个港口，其中包括165个海港和1300个江河港口。在这些港口中，有55个港口已有外资参与。而由于港口行业具有区域自然资源垄断性的特点，在沿海经济尤其是外向型经济持续高速发展的条件下，内地港口行业在今后较长一段时间内依然保持良好的发展前景和盈利能力。

特别是，未来中国经济可持续发展长达20年，每年增长近一成，长期保有世界工厂的称号，其发展潜力自然不可限量。但总体上看，内地大型专业化深水港口紧绌，集装箱码头吞吐能力明显不足，沿海主要港口航道不能适应船舶大型化的要求与快速增长的趋势。更主要的是，缺乏现代化的国际运作模式与管理。正是这些先天不足，反倒蕴藏着巨大的商机。

第二次合作

2001年岁末，深圳市盐田港集团与香港和记黄埔盐田港口投资发展有限公司一次签订7个合同文本，斥资66亿港币，合作开发建设盐田港三期工程。

李嘉诚的和记黄埔在内地港口的投资已是星罗棋布。如今，自从不断被质疑垄断、主管部门发话外资不得控股港口的背景以来，和记黄埔再次取得码头建设大股东的地位，同时买下盐田港集团属下的平（湖）盐（田）铁路65%的股权，单就铁路控股，已经改写了中国内地投资史。这或许会使得外资投资中国内地港口的步伐又加快一步。

“盐田港三期工程12月初就开工了，我们的合作方和记黄埔依然是大股东。因为社会上对于外资控股比例十分敏感，港务局对此十分低调。”盐田港务局三期工程办公室的一位官员这样说。根据盐田港方面提供的资料，双方签署的7个合同文本分别是：盐田港三期集装箱码头场地及岸线转让合同，三期工程合资经营合同、章程，平盐铁路股权转让合同，平盐铁路合资经营合同、章程和码头统筹经营合同。

一系列合同中包含了这样的动作：和黄与盐田港集团成立合资公司，负责开发及经营盐田港三期，和黄提供合营公司注册资本 15.6 亿港币，摊占 65% 股权，盐田港集团出资 8.4 亿港币，占 35% 股份。与此同时，和黄盐田港旗下的全资附属公司 WSE 以 2.1 亿港币为代价，向盐田港集团属下的两个合营公司收其所属平盐铁路公司 65% 经营权益，并申请将铁路公司性质改为中外合资企业。

和黄宣布旗下和黄港口已正式与深圳市政府及盐田港口集团签订协定，合作发展盐田港第三期计划，经营期 50 年，项目投资额达 66 亿港币。不过，由于非常敏感的问题，和黄并没有透露项目所占股权，但外界估计，和黄所占股权约四成五，因此该公司这项计划投资额约为 30 亿港币。

和黄规划，第三期工程于 2002 年年初展开，总发展面积为 90 公顷，合共有四个 5 万吨级的深水港泊位，工程在 2006 年全部完成，年设计吞吐量为 160 万集装箱，方案还为未来盐田港考虑到进一步发展的预留空间。可见，李嘉诚对盐田港的发展远景十分看好。

和黄港口董事总经理马德富表示，盐田港发展有利提升华南集装箱处理能力。第三期发展计划是该码头第一及第二期的延续。不过，有关项目一直等待中央政府审批，其后又数度传出中央政府有压抑和黄在内地的发展，以免造成垄断局面，令当时正在等候审批的盐田港三期、宁波港、外高桥三个港口项目，极受市场关注，视为中央政府对和黄在内地发展接受某种程度的准则。该项计划终在 7 月获国务院批准。

和黄在盐田港第三期工程项目中，将连同中远太平洋和招商局合作。事实上，和黄与中远在港口业务上早已有合作关系：双方合作项目包括香港 8 号集装箱码头，更于 2001 年 3 月底共同合作投资上海外高桥码头，上海外高桥码头投资额 30 亿元人民币，其中和黄占股权 30%。

李嘉诚认为，成功没有魔法，也没有点金术，但人文精神永远是创意的源泉。“论语中有算盘，算盘中有论语”，明治维新时的日本人在发现、吸收西方商业精神的同时，也不忘中国人文传统对于商业经营的益处。

儒家之修身、反求诸己、不欺暗室的原则，西方之宗教戒律，围绕这题目落墨很多，到书店、在网上自我增值的书和秘诀多不胜数。

我认为自我管理是一种静态管理：是培养理性力量的基本功，是人把知识和经验转变为能力的催化剂。

李嘉诚在盐田港的连串动作，自然又引起了业界关注，也引起了北京高层的关注。当然，必要时，甚至每时每刻，都必须只做不说。在内地，在中国人的习惯看来，许多事情从来就是这样：只可以做，不可以说。就如同江泽民训诫港人的那样：闷声发大财。毕竟，地方的利益与中央的考虑，地方的进取与中央的稳重，全局的战略与局部的规划，概念的推销与实际的操作，在许多方面有相当大的落差。

按照国家政策和交通部长黄镇东的讲话精神，此次和黄进军盐田港三期，持股比例将被限定在49%以内。可是事过不到一年，虽然和黄与盐田港集团方面均宣称65%的股权是以和黄为首的外资财团共同持有，和黄在其中仅占了45%的股份，但毕竟外资还是取得了控股地位。况且，和黄与盐田港集团均坚持不透露和黄的外资合作伙伴是谁，这更令业界人士疑虑外资控股的内情。许多人甚至质疑，李嘉诚的外资合作伙伴就是他的儿子李泽钜。

利用自身在深圳超过十年的投资优势，和黄联合盐田港集团向国家交通部、计委等部门迅速提交了开发报告，同时将报告绕过主管部门直接递交到了国务院。据传，为了避开控股比例的限制，和黄技术性地引进了有红筹背景的香港上市公司中远太平洋作为合作伙伴。

在盐田港三期，和黄占45%，盐田港集团占35%，其余外资合作伙伴则占20%，若将盐田港集团与红筹中远加起来，则中资控股55%，和黄并非第一大股东，但李嘉诚的的确确是单一最大股东。

"争取不到资本话事权，和记黄埔港口就不能获得一家之主的地位，更多时只能扮演管家的角色，因此控股权才是最关键的争取内容。"盐田港集团的一位中层官员说。与此同时，在内地东南沿海的港口新加坡港务集团进军广州港，香港九龙仓集团与宁波港密切接触，盐田身边的蛇口港也有招商局集团投入400亿港币巨资。

盐田港已经成为李嘉诚沿海港口战略的龙头、抢滩登陆的桥头堡。李嘉诚在盐田的一小步对外资的意义不可谓不大。

"如果对现在的产业政策有什么突破，那也是经过国务院批准的。"盐田港集团办公室主任彭洪波在接受采访时说，“基础设施的建设对外资和民间资本进一步开放将是一个趋势，和黄投资盐田港是因为觉得这个市场有利可图，估计未来的投资可能会超过交通部所批的金额。”

“如果我们在合作的开始总是怕被控制，那这个行业可能永远也发展不起来。”中山大学田宇博士认为，李氏财团在进行“战略性的物流资本运营”，李嘉诚的目标是开放后的中国物流市场，只要和黄控制了大型集装箱码头这一流通链条中的枢纽部分，就可以对国内国外贸易的大宗物流进行控制，同时利用其强大的财力和管理发挥的吸纳能力，将内陆运输的货舱、储运、速递等中小型物流企业盘点整合，由此产生的巨额利润自然也尽入和黄囊中。

看起来，似乎是山花烂漫待有时。纸上谈兵，完全可以决胜千里之外。

2001 年 10 月，在披露集团重组的有关细节时，招商局集团总裁秦晓坦言，目前招商国际正在争取将其在蛇口港的控股比例提高到 100%，有关工作也已经上报到了国务院。秦晓还进一步解释，虽然招商局是在港注册的红筹企业，但是在历史上中央一直将其视为大型国有企业，因为头上戴顶红帽子，因此取得 100% 的港口控股权应该没有问题。如果一定说有，那只是时间问题。

值得注意的是和黄在盐田取得的平盐铁路的控股权。按照国家政策，铁路产权尚未向外资放开，虽然平盐铁路仅仅是连接盐田港与国家铁路网的港口内部自用铁路，但是将铁路控股权出售，盐田港与和黄又在政策灰色领域迈进了一大步。

“目前的政策对于铁路外资控股肯定是不允许的，但是平盐铁路是企业内部资产，不是公营业务，亦不对外营运，盐田又毗邻香港的改革开放前沿，国家网开一面也未尝没有可能。”铁道部政策法规司的一位官员说。

毕竟，这里是深圳特区。或者说，毕竟这是超人李嘉诚。更进一步的消息来自交通部。交通部水运司的一位不愿意透露姓名的主管说，对于外资取得内地码头控股权日渐增多的现象，交通部曾专门打报告到国务院相关部门。据说国务院已在统筹考虑，完全有可能出台新的政策，其间极有可能对外资的控股比例适度放开。看来已是大势所趋。外资不是洪水猛兽，既然引资，就没有必要心大心细，怕狼怕虎。

李嘉诚一直坚持稳健理性的战略，“不打无把握之仗”，这是家底很薄时的“李超人”起家时所必须做到的，也是使他在多年商海纵横中立于不败之地的原因。

李嘉诚自己很清醒。

稳健并不意味着保守和犹豫，当他逐盘分析一件事情后就会果断决策，绝不拖泥带水，这确有拿得起放得下的大将风度。能够克服常人不能克服的虚荣与贪婪，见好就收。

李嘉诚第一次大规模投资海外，是付出7700万美元收购英国皮尔逊公司股权，当遇到皮尔逊管理层提出抗议时，李嘉诚就趁机获利1300万美元，浅尝辄止。知难而退，礼貌再见，再次表现他随机应变的本领。

和记黄埔集团投资深圳盐田港第三期的计划，获得国务院批准之后，香港一些舆论及业者忧虑，盐田港第三期落成后，将对香港船运业构成严重威胁。

和黄负责人证实，和黄将投资盐田港第三期，所占股权不超过45%。而和黄也有份参与投资盐田港第一、二期。盐田港第三期的总投资额超过55亿元人民币，吞吐量为160万个标准柜，合资经营期长达50年。该项目总共有四个可供5万吨级船只上卸货的泊位，预计首个泊位可于2005年年底启用。已在运作的盐田港一、二期2000年的吞吐量达215万个标准柜，比1999年度大幅增加35%，盈利激增67%。

香港《明报》评论说，“年初以来，内地集装箱码头吞吐量的升幅远超过香港，其中一个原因是不少原在香港出口的货物，已改到盐田港出口。”香港集装箱业内人士预期，本港集装箱吞吐量将进一步下跌两至三成，香港司机为长远计可能不得不北移。香港工业总会主席刘展灏表示，愈来愈多商会会员表明，将透过大陆港口出口货物，相信三至五年后，这种趋势将更明显。汇丰证券分析员郑碧海指出，过往香港厂商为求准时运货给买家，会选择收费较高但较可靠的香港集装箱港。

但自从美国经济放缓后，当地入口商对运输成本很敏感，他们的代理选择出口港时，宁愿选择收费较低的盐田港。问题是，和黄拥有香港葵涌过半的吞吐量，对李嘉诚来讲，只是把钞票装在左边的口袋，还是右边的口袋而已。

据说，李嘉诚当初决定投资参建盐田港时，遭到了和黄内部马世民等人的强力反对，他们所持的理由是，和黄这样做，无异左手打右手，自己拆自己的台。李嘉诚反驳道，就算左手打右手，一定好过挨别人的左手或右手打的被动局面。况且，就算削弱了葵涌港口，对和黄来说，也只是把钱装在不同的口袋里，总好过眼看别人从自己口袋里把钱一点一点抢走。真正忧虑的，一定不是李嘉诚，不是和黄。

如果把时间回放到和黄决策投资盐田港之时，当时集团内部多人强力反对，但是，这些反对者恰恰忽略了一点，或者说没有预见到这一点，究竟钱应该装在哪个口袋里。唯一不太方便的地方，就是无法由自己决定应该装在哪个口袋，只有准备两个大大的口袋。

2001 年 11 月 4 日，深圳赤湾港航有限公司发布公告，接受招商局国际的邀请，并伙同南油（集团）有限公司一起设立合资公司，投资 9 亿元人民币，开发妈湾港区 0 号、5 号、6 号和 7 号泊位。招商局国际和赤湾港航共同持有合资公司 60% 的股份。业界认为这是招商局国际投资深圳西部码头的自然延伸。

据悉，招商局国际已制定战略："十五"期间，投放深圳的资金将达 150 亿元人民币，其中港口业是重点。集团主席傅育宁坦言：将进一步整合西部港区。而此前招商局国际已联合九龙仓、太古、铁行开发蛇口码头二期，招商局国际占股 51%，后三者占股 49%。

有专家指出，招商局国际在深圳西部码头频频发力，再加上外资不断涌入西部港区，势必进一步削弱以和黄为主的东部港区在整个深圳港的主导地位，也将对数十里之遥的香港码头产生冲击，深港码头格局将更加微妙。

深圳东西部码头格局变化的深层原因是货运量的快速增长。"到 2002 年 9 月底，整个深圳港的集装箱吞吐量达到了 550 万集装箱。"这是深圳市交通局港航分局局长周天麟透露的数字。据他介绍，2003 年深圳港集装箱吞吐量已突破 700 万集装箱，比上年的 507 万集装箱净增 200 万集装箱。增长背后是深圳港口超负荷的运转。超负荷运转的背后，是无限的商机，无限的金矿。无限商机的背后是李嘉诚的勃勃野心。

招商局国际联手和黄的老对手九龙仓等兴建蛇口二期，便被外界认为是公然向和黄盐田港挑战之意。占有蛇口二期 20% 股权的九龙仓，其下属公司现代集装箱码头（招商局集团也是股东之一）也曾试图染指盐田港，可惜败走麦城。

在香港葵涌码头更是和黄的对手之一。几乎在所有有关李嘉诚的书籍中，被人们津津乐道的一个话题就是"李嘉诚大战九龙仓"的动人心弦的精彩片段。据消息灵通人士说，九龙仓也准备投放更多的资金进军内地码头业，前来探路的财团则更多。

"蛇口码头、赤湾码头、妈湾码头及大铲湾码头项目一旦建成，吞吐能力将会大幅上升，况且，深圳市政府也有加大西部港区发展之意，蛇口码头三期及赤湾12、13号泊位也在规划中，无疑会减低东部港区在整个深圳港的分量。”业内人士分析，以经营散杂货为主的西部港区将会有更多的集装箱码头，能停泊世界上最大的船舶。

中国几千年的商业文化，宣扬的都是无商不“奸”，然而对于李嘉诚这位30岁就凭自己的努力成为富豪的人来说，商人最重要的素质却是“信”。

要令别人对你信任。不只是商人，一个国家亦是无信不立。

其实，李嘉诚在事业上的“信”与他对人的“诚”是分不开的，诚信相合，即为“义”。从对子女的教育上最能看出一个人的为人和心中的想法。李嘉诚坦言：

以往百分之九十九是教孩子做人的道理，现在有时会谈论生意，约三分之一谈生意，三分之二教他们做人的道理。因为世情才是大学问。世界上每一个人都精明，要令人家信服并喜欢和你交往，那才最重要。

我经常教导他们，一生之中，最重要的是守信。我现在就算再有多十倍的资金也不足以应付那么多的生意，而且很多是别人主动找自己的，这些都是为人守信的结果。

对人要守信用，对朋友要有义气，今日而言，也许很多人未必相信，但我觉得义字，实在是终身用得着的。

李嘉诚在其日常管理的几个要点中也突出了诚的原则：

一、坚守诺言，建立良好的信誉，一个人良好的信誉是走向成功的不可缺少的前提条件。

二、要了解下属的希望。除了生活，应给予员工好的前途；并且，一切以员工的利益为重，特别在年老的时候，公司更应该确保给予员工的利益保障能够实现，从而使员工对集团有归属感，以增强企业的凝聚力。

三、要信赖下属。用人不疑，疑人不用。公司所有行政人员，每个人都有其消息来源及市场资料。决定任何一件大事都是有关人员一起研究，汇合各人的信息，从而集思广益，尽量减少出错的机会。

以诚感人者，人亦以诚应之。李嘉诚的真诚与善待下属，令下属对他也是忠心耿耿。

一直追随李嘉诚左右长达50年的盛颂声，直到1985年因为举家移民加拿大才离开长江实业。而身为集团公司副董事长兼总经理的元老重臣周千和，则一直追随在李嘉诚身边，为他出谋划策共守江山至退休。

2005年11月8日下午，香港和记黄埔港口集团和深圳盐田港集团有限公司共同投资114.8亿元人民币，兴建盐田港区集装箱码头扩建工程签约仪式在深圳五洲宾馆举行。这是盐田港集团与和记黄埔，继盐田港区一、二、三期工程及西港区项目成功合作后的又一次联手。

和黄董事局主席李嘉诚、董事总经理霍建宁等和黄高层，深圳市委书记李鸿忠、政协主席李德成、常务副市长刘应力、副市长张思平等深圳高层官员，深圳盐田港集团董事长郑京生等人，出席了签字仪式和晚宴。

签字仪式由深圳市副市长张思平主持。按照此次签约的内容，深圳盐田港区扩建工程项目总面积136公顷，岸线长3297米，将建5个10万吨和一个3万吨集装箱专用泊位。建成后，盐田港的年吞吐能力将增加370万集装箱。该项目延续了此前三期的合作模式，和黄与盐田港集团分别持股65%和35%。

有关工程于2005年3月已获中央政府批准，但当时披露和黄港口的持股为43%，较后来落实的65%为少。据悉，扩建工程的首个泊位于2006年8月31日前投入使用，全部泊位在2009年9月30日前竣工。扩建完成后，包括一、二、三期在内的集装箱码头总占地面积将达到344公顷，拥有集装箱深水泊位15个，年吞吐量可达1200万集装箱。

盐田港现已开辟75条国际航线，2005年前7个月的吞吐量达到634万集装箱，占深圳港吞吐量的近50%，是华南地区重要的进出口通道。

和黄在五个月前，将其核心的香港港口资产——“国际集装箱码头（HIT）”的两成股权，以及“中远国际集装箱码头”的一成股权，以72亿港元作价售予主要竞争对手新加坡港务局（PSA），被外界视为和黄看淡香港码头业前景、逐步减持相关资产的战略部署。

深圳盐田港区还在伦敦获得全球物流协会颁发的2005至2006年度全球最

佳集装箱港口企业的称号，成为首个获此殊荣的中国港口。盐田港扩建工程的建成和投产将会进一步加速深圳港口经济的发展，增强深圳港在珠三角地区的枢纽港地位。

《香港经济日报》在翌日发表的社论“港口痛失优势，一错不能再错”中指出，“香港集装箱港口地位再响警号，李嘉诚在深圳签约，和黄与深圳盐田港集团共同投资 100 亿元人民币，扩建盐田港集装箱码头，深圳港口能力将追上甚至超越香港，本港港口业恐将滑落。”

“深圳港口强势已成，加上未来还在扩建，香港深圳强弱之势互易，未来强者愈强的将是深圳港口。不少人曾预言香港港口将成夕阳工业，很可能不幸言中，港人与香港经济将遭重大挫伤。”

“此惨痛教训的学费不能白交，港口之败，在港府缺乏前瞻力，没有在政策上强化本港竞争力，才痛失本地经济支柱之一。在内地日益发展，全球竞争激烈下，香港其他优势如空运中心、金融中心、购物天堂绝不可恃，亦有被迫上之危；一个有能力的政府，就要有能力保住香港的强项，并开拓新的经济火车头，否则便难推动香港继续向前，创造就业职位。”

“港府与港人必须有反省失误、痛定思痛的决心，才能提升香港经济竞争力。”

先入为主

自 2002 年 4 月“外资不得控股中国沿海港口码头”这一政策解冻后，中国大陆掀起了一股外资投资内地港口码头的热潮。除和记黄埔外，长荣集团，东方海外及中资的中海、中远、香港招商局等都在逐渐向内地港口业靠拢。

李嘉诚是全球最大的港口运营商，其旗下的和黄港口经营着全球 30 个港口，共 169 个泊位。控制了全球船运贸易的 14% 和香港港口吞吐量的 50%。

早在 2001 年的时候，和记黄埔在内地的集装箱业务量达到全国的四分之一。和黄港口位于内地的码头布点很多，主要分为枢纽港（上海集装箱码头、宁波北仑国际集装箱码头及盐田国际集装箱码头）及内河、沿海港口（珠海国际集装箱码头（九洲）、珠海国际集装箱码头（高栏）、南海国际集装箱码头、江门国际集装箱码头、汕头国际集装箱码头及厦门国际集装箱码头）。

尽管和黄港口占有先入为主的优势和更为雄厚的资金后盾，但在内陆码头投资的新一轮跑马圈地中，八仙过海，各显神通，其他码头商也有着自己的机会。根据国家的相关规定，一旦外资控股码头后就拥有自身的定价权，尽管政府也可以出面调控，但幅度不可能出现太大的偏差。假如几个港口群体由同一家外资企业控股，特别是邻近的几个港口由同一资本控制，就极易造成区域垄断定价。而在所有投资内地港口的外资企业中，和黄港口被理所当然地视为最有垄断嫌疑的一个。在和黄投资的十几个集装箱码头中，其持股额均在 30% 以上。对于这种可能存在的垄断定价显然不是中国政府所希望看到的。

对于港口控股权的政策，交通部还出台详细的实施细则；对于具有价格垄断威胁的码头投资，国家会有所限制。不过，中远一直以来毕竟以航运为核心主业，对码头的经营介入得相对较少；而和黄多年来一直从事港口的投资，其管理能力和运营经验可能会更胜一筹。

年近八旬的李嘉诚，走起路来仍轻快得像个年轻人。

2005 年 11 月 8 日下午 5 时许，李嘉诚出席在深圳五洲宾馆举行的盐田港区集装箱码头扩建工程合资合同签字仪式，受到国宾式高规格礼遇。宾主甫坐定，李嘉诚便不失时机地送给时任深圳市委书记的李鸿忠一顶大礼帽：“我天天听到你们的好事，天天看到深圳的好事。深圳的发展真是日新月异，一日千里。”李嘉诚盛赞深圳是“坐喷气式飞机起飞”，像深圳的标志性建筑——“展翅腾飞”。

来而不往非礼也。李鸿忠笑着回礼说：“今天盐田港三期扩建合同签约就是深圳的一件大好事！深圳四大支柱产业之一是物流业，海港运输是物流业的支柱。没有李嘉诚先生您的加入，盐田港就不可能发展得这么快，盐田港就不可能有今天。深圳人应该感谢你。”

李嘉诚说，盐田港不久前被评为全球 2005 至 2006 年度最佳港口，目前获此国际荣誉的港口，中国只有一个，香港、新加坡的港口还没有获得过。这完全是深圳特区政府协调管理有方。说到此，李嘉诚话锋一转，蜻蜓点水，提出盐田港东港区问题。他说：“与深圳合作建设东港区，如果明天能签合同，明天我还过来。因为现在的竞争非常紧张，所以越快越好，越快越好！”商圣本色，争分夺秒，显露无遗。

李嘉诚表示，将在盐田港东港区建设十个泊位。另外，还将与深圳合作保税区业务。对此，李鸿忠回应，将尽快研究并启动盐田港东港区的合作项目。李嘉诚说，“盐田国际的飞速发展，是有关各方精诚合作的结果”。他表示：“我们坚信，在未来，华南地区仍将是全球经济高速发展的地区之一。盐田港有潜力进一步发展。和记黄埔集团愿意配合深圳市政府，把深圳港建设成为世界大港，为深圳的未来发展做出更大贡献。”

李鸿忠再次表示了自己的诚意，深圳市实施以港兴市、以港强市战略，将竭诚为李嘉诚在盐田港的发展服务。李嘉诚表示，深圳有用得上他的地方，请随时开口，一定不遗余力，全力以赴。

李鸿忠接过话头说：这里可以向你转告一下，今年9月，温家宝总理视察深圳时参观了盐田港。那一天，阳光灿烂，盐田港九个泊位停满了货轮。温总理看后非常高兴，说这才是名副其实的世界大港。温总理同时也特意对你在深圳的发展成就表示祝贺。李嘉诚听后，开心而又满意地微笑着。

盐田国际码头的高速发展，使许多人想知晓其发展轨迹，探究其真实原因。纵观其发展历程，主要有以下几个方面：

第一，国家的改革开放政策为盐田码头的建设与发展带来生机和活力，中央和地方政府在土地征用、税收减免、合资股比、装卸费率等方面给予了一系列的优惠政策。

第二，发达的珠江三角洲地区腹地经济，为深圳港提供了大量的货源。据有关资料显示，2005年珠江三角洲集装箱生成量约1500万标准箱，经由陆路运往香港转口约占60%，由深圳港口出口约占20%。而经深圳港出口的箱源分布大致为，深圳市及珠三角地区占八成，内陆地区占一成，国际中转一成。

第三，实施符合国际运作惯例的管理运作制度是盐田国际码头发展成功的基础。盐田国际从成立开始，就建立了适合市场经济发展要求的企业管理制度。

第四，李嘉诚集团的强力运作及李嘉诚自身的商业品牌效应。盐田港无论从港区规划建设，还是设备投入，运作模式，人才管理，都自始至终奉行着李嘉诚的企业管理运作要素，最大最好最精最快最准最强。多少年来，李嘉诚本人与和黄集团为盐田港的顺利高效率运作，呕心沥血，筑巢引凤，大到港口路轨的铺设，小到一个集装箱的摆放，都亲自过问，确保盐田港成为世界级的高效率的集装箱码头。

第五，盐田国际由深圳盐田港集团与和记黄埔为代表的外商投资集团共同投资兴建，投资者拥有全额股权，并通过运用股东权力影响企业行为。

第六，吸引班轮公司投资码头有利于增加航班密度。实践证明，有实力的船公司参与码头投资实为明智之举。

对码头来说，将投资与风险和船公司的利益捆绑在一起，不仅可分担一次性巨额投资造成的压力，而且还可促使参与码头投资的船公司的班轮挂靠码头有了保证。

第七，配置先进的码头设施，采用一流的操作系统。盐田国际集装箱码头将总投资四分之一的资金用于购置先进的码头设施，开发使用世界最先进的计算机操作系统，并在日常运作中不断地加以更新。

1994 年，盐田国际码头计算机生产系统的设计吞吐能力为 80 万标准箱，1997 年升级为 200 万标准箱，2000 年又升级为 300 万标准箱。该系统可随时跟踪作业的每个环节，全面使用无线终端现场管理，已达世界一流水平。

第八，需要强调的是，逐步改善港口口岸环境，不断提升通关效率也是盐田港成功的法宝之一。其中，最关键的一点，是引进了李嘉诚这块金字招牌。

第九，深圳作为中国内地改革开放的实验田，其管理层高瞻远瞩，大胆创新，先试先行的行政魄力，是确保盐田港能够脱颖而出的先决条件之一。从 1995 年以来，国家体改委、国家经贸委关于深圳口岸管理体制改革试点方案实施，口岸通关环境得到了极大改善。各港区实行了全封闭监管系统，海关在拖车进出闸口、堆场、桥边设有闭路电视（Closed Circuit Televison）监控系统，海关、边检分别在各港区设有监控中心，并对部分船舶实施即靠即卸即离措施。

任何事物都是在矛盾中不断发展和前进的。随着珠江三角洲经济业务的迅速发展，盐田国际码头亦出现了亟待解决的几个问题：一是港口泊位及配套设施不能满足日益增长的市场需求，目前盐田国际码头的吞吐能力及堆存能力已趋饱和；二是港口集疏运系统规划滞后，对突发的集装箱货物出口高峰和集装箱塞车的应变能力不足；三是港口口岸通关效率有待进一步提高。对此，需要政府主管部门与港口方面的共同努力。

又遇老对手

李嘉诚之所以能有今天，固然离不开忠心的下属的帮忙，而能把各有所长的手下人调动起来，就是李嘉诚的长处。他讲了一个比喻：商海之战是充满血腥的。但这并不是说每个商人都得奸诈投机，以赚钱为唯一目的，李嘉诚就是一位以诚信为原则，胸中自有天平的商家。以诚以善为出发点，就不会得寸进尺，不会贪得无厌，就能够“知止”。

商业的扩张自然是每个生意人愿意看到之事，对对手穷追猛打，可能会收一时战功显赫之虚荣，但从长远来看，会广树敌人，自毁退路。纵横商海几十年的李嘉诚非常懂得“中庸之道”和“忍字功夫”。

李嘉诚的商业眼光永远是战略性的而非策略性的，他的立足点与出发点永远是战略性的，长和系商业王国永远都追求最好最大最强，一个盐田港的成功，不过是投身内地港口物流的前哨。建立一个沿海港口物流作业带，采取战略性垄断经营，在港口物流作业上，尽可能争取永远都由投资方话事决定，这才是和黄的终极目标。

李嘉诚至今每天晚上睡觉之前都要看书，那么，通常他看的都是什么书呢？

李嘉诚回答道：“我看的是关于信息科技前景研究的书，我相信这个行业发展会非常快，未来两三年里，电影、电视都可以在小小的手提电话中显示出来（李嘉诚不忘借机推销 3G 手机），我比较喜欢科技、历史和哲学类的书籍，最近对网络信息也比较感兴趣。”好读书的李嘉诚表示，自己从来不看小说，娱乐新闻也从来不关注。

这是因为，李嘉诚从小就要争分夺秒抢学问。李嘉诚说：我年轻时没有钱和时间读书，几个月才理一次发，要抢学问，只能买旧书，买老师教学生用过的旧书，长大了也没有时间去看言情小说、武侠小说。不过，我是喜欢历史的，小时候读书历史都拿高分的。

遗憾的是，李嘉诚也从来不看有关自己的传记。但愿李嘉诚能改变不看自己传记的初衷，因为，本书是一部历史传记，甚或说是一部香港史，甚或是一本人生教科书。

李嘉诚强调说：在知识经济的时代里，如果你有资金，但是缺乏知识，没有最新的讯息，无论何种行业，你越拼搏，失败的可能性越大，但是你有知识，没有资金的话，小小的付出都能够有回报，并且很可能达到成功，现在跟数十年前相比，知识和资金在通往成功路上所起的作用完全不同。超人强调：知识不仅指课本内容，更包括社会经验、文明文化、时代精神等整体要素，甚至包括人情这一大学问。

2005 年 7 月 19 日，对于香港船王包玉刚的女婿吴光正来说是一个特别的日子，因为在这一天，他们的九龙仓集团终于迈出了进军深圳港口物流业的第一步，而相对于 1993 年就投资深圳盐田港的李嘉诚来说，他们整整迟来了 12 年。

当天上午，在香港九龙仓集团主席吴光正和深圳市领导的共同见证下，香港九龙仓旗下现代货箱码头有限公司与大铲湾港口投资发展有限公司正式签订合资合同，共同组建合资公司，开发建设大铲湾港区集装箱码头。

“今天是个好日子，二十多年来，九龙仓一直关注深圳港口的发展。今天，我们终于走到了一起。”在签约仪式上，意气风发的吴光正掩饰不住内心的激动。吴光正激动的内心，其实是对二十年前失手盐田港的失落的感慨。虽说九龙仓在二十年前就关注深圳港口发展，但真正决定付出行动却显得有些迟缓迟疑，三年前吴光正将目光投向深圳大铲湾，随后便开始与深圳当局接洽，经过三年的努力，九龙仓最终与深圳当局达成合作协议。

而为了投资大铲湾港区，吴光正先是在九龙仓旗下的香港现代集装箱码头有限公司下注册成立了全资子公司——现代大铲湾投资控股（香港）有限公司，然后由这家公司与深圳大铲湾港口投资发展有限公司合资成立深圳市大铲湾港口投资发展有限公司。

据了解，双方成立的合资公司的注册资本金为 24.7555 亿元人民币，是法定总投资的 35%，其中深圳方以土地使用权作价入股，占 35% 的股份；九龙仓以港币现金出资，占 65% 的股份。合资公司的注册地在深圳，经营期限为 50 年，由九龙仓控股管理和经营，九名董事中，九龙仓占六席，深圳方占三席。

根据规划，大铲湾集装箱码头整个工程将建 20 个泊位，工程总投资达 250 亿元人民币，分四期工程全部建成，届时集装箱吞吐能力可达 700 万标准箱，而最终设计吞吐能力将达 1000 万标准箱，相当于深圳港现有的吞吐能力。显然是一个新的盐田港规模。

据介绍，一期工程2005年3月已获国家发改委正式批复，核准立项。按国家发改委批准的投资规模，一期工程占地面积112万平方米，规划建设5个水深17米以上的集装箱泊位，设计集装箱年吞吐能力为250万集装箱，全部五个泊位于2008年年底建成投产，总投资70.73亿元人民币。

深圳港口物流的三足鼎立态势已然成型。对于深圳的港口物流业来说，目前所形成的是东西对峙的格局，即西面的招商局与东面的李嘉诚。而这种东西对峙局面将很快成为历史。

1979年，招商局在蛇口设立工业区，在蛇口沿线建设码头，有敏锐商业嗅觉的李嘉诚很快意识到巨大商机，向招商局表达合作开发蛇口港的意愿，但遭到无情拒绝。招商局其实担心的是李嘉诚的蚕食战略。

最终，李嘉诚1993年踏足深圳东岸与盐田港合作，盐田港区迅速崛起，并最终超过了西岸的招商局港区。

2004年招商局开始在深圳西部发力，控制了深圳南油集团旗下的港口，使当年西部集装箱吞吐量首次超过东部的盐田港，占整个深圳港吞吐量1366万集装箱中的54%。

按照规划，大铲湾港口的集装箱吞吐能力将达1000万集装箱，与盐田港和招商局未来规划的吞吐能力基本持平。也就是说，深圳港集装箱运输业将形成东部盐田港区、西部招商局港区和大铲湾新集装箱港区三足鼎立的格局。

香港知名专栏作家曾渊沧在“深圳港口迟早超越香港”一文分析道：李嘉诚宣布投资100亿元人民币扩建盐田港码头，令其泊位由9个变成15个，扩大了67%，扩建之后，和黄在深圳的泊位将比他们在港的泊位还要多。这意味着，在李嘉诚心目中，深圳的码头吞吐量迟早会超越香港。很明显，香港码头的经营成本远高于深圳，因此收费也不得不高于深圳，这是在相当长时间内无法改变的客观现实。

从东莞到深圳的距离肯定低过从东莞到香港，深圳生产的更不必说，甚至东莞本身也有条件建深水码头，为什么不建？据说是中央不让建，以保护香港。如果东莞建码头，香港有问题，深圳也有问题，事实上，珠三角最大的工业区就在东莞，东莞一个城市的GDP就已经大过一些省的GDP。从东莞及深圳运货物到香港出口，还得透过深圳与香港两地海关，单是这点，就是大半天，时间大大地浪费。因此，如果从成本的角度来看，东莞及深圳生产的货物，完全没有理由送到香港出口，今日香港之所以还能维持世界第一大港的地位，唯一的原因是深圳海港已经完全饱和，泊位不足够容纳更多的集装箱货船。

取惠州，战厦门

2005年12月10日，在惠州港业股份有限公司第二次股东大会（下称惠州港业）上，原大股东惠州港务集团宣布，将其持有的1078万股转让给和黄集团，股权转让协议已正式签订，并已报国家有关部门审批。股权转让后，和黄持有惠州港33.59%的股权，与惠州港务集团并列第一大股东。

“惠州港可以说是珠三角沿海城市内陆型港口群中最后一块肥肉，和黄拿下这块肥肉后，意味着珠三角的港口被瓜分完毕，也意味着和黄在其大本营珠三角的布局也基本完成。”中山大学港澳珠三角研究中心教授郑天祥如是说。

目前，股权转让事宜已通过全部法律程序。一旦股权转让成功，和黄集团将持有惠州港33.59%的股份，与惠州港务集团同时并列第一大股东。而惠州港业也将变身为中外合资企业，向世界级港口迈进。双方将投资进行惠州港扩建工程和两个五万吨级码头建设，用于建设码头的地皮已划定，工地正在规划之中，工程最快将于年内动工，并在两年内建成通航。

“我们计划用15年的时间将惠州港建成年吞吐量上亿吨的大港，迈进国内大港的行列。”惠州港务局办公室黄主任表示，中海壳牌、南海炼油等一系列大项目的启动，势必带动大量的中下游企业落户大亚湾，未来惠州的出口量将大大增加，这使得惠州港吞吐能力扩容势在必行。

据公开资料，惠州港现有三个3万吨级泊位和四个1000吨至1万吨级泊位，码头容量和航线远远不能同有26个万吨级以上泊位的深圳港相比。目前，惠州近4000家企业被迫舍近求远，主要出口产品分别通过深圳盐田港及蛇口港外运。

李嘉诚心仪惠州港，甚至在深圳盐田港之前。早在20世纪90年代初，和黄就和惠州当地政府洽谈过多次，但由于种种原因没有谈成，进而掉头转向盐田港。经过近十年来的发展，盐田港将惠州港远远地抛在了后面。

“香港是和黄总部，盐田和高栏则分居东西两翼，除了没有染指广州外，和黄在珠三角城市港口的势力已经非常强大。这次拿下惠州港，可以说是如虎添翼，其在珠三角老大的地位基本确立。”郑天祥分析。

2005年4月，和黄在珠海高栏港的两个5万吨集装箱码头正式开工建设。

国信证券研究员谭建华认为，和黄在珠三角港口的布点一向较多，再加上其在北方港口的争夺不顺利，导致其退而求其次，全力在珠三角打造港口群。

“和黄在北方的受挫可能与其投资原则有关，因为和黄一向要求控股，而且独有一套港口经营和管理理念。所以在早期的盐田港一期中，和黄拿到了73%的股权。”郑天祥说，不过现在政府也意识到了这个问题，盐田港三期和黄只拿到65%的股权，其在高栏港和惠州港中也只是拿到并列第一大股东的股权。

在盐田港投资比例已经趋高，上海港投资也泾渭分明的情况下，增资地处东南一隅的厦门港是否会成为和黄的下一步棋？和黄透过旗下的和黄三角洲也先后夺得珠海九洲港、高栏港、南海港、江门港、汕头港及厦门港的集装箱码头业务发展管理经营权。

1992年年初，和黄与珠海港务局合组珠海国际集装箱码头（九洲）有限公司，各占50%股权。1994年，九洲港集装箱处理量为26万个标准柜，是中国第五个最繁忙集装箱港。同年，和黄再与珠海港务局合组珠海国际集装箱码头（高栏）有限公司，各占50%股权。和黄还与南海市交通局合作经营南海三山港，与汕头港务局合建汕头珠池港。

经数年发展，和黄已在南中国各港口集装箱码头业确立领先地位，与香港葵涌集装箱码头业务形成相辅相成、互相配合的区域产业链战略格局。

“我们没有独资经营码头的意念，我们想找大的码头公司或船公司，充分利用对方的资源，发挥双方优势，促进厦门港口的发展。”2002年8月，厦门市副市长陈聪辉曾率团赴香港推介，重头戏就是港口招商。

除了既定的厦门国际集装箱码头，厦门还有意邀请李嘉诚再增加对其他码头项目的投资。“我们并没有得到和黄今年再增资厦门港的确切消息，”厦门港务集团办公室黄主任却坦白，“具体可直接向厦门国际集装箱码头方面询问。”

如果拿下一号与四号泊位，意味着厦门国际集装箱码头必须再进行新一轮的增资扩股。按协定，在双方出价相等的情况下，和黄拥有优先认股权，但看好海沧集装箱码头的并不仅仅是和黄一家。

2002年4月外资不能控股国内码头的政策解禁之后，围绕厦门港的入世及三通题材，各家外资港运巨头骤然提速抢码头。除了香港和黄、新世界基建、中远太平洋、台湾长荣、丹麦马士基（Maersk）、荷兰铁行渣华（Royal P&O Nedlloyd）和美国环球集装箱等，都已锁定厦门港，争先对码头注资。

首破禁令的厦门象屿保税区惠建码头有限公司及由香港新世界基建持股75%的太平洋港口等三家港资公司以60%股份控股，据称，新世界基建还想拿下厦门海沧港区的三个泊位。而来自台湾的长荣集团势头更猛，意欲直接注资厦门国际集装箱码头公司，另争取海沧港区五号、六号、七号泊位，总投资额预计达9亿元人民币。

这给李嘉诚出了一道难题，因为增资厦门国际集装箱码头，就意味着要参与增资扩股竞标，如若志在必得的长荣真插一脚进来，标位势必开高，进而影响到日后一号与四号泊位的运营，这绝非李嘉诚所愿。

厦门资深港运人士分析认为，若长荣再参股，李嘉诚便可能无法处于绝对控股的地位，这对一直靠投资规模营利的和黄并不一定合算。但即使最终长荣未入伙，而是拿下了紧挨着的五号、六号、七号泊位，对和黄来说其处境也很微妙。而在规划中，这曾是李嘉诚下一步蚕食的目标。如若要抢在长荣之前拿下新地盘，势必要追加更大投资。

但分析人士认为，基于投资成本与收益的考量，和黄在短期内难说会再有大动作。曾经是中国历史上著名的五口通商口岸的厦门港，如今随着人们对两岸关系改善的看好及“三通”的期待，再燃烽火。据《二十一世纪经济报道》报道，香港和记黄埔、香港中远太平洋、台湾长荣、英国铁行公司（P&O Banking Corporation）以及美国环球集装箱等国际知名港航企业正在为争夺厦门港（包括海沧台商投资区港区）而暗自角力，以赶在两岸正式“三通”之前，抢占先机。

按照厦门市构筑现代化国际大港的总体目标，厦门港最终将建成以外贸、客运旅游、国际中转和过境贸易、临海工业为主，兼有保税仓储、商贸、渔业和军事等多功能的现代化综合性港口，在中国东南沿海经济区、对台“三通”和参与国际经济贸易竞争中起龙头作用。根据规划，仅厦门东渡港区就计划建设20个万吨级以上泊位，海沧港区也规划建设36个万吨级泊位，嵩屿港区规划建设8个石油、化工产品和成品油中转码头。业内一种看法是，和黄认为目前投资内地码头的代价过高。而实际上，在这波和黄码头投资退潮的背后，一个无法回避的因素就是合资码头费率的普遍下调。

2002年4月中旬以来，和黄控股50%的上海集装箱码头作业费全线下挫了五个百分点，导致其利润大幅跳水。“现在，集装箱码头的生意是越来越难做了，”厦门国际集装箱码头的郑国炼也并不讳言，“尽管合资码头有自主定价的空间，但已经很有限。”其实，承受费率下降压力的不仅是和黄的内地码头。香港码头成本过高一直为人诟病，高盛甚至认为香港港口业已经步入萎缩期。

不久前和黄不得不调低了自己在香港的码头收费标准，据悉未来费率还会进一步下调，同内地码头看齐。届时，两地码头竞争势必进一步加剧。这种情况下，李嘉诚肯定会顾虑内地码头投资未来的利润空间。“从长远分析，如果不调价，就意味着更多的船公司会转泊其他码头。”厦门资深港运人士称，即使和黄再财大气粗也撑不了太久。但一调价，收益又会缩水，不利于未来投资发展。

据称，在内地合资码头中并非所占股份比例越高钱就挣得越多。“关键是要找到投资规模与收益的平衡点。”如今门户开放，和黄反而陷入两难境地。如果继续保持增资势头，在相当长一段时期内可能仍然入不敷出，但不继续扩张，码头都被圈光了又会陷入被动，挣不到足够的利润。在这样此消彼长的局势下，和黄已经开始有意识地收缩内地码头的投资战线，重新评估原先的投资项目，并有所侧重，不再四面开花，而是重点突破。

深圳港

深圳港位于广东省珠江口以东，南海大亚湾以西的深圳经济特区的两翼。从地理位置上看，深圳的几大港口对香港港口形成了合围蚕食之势。也正是由于深圳港的“围剿”，香港港口雄踞多年的全球集装箱港口一哥地位受到动摇，2005年2月拱手让给新加坡，全球业界震惊。

未来几年，深圳港对香港港口的“围剿”，更将风云骤起。

业界认为，到2010年，香港港口连全球第二位的位置也不保，深圳港集装箱吞吐量将由2004年的1365万集装箱上升到2400万集装箱，超过目前总量为2198万集装箱的香港港口。

深圳港2010年集装箱吞吐量将达2400万集装箱的预测，并非空穴来风，深圳港口协会专家、原深圳市航运总公司港航部部长司徒锦裕透露，这是深圳市交通局组织专家，根据深圳市外贸等多个因素严格分析测算出来的科学数据。2004 年，深圳港完成货物吞吐量 1.35 亿吨，集装箱吞吐量 1385 万集装箱，稳居世界集装箱港第四名。深圳市港务局和香港港口发展局的统计资料也证实了这一事实，近十年来，深圳港集装箱吞吐量增长速度为 28% 至 50%，为香港港口的五至十倍，而香港港则仅持续在 5% 左右。

未来几年，深圳港的增长速度虽然将有所放缓，但其发展潜力远大于香港港口这一趋势还将持续。行里行外，人们对这一点毫无异议。

深圳市港务局和香港港口发展局统计资料显示，深圳港 2005 年一季度集装箱吞吐量 348.6 万标准柜，同比增长 25.22%。而香港港口 2005 年 3 月份吞吐量，同比大跌 7.2%，并拖累首季吞吐量仅 510 万集装箱，结果让新加坡以 40 万集装箱之差，取代香港全球集装箱一哥地位，且这一差距在 2005 年内将难以追回。甚至在可见的将来，更加难以追回。

深圳港发展潜力大于香港港口，其中一个重要原因就是，深圳港拥有珠三角这一广阔的进出口贸易腹地。综合开发研究院（中国·深圳）（China Developmet Institute）物流管理中心主任王国文博士非常肯定地表示。

据统计，广东省外贸进出口约占内地总量的三分之一，总额从 1978 年的 16 亿美元增加到 2004 年的 3500 亿美元，年均增长速度超 24%。其中出口从 14 亿美元增加到 1016 亿美元，年均增长速度超过 20%。而深圳全年进出口贸易总额约占广东省的一半，连续 12 年居全国大中城市首位。

“珠三角地区高速增长的对外贸易，为深圳港发展提供了动力和源泉。”周天麟这样描述，因为深圳港 80% 以上的集装箱货物来自珠三角，以港口六成六的出口重柜和三成五的进出重柜往来欧美地区。王国文曾预测到 2010 年，珠三角将为各港口提供 4700 万至 5000 万标准柜的集装箱货物。

2004 年 12 月 1 日，李嘉诚与长江商学院 EMBA 学员有一番真情对白。

问：您谈到做人、经商，在今天的中国社会，几乎每隔一两年就有一些著名的公司受到社会的质疑，您能否给这些受到质疑的大公司的领导人一些建议？

答：企业的起伏，在中国有，外国也有，但是最要紧的是无论企业大小，都要有一点核心业务。有核心业务就可以在经济不好的时候，起到非常大的作用。这点是我个人的经验。在 1950 年我创立长江的时候，只有5万港元，但我非常小心，如履薄冰，“发展之中不忘稳健，稳健之中不忘发展”，这是我个人的座右铭。

问：在目前中国市场经济还未完全发达的状况下，法律制度还没得到健全。做一个好人和做一个商人常常会发生一些矛盾，在社会上我常常会看到一些成功的商人，但他不是一个好人；是一个好人，又做不好一个商人。您是如何解决这些矛盾的?

答：矛盾太多了，正正当当作一个商人是不容易的。如果没有一个原则，从一个不正途去发展，有时候你可以侥幸赚一笔大钱，但是来得容易，去得也容易，同时后患无穷。从正途来发展，国内的机会是非常多的，正途才是最好的。在香港也有走偏路的商人，他们成功很快，但掉下去也很快。

问：李先生对宏观调控下民营企业的发展有什么建议或看法?

答：宏观调控政策，我个人看法是，国家的计划是不会让整个经济出现大的波动的，我们现有的钢铁产量比日本和美国加起来还大，需求量也大，如果不去控制的话，将来是吃不消的。

民营企业在现在的环境下，机会还有，不要放弃，我看应该多跟行家探讨，多听听大家好的意见，同时自己要研究，最要紧的是自己要投入。

从1950年开始，我做什么事，兴趣都非常高，这是我自己的个性。你经营一个实业，必须使自己非常有兴趣、非常投入，你才能得到成功。

我一生做过不同的行业，在世界上我们有很多的行业，每个行业我都非常投入，这一点说明：事业要成功，自己要投入。有兴趣力量就有了，这是我自己的经验。

我的看法，民营企业每天情愿赚一点点，非常小心的，不要投机取巧，有困难时更要引起自己的兴趣，来为改变环境而努力。

问：听人讲，您的办公室有两个字“知止”，外界传得很神，能给大家分享这两个字的含义吗?

答：这两个字是出自于春秋的老子，经营企业，“知止”两个字是最重要的。我从12岁就开始打工了，到22岁过了十年非常刻苦的生活，到今天我已工作六十多年了，“知止”两个字没有写在办公室，但一直写在脑子里。

在香港我看到人家成功得容易，但是掉下去也非常快，是什么原因呢？“知止”是非常重要的。全世界失败的企业中，至少一半都是贪婪的。

问：现在很多青年很崇拜您，从您创业的体验，从您对中国当代企业家的了解，您认为当前中国的青年企业家要在未来成为世界级的企业家，必须逾越哪几个台阶?

答：国家经济的快速增长，提供给国内的企业家很大的机会，但是我们的企业家要做到顶峰的话必须要找自己的市场。如果要做一个成功跨国、跨世界的企业，市场把握是靠你自己建立起来的，在我看来，国内有自己的市场的企业并不多，这个是大家值得深思的。

问：很多学员即将完成学业进入新的岗位，在他们新的人生开始的时候，能不能给予他们什么寄语?

答：领导企业，重要的就是在哪一行都要拿到这行最好的信息，在进取时常常要想到万一失败的可能性，遇到不如意时，你要有准备，这样受损害就小了。

问：怎样平衡奉献社会与回报股东的关系?

答：作为一个公众公司，你一定要为股东创造你应该创造的利益，这一点是无可厚非的。但是基金不同，基金是你个人拿出来的，我的基金的每一个铜板都是抽完税后才放进去的。

在西方国家，尤其是在美国，他们很多成功的商人，在他们退休的时候都是拿出非常多的钱贡献给社会，这一点我希望在座的每个人将来都成功，成功之余都能拿出一笔钱贡献社会，让自己一生都觉得永无遗憾。

“我们参与某一行业时，市场上往往都已是强手如林，我们居于老二、老六甚至更后的位置。究竟如何使老六变第一呢？关键是要抓住发展的时机。而要做到这一点，在时机到来之前，就必须掌握准确的资料和最新信息。”

第十章

弄潮黄浦

Li Ka-shing

▲ 2000 年 12 月 12 日，李嘉诚出席香港公开大学李嘉诚专业进修学院命名典礼剪彩仪式。

▲ 李嘉诚认为内心的富贵才是真富贵。

危楼还望，叹此意、今古几人曾会？
鬼设神施，浑认作、天限南疆北界。
一水横陈，连岗三面，做出争雄势。
六朝何事，只成门户私计？
因笑王谢诸人，登高怀远，也学英雄涕。
凭却江山，管不到、河洛腥膻无际。
正好长驱，不须反顾，寻取中流誓。
小儿破贼，势成宁问强对！

（南宋）陈亮《念奴娇·登多景楼》

据说，这是毛泽东当年常常吟诵在口“长使英雄泪满襟”的一首绝妙好词。不过，丑话还是说在前面。在这里，既没有小儿，也没有贼，只有争雄之势。

1992年8月，李嘉诚透过和黄与上海港集装箱综合发展公司合组上海集装箱码头有限公司（SCT），注册资金为20亿人民币，各占50%股权，和黄向SCT注入10亿人民币，上海方面则以上海港现有12个泊位（其中7个为集装箱泊位）及设施等实物资产注入，双方计划投资56亿人民币，在1995年以前将其余的5个多用途泊位改建为集装箱泊位，并建造金山嘴深水码头及购入外高桥码头权益。上述计划于2000年全部完成，届时上海港的集装箱吞吐量将从

1992 年的 73 万个标准集装箱箱增加到 200 万个标准集装箱，相当于香港葵涌集装箱港 1992 年吞吐量的三分之一。经过数年改造扩建，1995 年上海港集装箱码头泊位已增加到 10 个，集装箱处理量已达 170 万个。

外资的注入不仅给港口带来了充足的后续发展资金，更凭借其先进高效的管理有效提高了港口的效率。SCT 的集装箱吞吐量连年攀高，从 1993 年的 90 万标准集装箱猛增到 2003 年的 335 万标准集装箱。2002 年 9 月，上海港务局（现上海国际港务集团）又与丹麦 A.P. 穆勒 - 马士基集团旗下的码头公司签约合作经营新建的外高桥四期集装箱码头，即上海沪东集装箱码头有限公司；2003 年 3 月，外高桥一期又改制为中外合资的浦东国际集装箱码头有限公司。

2001 年 5 月 24 日，李嘉诚在长和系股东大会后对记者说："和黄已经参与内地港口业务超过 10 年之久，日常运作相当好，增长也十分理想，有 10% 的增长，甚至 20% 的增长。"

然而，事情并未完全按照李嘉诚预定的轨道发展。平静的海面之下暗涌潜动。

纷争

2002 年 9 月，上海港务局局长陆海祜的一席话，令在场的三十多名中外记者面面相觑，无不愕然。

这位陆兄本来盛赞李嘉诚对上海港口的投资贡献，中途突然收起笑意，一脸严肃地说："不过，我认为他的视野应该更宽一些。对一个理智兼具战略眼光的经营者来说，经营不是仅从一个价格概念着手的事。"言下之意，指李嘉诚上海港口高价运作。

公开炮轰首次来自内地官员，而且是主管的业务官员，就显得非同小可。特别是，发出这种声音的是在内地非常有背景的官员，就更加不能不引起李嘉诚及和黄高层的高度重视了。

李嘉诚可以耐心地对香港解释说，"我对香港只有爱心，没有野心。"但他这样的话对日渐现实的内地来讲，显然不足以打消他们心中难以释怀的种种疑虑。

种种的挑战因素不断出现，重重不利传言更是此起彼伏。正如香港《壹周刊》

所说："正当李家王国犹如不沉邮轮泰坦尼克号一样纵横大海时，海面已露出危险的浮冰。"当然，舵手李嘉诚自然不会漠视面对的冰山。幸运的是，舵手李嘉诚早已发现坚冰，并小心翼翼地绕开冰山。长和航空母舰显然不是泰坦尼克号。

李嘉诚的行事方式在上海就这样非常意外地遇到了强有力的挑战。在大陆，从投资的那一刻开始，李嘉诚就不得不小心谨慎。即使如此，他的成功，无论是地产，还是港口，抑或能源，与他在香港地区的辉煌相比仍黯然失色。

这，或许可以看作是商业文化、商业氛围、商业习惯和商业运作的不同。但更重要的，相信还是制度及其运作的截然不同。或许是在此支配下的理念不同。这里有传统文化惰性的一面，有现实利益刚性的一面，也有李嘉诚的事业有待在更大更纵深的文明冲突中扩展的另一面。也许，更有李嘉诚独特的精英理念的挥发冲撞的另一面。这里，更有着内地商业文化与官场习俗的现实碰撞与磨合生存。

在中华文化里，在文明共同体内部，李嘉诚的作为有其挥洒自如的地方，也有其困顿掣肘的时候，更有其迷茫困惑的刹那。

美国经济史学家道格拉斯·诺斯站在制度学派的立场，提出并详细阐述了制度变迁的"路径依赖"一说。诺斯认为，制度变迁存在着报酬递增和自我强化的机制。这种机制使制度变迁一旦走上某一路径，就会在以后的发展中得到不断的自我强化。"历史表明，人们过去做出的选择决定了其现在可能的选择。已建立的制度会千方百计地维护自身的存在，选择某种制度容易，但放弃却很困难。"

一般情况下，路径依赖有不同的方向。一种情况是某种初始制度选定以后，具有报酬递增的效果，促进了经济的发展；其他相关制度安排向同样方向配合，导致有利于经济增长的进一步的制度变迁。这是一种良性的路径依赖。另一个情况是某种制度演变的轨迹形成以后，初始制度的效率降低，甚至开始阻碍生产活动，那些与这种制度共荣的组织为了自己的既得利益而尽力维护它。此时这个社会陷入无效制度，进入了"锁定"状态。这是恶性的路径依赖。

传统思想不仅深刻地影响了内地的文明进程，影响着施展谋略的商家，也制约着承载一切商业活动的载体，归约着事务演绎的进程。继而，在很大的程度上制约着身临其境的每一个人。

在香港，李嘉诚可以完完全全例外，因为这是华洋结合的西方社会，没有人能够强逼你做什么选择。但是，大陆不同，李嘉诚不能例外，因为这是个一统的一致的一样的一体的社会。你可以暂时超然于外，但你必将无可奈何地受制于其中。

顿悟顿修，渐悟渐修。渐悟顿修，顿悟渐修。功力法力如何，全靠自己领悟揣度。简单一句话，看你怎样玩。

传统策略思想体现出“重视谋略、扬长避短、理解矛盾、麻痹敌人、坚忍待变、保持灵活”等原则，当然，释儒策略思想延绵千年，百花齐放，相互影响、融合，绝非片言只字所能详陈所能道明解说。

商场上，人缘和朋友尤其重要。善待他人，利益均沾是生意场上交朋友的前提；诚实和信誉是交朋友的保证。诸如此类的汉语语句俯拾即是。

“儒以礼行，觉以律兴，一归真元，无大小乘。”

“泾以渭浊，湜湜其沚。”

就像在积累财富上创造了奇迹一样，李嘉诚的人缘之佳在商场中同样创造了奇迹，这已经构成了李氏王国的最大的无形资产。

李嘉诚生意场上的朋友多如繁星，几乎每一个和他有过一面之交的人，都会成为他值得信赖的好朋友。

如前说，李嘉诚在香港的成功多与大陆的政治变动息息相关。大陆政治风云变幻虽让他把握机会捡得很多便宜，但是，李嘉诚仍与大多数香港人一样，潜意识里有一种疑惑与不安，有一种谨慎与戒备。或许还有不经意的疑虑与不满。

在特定时空，甚至有一种莫名的恐惧。或许仅仅是因为昨天的历史，甚或今天的现实。假设可以大胆，求证必须小心。如他自己所说，早年在关心国际市场的同时，他每时每刻都关心着内地的变化。惋惜之外常常是莫名的忧心如焚。

由于“做生意大家意见不同”（霍建宁语），加之“外商不应垄断码头”的说法绝非无中生有，李嘉诚与上海港多年来在经营上的分歧，似乎越来越大，越来越公开。价格的问题可以有商有量，垄断的指责则是可大可小。风头火势，冷战渐酣，终于在2002年9月，以和黄要求其与上海港务局合资（1993年）的上海集装箱码头有限公司（SCT）（下同）沪方副总经理韩刚辞职正面爆发。

香港《信报》对此评论道：“和黄与上海的合作伙伴不咬弦已踏入白热化阶段，粗估和黄未来要面对的不但是一个职员的问题，而是与沪方之间的合作关系，以及和黄在上海以至中国整体投资港口的经营策略和定位。”

“做生意和打高尔夫球一样要冷静，第一杆即使打得不好，如果可以保持冷静，有计划，并不表示这个洞你就会输，这和做人、做生意一样，有高低潮，身处逆境时要考虑如何来应付。”

李嘉诚很淡然，似乎把这一切看得很开很淡。不然，又能怎么样？

事实也是，虽然他在内地有着很大的影响，但他六百多亿的投资中，有超15% 至 20% 的项目是不理想的，虽然他感觉总体“还算不错”。

对于商人而言，一个项目出现亏损或经营不理想，他可以要求经理层重新考虑规划与方案，改变不利处境只是时间问题，或者是一个简单的策略问题。但对于大陆这样的转型甚至是扭曲的新生市场来说，盈利与否，甚至项目本身，考验的只是他本人的智慧与处世技巧。也就是说，商业始终都是第二位的。

投资是为了赚钱，而在内地某些人的眼中，投资是为了奉献为了爱国为了关系为了将来为了当官。

司马迁在《史记 · 高祖本纪》中说：“夏之政忠，忠之敝，小人以野，故殷人承之以敬。敬之敝，小人以鬼，故周人承之以文。文之敝，小人以僿，故救僿莫若以忠。三王之道若循环，终而复始。周秦之闲，可谓文敝矣。秦政不改，反酷刑法，岂不缪乎。故汉兴，承敝易变，使人不倦，得天统矣。”

司马迁的这个结论，看上去完全因为受制于自身命运而具有太多的宿命色彩，在两千多年后的今天看来似乎陈旧过时，对此持反对意见或不以为然者不在少数。

但作为一个严谨的历史学家，司马迁通过对几千年的历史考察而得出的结论，并不会因不合现代人的胃口，或缺少时代感而失去其合理的社会历史演绎的逻辑成分。从某种意义上来说，司马迁对历史内在规律认识的深刻性，比我们今天绝大多数人要高明得多，亦深刻得多。

在一个自由的市场经济体，传统文化对李嘉诚仍然有着决定性的影响，但这种影响更多地是在为人、处世方面，也即更接近于我们平常所谓的道，甚至于术。虽然商业上的思维，他似乎更接近于西方。

李嘉诚如何操作？如何作为？或许，更重要的是，如何变通？

实际上经济制度问题绝不是经济本身，它是一个政治问题和社会问题，一个综合的结果，国家应该对这些问题综合起来考虑……

李嘉诚意有所指地这么说。

约在一个月前，即5月的第一日，我静悄悄地度过了自己的公司创业20周年。那天，我思忆从前的种种：在战乱中失去童年的悲伤，目睹父亲病苦中的无助，贫穷的寂寞，一个12岁少年拼命寻找工作的焦急，首次收到粮单的喜悦，取得首单生意的拼劲，创立公司的兴奋，拥有第一间居所的舒适，置身全球性的改变及发展的感受，取得成功及被认同所带来的畅快感觉，一切实在是毫不容易的历程。

李嘉诚如何对待自己庞大的产业。什么是李嘉诚的遗产？西方人福特、洛克菲勒曾面对过这道难题。甚至世人也在思索，什么是盖茨的遗产？

"君子之泽，五世而斩。"[①]这是中国传统文化的非常传统的总结。

李嘉诚如何解答？还是让李嘉诚自己回答这个问题。

人类智慧伟大成就是如何将科学与人文结合起来，这是我们知识的终极关怀。命运掌握在自己手里，也在我们梦想之中。

今日科技经济新典范的崛起，正处于矛盾吊诡之中。我们一方面追求变迁，但又同时希望更安定，数码鸿沟、学习鸿沟构造着权力再集中及分配不公平的现象，全球化令我们知道和拥抱世界的多元化，我们更不能忽视建立社群的重要性。

发展的失衡不能完全依赖政府去解决，这是社会的集体责任，我们每一位都要勇于承担。

在一次演讲中，李嘉诚强调了两个主题："企业体制的建立"和"企业文

① 出自《孟子·离娄章句下》。

化生命的培育”。

李嘉诚的立意用心和倾情，是在“企业的文化生命”，由此而通往“个人的文化生命”和人生至高境界。开宗明义，开门见山，李嘉诚一开始便进入艺术境界：

（我）一辈子都努力自修，苦苦求新知识和学问，管理有没有艺术可言？我有自己的心得和经验。

他要讲的是管理艺术：

艺术的定义可简单归纳为人类发自内心的创作、行为、原则、方法或表达，一般带美感，能有超然性和能引起共鸣。是一门能从求学、模仿、实践和观察所得的学问。

从管理中获得的这门学问，把这学问应用到管理，来来往往，上上下下，存乎一心，无用之用、用而无用，就是“管理艺术”。

“好的管理者”是指“深谙管理艺术的领袖”。

从商而谈权力来源，而且举重若轻，游刃有余，简单二句便勾勒出跨越几千年社会发展的不同类型的权力来源及其内在的社会价值，呼应韦伯（MaxWeber）的正当性、合理性，甚至实用性类型。谈企业管理而把视野扩大到权力来源的隐性深层次，别说商界，在学术界也绝无仅有。

李嘉诚引用香港问题的分析架构介入企业管理，看来香港这二十多年的政治转型，他体会极深、精、高、远，完全融会贯通，可以顺手拈来，毫不雕饰地自成佳句奥妙。

知识须要和意志结合，静态管理自我的方法要伸延到动态管理，理性的力量加上理智的力量，问题的核心如何避免聪明组织干愚蠢的事。

老板和领袖之别，关乎个人之成败，关乎企业盛衰，甚至关乎民族兴亡。

老板和领袖之别，也可折射“企业体制”和“企业文化生命”之别。

“老板主导”的“企业体制”，是由各种专业以理性思维和逻辑组合而成的硬件硬力，依据惯性思维，呆板因循，形式、关系和仪礼主导日常经营运作，内里有没有相应的机制肌理与活力动力，无人能知，无人愿理。

“领袖主导”的“企业文化生命”是贯通企业上下内外的一种比较自觉自然的服务意识和能力，有公认和个人内在化的总体大方向，感应和回应每日如战场的挑战，知危知机、知变应变，局部也能随机应变、适当权宜行事，把前后方、内部和外间社会的新形势及时、准确反映进中枢，并很快形成准确无误的反应决策。

“好的管理者”首要是“自我管理”，由自己做起，以身作则。他说：

> 想当好的管理者，首要任务是知道自我管理是一大责任，在流动与变化万千的世界中，发现自己是谁，了解自己要成什么样是建立尊严的基础。自我管理是一种静态管理，是培养理性力量的基本功，是人把知识和经验转变为能力的催化剂。

李嘉诚讲富兰克林的贡献，只说他协助建立美国的国家体制，没有提到国家政治文化生命的历史高度。这次他直接提出企业文化生命的概念。

李嘉诚似乎在效法富兰克林，建立一个运转如常、灵活机动、充满生命活力的体制，甚而有过之，要建立一个与现代文明趋向一致的企业文化生命、个人的文化生命，但有别于范蠡有别于传统的文化生命。

分歧

在上海码头业，李嘉诚终于初尝挫折。

2002 年 4 月，和黄心仪已久的上海港目前最大的集装箱码头、外高桥第四期合作权，竟然旁落全球四大码头公司之一的 A · P · 穆勒 – 马士基手中。

冰冻三尺，非一日之寒。上海早因码头管理与和黄种下合作嫌隙，尽管他们九年之前的热恋合作还在继续进行中。不过，的的确确已是同床异梦。

2002 年 8 月一次例会上，上海港务局高层直指和黄经营的码头价贵、水浅。后来更加直言 SCT 是第四世界的设备，第三世界的管理，第二世界的招牌，第一世界的收费，已成为上海港发展最大的绊脚石。言下之意，就是要毫不留情地踢开绊脚石。

上海方面还显示出喊冤叫屈无可奈何的神态，看上去似乎忍无可忍。上海发展外高桥一、二、三期码头时，居然没让和黄参与。李嘉诚当然大为不满，但又无可奈何。

SCT 之后，李家王国由上海向南迅速扩张（和黄也将改变上海以北的不做宗旨，投资大连港、烟台港、锦州港等），所有重要港口都有投资（最少的股份 37%），掌握全国四分之一的货物吞吐量。

内地早就风传李嘉诚有垄断之嫌，有交通部官员在内部会议明言：李氏家族经营的中国码头业务实在太多，扩充确实太快，覆盖范围实在太广。言下之意，和黄垄断嫌疑最大。不过，也只是说说而已。

随着 2002 年 4 月外资可控股中方码头的政策出台，和黄反而暂缓了港口步伐。据报道，2000 年 4 月，李嘉诚亲自访问上海，签署入股外高桥一期投资 30% 的协定，之后通过了国家计委审批，“合资企业的牌子都做好了，但和黄就是不愿意签字”。

显然，李嘉诚仍在等待恰当的时机逢低吸纳。而至少已有两家竞争对手令和黄感到威胁：2002 年 10 月之后，上海港务局实行政企分开，即将成立一家上海国际港务的国际性港口投资集团，成为实实在在的地头蛇；刚度过百年生日的招商局集团，联手九龙仓、太古等兴建蛇口二期，已有向和黄盐田港挑战之意，主席傅育宁坦言，将进一步整合深圳西部港区，势必动摇以和黄为主的东部港区的主导地位。

五年内，招商局将在内地港口投资 100 亿人民币。

SCT2003 年上半年吞吐量虽然增长 4%，但除息、税前盈利下降 13%，这其实反映了和黄在内地的整体港口策略的表现。没有外高桥时，又嫌 SCT 贵的话，货船唯有到远一点的宁波港，其实这对和黄也无所谓，后者和黄占 49% 股份。但正如后面还会提到的，宁波人也像上海人学习，也觉得贵。如此简单的逻辑，那宁波浙江方面的货源岂不是又逼回上海滩？

这跟和黄为了帮助生意少一点的盐田港，而不让其香港葵涌码头降价的手法如出一辙，因为，香港的港口成本始终高过深圳港口。这可能是和黄港口布局的最初战略战术考虑，也是和黄面对港口竞争加剧，不得不采取的最为稳健的保守策略。

面对三万多名员工，面对成百上千的大小股东，倘若说李嘉诚没有压力，那是假的，因为，李嘉诚每时每刻，所考虑的，必然首先是公司及股东的利益。当然，头痛的是，如何在各种关系各种利益中找得精确的平衡点。

长江实业何以有如此辉煌的今天？这是许多人所感兴趣的问题。

对此，李嘉诚说，很多人常常有误解，以为我的公司快速扩展是和垄断市场有关。其实，个人和公司都与其他小公司一样，是在不断的竞争中成长的。

> 我们参与某一行业时，市场上往往都已是强手如林，我们居于老二、老六甚至更后的位置。究竟如何使老六变第一呢？关键是要抓住发展的时机。而要做到这一点，在时机到来之前，就必须掌握准确的资料和最新信息。

赚钱到底有何艺术？在李嘉诚看来：

第一，知己知彼。特别要多看对手的长处。

第二，磨砺眼光。要有国际视野，掌握判断最快、最准的信息。

第三，设定坐标。早在 1979 年，李嘉诚便苦思着为和黄寻找合适的坐标，并建立灵活的框架，为集团输送生命动力，从而奠定了和黄发展的坚实基础。

第四，持之以恒。李嘉诚认为，成功没有绝对的方程式，但失败往往都是有定律的，必须谨守法律和企业守则，严守现金流，维持溢利，重视人才的凝聚和培训。“中国到处都是机会。”只要把握机会，金钱就会唾手可得。

第五，随机应变。李嘉诚六十年的经营管理历史，就是不断根据当前的国际形势及香港的客观实际，不失时机地调整发展战略策略。从塑胶花开始，到房地产，到电信，到港口物流，每一次大的决断与变化转向，都客观准确地反映了当时世界经济发展的总体趋势。

第六，知止戒贪。李嘉诚在任何一项投资项目上都表现出了进退自如、适可而止的高超技艺。不与投资对象谈恋爱，买进时就要考虑到何时卖出去。

总之，“钱要赚，但原则也要讲。人第一要有志；第二要有识；第三要有恒。

有志则断不甘为下流。”

尽管如此，李嘉诚当年在上海的引领风气的壮举，在外资举步不前、外国全力封锁的险恶形势下，大踏步走向上海滩，且并没要求上海方面有任何额外的利益输送与照顾。反倒是，上海的有关人士早已忘却了这段历史。莫非，真的忘记了？

李嘉诚与上海港多年来在经营上的分歧，却似乎越来越大。甚至连李嘉诚爱将和黄董事总经理霍建宁也不得不表示“上海港口十分令人头痛”。

和黄占股四成的上海集装箱码头有限公司，代表沪方的副总经理韩刚向香港传媒承认，在竞争加剧情况下，近期该码头已调低收费5%，但对盈利影响不大。他说，该码头正面对收费过高和长期超负荷运作的情况。

韩刚还不经意地说了一句怨气话：“这个码头是第四世界的设备，第一世界的收费，停泊费用比交通部规定的价格，每天高出15万人民币。”在调价后，其费用仍然比拥有较新设备的外高桥码头，高出约12%。

对于他的说法，和黄中国港口董事总经理钱乃骏则反指港务局总有些人只重视吞吐量增长以盲目追求全球第一的排名，而忽略码头经济效益，特别是投资方的实质利益，而这恰恰是问题的焦点与实质。他并强调“餐厅收费高，但只要东西好吃自然有人光顾。一件LV的产品无论怎么卖，都不能与南京路路边小店里的产品一个价。”就算和黄确实收费较高，但以和黄处理集装箱的速度，平均每艘货船较同行少24小时至48小时，日均收费并不算特别贵，况且还远远未计为商家省下的时间成本。难道，时间不是金钱吗？难道上海人忘了时间就是金钱这句时尚的口号？

他还说，外高桥是国营码头，有政府补贴，两者成本有实质性差别，根本不应该直接比较收费。如果要考虑政府补贴差价部分，外高桥的收费显然高过和黄合资公司的收费。

和黄同日还提供两张上海集装箱码头的照片，证明在和黄入资之后该码头的作业形式有了实质性的改变。如果说设备落后的话，那不错，那是合资前的设备。

韩刚先生可能忘了说这样一句，不论如何，码头的管理及其运作效率是世界一流的，否则，也不敢斗胆收这么高的费用。这也是许多船公司选择合资集装箱码头的基本考虑。

其实，上海集装箱码头在2003年上半年吞吐量增长4%，但除息、税前盈利，则下降13%，霍建宁对此表示不满，“虽然吞吐量上升，但被要求减价，经磋商后我们不得不做出compromise（妥协）。”

霍建宁强调，从未有考虑过退出合资公司，并强调“做生意大家意见不同，双方可多做商谈”。

生意额增加却要减费，在逻辑上的确有点不合理，营业额增长，利润却下降。对合资公司的中方也不利，那为什么出现这个情况呢？原来，在大陆内部，有人提出所谓垄断与反垄断的争议话题。

其实，上海人很识做。在2002年9月19日，上海港务局副局长陈戌源澄清，港务局并无对和记黄埔投资的码头不满，也否认封杀和黄的新投资机会。陈戌源陪同曾荫权参观外高桥集装箱码头，被问及报章引述内地官员称和黄在上海的码头收费高、服务差，他连声说没有听闻，并矢口否认港务局曾认为和黄“霸道”。对于有香港报章指港务局刻意不揽货到和黄的码头，他说：“没有、没有，SCT（上海集装箱码头）今年上半年做到280万箱，不是我们双方的共同努力吗？”他又否认不满和黄已投资其竞争对手宁波港，在大小洋山项目中排除和黄投资的可能性。“到现在为止，大、小洋山仍是欢迎各国各地投资者参与建设，我们从来没有说过哪家公司可以来，哪家不可以来。”至于李嘉诚会晤山东前省长张高丽时，表示有意投资青岛港，陈戌源则指这是李嘉诚自己的决定，与上海港务局无关，况且，李嘉诚对内地港口一直都很有兴趣。

和黄与上海港务局是在1993年签订该项合资协定，码头的设计吞吐能力预计将在2010年达250万个集装箱，但2000年，码头的吞吐能力已增至295万集装箱，提早十年超过预计目标。

按道理，面对如此骄人成就，双方应该合作愉快，加大加快合作步伐。但上海市政府除与和黄合作改建这个黄浦江旧码头外，其后发展外高桥一、二、三期码头时，显然看到了这其中的诱人前景，独吞独食，竟完全漠视和约中和黄拥有的优先参与扩展上海码头业务的权利，没有让和黄参与，决定自行投资。

对此，李嘉诚显然不满。因为，当年在当西方全力经济制裁封锁中国大陆的时候，当其他外商对上海还是犹豫不决的时候，李嘉诚亲自飞到上海，毅然做出这项敢为人先的投资决定，直接推动了上海发展国际集装箱业务的步伐，带动了外资投资上海。其后上海有人竟然漠视这一切，打起小九九，过桥抽板，似乎显得很无道义，这不能不引起依足自由市场经济原则行事的李嘉诚的强烈不满。

李嘉诚始终觉得，东方和西方的很多东西是可以结合的，这就是他所谓的传统文化有好的方面，也有不好的地方，而西方的文化也不全都是不好的。

任教于欧洲管理学院（INSEAD）的著名管理学大师金伟灿（W.Chan Kim）与莫伯尼（Renee Mauborgne），针对三百多家全球知名企业进行策略行动（Strategic Move）分析，撰写了《蓝海策略——开创无人竞争的全新市场》一书，认为自20世纪80年代以来，全球奉为圭臬的“竞争力”大师波特（Michael Porter）以竞争为思考主流的策略，在削价竞争下缠斗，是市场萎缩的头号杀手，企业因此陷入“零和游戏”存亡赛局的血腥战场“红海”。

金伟灿与莫伯尼因此鼓励企业改采“蓝海策略”。“蓝色海洋策略正向企业挑战，促其脱离血腥竞争的红色海洋，创造没有人与其竞争的市场空间，把竞争变成无关紧要。这种策略致力于增加需求，并摆脱竞争，不再汲汲营营于瓜分不断缩小的现有需求和衡量竞争对手。”

蓝海策略强调“割喉”式的竞争只会是血流遍野，不断壮大的企业要彻底甩开对手，强调：“改造市场疆界”、“专注于大局而非数字”、“超越现有需求”。

作者鼓励经营者要彻底跳脱竞争者魔咒，发挥自身的最大优势。不知李嘉诚有无看过这本书？亦不知上海朋友有无看过这本书？

对西方自由市场的认同，使得李嘉诚对于内地市场的态度始终难以有一个明确的结论，虽然他已经做了很多准备，但他发现，几十年来，他对内地政治细微处的了解还不能洞若观火，不能明察秋毫，从某种意义上来说甚或很外行。

很多时，他是完全游走于体制外的大门口，在那里彷徨惆怅，而不得其门而入。完全不能像香港那样，游刃有余。尽管侧门旁道永远洞开，但是，李嘉诚一直视而不见。因为，这始终是一个原则问题。

李嘉诚在汕头大学的一次演讲中说，“每一天我们在那‘零和’‘非零’间的选择，我们其实正在不断选择自己一生的命运。”这是一句含意颇深的话，大概也是他对自己过往道路的一个概括。

一个人，如果每天都在做“零和”的计算，处事、待人、工作、做生意，都像是在做你输我赢或我输你赢的争斗，次次处处都算计到最尽，那么，这样的人生，实在太辛苦太不愉快了。倘若处事时能经常以“非零”做选择，就会交上好运，因为好运常常是由“双赢”的局面带来的。

李嘉诚说人生每一天都在“零和”、“非零”间选择，他只是觉得“非零”的选择永远胜于“零和”的选择，“非零”应是包容的选择。但从政治博弈的角度去思考，有时要实现“非零”，也就是要各方面都获得利益，却是不大可能的，甚至是一个美好的乌托邦式的幻觉。因为我们中的这一个那一个并非李嘉诚，也不可能成为李嘉诚。

社会上有不同阶层的人，有相互矛盾的利益，一项政策的实施，不可能使所有人都受益。以 2005 年的内地宏观调控政策来看，怎么可能使所有的社会阶层都受益呢？

“商海自有其沉浮，每个人都应该学会忍受生活中属于自己的那份悲伤，只有这样，你才能体会什么叫作成功，什么叫作真正的幸福，做生意也同样如此。”卡夫卡说，有何胜利可言？挺住意味着一切。耐性坚持成了生存的高超艺术。

人们能够跟李嘉诚学的，是他以世所公认的儒商气度与生活抗争的风骨。作为一代商业巨子，他将中国历代先哲们的智慧消化吸收，延伸成为其从商的准则法术，并与西方管理艺术共冶一炉，融为一体，发展出一套独特的商业哲学，并以此为指导，铸就其庞大的财库。

商道丕显，人道尔雅，李嘉诚已是高龄。奇怪的是，但按中国人文化特色，这正是做事的好时候。

名利浮云也，随心所欲，随遇而安，绝非刻意，李嘉诚想到的是什么呢？

从外人眼看，李嘉诚在大陆社会历史和其他地域的作为尚未完全确定。尤其是，除了其显赫身家之外，其于中国社会历史发展中之价值，似乎还有待更多的同道去发掘揣摩。不过，可以肯定的是，他在市场和管理领域的辛劳营役已绝对不复存在于现实当中，难以复制。止矣。难道他还想把在香港那种挥洒自如的经营手法完全复制到大陆吗？难道还想如同在香港般在内地呼风唤雨吗？

李嘉诚一生历经风霜坎坷，面对的坎坷、失败、误解、阻力，不可计数，身处其中又是如何调整自己、平衡心态的？他的看法颇为豁达豁然。

坎坷经历是有的，辛酸处亦罄竹难书，一直以来靠意志克服逆境；

一般名利不会形成对内心的冲击，自有一套人生哲学对待；但树大招风，是每日面对之困扰，亦够烦恼，但明白不能避免，唯有学处之泰然的方法。

李嘉诚需要创新，需要勇气，需要动力，需要求变，需要至上至高至大。

李嘉诚在经济一体化过程中的权力、文化变迁里如何作为？这也是当今社会里的崭新课题，这是不同于传统政治权力、经济权力的新的权利关系，新的《源氏物语》，新的《呼啸山庄》。换句话说，经济对权力的关系不应只是一种简单的介入，由商人演变为政治家，也不应只是简简单单地取代，如目前广泛存在的跨国企业，李嘉诚已经做到了这一点。

从头来过，也许李嘉诚可以成为一个富兰克林般的印刷工人式的名垂青史的杰出政治家。

经济本身就是权力，这权力如何体现？又与传统权力如何包容？与现实利益及社会与股东利益如何包容？

1992 年后，李嘉诚增加内地投资，将合作方仍然盯在中央或地方政府身上，而不是企业。但东方广场项目给了他一个很好的教训，他计划在天安门广场旁建造一个庞大房地产的神话。

李嘉诚丝毫没有忽视政府的作用，但经过了几年的反复，他最终发现，在大陆，商业的选择与利润的考虑是次要的。政治与权力才是永恒的第一。

这一认识的代价是，不仅使得原来的计划大打折扣，同时在余下的商业利益上也要做出让步。普罗民众们也无法同情他，彼时彼刻，他像一个孤独的甚或无人能理解的异类。对强大政治力量与权力的担心，促使他在 80 年代中后期增加海外投资，虽然他没有将公司迁册海外。在这种情况下，自认为成功与特权无关的李嘉诚终于更深入地卷入了权力的旋涡之中，并且欲罢不能。而这恰恰是李嘉诚在进军内地时所极不愿意看到又无法回避的活生生的社会现实。

“回首向来萧瑟处，归去，也无风雨也无晴。”入乡随俗，无奈的李嘉诚，面对无奈的现实，极度无奈地做出了无奈的无奈选择。

李嘉诚已在无形的权力支配之中。权力像个无影爪，随时随地紧箍着李嘉诚的生意经。这是一种似乎并不陌生的游戏规则。而全球经济一体化的渗透已到了与大陆传统文化短兵相接阶段。

李嘉诚在大陆发展的差强人意，上海徒叹奈何只是序幕中的一场而已。从原则上来看，或许是李嘉诚所面对的一切，远远不能达到甚至在特定的时空已经完全抛离了商业社会的基本价值支配下的地则天条。从现实中来看，或许是李嘉诚自身远远未能达到现实社会的无形的，但绝对是支配一切的规则。

这里，没有严格意义上的对与错，没有泾渭分明，黑白两立的分别，有的只是，基本的游戏规则支配下的不成文的潜规则。就如同普通法依赖的案例一样，完全由法官解释，糟糕的是，李嘉诚面前，无案例可循可依可查可辩。或者说，根本就没有什么游戏规则，摸着石头过河。当然，无所谓白猫，无所谓黑猫。

不论是地位显赫的上海港，还是正在崛起的宁波港，它们的金色梦想都是需要用钱来支撑的。因此，引入多元化的投资者刺激集装箱业务的发展，正在成为现实。而原先在上海港和宁波港盘踞多年的和黄港口控股集团（HIT）的独霸局面，也随之被打破。

上海市政府曾向外暗示，希望洋山一期保留由上海国际港务集团发展，等到洋山二期再引入外资，关于洋山港股权之争一直扑朔迷离。据了解，洋山深水港的投资主体是上海同盛投资（集团）有限公司，它与深水港建设指挥部同时成立，并且在同一个地方办公。

在洋山港一期投资的鏖战中，上海国际港务集团毫无意外地拔得头筹。同盛 50 亿的注册资本中，上海国际港务出资 26 亿，成为控股股东。上海市府新闻办郑国强说，当时境外很多公司都表达了想参与深水港建设的意愿，包括美英的投资公司，而“很早就有意向”的和记黄埔当时更是强劲的竞争对手之一。最初给世人的感觉是中远拔得头筹，和黄相机而动。

2003 年 10 月 19 日，中远集团董事长魏家福于曼谷出席亚太经合会议行政总裁峰会时透露，中远集团已获得上海市政府批准入股大小洋山港一期项目，并且股权不会少于 20%，中远将成为首个成功入股该项目的企业。

但是业界都很清楚，李嘉诚麾下的和黄显然不会轻易放弃在洋山港的投资。因为和黄早就清楚地看到亚洲航运局势已经云开雾散：香港作为老牌国际航运中心的地位固然在短时期内牢不可破，而且香港集装箱码头日常处理的货源主要来自华南地区，上海距离他们很远，货源也不相同，但上海兴建国际航运中心将辐射华中地区以及长江流域，也就是未来中国经济高速增长的腹地，增长潜力巨大。李嘉诚不可能不看到这一战略性的一步及其潜在的利益所在。

2004年9月29日，和黄与上海国际港务集团合资经营外高桥五期码头，双方各占50%股权，注册资金为人民币40亿，合资期限为50年。

分析人员对此的解读是，这是上海市以外高桥五期的权益来换取和黄在此前所合资的“上海集装箱码头”。因为，上海方面有意搬迁“上海集装箱码头”，而与和黄利益发生冲突，因此，上海方面进行了权益置换，这被认为是“与往事干杯”。或者，被看作是双方握手言和。事态发展果真如此吗？人们拭目以待。

在分量最重的上海洋山港项目上，尽管和黄一直在努力争取，但其进展却完全不在自己所能掌握中。在和黄早年颇具地位的宁波北仑港，条件最好的四期项目又与和黄擦肩而过。此前，这个计划投资50亿的项目是各方角逐的焦点，和黄当然也在其列，不过最终的胜出者为台湾长荣集团。

据悉，宁波方面对和黄的意见是在北仑二期项目上，和黄被指采取高价经营策略，导致宁波的货源向上海分流，引起宁波港务集团的不满。问题是，上海方面又指责和黄高价经营，致使货物向宁波等港口分流。

如此二律背反之逻辑，岂不怪哉。当然，作为局外人，你必须要有见怪不怪的心态。说怪不怪，因为权力始终支配着一切，权力至高无上。这就是内地环境的现实，每个踏足内地的人都不能不面对的现实。

宁波港第五期大榭岛港口，由于招商局国际集团的入主，和黄也丧失了机会。不过，据业内分析，SCT合作不快的问题可能是导致和黄按兵不动的一个原因。因为和黄投资的SCT码头均在黄浦江内，而按照上海的黄浦江规划，黄浦江内将逐步取消货运，SCT码头面临一个拆迁的问题。即便是不搬迁，也将维持为一个内河货运码头，而不是目前的外洋集装箱码头。

这一问题早在一年前黄浦江开发方案出台时便已初露端倪，当时上海本地媒体就大力宣传说，“曾经对上海经济发展起到重要推动作用的老港区却日显‘老态’：港区腹地狭小已无发展余地；水深条件跟不上船舶大型化发展；码头设施和装卸条件与周围环境格格不入……老港区调整既是上海港与时俱进提升竞争能力的客观需要，更是上海经济不断发展的必然选择。”而这与和黄与上海签订的50年合资合同明显存在矛盾，也直接违背和黄当初投资决策的战略考虑，如果SCT搬迁，如何打发和黄便成了一个令人头痛的大问题。这样，洋山港显然是李嘉诚的目标与不二选择。

这实在是顺水推舟，水到渠成，自然不过，甚至是天经地义的事情。可惜，事态发展并不能完全按照一般人的一般的天真逻辑进行。甚至，连李嘉诚本人也完全没有料到。

雨过天晴

2004年6月底，突然传出上海国际港务集团准备将集团旗下上港集装箱股份有限公司约20%股份换予新加坡港务国际公司（PSA）。作为交换，新加坡港务国际公司将其新加坡本地码头运营商新加坡港务公司（PSAC）20%～25%股份换给上海国际港务集团。这样，上海港可望借此迈出国际化的第一步，新加坡则与未来的全球第一大港率先结盟。

一位知情人士分析："由于上港集装箱是上海国际港务集团旗下唯一的上市公司，有很大可能获得洋山港大部分权益，因此新加坡港务国际公司也有望借上港集装箱曲线入股洋山港。"

新加坡港务国际公司在欧洲、印度、中国、新加坡有多个码头项目，是仅次于和黄的全球第二大码头运营商；上海国际港务集团则是全球第三大港上海港的运营方，并一直希望成长为新加坡港务国际公司那样的全球性码头企业。二者相似之处在于，双方均为国有控股集团。

上海方面原计划在2004年6月完成谈判，确定协定文本，并准备在7月最终签署合作协定。在全球码头业竞争越发激烈的今天，重量级港口换股结盟还是头一遭。本次换股的创意出自上海市市长韩正。

2003年7月底，韩正向新加坡港务集团（PSA，新加坡港务国际公司的母公司）建议，通过交换股权形式，邀请新加坡港务集团参与建设洋山深水港，并换取上海国际港务集团的部分股权。当时新加坡港务集团主席李庆言就表示，将考虑交换股权的建议，这是多种合作方式的其中一个可能性。

2004年3月初，新加坡港务集团在上海设立代表处，全面负责集团在中国的投资管理和业务发展。当时新加坡港务集团在中国的投资位于大连、福州和广州，上海并没有任何投资。

2003年11月，香港媒体报道说，新加坡港务集团可能会与全球最大码头公司和黄联手竞标洋山港。该报道还说，新加坡港务集团副主席郑耀文与和黄集装箱码头控股董事经理约翰·梅雷迪思，已就这项合作进行洽谈。然而新加坡港务集团却已单枪匹马准备与上海合作，更令和黄头疼的是，和黄享有的优先投资权被自己最大的对手新加坡港务集团顺手牵羊拿走。

这绝不是李嘉诚的非战之过，而是，合作方另有考虑。原来，最早在中国上海、深圳、厦门等地投资码头的和黄都有新建码头的优先投资权，这是国际投资的最基本的惯例与原则。因为对于最先投资铺垫，筑巢引凤带来的巨大商机，于理于情于义，投资方都有优先选择的权利。否则，又有哪家机构只顾眼前，不计未来呢，况且像和黄这样规模的跨国集团，其投资往往是着眼于十年甚至数十年的战略考虑，焉能浅尝辄止？

但是自 2002 年 9 月闹出上海合资人事风波之后，和黄与上海市政府的蜜月即暂告一段落。

上海外高桥四期码头更是引入全球第四大码头公司，A·P·穆勒码头公司（全球航运老大马士基的兄弟公司）。

随后，2003 年 1 月，上海港务局政企分开。新组建的上海国际港务（集团）有限公司，将建成世界性跨国码头经营公司为战略目标，逐步形成以码头、集装箱经营为主体，辐射国内、国际两个市场的跨地区、跨国经营格局，在积极参与和国际大集团较量中培育竞争能力。

上海国际港务集团，一个原先的合作方，一夜间，摇身一变，遂成为和黄的全球竞争对手。上海国际港务集团还因其背靠上海迅速成长。除了已经拿下的洋山一期之外，还与长江沿岸几乎所有重要港口有合作。而上海国际港务集团政企分开之后，清晰的产权制度也使得本次换股成为可能，换股新加坡港务集团更是使其迅速成为国际化码头公司，并可以从业务类似的新加坡港务集团那里学到全球最先进的管理经验。

一个简单到不能再简单的定理：敌人的敌人就是我的朋友。上海人非常精明。这是因为，那是一个特殊的刻有明显地域痕迹的特殊的上海人时代。既生瑜，何生亮，上海香港的瑜亮情结，连三岁的小孩都看得出来。和黄无缘无故地在错误的地点错误的时间错误的行业成了瑜亮情结的磨心[①]。

上海成为全球第一大港的筹码是洋山港。业内人士均看好和黄在洋山的前景。业界有一种冠冕堂皇的说法是，因为洋山在地理位置上属于浙江，因此和

① 石磨中心，亦喻核心人物。

黄对洋山港没有上述优先投资权。但是，未过多久，上海市府通过高层的运作，轻而易举地解决了这个行政区划问题，顺利将洋山港划归上海管辖。

在这种情况下，上海方面还坚持上述理据，恐怕于理不合，于情不和。浙江人只好打落牙吞落肚。

除开和黄、新加坡港务集团、上海国际港务集团这三家企业之间的竞争之外，全球前四大港口香港、新加坡、上海、深圳的竞争也将呈现出全新局面。

上海和新加坡结盟之前，香港和深圳是天然的盟友。上海与新加坡结盟之后，“去欧洲的集装箱就可以经过新加坡而非香港转泊，这对新加坡来说也是很具诱惑力的”。上海交大国际航运系教授赵一飞分析道。

目前，上海港大约有三分之一的集装箱运往欧洲。此外，随着大容量的集装箱船舶投入使用，这些船舶将主要停靠几个较大海港再行分拨。“由于香港和上海的距离过近，上海若与香港结盟的话意义不是特别的大。”赵一飞是上海人，其分析可谓入木三分。人们常说阿拉上海人很会说话。

在全球港口格局剧烈变动之际，上海和新加坡两公司的换股令人眼前一亮，全球港口业合纵连横的格局也因此初露端倪。所谓连横，就是上海与新加坡颇具创新意味的换股行动。此举令上海国际港务集团和上海港找到了进一步提升的支点。

当然，新加坡港务局在华业务也因此改头换面，在大连、广州一北一南基础之上再加上海，新加坡港务集团终于可以在全球最大的市场上向和黄发起挑战，形成合围之势，而且对其新加坡本土的业务又不无裨益。

城门失火，殃及池鱼。新加坡港目前正面对海峡对面马来西亚的竞争，对手已经拉走了全球最大航运公司马士基。

“如果能够与上海港结盟，新加坡应该可以逐渐缩小跟香港的差距。”

这就更令和黄头疼，因为香港和深圳是和黄这一全球最大码头公司的大本营。腹背受敌的和黄会有新动作吗？在码头领域，李嘉诚隐忍不发已经很久了。

市场人士分析，和黄的一厢情愿看法是，在投资上海集装箱码头时，已经与上海达成共识，在未来业务持续发展扩大的市场需求中，和黄将义不容辞地参与上海其他港口的发展并且在各项码头业务发展中享有优先权。这一考虑是绝对符合国际惯例的。

在通行的市场法则中，无人质疑，顺理成章。问题是，打牌的对手未必按惯例出牌，那么，这种争议又有什么意义呢？

上海对此却有不同的理解，在上海市场急剧扩张中，上海方面对唾手而得的诱人利益具有义不容辞的优先发展权。逻辑上讲，上海方面的道理似乎更充足，更令人信服。但是，现实是，上海港口业务的发展与李嘉诚的全力投资及其先进的经营理念、管理风格有直接的关系。

和黄无理由做这样无私的奉献，和黄是拥有万千股东的商业机构，不是完全讲求爱国的慈善机构，和黄必须首先对自己的股东负责，不能风险由自己承担，利益由他人独享。其后双方关系在前上海市市长徐匡迪的诚意努力下，终于获得修补。

上海人迄今都仍怀念老市长徐匡迪，李嘉诚亦然，外资亦然。2000年，上海市同意将外高桥一期的30%股权售予和黄。同年4月，李嘉诚亲自访问上海，签署入股协定。

可以预料，未来全球港口业的主角将是和黄阵营以及新加坡——上海港联盟。合纵连横之下，迟早加冕全球港口老大的上海港成为双方争夺的焦点。只是这一次，虽然主角是李嘉诚，但导演是阿拉上海人。因为，支配市场的权力，在上海方面。

然而，事情并未一帆风顺，和黄投资外高桥码头一事迟迟未得到最后批准；与此同时，中国内部暗流潮涌，又响起外商不应垄断码头的说法，矛头似乎直指李嘉诚。尤其是朱镕基主政后，对财雄势大的外资的任何举动，都额外关注，以防止国企落入生不如死的困境。

2002年9月，和黄董事总经理霍建宁更向分析员和基金经理坦言，是因为“上海方面的一些违约行为”，令其上海集装箱码头吞吐量和收入下跌。内地与香港也相继出现上海将船只从和黄旗下码头调到外高桥二期的报道。

而上海港务局官员也不否认有关报道，并解释了当中有不少考虑因素，包括船公司的意愿、各码头平衡发展，以及上海港口超负荷等，但极力否认有违约，更指和黄有意剥夺上海方面应得的利益。

人在屋檐下。一波未平，一波又起。

2001年年初当中国政府通过在上海以南兴建大、小洋山港后，和黄曾表达了希望参股的意向，同时，香港的东方海外、新加坡港务集团、马士基等，也有相同愿望。

结果是，2002年4月上海又决定自行投资1200亿元人民币，兴建这个大、小洋山港口项目，并计划在未来的分工中，洋山作为国际中转港，而上海集装箱码头将以服务日韩等近洋和沿海运输为主，这显然违背了和黄当初投资上海港的国际集装箱战略考虑，也实实在在违背了上海方面当初的发展国际集装箱运输的规划与承诺。

虽然李嘉诚仍相信，像大、小洋山港如斯庞大的项目，上海是不可能不让外资参与的，现在只是成立公司准备做长期谈判，要在议价上取得有利地位，但连番打击，看来已令李嘉诚难超然事外了。无论如何，代表中方的副总经理韩刚强调，上海集装箱码头仍然是有回报的，当年投入的20亿元人民币早已收回，回报率相当不错，沪港双方是满意的。

上海的逻辑很简单，既然投资已经回本，其他的事项也就无谓纠缠。面对庞然大物的官僚机器，面对政治与经济，权力与市场仍然咬合在一起的现实，李嘉诚除了不理解，更多的是徒叹奈何式的理解与接受。

2002年5月下旬，上海洋山深水港项目动工。建成之后，洋山港将成为亚洲最大的深水港之一，上海也因此将跃升为继新加坡、香港、釜山、高雄之后的亚洲最大的航运中心。

据权威部门透露，香港和记黄埔有意投资洋山深水港项目。上海市政府新闻办公室郑国强很明确地告诉记者，“和记黄埔对这个项目早就有意向了。”

在深水港项目一期投资方已经确定并开始运行之后，这个投资逾百亿的国家重点项目二期投资方会是谁呢？上海方面有一算盘，新加坡方面有一算盘，和黄方面也有一算盘。

成为国际航运中心一直是上海的梦想，但是上海周边的港口先天条件不足，崇明岛也不具备兴建集装箱深水港的海况条件，没有像香港那样的天然集装箱深水港一度成为上海的软肋。

踏破铁鞋无觅处，得来全不费功夫。当浙江大、小洋山落入上海的视野之时，所有人的眼睛都为之一亮。这个最靠近上海的深水区，位于浙江省嵊泗县钱塘江出口处、舟山群岛北面，具备建设15米水深港区和航道的优越条件。

港区可形成深水岸线约18公里，可布置第五、第六代集装箱泊位五十多个，根据建设总体规划，到2020年，洋山深水港吞吐能力至少达1500万标准集装箱以上。此外，港区还将通过一座长达20公里的芦洋跨海大桥，与上海芦潮港连接。

在可以预见的十多年内，上海完全有实力与香港逐鹿国际航运中心。在可以预见的20年内，香港完全没有实力与上海逐鹿国际航运中心。

上海凭广袤的长江三角洲腹地。香港凭什么？难道要靠珠江三角洲吗？除非李嘉诚关掉盐田港。

就目前而言，上海港已经拥有16条国际航线，同时与近200个国家及地区的超过500个港口建立了联系。由于坐落在长江入海口，上海还是长江沿岸一些人口密集的工业城市的大门，例如武汉、南京、苏州、常州、重庆等。在这样的基础上建设深水港，上海的国际航运中心的地位将有实质的提升与飞跃。

另外，洋山深水港的建成对上海的母亲河黄浦江还有着格外的意义——黄浦江的交通运输和仓储码头的功能将大大弱化，而是转换到以金融贸易、旅游文化、生态居住为主。

这是一个跳跃式的跨世纪的战略思维与抉择。当人们为之眼睛一亮的同时，豁然发现，原来如此。

深水港的开工建设，同时意味着黄浦江意欲改头换面为一条水景岸线，并成为21世纪大上海形象的新面孔。一举两得，何乐不为。

李嘉诚麾下的和黄显然不会轻易放弃深水港二期、三期的投资可能。因为上海兴建国际航运中心将辐射华中地区以及长江流域。这个广大的腹部地区包括上海、重庆、四川、湖北、湖南、安徽和江苏，它们的GDP综合超过全国的三分一，是目前全球最具活力的经济发展地区。

深水港股东之一、上海港务局一位不愿意透露姓名人士表示，和记黄埔集团给上海港务局写来一封信，表达了要参与建设洋山深水港项目的意向，并要求港务局方面能向和黄提供项目建设的相关资料。而港务局办公室另一位人士则用“据说”一词开头，进一步说明了和黄对深水港的兴趣之浓，“李嘉诚曾当面向上海市政府有关官员表示和黄集团对深水港的强烈意向。”

上海锐意建设国际航运中心的举措，对香港未来的港口航运地位造成了不可忽视的影响。深谙投资之道的李嘉诚怎能错过上海深水港？

其实，从上海方面来看，官方权威部门的发言已经昭示，和记黄埔欲参与深水港投资的意图早已非常明显。

同时，在李嘉诚眼中，香港未来十年已不需再建新的集装箱码头，现有的九个码头足以吞下未来的货运量。他旗下的和记黄埔卖掉了美国声流无线通信公司等数家电信公司总值350亿港元的持股，转而关注内地的码头。耐人寻味的是，和黄内部用这样一句话很传神地表达了其扩张的宏图，“我们对世界上所有的码头都感兴趣。”

上海深水港招来如此多的竞争者，令同盛的决策慎之又慎。市府新闻办郑国强称，据他所知，目前同盛还没有和任何一家投资公司签订合同。当被追问和记黄埔是不是其中最有竞争力的候选人，郑不置可否，只是说，“有意向的投资公司有很多，同盛会选择最优秀的。”

如果和黄有机会投资深水港项目，它的发展前途无量。目前世界前20位的大集装箱班轮公司全部入驻上海，经国家有关部门批准，境外航运公司在中国设立的22家分支机构中，上海就有16家。

中国最大的三家国际海运企业——中远集装箱运输有限公司、中国海运（集团）有限公司、中外运集装箱有限公司都已相继移师上海。

上海航交所发布的中国出口集装箱运价指数，是全球唯一的集装箱运价指数，与波罗的海干散货运价指数和巴尔的摩油轮运价指数一起，被视为世界三大航运运价指数。

矫情否认或者直面竞争，都已经不重要。和黄心里一本账，笔笔都涉深水港。

2005年12月20日，上海洋山深水港二期工程的中外合资经营团已正式敲定，和记黄埔及丹麦船运的大哥大马士基压倒其他境外竞争者，连同中国的上海国际港务（集团）股份有限公司、中远集团及中海集团组成合资经营公司，注册资本为人民币40亿元。

一直以来对洋山深水港的长期发展感兴趣的新加坡国际港务集团，此次似乎仍未有缘参与，令一些市场人士颇感意外。之前，市场上曾有消息说，在一期项目竞标中落榜的新加坡国际港务集团，将会在二期的项目竞标中卷土重来，即使不能参与主要项目，也能参与一些外围项目的投资。

上述五大港航巨头在上海签署了合资经营洋山港二期工程项目的合约。和记黄埔集团主席李嘉诚，马士基集团合伙人、全球集装箱业务首席执行官托米·汤姆森（Tommy Thomsen）都亲临签约仪式。

李嘉诚在签约之时表示，洋山深水港的建设，奠定了上海作为国际重要航运中心及集装箱深水枢纽港的地位，加速推动长江三角洲的繁荣。和黄及马士基是首批直接投资于上海洋山港项目的海外集团，各持有该项目32%的股权。其余股东上海港务持16%，中远及中海各持10%。

洋山深水港区一期工程五个泊位刚于12月10日正式开港，但二期工程已开始建设。为加快上海国际航运中心的建设，提升洋山深水港的国际竞争力，市府决定二期工程竣工后采取合资经营的模式。

上海市深水港工程建设指挥部副总指挥刘作亮很自豪地称，世界十大码头管理公司和十大船运公司在三年前就表达了希望参与深水港建设或经营的意愿。

“但是因为一期建设完全是个新港，要有一个比较顺利的发展条件，所以按照市政府领导的意见，我们的工程完成后就先转给上海国际港务集团经营。但是接下来二期三期，包括以后，可能我们会多选择国际性的大公司一起参与经营。”

洋山港在2009年全部建成之后，年吞吐量将近1017万集装箱，相当于2004年上海港的全年68%的吞吐量。而官方公布的数据显示，洋山港在开港七天内，进出的集装箱货船已达43艘次，来往船舶基本上是六千集装箱以上的超大型货轮，共吞吐55160个集装箱，“已达到运营了三四年的成熟码头的运作水平”。已在建设的二期工程，属集装箱专用码头。码头将建有四个深水泊位，年吞吐能力为250万集装箱，于2006年正式竣工启用。

由上述五大巨头组成的合资经营公司，暂定名为“上海亚东国际集装箱股份有限公司”。而它们的首次联手，被视为是各投资方，尤其是外资公司对开发、经营洋山深水港，以及对中国和上海未来发展的信心。

马士基集团合伙人、全球集装箱业务首席执行官托米·汤姆森（Tommy Thomsen）在签约仪式后向媒体表示，中国的贸易量将随着全球经济的增长不断上升。他因此看好上海的码头业务今后仍将保持高速增长，而洋山港还将继续建设，“我们毫不怀疑，今后三至四年内，上海将成为全球集装箱第一大港。”

其实，随着2005年最后一天的进出记录，已经提前完全改写了全球航运史，上海港已经超越新加坡一跃成为全球第一大港。

在签约前夕，李嘉诚与上海市市长韩正会谈，并共进午餐。签字结束后，李嘉诚一行又分别乘坐上海方面特别安排的“沪AR0001”、“沪AR0002”号奔驰车，在警车开道下浩浩荡荡赴洋山港考察，接待规格之高，路人侧目。上海人毕竟是上海人。

李嘉诚在与韩正的谈话中，流露出对上海经济前景的高度看好。李嘉诚恰到好处地说："上海每秒都在进步，和黄今后将一如既往地配合上海市政府，为上海未来发展做出更大参与，和大家一起，共同见证上海市的重要发展。"

韩正一语双关地说："李先生与上海港口方面的合作有很长历史，我们也很期待与李先生下一步在洋山港有更多的合作。"

对韩市长此番表态，李嘉诚说："一定啦！我们是第一个跑到上海来参加集装箱码头建设的，我们非常重视过去在上海的努力，大家都是感情非常好。"点到为止。

韩正笑着说："有和黄的参与，我想我们能够发展得更快。"

"上海的未来不得了。"李嘉诚恰如其分地回应说。

"我看您的日程安排得非常紧，比我们任何人的时间安排都来得紧，今天下午您还要去看洋山港，第一，我们表示欢迎；第二，上海洋山港后期我们期待与和黄有进一步的合作。"韩正热情地说。

雨过天晴，李嘉诚当晚即风尘仆仆赶回香港。

南热北冷

在2003年上半年举行的山东香港招商周上，李嘉诚曾豪气地表示愿意在山东省包括青岛港在内投资500亿元人民币——这将打破李嘉诚投资港口不越长江以北的惯例。

2004年10月20日，在"烟台—香港旅游投资合作项目推介会"上，烟台港务集团与和黄草签了投资烟台八角港的协定，协定总投资达到了100亿元人民币。

和记黄埔在长江以南的港口投资可谓春风得意，1990年以来参与经营了包括深圳盐田港、上海、北仑、厦门等九家港口的集装箱码头，李嘉诚此次北上也意在前湾集装箱码头项目，而且圈内外呼声甚高，山东省也相当看重和记黄埔投资港口。然而，和黄合资青岛港的声音渐行渐远，在中远和马士基身影闪现之后，和记黄埔投资的声音就彻底销声匿迹。

“和中远、马士基相比，和黄最大的弱势是只经营码头，不能带来国际航线，不能满足青岛港引进市场的合资目的。青岛港现在最需要的不是钱，而是货源。你想想，引资建最好的码头，但引不来货源，钱（外资）再多又有什么用呢？”青岛市一官员道破和黄出局的内里乾坤。

青岛方面明确表示，在集装箱码头的合作上，青岛港选择合资伙伴的原则是世界级船公司。

山东人实在，山东人热情，山东人更保守。没盖楼前，担心楼卖不出去，没起港口前，担心筑巢没有凤来，担心没有货源，担心没有船停泊，担心没有市场。很简单，要想睡觉，一定要有枕头。否则，睡不安稳。这就是今时今日齐鲁大地的现实。

当然，身处南北夹击，左右围攻的困境中的青岛港，有着先天不足的劣势，不能不做这样颇为周全的考虑与选择。总之，担心不能如初衷，所以，他们要一定要选择有嫁妆的媳妇，这样才能睡个安稳觉。自 2003 年在青岛港的争夺中主动退出之后，一贯在沿海码头争夺战中长袖善舞的李嘉诚，在珠三角以北沿海码头争夺的步伐已逐渐放缓。

李嘉诚在齐鲁大地为何连番失手？

其一，就在李嘉诚持续向内地港口增资扩资之际，内地有关李嘉诚垄断的担忧与议论甚嚣尘上。在进退维谷的情况下，在平衡各方利益的情况下，李嘉诚唯有放缓投资步伐。

其二，内地港口自 21 世纪初进入完全开放时期，一方面港口管辖权已经下放到地方，另一方面，允许外资控股，在这种竞争渐趋激烈的不利环境下，港口经营的盈利空间越来越小。

其三，基于上面的原因，在各地自行管理港口后，各自为政，在行业协调与管理上更为混乱与困难，李嘉诚资本经营与运作的难度与成本大幅度提高。

其四，上海港口的阴影，对李嘉诚有直接的影响，在鞭长莫及的困境中，李嘉诚不愿再步上海港之后尘，造成进退失据左右为难的局面。另一方面，和黄声东击西，作势北上，意在向上海当局施加压力，逼使上海方面做出实质性让步。

其五，整个齐鲁大地的经营环境远未成熟，完全用一种保守的眼光期待外资经营，从上到下，还停留在计划经济的年代，还期待一种能确保市场货源充足的港口经营战略，不是筑巢引凤，而是带凤筑巢。

其六，青岛也好，烟台也好，威海也好，锦州也好，实际所面对的环境并不如李嘉诚最初预料的那样理想，在上海港、连云港、天津港、秦皇岛港、大连港、锦州港等港口的围堵中，前景难有坦途，特别是在航权下放地方后，就连山东省内都在明争暗斗，乱挖墙脚，难以协调。

而对于和黄的这种北冷局面，华夏证券行业分析师李磊认为，最初是由于和黄之前就已在内地有众多投资，早在2001年就已占据国内市场份额的四分之一，相关地方政府对和黄可能会形成事实上的市场垄断存在一定戒备心，这也或多或少影响了后续合作项目的开展。

“而最主要的原因则是2003年港口招商引资工作下放到地方后，各地政府的港口招商自主权加大，而有着丰富航线资源的船公司则明显受到了各港口的青睐。”

由于招商自主权掌握在地方政府手里，而出于对拉动地方经济的考虑，地方政府更倾向于选择船公司来经营，因为有实力的船公司可以带来新的航线资源，会带来更多的集装箱中转货源。能带来航线和潜在货源的船公司显然比和黄这种单纯的码头营运商更有吸引力。

而和黄港口投资出现北冷局面也基本上是从2003年开始逐步显现。而当年青岛港选择马士基、铁行、中远作为合作伙伴，实际上就代表了港口投资中的这一新气象：当地政府不仅关注港口建设本身，更关注投资方可能带来的潜在物流量。随后的几个港口的新扩建项目的招商引资，船公司受青睐的形势越发明显。

和黄南热北冷局面也从另一个侧面体现了国内沿海港口投资多元化的竞争格局正逐渐成形。

中山大学港澳珠三角研究中心教授郑天祥表示，和黄近来不断加码珠三角港口业务，一方面是由于香港码头的运营成本居高不下，从成本效益考虑，和黄的业务重心已不断向珠三角转移。更重要的原因则是在和黄最主要的大本营珠三角地区，和黄正面临着各类对手的强劲竞争挑战。

以和黄在内地最为倚重的深圳港为例，在香港码头一直未能解决高成本运营问题，越来越多的港资码头运营商像和黄一样，不断加大在临近的深圳港区的投资。目前，通过不断地扩充和收购，招商局已把西部的蛇口港等港区连成一片，而其港口吞吐量也首次超过和黄的盐田港区。可以预计，未来深圳港区将基本呈现和黄、招商局和九龙仓三足鼎立的竞争格局。而在临近的广州港区，和黄的竞争对手新加坡港务集团和中远集团也已先后进驻，屯兵备战。

宁波港

不论是地位显赫的上海港，还是正在崛起的宁波港，它们的金色梦想都是需要用钱来支撑的。

北仑港历来是宁波用以向上海洋山港挑战的黄金水道，至 2004 年 6 月底，宁波北仑国际集装箱码头新增航线 11 条，其中远洋干线 8 条，触角开始伸向南美洲、非洲、澳大利亚等以前未曾涉及过的新贸易区域。

而计划投资 50 亿人民币的北仑港四期更是集装箱码头中条件最优的一个项目：7.5 万吨级 5 个泊位，泊位长 1700 米，前沿水深达 17 米。宁波港现在已经拥有五十多条干线。”宁波港务集团一位人士表示。因此，宁波港是外来码头公司争夺的焦点。

和记黄埔港口集团 2001 年 6 月 9 日正式与宁波港务局属下的北仑集装箱公司“联姻”，合资组建了宁波国际集装箱码头有限公司，双方共同出资 2.41 亿美元，经营宁波北仑港 900 米的集装箱码头，和黄持有 49% 股权。

此次合资的北仑港集装箱码头始建于 1991 年，当时只是宁波港北仑港区中的一个通用码头，此后经过改造，这一码头成为国内最大的一个集装箱单体泊位，可靠泊国际第四、第五代的集装箱货船。而这些年，宁波港吞吐量增长迅猛，2000 年，宁波港的吞吐量首次超过 1 亿吨，在大陆港口中仅次于上海港，其中集装箱吞吐量的增长速度最快，2000 年比 1999 年增长了 50%，超过 90 万标箱。

北仑港还是正在建设中的上海国际航运中心的重要组成部分，根据规划，这个港口将主要作为长江三角洲南翼的物流集散中心。由于宁波北仑港优良的港口条件和发展前景，北仑港一直备受海内外港口经营商的青睐。据悉，在前些年，中国远洋集团总公司曾与北仑港进行过合作。

就在和记黄埔与上海港合资成功的时候，香港已故船王、著名宁波帮人士包玉刚先生麾下的九龙仓集团也多次与北仑港洽谈合资事宜。

在一个签约仪式上，和记黄埔港口集团董事、总经理马德富先生发自内心地表示，登陆宁波港是和记黄埔多年的梦想，他希望通过双方的努力，把宁波北仑港建设成具有世界先进水平的集装箱枢纽港。

北仑港三期1238米的国际集装箱码头已经在建设中，这个码头可以靠泊目前世界上已经在使用的最大的集装箱货轮。宁波港此番与和黄合资后，也可以筹集一部分资金用于新的码头的开发。

“今后和黄在宁波港的其他项目上很难有突破。”宁波市政协的黄孟达主任说，黄曾经是宁波市港口办的官员。他认为，和黄在北仑二期项目上，将集装箱的作业费一再提高，港务集团方面对其高价经营的手法表示不满。“由于价格过高容易导致宁波的货源向上海港分流。”但他对和黄快速追求投资回报的心理表示理解。

在目前宁波港的第五期大榭岛港口，由于经营港口码头的招商局国际集团的入驻，和黄也丧失了机会。

李嘉诚的行事方式与经营手法一次又一次地遇到了强有力的抵抗。在大陆，他不得不小心谨慎，不得不谨慎小心地周旋于官贾之间，不得不屈尊降纡地满足内地部分非正常的、非合理的，甚至在某种程度上是多变的要求，不得不费尽心思应付各种突如其来的一变再变。

然而，尽管如此，所有的一切，依然不能按照自己的愿望，甚至不能按照白纸黑字约定的内容进行。在这样一个特殊的商业文化里，虽然有着共同的文明文化背景，但是，李嘉诚有时依然觉得莫名其妙，不可思议，甚至无法接受。当然，李嘉诚毕竟是李嘉诚，他知道他必须无条件地接受接纳这种商业文化，除非，他决定完全不在这里投资一分一毫。因为，这里有一只无形的至高无上的手。

不管怎么说，大陆正在转型，中国正在变化，一切游戏规则都在趋向世界潮流。如中外有识之士一致看到的，这是艰难的转型。但这种阵痛在香港的历史上已上演过了，只是与香港发生的相比，这一次无论在规模、时间、性质等层面上都有过之而无不及。正因为如此，大陆的转型也引起了李嘉诚的关注。

从另一角度讲，李嘉诚早已无法置身事外。处于一个完全自由市场经济中的商家，对于一个不得不介入政治的所在，其担心是可想而知的。

很多人想当然地联想，曾经大做捐献的李嘉诚已经从大陆获得了不少好处，甚至是某种想当然的回报。但在李嘉诚看来，即使自己做了这种捐献，如有百分之一的生意却受到影响，那么他宁肯继续捐献而不考虑生意上的任何不利。完全超脱，看来说易行难。

李嘉诚不能不考虑特殊的国情，特殊的乡情，特殊的人情。但对于大陆这样的转型市场来说，营利与否，甚至决策与项目本身，考验的只是他本人的智慧，以及对内地非市场因素的感悟。

据新华社报道，上海港2004年的总货物吞吐量达到3.82亿吨，比2003年增加了0.6亿吨。首次超过多年一直排名世界首位的荷兰鹿特丹港。

近年来，浙江省正积极发展宁波港的港口建设。当年的浙江省委书记习近平于2005年1月21日揭幕的“香港·澳门·浙江周”活动上向传媒表示：“要推动宁波港的港口发展，一定要加强物流业的发展！”习近平认为，“引进外来投资”是最直截了当的方法。

在这次招商活动中，香港上市公司东方海外（国际）有限公司与宁波港集团签订意向书，合资开发宁波北仑集装箱码头五期，总投资金额为6.5亿美元，东方海外占20%股权，投资额1.3亿美元。

和记黄埔港口集团也跟宁波港集团签订了协议书，合资改建宁波北仑码头二期，总投资额1.5亿美元。

宁波港近年亦表现不俗，据交通部公布的最新数据显示，2004年，全国各港口集装箱吞吐量高速增长，前九位的港口都以超过20%的速度增长，八个港口超过200万标箱，排名分别是：上海港（1455万标箱，增29%）居于首位，宁波港（400万标箱，增44.5%）已排名第四位。

单纯从有关数据看，宁波港的增长势头十分强劲。然而，浙江省的官员亦清楚表示，要与上海港看齐，还有一段距离。浙江省发展和改革委员会某人士向《亚洲时报》记者表示：“宁波的港口吞吐量已经达到426万箱，加上北仑和舟山新码头的建设，今后有关计划应该是在中国处于领先地位。但能否超越上海港口的发展，尚属未知之数。”其实，在看得见的未来数十年内，宁波港根本就不可能超越上海港。

2005年12月31日，据上海市港口管理局统计，上海港2005年的货物吞吐量达4.43亿吨，首次超过新加坡港，成为世界第一大港。

上海港的货物吞吐量在五年内增加了2亿多吨。自1984年上海港的货物吞吐量首次突破1亿吨后，上海港吞吐量持续大幅攀升，到2000年突破2亿吨，

2003年突破3亿吨，2005年攀升到4.43亿吨，比2004年增长一成七。

2004年7月29日，度过自己75岁生日的李嘉诚，一直以来给世人留下了这样深刻的印象：节制、谨慎、精力异常充沛、非常珍惜自己的声誉，此外他还是一个不露声色的商家。在他看来，为自己、为股东不断地创造最大的利益乃是无可回避义不容辞的追求和使命，虽然情势常常随时局起起落落，然而，回溯历史似乎更有说服力，没有人能否认他一次次把握住了重大历史机遇。

此外，晚年的李嘉诚始终秉持个人理想——“不义而富且贵，于我如浮云。”拿破仑常说决心（determination），决断（decisiveness）和对时间的有效掌控，是推动他向前的要素。他有一句名言：“我可能失掉一场战役，但我从不浪费一分钟。”对于一个50年来未曾连过四天假期的年近八旬老人来说，李嘉诚又何曾浪费过生命中的一秒钟。

远看与近观，在香港崛起的李嘉诚依然有着19世纪甚至更为久远的中国商人的社会人格，经商、发达，努力成为儒家绅十与传统的卫道士，从而步入国家民族社会历史的主流殿堂，并在纵横交错的历史嬗变中找到自己的恰如其分的位置，并以自己的耀眼辉煌反过来影响社会历史的发展与变化。然而，耐人寻味的却是，李嘉诚正是自由经济的产物。李嘉诚也只能是自由经济的宠儿与产物。

李嘉诚表示从不担心自己在历史中的地位。笔者营营役役，历时10年所完成的这部历史传记，期待能够具历史分寸地刻画李嘉诚的历史地位。

记得18世纪法国国王路易十六曾说过：“我死之后，哪怕洪水滔天。”这不过是暴君的狂吠与滴血的嘶鸣。

香港的自由竞争的西式多元社会养育，成就了李嘉诚，他最终却将灵魂皈依于传统的儒教，并试图于其中得到灵魂的安宁和心灵的慰藉，试图从中体会生命的真谛与演绎人生的价值。李嘉诚自言自语：方寸之间，自有天地，造化之外，其乐无穷。

“如果懂得利用金钱多做有意义的事情，则金钱可以发挥很大的作用，才会感受到金钱的价值。否则，若只花费于锦衣美食，在物欲方面贪得无厌，最终只会沦为金钱的奴隶。人必须超越金钱，才能成为金钱的主人。”

第十一章

我所做的都是我认为对国家、民族有利的

L i K a - s h i n g

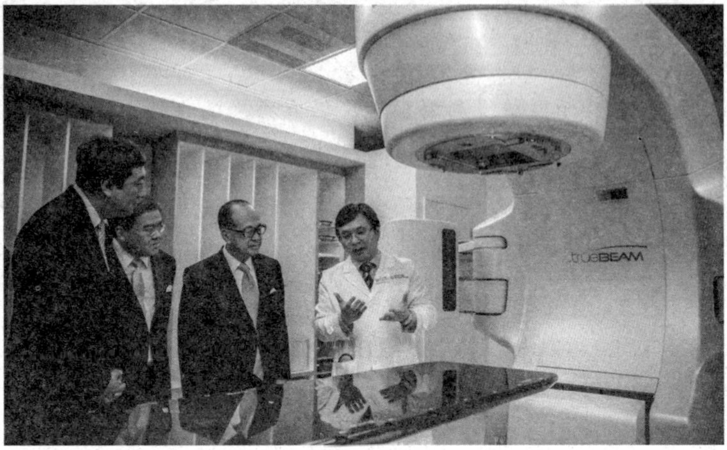

▲ 教育与医疗成为李嘉诚矢志追寻的人生目标。

▲ 2008 年 12 月 5 日，李嘉诚与长江学者奖励计划得奖者陈小章教授（左二），刘延东前国务委员及前中大校长刘遵义教授合照。

大文豪萧伯纳曾经说过人生的苦闷有二，一是欲望没有被满足，二是欲望得到了满足。这句不完整的话的确反映出部分的真理。

60 年代初的一个夏夜，忙碌一天的李嘉诚，难得走出户外散步，当他漫步在西半山宝珊道上的时候，苦苦思索着，人生究竟怎样才算快乐，怎样的人生才是快乐的人生？有钱难道就能快乐吗？这种不停的探索和付出，难道才是生命的真正意义吗？

当从一个转角走到一处开阔的路段时，远眺风平浪静的海面，看到维多利亚港沿岸的高楼大厦，万家灯火，再看着山脚下参差不齐的一排排木屋石屋，怅然若失的李嘉诚似乎发现了什么，又似乎在苦苦思索着什么。

忽然间，木屋区的微弱灯光在闪烁了几下后一片漆黑，随着几声喧哗，便很快陷入了沉默。与此相映照，维多利亚港的高楼大厦依然灯火通明，辉煌万丈。

黑与白，刹那间，如此分明，世界原来是这样。就连黑夜中的光芒，对维多利亚港来说，只是多一点少一点而已，而对木屋区生活的人来说，则如白昼之日光，没有光就等于没有了太阳，没有了生机。甚至可以说，没有了生活生命，在黑暗中的人们，其生命与山边的棵棵青草又有何别？

正是这刹那间的强烈的黑白对比，令李嘉诚豁然开朗。原来，有钱固然能使人生活在阳光之下，能使人快乐，但如果能给他人带来光明，能令其他更多的人生活在阳光之下，那才是最大的快乐。原来，快乐就是让人远离黑暗，快乐就是光明，快乐就是让所有人的生活充满希望。简单讲，就是能够令到更多人快乐，那才是人生的快乐。

但是，应该从哪里做起呢？钱钟书先生《论快乐》中有一段名言：“快乐的人生里，好比引诱小孩子吃药的方糖，更像跑狗场里引诱狗赛跑的兔子。几分钟或者几天的快乐让我们活了一世，忍受着许多痛苦。我们希望它来，希望它留下，希望它再来。”

李嘉诚希望中国强大，愿竭尽个人之所能，为祖国多办实事。对于为国家尽责尽心，他既不言倦，亦从未言悔。简单讲，李嘉诚希望每个香港人，每个同胞都能快乐起来。

中国人的传统以为“太上有三不朽”，其上立德，其次立功，再次立言。其实，德也就在功和言中。做人，李嘉诚已在绝境的拼搏中感受到人的自由与自我的价值增值。

我相信帮助他人对社会有所贡献，是每一个人必要的承担。

近代企业家对社会贡献越来越大，我个人认为，企业家肩负一定的道德责任。如用会计学来说，道德标准为一项基本成本，以诚实及可靠的手法经营，会取得更大的成功。

很多时，我们知道要做对的事情，时常需要有过人的承诺及坚强意志。我们常常面对那些把自己观念强加于别人的挑战，或甚至侵犯别人意愿的人和事，和谐因此更形重要。在一个和谐的社会中，才有自由经济及法治，我们才能有效创造繁荣、鼓励创新发明及自由地生活，这是令一个社会快乐的基本元素。

在他所处的香港，个人在归属感上的受限和无能为力，使得对个人最具挑战最有诱惑最有机会的是市场，这是生命力最能实现的最好地方。这也许是李嘉诚被逼步入市场后，所发现的别有洞天，一样可以实现人生多种需要，而终能扎根于市场的内在原因。

我的人生观就是，我所做的都是我认为对国家、民族有利的。

赚钱的意义

“穷则独善其身，达则兼济天下。”这或许是中国传统士大夫的理想人格，李嘉诚发达了，报效社会，但并没忘记内心的“善”，而是独守一片思维的宁静与心灵的孤寂安详。独处一片平常的爱心与孤寂的心灵。

李嘉诚承认，在1957年、1958年赚很多钱。当时的他很快乐，但一年后又陷入了难以自拔的迷惘与困惑。左思右想，他慢慢想通了。

当你赚到钱，等有机会时，就要用钱，赚钱才有意义。

林肯曾说：“根据我的观察，人们唯有决心让自己快乐时，他们才会感到快乐。”

李嘉诚的用钱不是小我的享用，而是大我的需求，大我的追求，大我的使用。这是一种故我无我的精神超越与理想追求。他亦想过，就此金盆洗手，读书达志。然而，人在江湖，身不由己，只好作罢。求学的念头虽暂时打消，读书的习惯却从未改变。

李嘉诚一边赚钱，一边用钱，然后再赚钱，已届85高龄的李嘉诚皈依于“善”，但并未吃斋念佛绝尘出家，而壮心未与年俱老，不断拓展业务，为即将成为李氏家族继承人的长子李泽钜埋下更多的腾挪天地与发挥空间。

正如香港大学副校长李焯芬教授接受笔者专访时所强调的那样，完全自然地源于内心根深蒂固的善根。

除了香港的业务之外，其海外资产有加拿大的赫斯基石油产业、欧洲的电信业务以及巴拿马的港口业务，并不时想染指美国而在美国引起了关于中国威胁美国国家安全的辩论。凡此种种，莫不显示出，李嘉诚影响力之所及，就连富可统治全球的美国，也不能不为之侧目。如斯泱泱的美利坚合众国，对李嘉诚都要打起十二分精神，时时事事处处严加防范。

经商赚钱要取之于民，用之于民，方寸之间，自有天地，我一生引以为荣和自傲的，是付出金钱、时间和心血去贡献。

本人平时宗旨，对大众有利之事，能力所及，不遗余力以赴，绝不为名，绝不欲宣扬，事情办妥后，内心已感快慰。

李嘉诚生命不息，奋斗不止。在新的世纪新的环境，依然坚持“诚商”原则，让更多的人认识到并真正体验到“超人就是超人”的真正内涵。

李嘉诚参加香港基本法草委会，对基本法的制定异常认真。小组会、全体会，逢会必到。李嘉诚主动参加小组会。会上，认真听取、考虑委员们的意见，他虽发言不多，却把他认为需要讲的问题，都明确地毫不保留地表达出来。

两见邓小平

李嘉诚深情回忆起与邓小平的两次单独会面。李嘉诚曾任香港特别行政区基本法起草委员会委员，有多次机会面见邓小平。

李嘉诚印象最深刻的，是 1986 年 6 月 20 日和 1990 年 1 月 18 日，邓小平先后两次的单独会见。其中第二次单独会见，是在邓小平 1989 年引退之后，当时他已很少出席公开场合或会见客人，更显非同一般。

在李嘉诚的心目中，邓小平是一位有创见、有远见，爱国爱民的一代伟人。

李嘉诚感触地说：

> 我和邓小平先生见过多次面，坐下来交谈了两次。他给我的印象是一位实事求是的人，对许多事情都有很好的创见，是一位在中国历史上难得的伟人。

1986 年 6 月 20 日，邓小平在北京人民大会堂会见了李嘉诚。邓小平对李嘉诚捐款兴办汕头大学的行为表示高度嘉许。他对李嘉诚说：“你资助教育事业这件事，很值得赞赏，因为教育是一个薄弱环节，很需要支援。你对国家提供的帮助是扎扎实实的，全国十亿人民都会感谢你对国家的贡献。”

李嘉诚说：“汕头大学的事情，是自己最关心的事情，我把他看得比任何一项投资都更重要。将来中国的四化建设能不能搞好，最关键的是人才问题。”邓小平接着这个话题说道：“教育是立国之本，我们过去在上面欠的账太多，应该用更多的投入补回来。”

李嘉诚表示，在自己的有生之年，将继续支援内地的教育和卫生事业。借此机会，李嘉诚诚恳希望国家能够允许汕头大学办得更开放一些，在办学方针政策上，学校应该拥有更多的自主权。

邓小平说："我同意你更开放一些的观点。何东昌（时任国家教育委员会副主任）同志对你的意见都同意，都赞成可以更开放一些。可以聘请外国教授来任教。"邓小平还强调，汕头大学要办好，国家教育委员会可以从全国调一些好的教师去，保证这所学校一开始就是高质量的。他说："大学的质量高不高，决定于教师的质量高不高，教师如果质量低了，就教不出好学生。"

邓小平特别谈到对汕头大学的教师要有适当的待遇，待遇不能太低了，只有这样才可以聘请到一些高质量的教师。他继续指出：许多华侨和外国人士都愿意为汕头大学的建设贡献力量是一件好事。希望通过这件事能够进一步提高中国的办事效率。

邓小平回头对何东昌说："国家教委要全力支援汕头大学的工作。对李先生提出的建议与要求要认真处理。要充分考虑汕头大学的办学特性，尽可能用超前的思维考虑问题。"

李嘉诚回应说："如果每个人都能够像您这样高瞻远瞩，相信汕头大学在不久的将来，一定能够办成一所著名学府。"

1990 年 1 月 18 日上午，李嘉诚再次见到了邓小平。

后来两人谈到香港问题时，邓小平说："中国人不把香港收回，任何人，不管他是哪个党哪个派，都不能说完成了历史使命。百分之九十九的香港人是爱国的，这是解决问题的基础。几年前我讲过，从 1990 年起，香港人就要参与香港行政、司法、经济、金融等各方面的管理，不然政权怎么能一下子接过来。"

李嘉诚说："香港回归是历史发展的必然，所有香港同胞都希望能回归祖国怀抱，成为一个真正的中国人。"

邓小平还指出，1989 年，英国参加对中国的制裁，在香港问题上也想试探中国，要从政治上入手，搞"政治民主化"来保持英国在香港的影响，争取在香港获得更多的利益，使得它在 1997 年以后仍然管理香港，保持宗主国的部分权力。

邓小平称："英国放出这样的空气，要价要得很高，筹码比过去高了，这种讹诈的方式和主张，是吓不倒中国人的。中国人在主权问题上不会让一分一毫。中国绝对不能软，不能让人认为中国会屈服，能制裁得了。"

他说："我跟撒切尔夫人谈过，在主权问题上没有回旋的余地，在考虑制定香港基本法时，我就讲不能使中央政府无所作为。如果把香港变成反社会主义、反大陆的基地，中央政府就要干预，不干预会越搞越大。解决香港问题的办法，要中国、香港、英国三方面都能接受，五十年不变，大家都要得到发展。"

李嘉诚接着说："我个人坚决拥护支持中央政府为香港回归所做出的任何努力，也愿意全力配合协助各项工作的展开。相信中央有能力确保回归祖国后的香港继续繁荣，因此也相信中央政府能够开诚布公地倾听香港各界的意见。"

李嘉诚对邓小平表示，自己和广大香港同胞对香港回归充满信心，长江集团在未来几年在香港的投资将进一步增加，他本人更对香港前途充满信心。

李嘉诚称自己的事业"正如一棵大树，根扎在香港。香港过去是，将来也是长和集团的大本营。"李嘉诚并表示自己将在此基础上继续扩大在内地的投资。

邓小平最后对李嘉诚说，希望香港稳定、繁荣，争取活到 1997 年，然后到香港看看。

1992 年春，邓小平南巡广东，中国掀起第二次改革开放的热潮。同年 4 月 28 日，李嘉诚应邀出席北京大学授予他名誉博士学位的授衔仪式。当天上午，中共中央总书记江泽民会见李嘉诚，对李嘉诚说："我们非常看重你在香港顺利回归中所发挥的积极作用，希望你和香港各界人士一起，在香港 1997 年回归祖国大业中发挥更大作用。"

李嘉诚当即表示："我对香港的前途充满信心，对内地的改革开放充满信心，对祖国的前途也充满信心。"

同年 5 月 1 日，李嘉诚到深圳出席深圳长和实业有限公司合同章程签订仪式，该公司由李氏名下长实、和黄及怡东三家公司与深圳市投资管理公司、中国国家机电轻纺投资公司合资成立，注册资本为 2 亿港元，主要从事内地地产、交通、金融、通信和能源方面的投资。此举被视为李嘉诚大举向中国投资的先声。

到 1997 年年初，李嘉诚对医疗、教育、公益机构及社会捐款逾 23 亿港元。

至 2004 年，李嘉诚累计捐款已逾 60 亿港元。

至 2005 年 6 月，累计捐款已近 75 亿港元，而其中有七成都投放在内地。

至 2007 年 12 月，累计捐款数额已达 85 亿港元。

1997 年 2 月 19 日，距中国政府正式对香港恢复行使主权仅仅 131 天之际，邓小平溘然辞世。

李嘉诚认为，邓小平倡导推动中国的改革开放，这不仅使中国13亿人民从中受益，生活水平一天比一天好，香港也从中受益良多。邓小平提出一国两制的伟大构想，解决了香港问题，香港在过渡期得以保持繁荣稳定，港人充满信心，都要归功于邓小平的智慧和远见。

李嘉诚称颂道：“邓小平先生坚定地推行改革开放政策，使中国十多亿人口在过去、今日和未来的日子永远得益，使国民生产力提高，带领中国人民步上富强的道路。他构思的一国两制，为国家统一创造条件，为今日香港人提供一个稳定的生活环境，使港人对前途充满信心，令每个人可以安居乐业，真是一个造福港人的创举。”

长江学者奖励计划

随着中国改革开放政策的实行，李嘉诚对内地的投资规模不断扩大，投资金额不断扩大，投资项目不断增多，包括工业、地产、交通、金融、通信、能源、港口以及高科技等许多方面。李嘉诚说：“中国的改革开放政策为每一个中国人带来了希望。”

李嘉诚接受中央电视台的访问中进一步阐述道：

> 即使我拥有今天的成就，仍然不会忘记这段经历和感受（努力争取知识），亦希望其他人能明白知识可以改变命运，因此我不断支援教育事业的发展，支援的程度，将超越我生命的极限。
>
> 我深信忠诚、正直、公正无私及同情心，是重要和不可替代的价值观。因此我在20世纪70年代之前，已经开始参与及支援教育和医疗事业，并在1980年成立基金会，这些工作将会继续做下去，这是我所选择的做人方式。

1996年，李嘉诚先生先后捐资港币700万元和人民币800万元创建了福建惠安嘉惠中学。为表彰李嘉诚先生捐资兴学、报效祖国的善举，福建省人民政府决定在嘉惠中学为李嘉诚先生立碑铭刻。

其碑文曰：香港同胞李嘉诚先生，祖籍广东潮州。情系教育，慷慨捐资，兴学育才，为颂扬功德，激励学子奋发进取，特立此碑。

如果懂得利用金钱多做有意义的事情，则金钱可以发挥很大的作用，才会感受到金钱的价值。否则，若只花费于锦衣美食，在物欲方面贪得无厌，最终只会沦为金钱的奴隶。人必须超越金钱，才能成为金钱的主人。

留给子女最重要的财产，是值得继续经营和发扬下去的事业，在这方面，至今无刻意安排。

生活简单，但很满足，乐见两子亦受熏陶，能够正确面对一切，觉得这种生活很快乐。

北京人民大会堂的声音，传到香港，很快也得到了回应。

就在全国人大刚刚落幕不久，李嘉诚来到北京。他的随员给教育部打来电话说：李先生希望拜访陈至立部长。陈至立部长决定 5 月 3 日在钓鱼台宴请李嘉诚。

李嘉诚见到陈部长后，除祝贺她就任部长外，直接切入了拜访的主题。李嘉诚动情地说："朱总理如此重视科教兴国，我本人希望能为国家教育的发展做点事。今天拜访部长，想与部长协商。比如捐资设立奖学金，帮助大学生成才，希望这个愿望能够尽快落实。"

陈至立对李嘉诚的爱国情怀与高尚情操表示非常感谢与高度敬仰，表示完全尊重李嘉诚的意愿，认为这是很有意义的善举，但同时表示：如果让我提建议的话，我想做一个吸引和鼓励优秀中青年大学教师的项目，效果会更好一些。

当时在场的教育部副部长韦钰补充说：国家实施"211 工程"、建设重点实验室等，已经花了几十亿，主要用来买先进的设备，建设图书馆及公共教学科研设施，但是由于国家工资制度的规定，不能用较多的钱来改善教师和研究人员的生活待遇。吸引优秀人才是个很大的问题，有了先进的设备，没有人来使用，难以做出高水准的成果。如果李先生把准备投入的资金，对可能做出突出成就的人，给予奖励，会产生更大的作用。

李嘉诚听了两位部长的意见，甚为欣赏，真可谓"所见略同，一拍即合"。

他当即表示：得到教育部领导的支援，我们可以很好地合作了。就这样，一个迄今在国内外产生极大反响的计划——“长江学者奖励计划”，在钓鱼台诞生了。

1998 年，刚刚从上海来京的陈至立部长，头脑中酝酿一个大的计划，这就是后来公布的《面向二十一世纪教育振兴行动计划》（以下简称《行动计划》）。“长江学者奖励计划”的内容，被写进了《行动计划》中。

《行动计划》中的第三项大工程：实施高层次创造性人才工程，加强高等学校科研工作，积极参与国家创新体系建设。其中的一项内容是：造就一批具有世界先进水平的中青年学术攻坚人才，使高等学校知识和技术创新基地尽快取得创新成果。

从 1998 年起，在全国高等学校的重点学科中，设立特聘教授岗位，面向国内外公开招聘特别优秀的中青年学者进入岗位。设立专项奖金并鼓励地方政府和学校相应设岗奖励。

经商定，“长江学者奖励计划”的第一阶段，由李嘉诚先生捐资港币 6000 万元，教育部配套相应的资金，在全国符合条件的高校中，陆续分批设立 300 ~ 500 个特聘教授岗位，逐步达到 1000 个岗位，对申报设岗的大学和大学提交的特聘教授人选，先由同行专家（大多数为中科院院士）进行评审，再由国内外知名的专家学者，组成评审委员会进行最后审定。

每位上岗的特聘教授，除享受学校原有的工资福利待遇外，每年再发给 10 万元的岗位津贴（奖金）。此外，李嘉诚先生为进一步奖赏获得突出成就的特聘教授，个人又另外捐资港币 1000 万元，设立“长江学者成就奖”’一等奖 100 万元人民币，二等奖 50 万元人民币。

“长江学者奖励计划”实施以来，李嘉诚非常关注其进展情况，与教育部保持着密切的联系，双方合作得非常顺利。

李嘉诚还派属下相关负责人员参与日常具体工作和专家评审事宜，主动为评审专家提供很好的工作和生活条件，以表示对专家学者的极大敬重。犹记得第一次同行专家评审高校设岗和录选特聘教授上岗，是在李嘉诚经营的北京丽都饭店进行的。

李嘉诚专门派李嘉诚基金会的理事等，提前来到酒店，协助教育部人事司“长江学者奖励计划”办公室做接待准备工作。在会议场所和专家生活等方面，都做了精心安排。尽管这样，李嘉诚仍感不足，于是将第二次评审改在五星级的长城饭店举行。评审期间，李嘉诚因工作难以脱身，不能前来与会，又特派基金会董事周凯旋来京，代表他宴请并感谢大家。

江泽民主席、李岚清副总理对这一计划给予了充分肯定。

第一次“长江学者奖励计划”特聘教授上岗和成就奖颁奖典礼，是在人民大会堂举行的，国务院副总理李岚清出席了典礼，会见了专程来京的李嘉诚，并发表了热情洋溢的讲话。第二次上岗和成就奖颁奖典礼，李岚清再次亲临祝贺。李岚清称这一计划，为国家实施科教兴国战略，觅到了“七十二贤人”和“一百单八将”。

李嘉诚为这一计划的实施有了一个很好的开头，欣喜万分。他热烈祝贺获奖学者和上岗教授，并对教育部的支援与合作，表示由衷感谢，认为这是“我人生难忘的一刻”。

李嘉诚在致辞中说：“国家领导提倡科教兴国，是我们现在最重要的工程，维系我们民族的未来，是中华民族的未来希望所在。”

他殷切希望各位上岗的特聘教授：

> 大家同心合力，意志不移，为我们的国家，为我们的民族，在我们深爱的大地上，共同建设我们祖国美好的将来。
>
> “长江学者奖励计划”的实施，为中国高教和科技发展，又觅到一支有生力量，吸引了一大批高水平优秀的人才。

韦钰副部长称这些年轻有为的教授学者，是我们国家科技攻坚的“突击队长”。同时，这一计划实行“明确岗位职责和招聘条件，在国内外公开招聘，平等竞争，择优聘任，严格考核，动态管理”的办法，也为中国教育科研机构用人制度、工资分配制度的改革，较早地进行了大胆尝试与改革，是一次体制性的突破，迄今仍对大陆高等教育发展发挥着无可估量的积极作用。

可以说，李嘉诚同教育部的这一合作，也是他对国家教育发展与改革所做的又一值得大书特书的历史性贡献。

> 我创造事业，除了希望自己的事业能不断发展下去，更重要的是要利用财富做对民族、人类有利的事情，所以我二十多岁时，已向自

己承诺必要善用我商业上的成就去促进教育与医疗方面的发展，帮助无助的人。

我一生充满挑战和竞争。我为自己定下了目标，尽自己力量，不断为社会服务，希望尽量在这个世界上留下美好的种子，多做有意义的事，这样我的一生便不会白过。

2005年6月27日，中国教育部副部长赵沁平在教育部举办的新闻发布会上表示："长江学者奖励计划"有效地吸引、稳定了一批高层次人才到高校从事科研、教学工作，特别是吸引了一批学术上卓有建树的海外学者回国工作。

赵沁平说，"长江学者奖励计划"自1998年至2004年共有88所高校聘任了605位特聘教授、122位讲座教授。在727位长江学者中，714位具有博士学位，94%的长江学者具有在海外留学或工作的经历，其中297位直接从海外应聘回国工作或为国服务。

核心价值

李嘉诚捐资同教育部合作，实施"长江学者奖励计划"，绝不是一时的心血来潮。

陈至立部长给予"长江学者奖励计划"极高的评价："李嘉诚先生是一位知名的爱国企业家，这个计划就是由他主动提出来。过去他除了对教育做出慷慨捐献之外，亦希望推行一个学术计划，我们国家财政部也非常支援，拨出对等资金，设立了'长江学者奖励计划'。"

陈至立继续说："这项计划虽然实施时间不长，但影响很大，意义也很深远，现在已成为了一个国内外知名的教育品牌，充分体现了我们国家尊重知识、尊重人才的精神。"

李嘉诚不仅多年来爱国爱乡，重视教育卫生事业，热心公益，而且一往情深，尽心竭力。正如香港老前辈庄世平先生所说：李先生为人谦和，坦诚，守信，真是名不虚传。

1990年，李嘉诚因东方广场问题前往北京，恰逢北京亚运会集资，北京市副市长张百发宴请李嘉诚，席间聊到亚运会集资问题，李嘉诚马上拿出支票，填写1000万元港币的支票，在递给张百发的时候，还连连说道：“不好意思，实在不好意思。”

1994年捐资1100万元港币，帮助家乡潮州贫困地区，建了50所基础教育学校；2000年，捐资2400万美元，参与国家互联网InternetII发展计划，在清华大学建设国家未来互联网技术研究中心等。

> 现实中的商业社会是需要不断更新求变，但我深信在获取更多盈利及更高效率所带来的巨大压力下，也不应牺牲了我们维护公平及减除疾苦的决心。若果我们选择只为追求金钱及权力，而牺牲人类高尚情操的话，则一切进步及财富的创造都变得没有意义。

李嘉诚心中持之以恒地保持着一个永恒的信仰和追求，他把对国家教育的支援，看得比自己的生命还长久还高贵。他强调说：“一个国家要强盛，一个民族要强盛，教育很重要。教育与民族的前途相连。当我年纪大时，商业上的事业可以退休，但教育是我终生的事业。”

我们是否可以反过来理解，一个受到所献身的热情鼓舞的人，一定会做出惊天动地的伟业来。

知识时代，社会资本是经济持续增长的重要组成部分，社会资本像其他资产一样是可以量化的，有适可量度的可转变性、耐用性、弹性、可代替性、创造其他形式资本的能力。

建立社会资本就是社会希望与公正的泉源；公民精神与公民权利相比，有时甚至会更为重要，但往往更困难，甚至更为久远。只有通过全力增进社会资本，才可以驾驭知识与创新的动力，体现人的价值与尊严，或者这就是一个宏观与微观经济层面之间的合理关系。

1997年，北京大学名誉博士李嘉诚慷慨捐赠8000万元人民币，支援北京大学图书馆新馆的建设。

1998年北京大学百年华诞之际，图书馆新馆隆重竣工，江泽民主席题写了“百年书城”的题词。

新旧馆连在一起，如今北大图书馆总面积超过5.1万平方米，阅览座位四千多个，藏书容量可达650万册，成为亚洲高校第一大规模图书馆。图书馆布局合理，功能齐全，为北京大学的教学科研发挥了重要作用。

1992年4月28日，李嘉诚应邀在北京大学荣誉博士学士颁授仪式上发表演讲：世界在蜕变中，既向我们展示前景，又显现出挑战性。

面对我们的有三种别于往日急剧转变的时代：就是科技的时代、开放的时代和亚洲人的时代。现在科技的发展，除了穿梭太空之外，对衣食住行民生的改善，亦有多方面的贡献。

高科技的发展加速了我们生活的节奏。历史命运使中国迟于起步，因而我们急需推展中国的经济和科技现代化来配合高科技下生活的来临。

我们面对的另一个改变是开放时代的来临。祖国近十年的变化就是佐证。整个世界，连最保守的国家的经济政策也开始走向改革开放政策，甚而让外国人参与投资的局面。

祖国在改革开放政策下经济发展迅速。今日国民生活与过去十年相比，水平已见大大提高。我们应感谢国家领导人的改革开放方针，它替我们的社会带来繁荣和进步。

希望开放政策继续进行和拓展，开放的尺度再为扩大，这将会替每一个国民带来更多的发展机会。

在今天，停滞的思想模式已变得不合时宜，这不是要破旧立新，采取二元对立、非黑即白的思维，而是要鼓励传统的更生力，使中国文化更适用于层次多元的世界。在全球化的今天，我们要懂得比较历史，观察现在和梦想未来。

从商的人，应更积极、更努力、更自律，建立公平公正，有道德感，自重和守法精神的社会，才可为稳定、自由的原则赋予真正的意义.尽管没有外在要求，我们要愿意利用我们的智慧和勇气，为自己、企业和社会创造财富和机会，各适其适。

李嘉诚曾提到印度的一本书《三等车票》中的一个故事，在印度一位善心的富孀，临终遗愿要将她的金钱，留给同村的贫困小孩分批搭乘三等火车，让他们有机会见识自己的国家，增长知识之余，更可体会世界的转变和希望，开阔他们的视野，为他们带来希望的阳光，让他们找到奋斗的目标。

> 过去的六十多年，沧海桑田，但我始终坚持最重要的核心价值：公平、正直、真诚、同情心，凭仗努力和蒙上天的眷顾，循正途争取到一定的成就，我相信，我已创立的一定能继续发扬；我希望，财富的能力可有系统地发挥。
>
> 创业是绝不容易的事，在发展事业的过程中，我深深感受到我立足社会的最重要工具，因此，虽然没有接受正规高深教育，但很早已立志，只要能力所及，一定支持教育和医疗的发展。

李嘉诚大声疾呼：我们要同心协力，积极、真心、决心，在这个世上散播最好的种子，并肩建立一个较平等及富有同情心的社会，亦为经济、教育及医疗做出贡献。希望大家抱着慷慨宽容的胸怀，打造奉献的文化，实现我们人生最有意义的目标，为我们心爱的民族和人类创造繁荣和幸福。

2001 年 2 月，李嘉诚响应中央开发大西北策略出钱又出力。他以李嘉诚基金会、长江实业及和记黄埔的名义捐款 3 亿元港币，开展“李嘉诚基金会西部教育计划”，支援西部的教育发展及医疗项目，并与中国教育部合作，培育当地人才，引进高科技的基础教育建设。

之后，李嘉诚在教育部的安排下，不辞辛苦，跋山涉水，一连九天亲自走访了中国西部六省八市，包括新疆、甘肃、青海、四川、重庆、贵州、广西等落后地区。李嘉诚甚至不顾舟车劳累，徒步深入与世隔绝的偏远山区，与地方领导及大学负责人，商讨如何协助加强西部的教育资源，以助西部加速开发。李嘉诚的中国西部之行，成为传媒争相报道的焦点。

自从国家启动西部大开发后，香港掀起了阵阵西部热，各类参访活动不断，尤其是商界，一方面谋求抓住西部开发的大好商机；另一方面也希望通过参与西部大开发为国家发展出力。李嘉诚考察西部为这股热潮添加了一把大火，而他的西部开发观念，也同当地发生了一些令人反思值得玩味的碰撞。

西部大开发肯定是千载难逢的机遇，但要抓住这个机遇还是要靠自己的努力，除不断改善“硬环境”外，观念体制等软环境的改善更加迫切。如果观念不改，还是抱着靠等靠要的“讨要”思想，越穷越光荣，以为一展开西部开发，就等着大把大把的钱投来。而一旦有钱，就不讲效益，好大喜功。这种观念不改，莫说难以从国内外吸引资金，就是国家投入资金，又怎可能产生最大的经济效益和发展前景呢?

对于西部一些地区观念滞后，国家有关方面已有所注意。国家计委副主任、西部开发办公室副主任李子彬表示，目前对西部地区的投资“软环境”，外商普遍反应强烈，而西部一些地区对此认识不足。他要求西部地区必须下大力气依靠观念创新和体制创新，加快建立市场经济体制。

2003 年 12 月 16 日，李嘉诚在首都北京做出三个呼吁，一是政府为了现实的需要，必须缔造一个有利创新精神的开放环境；二是大家要善用科技带来的额外时间；三是每个人都应该乐于投资增进社会资本。

李嘉诚这次到北京出席了三项活动，分别是在北京工业大学综合科学楼的启用仪式、清华大学未来互联网络技术研究中心的开幕典礼和李嘉诚基金会西部中小学现代远程教育项目发布会。

李嘉诚先后以“知识—核心价值”、“科技—未来主轴”和“社会资本—终极目标”为题目，强调知识是人最核心的价值，科技是未来的主轴，更强调没有什么比每个人都懂得利用知识与科技去投资增进社会资本更为重要。

李嘉诚在北京工业大学谈到“知识—核心价值”时引述美国哈佛大学 Michael Porter 教授在一篇名为“国家创新能力”（National Innovative Capacity）的文章，提到创新是未来的决胜因素，创新能力是知识及信息组合的百变动力。

李嘉诚呼吁政府，为了现实的需要，在宏观层面也要重视培植创新的活力，不仅是投资精尖科技的发展或其商业应用这些硬环节，而更要在政策上缔造一个包括政府、工商业、教育、环境、健康、精神成长、艺术和科学等不同范畴，以及有利大众创新的互动流畅开放的软环境，才可实实际际地孕育有创意及创见的人才。

李嘉诚强调，今天社会已容不下滥竽充数的人，现在是一个范式转移的关键时刻，知识就是人类最核心的价值。

> 对这个世界的认知，大家要有多层次、多维全方位的视野，慎思明辨、客观论证及逻辑思维，这是现实生活可依赖的成功方程式。

李嘉诚同一天在清华大学谈到“科技—未来主轴”时说，愿景是我们很大的无形力量，驱使我们可憧憬和创造未来。他又饶有兴趣地说在他现在的年龄，科技的发展，令他拥有更充裕的时间。

> 虽然未来由很多元素和机遇组成，然而未来最终的取决还系于人类的心灵和智慧，我们要用知识和智慧，赋予科技与时间新的意义，为自己、国家与全人类社会建造共同的尊严和福祉。

李嘉诚在人民大会堂与国务委员兼教育部长陈至立出席了西部中小学现代远程教育计划的发布会。

李嘉诚说，社会资本包括的社会和谐关系、信任与分享信念、社区参与、义务工作、社会联络及公民精神等全属可量化和有效益的价值，大家都应乐于参与投资。他认为改变需要从根本开始，只有在大家都有这理念、理解这理念的时候，大家才会承担，才会投资增进社会资本。

> 只有通过全力增进社会资本，才可以驾驭知识与创新的动力，或者造就一个宏观与微观经济层面之间的合理关系。

他又呼吁，现在是时候大家去领悟社会资本的重要性，通过帮助他人重塑命运，为人类社会进步与文明进化赋予新的历史意义。谈到香港未来发展，李嘉诚指出，要时常保持及捍卫香港的各种优势，香港必须重视及考虑四点：

第一，重视教育素质，年轻人要扩展国际视野和加强高层次的思维技巧，应付不断转变的社会。他特别提到香港劳工密集的工业早已北移，出现“有工无人做，有人无工做”的错配现象，但日本因国民教育政策得宜，工人水平很高，令贫富悬殊程度亦较世界很多国家为低。

第二，香港的生产成本仅低于日本而高踞亚洲最前列，虽有国际机构来港开设办事处，但亦有部分迁离香港，将后勤工序移往大陆或海外，香港必须研究对策。中国大陆已入世，无异是香港的“大宝藏”，香港应运用优厚条件与大陆相互配合。

第三，港人需加强危机意识，“不能因为长期生活在比较富裕的情况下形成自我膨胀心态，忽视其他地方的潜力和优势只会僵化自己”。近年大陆一些大城市大力迅速发展，香港需要思变求变，懂得将别些地区的潜力，化为自己的“东风”，与对手并驾齐驱。

第四，香港需要解决人才缺乏的问题。要知道由大陆及海外引入优质专业人才，不一定打击大陆员工，就如其集团下的企业，全球共有员工 22 万人，超过一半是外籍雇员。他奉行的宗旨是唯才是用，不同国籍的员工均合作无间，非常愉快。

李嘉诚指出：“每个人，只要是中华民族的一分子，都希望民族团结。其实香港社会好多默默不讲的人，对香港有益的事，个个都在做。做香港人最重要是，怎样令到香港有一个和谐的社会！”

2004 年 10 月 31 日下午，李嘉诚及属下企业——长江实业（集团）有限公司、和记黄埔有限公司、长江基建集团有限公司、香港电灯集团有限公司连同其他附属三司捐献 1 亿港币，用于国家游泳中心建设。

据了解，中国国家游泳中心位于北京奥林匹克公园内，总建设面积 8 万平方米，可容纳 1.7 万名观众。

总工期计划三年，计划总投资一亿多美元，2006 年年底前完工并投入试运行。捐赠仪式在人民大会堂举行。

北京市委书记刘淇出席捐赠仪式并讲话。市长王岐山接受了捐赠，并向香港长江实业（集团）董事、副主席兼总经理李泽钜赠送了捐赠证书和纪念品。国家游泳中心在 2008 年奥运会期间将承担游泳、跳水、花样游泳、水球等比赛项目。

作为 2008 年奥运会的主要场馆之一，国家游泳中心将建成具有国际先进水平的体育场馆和凝聚着港澳台侨同胞心声与力量的北京城市建设新景观。李泽钜表示，中国体育健儿在举世瞩目的第二十八届奥运会上不畏强手，奋力拼搏，取得了前所未有的优异成绩，他们出色的表现，再一次向世界展示了中华民族自强不息、奋发有为的精神面貌。

刘淇在讲话中高度评价了李嘉诚及属下企业对北京发展的热诚关注和大力支持，对他们支援建设国家游泳中心致以衷心的感谢。他说，李嘉诚先生及属下企业一贯关心和支援祖国内地的发展，始终以极大的热情参与北京市的经济建设，做出了巨大的贡献。

李嘉诚的各项捐献，都是通过李嘉诚基金会完成的。李嘉诚雄心万丈，爱心爆棚，打算让基金会成就百年基业，永远延续下去。基金会有独立董事会，TOM 大股东周凯旋是其中一名董事，长实前董事洪小莲也直接参与基金会的工作。大部分慈善捐款项目由李嘉诚主导，再由基金董事会决定。基金会正筹备建立更正式的架构，目前正考虑如何投资，解决收入来源的问题，令基金具有自我滚存，愈滚愈大的力量。

李嘉诚说，近年他开始向基金会注入资金，并做长线投资，令基金产生经常性收入，做捐款的来源，更计划把自己收入的一部分注入基金，使基金有更充裕的财政基础。

从 1980 年至 2006 年，基金会共捐出 76 亿港元，平均每年捐出 2.3 亿港元，即是说，每年平均最少要有 2.3 亿港元的经常收入，李嘉诚说会把自己收入的一部分注入，股息收入相信是其中之一，李嘉诚持有三成七的长实股权，部分以家族信托形式拥有，以 2002 年度长实全年每股派息 1.6 港元计算，他的长实股息收入 13.725 亿元港币，拨出二亿多元给基金会可说绰绰有余。

李嘉诚基金要成为百年基业，第一步相信是参照类似马会慈善基金的模式，马会慈善基金的信托人为马会董事会十二名成员，财爷唐英年及金管局总裁任志刚一度是信托人，不过现已辞掉有关职务，慈善基金有独立的财务报告。

生命在于付出

李嘉诚的爱国行为，绝不仅仅是因为他是中国人这么简单。童年的艰辛、严父教育，使他尝尽社会之酸甜苦辣，从小立下我要好好地做人，坚忍不拔的志向，一步一个脚印，用“行街仔”[①] 所积累的几万港元作为事业腾飞之本。李嘉诚出身于正统的潮汕家庭中，像千千万万个潮汕之子一样，从小就受潮风影响、父亲教育、母亲爱抚，到香港创业后，早期公司同仁、同行亲友多为潮人，其人事诸物无不与潮风染指，其勤劳俭朴、矢志不渝、个性形成更是稳中求胜。

① 香港人习惯称专门出外跑业务找生意的年轻男销售员为“行街仔”。

多谋善断的经营策略，广施乐善的道德风范，无不与潮汕文化有关，直至今天成为华人首富，难以置信的仍穿普通的西装，戴20年前的精工表。大割大舍大离大弃大彻大悟，得道多道超道仁道厚道人道。也许是一种化外之缘，也许是前世修来的鸿福。

香港大学副校长李焯芬教授强调，李嘉诚“善根深厚”，这个善根绝不仅仅是表现在他的慷慨捐献，而是表现在他的日常生活中，表现在他的内心深处，通过生活工作中的点点滴滴，这不是想起行善了就去捐一点那么简单，而是常存心间的善缘。

李嘉诚母亲庄碧琴女士是一位虔诚的佛教徒，她和善良的潮汕妇女一样，把摆脱贫困求平安的美好愿望寄托在佛祖保佑上。佛教教义告诫世人，“善恶必有报应，有因则有果，奉劝世人，崇善积德多做善举”，母亲就是这样以教义作为做人的准则，作为教育子女的宗旨。

父亲李云经病逝后，生活重担落在李嘉诚的肩上，李母总以鼓励的目光宽慰的胸怀来接受现实的挫折，支持鼓励李嘉诚工作，事业成功后，李嘉诚首笔善款便是尊慈母命，捐给潮州开元寺，修缮在“文化大革命”中被毁坏的寺堂。

他曾坦然表示：“在宗教领域里，我是比较信仰佛教的。”他在答中央电视台记者问时说：

> 赚钱方式有多种多样，我赚的每一角钱都是清白的，不干净的钱我一分也不赚。

以他的观点，他不赚家乡人的钱，不是说赚家乡人的钱就不干净，而是个别港商在家乡办厂，做了违法违纪的事，赚了黑心钱要得乡人的唾弃。

潮汕历史文化的熏陶，母亲宗教思想的影响，使李嘉诚先生开创了自己最完美的事业，勾画出人生奋斗的目标。

中国近百年历史告诉人们，从腐败无能的清政府到国民党统治，战祸连绵、哀鸿遍地、饿殍满目、列强欺凌、百废待举、民不聊生。国家主权、民族尊严丧失殆尽。

国衰民贱，旧上海租界内公园门口竟挂着侮辱性牌示“华人与狗不能入内”，米字旗下的香港同样流着港人辛酸的殖民血泪。教育救国、实业救国、科学救国，谱写着两个世纪华夏子孙强国富民的悲壮之歌。

1984年4月，中国成功发射了第一颗地球同步通信卫星，标志着中国运载火箭技术进入一个新阶段。隔年，中国政府宣布，“长征”火箭可以为世界各国提供发射卫星服务。别说世界航天市场早已被美国休斯敦航天中心等几个强国的集团所垄断，其政治背景就让人望而生畏，何况动不动就是上亿元的投资，没有百分之百的把握，谁敢冒这种风险？李嘉诚居然执意甘愿冒这种风险！

他把和记黄埔、大东电报局及中信集团合作购买美制卫星“亚洲卫星一号”（Asiasati），义不容辞地交给中国长征火箭发射。并于1990年4月成功发射上天。这能以简单商业行为来理解这两笔投资吗？我们能以互惠双赢的标准来衡量其投资风险吗？唯一的解释就是，李嘉诚对祖国充满希望，对祖国充满爱，对祖国高度信任。因为，他经历过了那种国破山河在的凄惨，经历过了那种任人宰割的屈辱。

香港经济从20世纪50年代复苏到70年代，几起几落。每次低潮，不知多少中、小华人企业因资金实力限制，被外资洋行挤倒挤垮，被迫破产，就连财大气粗的船王包氏集团也曾受冲击，至于抱恨数十年的霍英东，更是无处诉凄凉。

李嘉诚会深有感触地说：

> 我很爱读书，小时候很穷，无法完成学业，实现我心中的理想，我很想帮助那些心有大志而力所不及的穷人孩子，有了更多的钱，才能在教育上更好地发展。

昔日埋藏压抑在心灵深处的念头开始萌动，一个办教育、培英才、兴中华、强国力的雄伟规划油然而生。正如他在《我对汕大之希望》信中所述：

> 教育的重要，实关系于国家的强弱，社会的兴衰，以及时代的进退……因此国民教育的成功，实为国家富强的决定因素，基于这一信念，使我深感人才的重要性，善于甄才、养才和用才，始可臻国家于长治久安而稳步前进，甄才、养才之功有赖于教育。教育功亏则国家将无可用之材。

从字里行间不难看出李嘉诚多么想通过办教育、育英才、兴中华、强国体。这也很好地理解李嘉诚二十多年来在内地捐款中绝大多数是捐在教育上。

杰斐逊说："在一个文明国家，若指望在无知中得到自由，过去从未有过，将来也绝办不到。""你认为是确切完美的事情，你就应该毫不推诿地去做，这种行为乃是上苍赐予你的力量。"

2003 年 12 月 22 日，李嘉诚在清华大学谈到科技为未来主轴时说愿景是我们很大的无形力量，驱使我们可憧憬幻想和创造未来。他又打趣地说在他现在的年龄，科技的发展，令他拥有更充裕的时间。讯息与通信科技将时间变成朋友，讯息与通信科技释放了时间的价值。

> 今天多功能、多频道，什么都可以多元同步运行。地球变得越来越小，人们的空间距离变得越来越接近，科学技术使我们每一个人都强烈地感受到，我们的生活与其息息相关，密不可分。

李嘉诚说，社会资本包括的社会和谐关系、信任与分享信念、社区参与、义务工作、社会联络及公民精神等全属可量化和有效益的价值，大家都应乐于参与投资。

李嘉诚认为改变需要从根本开始，只有在大家都有这理念、理解这理念并崇尚这理念的时候，大家才会主动承担，才会投资增进社会资本，才会推动社会平等和谐，才会创造新的社会价值。只有通过全力增进社会资本，才可以驾驭知识与创新的动力，或者这就是一个宏观与微观经济层面之间的合理关系。

佛经说："惟行菩萨行者得成佛，其修独觉禅者永不得成佛。"透视李嘉诚八十年人生轨迹，其勤奋、俭朴、诚信之创业信条，能使世人悟出做人真谛，成功须靠自己坚韧不拔的不懈努力争取，机遇非庸人凡人所能把握。靠投机钻营，以权谋私，旁门左道，敛财致富者，其财富如流水浮云，终会烟消云散。诸如街市升斗小市民，日出而作，日落而息，安其本分，展其所能，求其所得，爱其所爱，乐其所足，不为财富所疑惑，不为世情所动摇，不为浮华所迷茫。

李嘉诚的人生轨迹，其扶贫济困，乐施善举之道德风范，喻示世人，少一份冷漠，多一点怜情。人生百态皆有因，不因贫贱而自卑，不可富贵而骄横，更不可显赫而跋扈；须知满则溢，溢则生祸，祸不会单行，何不取其财济施于人，与人为善，终善自己。

在李嘉诚基金会的网站主页上有李嘉诚的一段文字：

> 人生在世，能够在自己能力所逮的时候，对社会有所贡献，同时为无助的人寻求及建立较好的生活，我会感到很有意义，并视此为终生不渝的职志。

2005年11月10日，国家民政部在其官方网站公布首次评选的2005年“中华慈善奖”候选人名单，表彰善行。

香港是乐善之都，有13位“善长”上榜，包括亚洲首富李嘉诚、政协副主席霍英东、人大常委曾宪梓、无线主席邵逸夫、英皇集团主席杨受成及国际巨星成龙等。在李嘉诚心目中，这大抵是他自以为最有价值的生存和工作目标了。他没有刻意把自己当成或包装成一个知识分子，我们也确乎无法将他视为一个知识分子，然而没有人会否认他对社会的贡献，对教育的贡献，对知识的发扬光大，更没有人否认他所秉承的奋斗理想的崇高性和非凡性。

美国第三十三任总统哈里·杜鲁门曾经在他的白宫办公桌上写下过一行字，今天，几乎很少有人记得他在任内曾经出台过哪些政策和法令，可是他的这行字却不经意地流传了下来：“责任在这里。”

对不同社会角色的人来说，责任就在眼前，无非内涵各有不同。政治家的责任是治理好这个国家，企业家的责任是创造更多的财富和就业机会。我们也可以说，李嘉诚的责任也在这里。

“何谓求诸人？人同类而智殊，贤不肖异，皆巧言辩辞，以自防御，此不肖主之所以乱也。凡论人，通则观其所礼，贵则观其所进，富则观其所养，听则观其所行，止则观其所好，习则观其所书，穷则观其所不受，贱则观其所不为。”

这里，如果读者稍有耐心的话，让我们以另外一种平静的心情，一起来拜读北京大学2001年暑期侨乡考察团全体同学致李嘉诚的感谢信，从中可以感受商圣李嘉诚在普罗大众心目中的崇高地位。

“尊敬的李嘉诚先生：

您好！

首先请允许我们向您致以诚挚的敬意和深切的问候！

我们是北京大学明德奖学金获奖同学。为使我们能有机会在学业之余参与社会实践活动，拓展视野，开阔思维。今年暑期，我校教育基金会特组织部分明德奖学金获奖同学组成‘北京大学2001暑期侨乡考察团’赴我国著名侨乡广东、福建进行社会考察。

在这次活动中，我们着重考察了汕头、厦门、泉州的经济和文化，虽然时间有限，但侨乡浓郁的文化和侨办企业在当地经济发展中不可估量的作用都给我们留下了极为深刻的印象。在汕头期间，我们专程拜访了由您捐资创办的汕头大学，并与贵校师生进行了深入的交流。

您说：‘一个国家要富强，最要紧的是人才，人才从哪里来呢？一定要教育。如果没有好的教育，没有一个国家可以强起来。要永远强起来，永远国家富强，人民快乐。离不开教育，所以我对教育就看得非常重。’

于是就有了您对汕大持之以恒，不求回报的襄助。

您的丰厚捐资使汕大的建设有了得天独厚的物质基础。

您对汕头大学的支援，确如您所说“超越生命的极限”。

然而您对祖国教育事业的支援又何止一个汕大。在北大，在很多很多高校中都留有您的关切。作为我校的荣誉博士，您无时无刻不在关心着我们的成长与发展。

从内心深处，我们由衷地敬佩您，同时也感受到了您对我们的期待和祖国交给我们的重任。作为北大一员，作为千千万万新世纪大学生中的一员，我们有责任，有义务将振兴中华的信念埋在心里，将建设祖国的重担挑在肩上。

最后，请允许我们代表所有明德获奖同学、北大同学向您表示我们最诚挚的谢意和最深切的敬意！

祝愿您与北京大学的友谊常在！

北京大学2001暑期侨乡考察团全体同学

2001年9月24日”

参考书目

李嘉诚传	夏 萍	作家出版社	1993 年
李嘉诚画传	卢琰源	新华出版社	1996 年
李嘉诚全传	陈美华	中国戏剧出版社	2004 年
香港海港及土地发展一百六十周年	何佩然	商务印书馆	2004 年
香港华资财团	冯邦彦	三联书店	1997 年
香港英资财团	冯邦彦	三联书店	1996 年
香港史话	林友兰	香港上海印书馆	1978 年
香港旧事见闻录	陈 谦	香港中原出版社	1987 年
香港家族史	何文翔	三思传播公司	1989 年
李兆基博士传	梁凤仪	三联书店	1997 年
香港史略	元邦建	中流出版社	1988 年
香港富豪列传	何文翔	香港明报出版社	1993 年
霍英东传	瞿 琮	红旗出版社	1996 年
李嘉诚成功之路	方式光	香港出版公司	1992 年
香港超级富豪列传	郭 峰	香港文艺书屋	1980 年
香港豪门的兴衰	齐以正	龙门文化	1986 年
香港巨富风云录	王 希	香港明报出版社	1994 年
李嘉诚的商业智源	梁小刚	中国社会出版社	2004 年
李嘉诚经商手段与孙子兵法	林 冲	中国电影出版社	2003 年
李嘉诚做人经商之道	方 军	中国华侨出版社	2003 年
李嘉诚的超人胆识	黄永军	线装书局	2003 年
孙子兵法与市场谋略	唐突生	青岛出版社	1994 年

李嘉诚经商自白书	达　人	群言出版社	2004 年
《孙子兵法》与企业经营战略	曹凤高	武汉大学出版社	1994 年
孙子学文献提要	于汝波	军事科学出版社	1994 年
香港人之香港史	蔡荣芬	牛津大学出版社	2001 年
谋略大典	苏晓东	黄山书社	1994 年
孙子兵法	曹书印	陕西人民出版社	1994 年
孙子兵法与现代经济运筹	李鼎文	江苏人民出版社	1995 年
孙子兵法与经营谋略	赵瑞民	黑龙江人民出版社	1995 年
孙子兵法与三十六计公	孙道明	广西民族出版社	1995 年
《孙子》古本研究	李　零	北京大学出版社	1995 年
孙子兵法与经营艺术	张志祥	军事科学出版社	1995 年
商战谋略	张　平	中国物资出版社	1995 年
老子 · 庄子 · 孙子 · 吴子	黄寿成	辽宁教育出版社	1997 年
孙子兵法与商政谋略	王建民	蓝天出版社	1997 年
孙子商法—孙子兵法与商战谋略	姜瑞清	人民中国出版社	1998 年
孙子兵法与现代经济决策	傅文章	中国农业出版社	1998 年
孙子兵法经营管理新解	张　广	黑龙江人民出版社	1999 年
孙子兵法与商战	阮其山	上海古籍出版社	1999 年
孙子兵法与现代企业竞争谋略	李永山	河北教育出版社	2000 年
梁漱溟全集	梁漱溟	山东人民出版社	1993 年
三松堂全集	冯友兰	河南人民出版社	1986 年
中国哲学史	冯友兰	北京中华书局	1984 年
心体与性体	牟宗三	台北正中书局	1968 年
五十自述	牟宗三	鹅湖出版社	1989 年
生命的学问	牟宗三	台北三民书局	1970 年
读经示要	熊十力	台北明文书局	1984 年
中国学术思想史论丛	钱　穆	台北东大图书	1975 年
朱子哲学思想的发展与完成	刘述先	台湾学生书局	1982 年
中国历史精神	钱　穆	台北东大图书	1981 年
马斯诺心理学	（美）弗兰克 · 布戈尔	上海译文出版社	1987 年

美国人和中国人：两种生活方式比较	许烺光	华夏出版社	1989 年
血酬定律	吴 思	中国工人出版社	2003 年
经济史中的结构与变迁	（美）道格拉斯	上海三联书店	1994 年
就业利息和货币通论	（英）凯恩斯	商务印书馆	1983 年